History of CHINA

艾公子 著

一看就
停不下来的
中国史

贰

辽宁人民出版社

ⓒ 艾公子　2023

图书在版编目（CIP）数据

一看就停不下来的中国史 . 2 / 艾公子著 . —沈阳：
辽宁人民出版社，2023.10
ISBN 978-7-205-10803-8

Ⅰ . ①一… Ⅱ . ①艾… Ⅲ . ①中国历史—通俗读物
Ⅳ . ① K209

中国国家版本馆 CIP 数据核字（2023）第 154752 号

出版发行：辽宁人民出版社
　　　　　地址：沈阳市和平区十一纬路 25 号　邮编：110003
　　　　　http://www.lnpph.com.cn
印　　刷：天津旭丰源印刷有限公司
幅面尺寸：170mm × 240mm
印　　张：23
字　　数：400 千字
出版时间：2023 年 10 月第 1 版
印刷时间：2023 年 10 月第 1 次印刷
责任编辑：娄　瓯
助理编辑：刘　明
封面设计：人马艺术设计・储平
版式设计：新视点工作室
责任校对：吴艳杰
书　　号：ISBN 978-7-205-10803-8

定　　价：65.00 元

再版序

晚唐诗人张祜有一个隐秘的身份——侠客,至少他自己是这么认为的。

某夜,家里来了条壮汉,腰间别剑,手提皮囊,鲜血从皮囊里往外滴。进门后,壮汉高声借问:"此处可是张侠士府上?"

张祜连声说是,拱手把人请进里屋。

壮汉亦不客气,将皮囊往案上一搁,任那血往外淌,高声再问:"有酒吗?"

张祜让仆人上酒。

豪饮一番后,壮汉说:"你有酒我有故事。"遂讲起自己平生有两大恩仇十年未报,一个仇人,一个恩人。

讲完,指着皮囊大笑:"这是仇人的头。"

又说:"我的恩人恰好离此地不远,今夜若能完成报恩,则平生恩仇毕矣。听说张侠士最讲义气,能否借我十万钱去报恩?若能如愿,此后赴汤蹈火,誓无所惮。"

张祜毫不犹豫,倾尽所有,在烛光下把所有钱都拿了出来。

壮汉大喊一声"痛快",拿上钱,留下皮囊,说报完恩立马回来接着喝酒。

看着壮汉的身影一闪而逝,张祜为自己的豪爽而暗自高兴,江湖上从此就要流传他的侠义事迹了。

但记载此事的《太平广记》却接着写道:

"(壮汉)既去,及期不至,五鼓绝声,杳无踪迹。(张祜)又虑囊首彰露,以为己累。客且不来,计无所出。乃遣家人开囊视之,乃豕首也。"

豕首，就是猪头。一个鲜血淋漓的猪头，外加一个热血沸腾的故事，就能换取十万巨款。对张祜来说，这实在是一个残酷的反转和莫名的讽刺。

俗话说："人无癖不可与交。"但人有癖，便有弱点，容易沉浸在氛围感之中出不来。

当一个滴血的皮囊搁在眼前时，它如同一个历史的盲盒：屠夫首先想到的可能是猪头，而喜爱侠义故事的人大概率想到的是人头。

但，打开之前，难言对错。只有打开之后，才能知道谁是"猪头"。

读历史有个好处，我们看到的每一个"皮囊"都是打开的。他人的教训，即是我们的智慧。

眼前这本《一看就停不下来的中国史2》，截取了数十个历史剖面，精心解构每一个"皮囊"，如果读者朋友看完后，可以从中获取一点日常生活中难以获取的智慧，这便是写故事的人最大的满足了。

本书作者艾公子，原用笔名"最爱君"，是"最爱历史"创作团队的集体笔名。三名执笔者分别为郑焕坚、吴润凯和陈恩发。这也是艾公子的畅销书"一看就停不下来的中国史"系列（共三册）的第二册。此次再版，主要修订了书中部分史实讹误和表述差错。需要特别说明的是，其中有些差错是热心读者帮助我们发现的，在此对诸位表示感谢。也感谢所有的读者朋友，正是诸位的谬爱，才让这套小书获得了生命力。

历史是永远值得回望的。

艾公子

2023年3月1日

目 录

| 上篇 | 帝国运转：历史是偶然，也是必然 |

第一章　帝国中枢：通往最高权力之路

秦始皇上位：中国宫斗第一剧　_004

董卓：这条恶龙，开启了四百年乱世　_011

刘裕：南朝第一帝是怎样炼成的？　_019

李建成：他的仁慈，成就了李世民的野心　_028

黄袍加身之后，宋太祖赵匡胤失眠了　_037

宋太宗的政治战　_043

曾国藩为何不称帝？　_050

第二章　科举考试：人才之战

状元争夺战：南北方的政治与文化较量　_058

千年科举，这一届无可匹敌　_065

福建：一个被忽视的科举强省 _073

武状元：中国什么地方的人武功最高？ _079

一个科举失败者的逆袭：考不上，就把它废了 _086

第三章　经济命门：帝国之基

军事孱弱的北宋，如何靠贸易战翻盘取胜？ _092

"腐败"这颗毒瘤，乾隆为何舍不得割掉？ _097

上瘾四百年：烟草背后的经济、商战与道德 _102

第四章　帝国衰微：残晖斜阳

汉献帝：大汉灭亡为何不能怪他？ _112

文天祥：大宋最后的风骨 _118

张居正：如果没有他，大明早就亡了 _124

最后一夜：大明第一家族覆灭史 _131

最后一条硬汉：他死了，明朝才算亡了 _137

中国最后的英雄皇帝：成也乾隆，败也乾隆 _142

紫禁城悬案：嘉庆帝遇刺之后 _148

"四亿人中，最苦的是皇上" _154

晚清三个苦命的外交官：湖南人、广东人和浙江人 _164

1911年的敢死队：写完遗书，他们背上炸弹 _175

第五章　局部中国：地域密码

为什么大半个中国的人，都说自己的祖先来自洪洞大槐树？ _182

湖广填四川：你能占多少地，就给你多少地 _187

湖南是怎样成为"第一强省"的？ _196

晚清150年来最失落的省份，为什么是它？　_203

中国出宰相最多的家族，藏在山西一个小村子里　_209

| 下篇 | 个体抗争：如果改变不了大环境，就改造你的小宇宙 |

第六章　文人活法：很多人想学李白，活得却像杜甫，最后成了高适

很多人想学李白，活得却像杜甫，最后成了高适　_218

杜牧：十年一觉扬州梦，赢得青楼薄幸名　_226

范仲淹：文能写红一座楼，武能镇住一个国　_232

解缙：大明第一才子的非正常死亡　_240

杨慎：滚滚长江东逝水，浪花淘尽英雄　_250

徐渭：厄运会迟到，但永远不会缺席　_256

黄宗羲：少年刺客，中年带兵，晚年大师　_262

第七章　将臣风雨：苟利国家生死以，岂因祸福避趋之

诸葛亮生命的最后一年，都在忙什么？　_272

诸葛亮的继承者们，都是些什么人？　_280

真实的狄仁杰：为什么他比"神探"更威武？　_286

郭子仪：再造大唐的功臣，凭什么独得善终？　_292

寇准：历史水很深，人性水更深　_299

时代决定官运：中国历史上两大清官的仕途比较　_305

年羹尧之死　_309

雍正想搞臭的这个人，为何骨头这么硬？　_318

第八章　体制之外：再小的力量，也可以影响世界

玄奘取经回国后，究竟过得怎么样？　_326

丘处机没有路过牛家村，但他真的改变了历史　_333

徐霞客：没有意义，有时正是人生最大的意义　_340

傅山：从不与这个世俗的世界妥协　_347

参考文献　_353

上篇 帝国运转：历史是偶然，也是必然

第一章　帝国中枢：通往最高权力之路

秦始皇上位：中国宫斗第一剧

1

秦始皇嬴政的亲生父亲是谁？一个看似简单的问题，却一度成为历史疑案。

只因卫国商人吕不韦，为了做成那桩"奇货可居"的大买卖，在一次筵席上，将宠妾赵姬献给后来的秦庄襄王——子楚（原名异人）。

据《史记·吕不韦列传》记载，赵姬来到子楚身边后，"至大期时，生子政"。

于是，2000多年来，不断有人传言，嬴政其实是吕不韦的儿子。老谋深算的吕不韦以一招移花接木，将已经怀有自己孩子的赵姬献给子楚。

历代多有史学家对此进行反驳。我在此只说一个漏洞。

《史记》中提到的"大期"可以有两种解释，一为12个月，一为足月分娩的日期（所谓十月怀胎）。

若是10个月左右，赵姬怀孕，应该是从与子楚在一起时算起。若不然，子楚再傻，也不可能没意识到自己的妻子一边与自己成婚，一边和吕不韦旧情复燃。如果赵姬确实是在10个月后生下嬴政，那就与吕不韦没什么关系。

"大期"若作12个月来解释，那子楚更可以放心。吕不韦总不能先把赵姬送出，之后两个月内在子楚的眼皮底下"作案"。

不过，《剑桥中国秦汉史》则引用另一种颇为可信的说法："大期生子政"这一句，"是一个不知其名的人加在《史记》之中的，为的是诽谤秦始皇，说明他政治的和出生的非正统性"。

毕竟，当一个新王朝建立后，尽一切可能抹黑前朝统治者，这种做法，在中国历史中，屡见不鲜。

无论如何，吕不韦的野心已逐步实现。

姥姥不疼、舅舅不爱的子楚，原本在赵国作人质，通过吕不韦的协助，认其父安国君（后来的秦孝文王）的宠姬华阳夫人为母，返回秦国，之后更是顺利登上王位。

为子楚扭转乾坤的吕不韦，终于迎来自己事业的春天。

只是，子楚的爷爷秦昭襄王"超长待机"，一个人在位就长达56年。随后的安国君和子楚又都短命，一个在位仅仅3天，一个3年，他们都没机会延续大秦的霸业。

公元前247年，大秦帝国迎来他的新主人——13岁的秦王嬴政。

2

坐落于渭河北岸的咸阳宫，神霄绛阙，气势恢宏。就连将门出身、12岁便能杀人的燕国勇士秦舞阳来到这里，见识了大秦帝国的雄伟气魄，也不禁胆战心惊。

荆轲刺秦王是20年后的事情，可此时，身处宫中的嬴政也极度缺乏安全感。

这偌大的咸阳宫，暗地里不知还隐藏着多少凶险。此时的嬴政，还不是大秦真正的领袖，年少的他骤然被推向权力之巅，似乎无法掌控自己的命运，或许也想不到26年后，自己将一统天下，完成祖辈未竟的伟业。

此时，摆在嬴政眼前的，有一座大山，那便是任两朝相国，执掌朝政的吕不韦。

位高权重的吕不韦对秦国有功，不仅体现在他扶持子楚上位一事上，还在于其执政期间的贡献。

首先，针对秦国的大屠杀政策，吕不韦提倡"义兵"。

嬴政的曾祖父秦昭襄王一向崇尚武力。当年长平之战，秦军残忍坑杀40万赵卒，秦国名将白起已意识到大屠杀的严重性。

当秦昭襄王命他接着攻打赵国都城邯郸时，白起拒不受命，劝说道："长平一战，赵国人死伤惨重。如今国内同仇敌忾，大力发展生产。王若发兵，即便兵力比之前多一倍，也难以对付赵军十倍于前的防守。"

秦军到后，果然遭到赵国顽抗，徒劳无功。

吕不韦主张"义兵"，正是为抑制杀伐。他提出，秦军所至之处，应为民除害，不扰民，不乱杀戮，几乎放弃了商鞅变法时建立的"计首授爵"制度。

据史书记载，在吕不韦执政期间，秦军只有一次大屠杀的记录，即秦王政二年

（前245），"麃公将卒攻卷，斩首三万"。秦人嗜杀的不良习惯有所收敛，一定程度上缓和了六国军民的反抗情绪。

其次，吕不韦大肆招揽人才，其手下宾客三千，不仅是为自己服务，更为秦国朝廷输送大批人才，其中最突出的代表当数荀子的弟子——楚国上蔡人李斯。

再次，吕不韦授意门客执笔撰写《吕氏春秋》，这部著作不囿于一家之说，而是杂糅儒、墨、道、法等各家学说，被认为是"杂家"的代表作。

《吕氏春秋》一方面为统一做舆论准备，另一方面又反对君主专制。书中有"天下非一人之天下也，乃天下人之天下也"和"凡举事，必先审民心，然后可举"等主张，这是极富先进性的"民本"思想。吕不韦似乎有意以此取代法家，作为秦国的指导思想。

最后，在吕不韦主政的13年间，尽管秦国重休养生息，却没有停下统一的脚步，战果颇丰。

公元前246年，秦军攻韩国上党，自齐国来投的秦将蒙骜（蒙恬的祖父）带兵平定晋阳，建太原郡。

公元前244年，蒙骜攻取韩国13城。

公元前242年，蒙骜攻取魏国20城。

公元前238年，秦国攻取魏国的垣、蒲，派杨端和领兵攻取魏国的衍氏。

在吕不韦的统筹下，秦国的统一事业蒸蒸日上。

3

与此同时，王权与相权之争已初见端倪。刚愎自用的嬴政不仅不满吕不韦这位"仲父"擅权，更不满其介入自己的家事。

吕不韦为子楚献上赵姬的那场筵席，改变了这个绝美女子一生的命运。

嬴政出生于长平之战一年后，彼时，秦、赵关系一度十分紧张。嬴政9岁前，跟着母亲在赵国担惊受怕，多次面临死亡的威胁。幸而赵姬想尽办法周旋，才得以死里逃生。

赵姬无法选择自己的爱人，却积极争取自己的权利。至少在床帏之事上，她是一个很有追求的人。

子楚死后，王太后赵姬年轻守寡，寂寞难耐的她便与吕不韦私通。

当时嬴政年纪小，吕不韦与太后私通，或许还能巩固新君的地位。可随着秦王年龄渐长，这事儿若被捅破，吕不韦肯定身败名裂，他自然担心自己的政治生涯。

为了摆脱赵姬，吕不韦急欲为她找一个新情人。

此时，本是市井无赖的嫪毐走进了吕不韦的视线。嫪毐有个有内涵的外号"大阴人"，只因他能"以其阴关桐轮而行"，可说是男人中的战斗机。

吕不韦将嫪毐收入门下，又多次向赵姬提起这位"能人异士"。欲求不满的赵姬顿时很感兴趣，如此猛男，老吕你自己又用不上，何不送到我宫里来。

吕不韦的如意算盘总算打得响，于是他让嫪毐假装受过宫刑，送进宫中侍奉赵姬。如此，吕不韦为了自己的野心，两次将赵姬推向其他男人的怀抱。

赵姬对新情人宠爱有加，为掩人耳目，还带着嫪毐离开咸阳，搬到雍城的离宫居住，和他夜夜笙歌，私下生了两个儿子。

仅仅靠太后的私宠，嫪毐被封为长信侯，僮仆多达数千人。嫪毐得势后，一时门庭若市，上千人前来请求做他的门客。

嫪毐的野心开始膨胀。一次，他与人饮酒作乐，席间发生争吵。嫪毐喝醉了，朝对方大声呵斥："我乃秦王的'假父'，你又算老几，敢跟我争！"

4

嫪毐小人得志，嚣张跋扈，引得怨声载道。酒席之事发生后，不断有人向嬴政告发，嫪毐是假宦官，他以此为幌子，与赵姬私通，生有二子，并与太后密谋：秦王死后，就让他俩的孩子即位。

当然，此时嫪毐的势力并不足以夺权。尽管《战国策·秦策》中，有魏王结交嫪毐，所谓"天下必舍吕氏而从嫪氏"之语。但是，纵横家言，不可尽信。

这只能理解为，魏国惧怕吕不韦，从而挑拨离间。从现有史料来看，在秦国的朝政上，嫪毐完全无法与吕不韦相抗衡，双方也没有过斗争的痕迹。

但是，嬴政还未夺回权力，倒平白无故多了个爹，他已忍无可忍。

年轻人如果不主动去争取，永远难成大事，即便生在帝王家，也是如此。

当嬴政羽翼丰满，终于露出了锋利的獠牙。

对嬴政而言，要实现亲政，就必须扳倒吕不韦。可吕不韦作为相国，权倾朝野，难以下手。

此时，全靠嫪毐送上"助攻"，一出后宫丑闻成为压倒吕不韦的最后一根稻草。

公元前238年，22岁的嬴政前往雍城祖庙行加冠礼，下榻于蕲年宫。

专横跋扈的嫪毐与门客密谋，矫借秦王御玺与太后玺发兵作乱，向蕲年宫进军，企图谋害嬴政。

嬴政对此早有察觉，只等嫪毐自投罗网。他急命楚国宗室出身的相国昌平君、昌文君平叛。嫪毐房事虽在行，兵事却一窍不通，遇上秦军，立刻大败而归。嬴政下令追击，将他斩杀，灭其三族。

嫪毐这一帮乌合之众被一网打尽。参加叛乱的大臣卫尉竭、内史肆等被枭首，车裂示众。嫪毐的门客们，罪轻者没收家财，罚为"鬼薪"（供役宗庙的取薪者），罪重者4000余人，均被夺爵迁蜀。

最可怜的，是赵姬和嫪毐生的两个幼子。无辜的两个幼子被嬴政下令当场扑杀。赵姬本人则被迁往萯阳宫，遭到软禁。

正是从这一年开始，嬴政开始了他残暴的政治生涯，压抑许久的他，仿佛在发泄多年来积攒的怨恨。

5

嫪毐并非嬴政真正的目标，他一心想对付的是执掌秦国朝政13年的"仲父"吕不韦。

嫪毐作乱时，吕不韦被嬴政架空，完全蒙在鼓里，不仅没有参与平叛，还被昌平君（楚国公子，多年后叛秦）等新贵迅速取代。等他反应过来，为时已晚。

经过对嫪毐一案的彻查，吕不韦私通太后、进献嫪毐等丑事自然被一一揭穿。嬴政若要论罪，吕不韦在劫难逃。

另外，据张荫麟先生推测，由于"种族之见"，秦国宗室对吕不韦也多加以排斥。吕不韦以卫人的身份执掌秦政，他的门客又多来自三晋，和他结交的太后还是赵国女子。

"非我族类，其心必异"，一部分老秦人对此深信不疑。

此时，"郑国渠"事件引发秦人新一轮的恐慌。

郑国是著名的水利专家，来自韩国。韩国见秦国步步紧逼，亡国之难近在咫尺，为了消耗秦国的国力，就派郑国入秦，向秦国建议，修筑一道沟通泾水和洛水的工程。当时，主政的吕不韦同意了。

没想到，郑国渠才修了一半，嬴政接过权力，韩国"疲秦"的阴谋泄露，郑国也被当作间谍。郑国急忙辩解，这项工程只不过能为韩国延续几年国祚，可是对秦国子民却大有益处，可建万世之功。

郑国一番话，得到嬴政谅解，郑国渠得以修建完成，并造福八百里秦川百姓。若不是因为此渠确实对秦国有利，这一伟大工程估计就此作废了。

郑国一案，使秦国宗室抓住把柄。他们振振有词，声称外来人士不过是来离间我大秦的，请求将他们驱逐。于是，无可奈何的嬴政下了著名的"逐客令"，要将外籍游士驱逐出境。

处置吕不韦，正是在这样的政治环境下。公元前237年，即嫪毐作乱的第二年，嬴政将早已靠边站的吕不韦正式罢免。

嬴政最初并不想置吕不韦于死地，只是将其罢免，以巩固王权。因此，嬴政命吕不韦退居河南封地，给他就此归隐、颐养天年的机会。

6

没想到，在吕不韦罢相的一年多里，来自各国的宾客、使者频频前去拜访，相望于道。同时，吕不韦的门客们还屡次向嬴政游说，为他求情。这些行为，都成了吕不韦的催命符。

嬴政放下最后的一丝容忍，下诏质问吕不韦："君何功于秦，封君河南，食十万户？君何亲于秦，号称仲父？"

何功？何亲？嬴政自然心知肚明。吕不韦扶持子楚上位，又辅佐年少的嬴政，历经两朝，执政13年，不可不谓劳苦功高。一朝指大于臂，丑闻败露，就为千夫所指。

同时，嬴政嫌吕不韦在封地住得太舒服，令其举家迁徙蜀地。吕不韦接到诏书，心灰意冷，自知嬴政绝不会放过自己，于是饮鸩自尽。

机关算尽太聪明，这个把生意做到朝堂之上的大商人，终究难逃厄运。

吕不韦名誉扫地，幸亏他的门客们感念其恩德，不顾杀身之祸，私下将他收葬在洛阳北邙山，前来送葬的人络绎不绝。

听说这事儿，嬴政又动怒了，对前去送葬的人进行严惩：原是三晋迁来秦国的人，驱逐出境；原为秦国人，俸禄在六百石以上者，免爵流放。

嬴政申明："从今以后，敢学嫪毐、吕不韦这样大逆不道的，这就是他们的下场。"

23岁的嬴政，接过渴望已久的权力。身处咸阳宫中，孤傲的他举目眺望，国内，已经没有威胁，国外，六国皆不是秦国的对手，统一的大业终于要在他的手中完成。

吕不韦所规划的政治蓝图，是反对专制，施行仁政。而嬴政最终将其尽数推翻，按照自己的意志，建立起一个统一的中央集权制帝国。

短短两年间，年轻的嬴政雷厉风行，借由嫪毐之乱，成功将吕不韦拉下马。谁曾料到，这一内乱，竟引发了改变中国历史的蝴蝶效应。

此后的1000多年的中国古代史，都沿着嬴政之路走下去，而不是吕不韦之路。福兮祸兮，没有定论，毕竟历史不是戏剧，无法重演。

董卓：这条恶龙，开启了四百年乱世

初平三年（192），董卓死了。

在权倾朝野三年后，董卓被灭三族，这个曾经不可一世的家族顷刻间烟消云散。似乎没有人同情董卓，无论在史书，还是小说戏剧中，他都是反派，脸上一个大写的"坏"字。

那么，被嫌弃的董太师到底有多不堪呢？

1

董卓的少年时期颇为励志。

他所生活的凉州，是当时汉羌百年战争的前线，民风彪悍，猛将如云，就连妇女都能"挟弓而斗"，正如史学家夏曾佑所说："东汉经羌胡之乱，天下精兵猛士，恒聚于凉州。"

在这样的环境下，能活下来就已经不是省油的灯。

董卓偏偏还生得人高马大，一个人顶一个连。史书说他"膂力过人，双带两鞬，左右驰射，为羌胡所畏"。就是说，董卓仗着自己力大无穷，马上常备着两副弓箭，并能在骑马的时候左右开弓，战斗力惊人，天生就是当大哥的料。

董卓从军入伍之时，正值东汉朝廷多次派兵平羌，是建功立业的大好机会。

在30年的岁月里，董卓与羌族进行过大小百余战，又笼络李傕、郭汜、张济与樊稠等凉州豪强，组成了威震一方的军事集团，从无名小卒白手起家，凭借赫赫战功拜将封侯。

拥兵自重的董卓自然引起东汉朝廷的忌惮。

汉灵帝曾下诏命董卓进京为少府。少府掌管天下赋税和宫廷起居，是个美差，可是没有实权。

董卓不傻，知道是个坑，就不往下跳。他上表称："凉州贼寇未灭，正是臣为朝廷奋发效命的时候，且弟兄们跟我相处日久，感情深厚，车马都让他们拦下来了，去不了，只好愧对陛下。"

汉灵帝去世前，又下诏改封董卓为并州牧，并令其将兵权转交给皇甫嵩。这次董卓接受了任命，但死活不肯交出兵权，而是带着兵马驻扎在河东，密切关注朝中消息。

2

潜伏多年后，董卓终于等到机会进军洛阳，而引狼入室的是屠夫出身的外戚——大将军何进。

东汉自汉和帝始，皇帝多幼年即位，经常出现外戚掌权的情况，而皇帝亲政后，为夺权不得不依靠身边的宦官。于是，外戚与宦官陷入了长期的争斗。

中平六年（189），汉灵帝去世，其长子刘辩即位，何太后临朝，皇帝的舅舅何进执政，外戚与宦官的"百年战争"即将落下帷幕。

何进上台后，袁绍劝他将宦官斩尽杀绝，称宦官执掌大权，坏事做尽，大将军如果能将其铲除，是为天下除害。

袁绍出身四世三公（家族连续有四代人官居"三公"）的汝南袁氏，典型的门阀士族。宦官乱政时，曾发起两次党锢之祸，大肆迫害士大夫，袁绍的建议主要是为自己的阶级考虑，但对何进也有利无害。

何进却犹豫了，他本来只是个杀猪的屠户，问他猪肉怎么卖可能还行，谈到政治，他就糊涂了。

宦官集团打听到风声，决定先下手为强。他们趁何进入宫之时一刀砍下他的脑袋，之后草拟诏书，准备昭告天下。宦官们不知道，他们引爆了一颗定时炸弹。

何进死前，已经任命袁绍为司隶校尉，手握杀伐大权，王允为河南尹，管理京中治安，并且听从袁绍建议，召武猛都尉丁原、并州牧董卓带兵进京，为威慑宦官做准备。

何进一死，袁绍的人马就在京城大肆屠杀宦官，看见没长胡子的男人就杀，几天之内竟杀了2000多人。很多小伙子一见袁绍部队的大刀砍过来，急忙大喊，脱裤子验明正身。丁原也带着数千人马进军河内，在京城外围制造骚乱，为诛杀宦官制造声势。

此时，董卓一直驻扎在洛阳城西的夕阳亭，静待城中消息。斥候先后来报，称何进被刺杀、袁绍带兵捕杀宦官，董卓都不为所动。

直到董卓听到最后一个消息，中常侍张让挟持皇帝刘辩和其弟弟陈留王刘协逃出洛阳，他才抬动肥硕的身体，起身望向京城方向，只见那边火光冲天，于是下令追击。

皇帝一行人逃到了黄河岸边，京城的大臣已经追上来。张让自知大势已去，对刘辩说："臣等尽灭，天下将乱，陛下保重啊！"之后投水自尽。

至此，外戚与宦官在历经90多年的斗争后同归于尽，东汉的政治局面在这一刻悄然发生转变。正如张让所说，一个真正的乱世即将到来。

正当皇帝一行人惊魂未定时，董卓及时赶到，将少帝迎送回京。

3

董卓最初进入权力真空的洛阳，其实挺没有底气，当时他手下只有3000兵马。因此，董卓故弄玄虚，让手下趁夜悄声出城，第二天再大张旗鼓入城，每隔几天就这么忽悠一次。这可把朝中大臣吓坏了，他们以为董卓把凉州的兵马都搬到了洛阳。

随后，董卓收编何进的残部，并以高价收买丁原的亲信吕布。当时丁原已经是执金吾，相当于首都卫戍司令，是董卓在京城最大的军事威胁。董卓借吕布之手将其谋杀，又兼并了丁原的部队，就此掌握洛阳军权。

进京一个月后，董卓打算干一件大事，废少帝刘辩，改立陈留王刘协为帝（即汉献帝）。

董卓悖逆的举动自然引起朝臣不满。董卓想起四世三公的袁氏素有名望，于是找袁绍商量。袁绍当场表示反对，还和董卓争辩。

董卓听了，勃然大怒道："小子！如今天下事都是老子说了算，谁敢不从？你是想尝尝我的刀是否锋利吗？"

袁绍也不服软，昂首挺胸说道："天底下难道只有你的刀锋利吗？"说罢佩刀作揖而去，逃出京城，跑到冀州。

汉献帝即位后，董卓当了相国，并享有三项特权，"赞拜不名，入朝不趋，剑履上殿"。拜见皇帝时可以不报姓名，上朝时可以不用小步快走以示恭敬，上殿时不用脱鞋子、解佩剑，此待遇可比汉初功臣萧何。

废立皇帝仅仅过去三天，董卓又毒死了何太后，而汉献帝的生母王美人早就去世，外戚干政被杜绝。

董卓独揽大权，一个有别于过去一个世纪的朝廷新秩序正在形成。

4

没有人会以祸国大盗为人生理想，董卓也是如此。

相反，董卓原本的想法是做大汉新秩序的建立者，由门阀士族控制政权，恢复中央政府的正常运作，而不是做一个毁灭者。

所谓门阀士族，就是世代为官的职业官僚集团，或是几代人担任中央和地方高官的高门大族，如四世三公的弘农杨氏、汝南袁氏；又或是研究经典的儒学世家，如卢植、蔡邕。

史书记载，董卓进京后"虽行无道，而犹忍性矫情，擢用群士"。董卓以庶族地主的身份执政，注定孤掌难鸣，不得不依靠实力雄厚的门阀士族。于是，他为当年被宦官诬陷的"党人"陈蕃、窦武平反，任用他们的子孙为官，又笼络天下名士，提拔了一批受宦官迫害的名士。自己从凉州带来的老下属反而只能屈居下级军官，不参与政治。

出身颍川荀氏的荀爽，在宦官专权时为躲避党锢之祸，在汉水之滨隐居十余年。董卓征召后，仅用93天就将其从一介布衣升为司空，位列三公，升迁速度堪比坐火箭。

大学者蔡邕堪称一代国士，平生创飞白书，校《熹平石经》，续写《东观汉记》，是汉代最后的辞赋大家之一。但他早年屡受迫害，险些丧命，不得不避难江南12年。直到董卓掌权，才被召入京城。

蔡邕起初不愿投靠，称病不去。董卓以霸道总裁的口吻强行拉他入伙，说："我有能力灭人三族，蔡邕就算再傲慢，杀他也不过一个转身的工夫。"蔡邕听说后，只好奉命而来，被董卓委以重任。

蔡邕是少数敢于直谏董卓的人。当董卓僭越，乘坐金华青盖车驾，蔡邕提出抗议。董卓的党羽想让朝廷尊其为尚父，与姜太公相提并论，蔡邕又表示反对。董卓非但没有怪罪于蔡邕，反而对他礼遇有加。直到董卓死后，蔡邕仍对其感恩戴德。

但是，董卓的身份是庶族地主，没有高贵的出身，没读过几年书。董卓所构想的政治秩序和他本人所在的军事集团从一开始就格格不入，最终让他和他的对手们一同走向覆灭。

5

董卓拉拢士族，对士人敬重有加，让世家大族子弟实现"再就业"，为党锢之祸的被害者平反，确实难能可贵。士大夫参政，势必可以改善外戚、宦官争斗时乌烟瘴气的朝政，这都是顺应民心之举，可最后想要灭董卓的还是这一群人。

出于门第之见，士族人士对这个专横跋扈的庶族武人嗤之以鼻。更何况董卓无故废立皇帝，早已成为众矢之的，他的部队还在洛阳烧杀淫掠，更是失去了民心。史学家吕思勉认为，董卓"失败之由，尤其在于不能约束兵士"。

这些凉州兵生于战乱，没过过几天安稳日子。到了洛阳，他们见城中多有富贵之家，家家户户藏有金帛，自然垂涎三尺，一心想洗劫一空。蔡邕的女儿、东汉才女蔡文姬有一首诗写董卓之乱，其中有一句"来兵皆胡羌"，可知董卓的凉州兵中夹杂了不少天性好掠夺的胡族。

有一次，洛阳附近的百姓正在"作社"，聚集于社庙欢庆节日。董卓的将士闻讯赶来，二话不说就将在场的男人杀死，砍下头颅挂在车辕上，又将妇女载于车上，高声呼号而回。所谓"马边悬男头，马后载妇女"，仿佛从战场上掠夺战俘、得胜归来，令人发指。

凉州兵的野蛮习性暴露无遗，而董卓却不加管束。洛阳城的豪门富户任人宰割，对董卓大失所望。

早已对董卓忍无可忍的士族趁机组织"义兵"。东郡太守桥瑁伪造文书，谎称皇帝和百官遭受董卓迫害，请求各地州牧、郡守发兵救驾。桥瑁檄诏一发出，各地牧守群起响应。

初平元年（190），后将军袁术、冀州牧韩馥、兖州刺史刘岱、豫州刺史孔伷、陈留太守张邈和渤海太守袁绍等十几路军队，组成关东联军，推袁绍为盟主，扬言要找董卓算账。

董卓得知消息，慌张之余，更多是恼怒。因为讨董联军的牧守中，很多都是门阀士族的代表，还是他进京后一手任命的，其中也包括袁绍。

袁绍得罪董卓逃出京城后，董卓本想下令追捕，但听从手下名士的劝阻，又不想得罪四世三公的袁氏，便任命袁绍为渤海太守。不承想袁绍根本就没打算跟他言归于好，还跟着起兵闹事。

不过，诡异的是，关东联军起兵后和董卓的军队就好像隔着一条看不见的马其诺防线，打起了静坐战。只有曹操、孙坚等少数积极分子跟董卓军打了几场硬仗，其余十几万人马都在后方置酒高会，夜夜笙歌，个个心怀鬼胎，只想维持军阀割据的局面。

6

关东联军不思进取，董卓也不愿硬碰硬，决定避其锋芒，迁都长安。如此，可以进一步靠近自己的根据地凉州并占据潼关，进可攻退可守。

他一把火烧了洛阳，命手下将士押解百姓迁徙，数以万计的洛阳居民被迫上路，一路上互相践踏，有的饿死路旁，有的惨遭杀戮。凉州兵还掘开汉朝皇室陵墓，将其中所藏的珠宝抢掠一空。

士族的反抗，将董卓的最后一丝耐性消磨殆尽。从这一刻起，董卓彻底转变为独夫民贼。到了长安，他在关中的郿县修建了一个坞堡，高厚各七丈。郿坞中聚集珍宝，囤积够吃30年的粮食，此时，董卓打的算盘是事成雄踞天下，事不成，守住此处也足以终身。

董卓却不知，反董势力已经分为两条战线，一条是以袁绍为首的关东联军，另一条是朝中的士大夫。

为首的是司徒王允。

实际上，王允也要感谢董卓的信任。王允出身山西的名门望族，年轻时曾受宦官迫害。何进与宦官相争时，任命其为河南尹，负责京城治安。在董卓掌权时，王允又被提拔为司徒，成为朝中的二号人物。然而，王允不甘心做老二，他想除掉董卓，取而代之。

这是门阀士族对庶族豪强的一次夺权行动。

正当王允为刺杀董卓一筹莫展时，听说董卓和吕布闹起了矛盾。当时吕布因与董卓的婢女私通，被董卓发现，董卓一气之下，拎起手戟掷向吕布，两人遂生嫌隙。

"人中吕布，马中赤兔。"吕布是董卓手下一员猛将，弓马娴熟，武艺高强，有虓虎之勇，手中又有兵权，是刺董的不二人选。

王允邀请吕布加入刺董行动，可董卓曾和吕布"誓为父子"，吕布有所顾虑。王允说："将军姓吕，和董贼并没有骨肉之亲，何来父子一说，何况如今你连自己的性命都无暇顾及！"

吕布听完，被成功策反，双方一拍即合。

初平三年（192）四月，董卓入宫，由吕布随从护卫。当董卓的车队行至宫门，吕布事先安排好的军队手持武器杀出，刺向董卓。

董卓身负重伤，摔下车来，慌张之余一如往常高呼吕布护驾。可是，在一旁的吕布却拿出王允一党拟好的诏书，冷眼道："有诏讨贼臣！"说罢，率众将董卓斩杀。

长安城顿时沸腾。朝中众臣高呼万岁，为诛杀国贼而欢欣鼓舞，老百姓载歌载舞走上街，甚至将珠宝拿去换成酒肉，欢饮达旦。

据说，当董卓的尸体被弃置街头，人们在其肚脐眼上插上一根灯芯。由于董卓生前大腹便便，一身肥油正好助燃，灯芯点燃后，续航能力一节更比六节强。

7

董卓死后，王允取代他独揽朝中大权，开始居功自傲。

王允自称，董卓死了，自己现在谁也不怕。他甚至连满朝文武也看不起，每次与群臣议事，他都正襟危坐，不给人好脸色，俨然一副不可一世的样子，群臣由此与他渐渐疏远。

还有一些士族怀念董卓。董卓伏诛后，蔡邕站出来唱反调，当着王允的面，为董卓不住叹息。

王司徒立马就怒了，骂道："董卓这国贼差点就让汉室倾覆。你身为汉臣，应该和我们一样感到愤恨。难道因为他对你有恩，你就忘记了为臣的大节吗？董卓这毒瘤已除，大家都眉开眼笑，就你一个人唉声叹气，我看你就是逆贼同党。"

随后，蔡邕被王允关进监狱，交给廷尉治罪。在狱中，蔡邕上表请求减刑，称毁我容貌、断我双足都好（黥首刖足），只求能继续完成汉史的编撰工作。王允不肯饶恕，蔡邕最终还是带着未尽的遗憾冤死狱中。

王允没有意识到，董卓手下的凉州兵才是最棘手的问题。董卓余党大都没有官居要职，却手握重兵，王允对这些人不仅没有加以安抚，反而企图削夺其兵权。

王允的做法，最终导致董卓余党李傕、郭汜杀回长安。王允手中无兵，无力抵抗，落得个身败名裂的下场。汉献帝刚出狼窝，又入虎口，被迫逃难，成了流浪皇帝。

这厢长安风云突变，那厢关东联军也在内斗。

兖州刺史刘岱干掉了东郡太守桥瑁，渤海太守袁绍又击败冀州牧韩馥，取而代之。袁绍和袁术这哥儿俩互相不对付，袁术勾结和袁绍争夺河北的公孙瓒，袁绍又联络荆州的刘表钳制袁术。

军阀混战，仿佛无人记得当初为何举兵。

天下惨状，正如曹操在那首《蒿里行》所写："白骨露于野，千里无鸡鸣。生民百遗一，念之断人肠。"

董卓曾想借士族重建帝国秩序，可不按套路出牌，擅行废立惹怒朝堂内外，荼毒生灵，丧失天下民心。

因此，无论是以王允为首的朝中大臣，还是以袁绍为首的关东义士，都谴责他残害百姓、祸乱朝纲。但他们却将董卓的恶放大了数倍，让天下陷入更大的乱局之中。

屠杀恶龙的勇者最后也变成了恶龙，一个董卓作乱，世间便会有千万个"董卓"。

从中平六年（189）董卓进京，到开皇九年（589）隋军南下灭陈，实现大一统，整整400年乱世中，董卓的流毒丝毫未减。祸乱相寻，兵革互兴，一个个野心家称王称霸，你方唱罢我登场。

苦的是天下苍生，是无辜的黎民百姓。

刘裕：南朝第一帝是怎样炼成的？

阶层的锁链是可以打碎的。这是宋武帝刘裕的经历将要告诉我们的。

1

斜阳草树，寻常巷陌，人道寄奴曾住。

刘裕的祖先，据说可以追溯到汉高祖刘邦的弟弟楚元王刘交。永嘉之乱时，家族随晋室南迁至京口，沦为陈寅恪先生所说的"次等士族"。

他的乳名叫"寄奴"，有寄人篱下、身如浮萍之意，一听就是个苦命人。

刘裕出生时家里很穷，穷到差点儿养不活他，母亲因难产去世，父亲实在没钱请乳母为他哺乳，本想将他遗弃。幸亏其他妇女伸出援手，这才捡回一命。

长大后，刘裕和200年前自称汉室宗亲的前辈刘备一样，靠卖草鞋为生。同时还躬耕于丹徒田间，他干活用的农具后来还被珍藏在宫里，供子孙瞻仰，以纪念这段艰苦岁月。

刘裕本人更忘不了的，应该还有因赌钱而被人毒打的青葱岁月。

东晋时，流行一种叫樗蒲的赌博，类似于后世的掷骰子。

年轻的刘裕沉迷其中，无法自拔，技术却让人不敢恭维，有一回竟然欠了当地世家大族刁逵3万钱的赌债。

刘裕家里都穷得揭不开锅了，自然无力偿还，被刁逵绑在马桩上当众鞭打，忍受邻里乡亲的讥笑嘲讽。刘裕一向好舞枪弄棒、骑马射箭，长得身强体壮，任凭皮鞭如雨点打在身上，咬紧牙关不肯低头，倒是条好汉。

此时，刘裕的好友、出身琅琊王氏的王谧恰好路过，替他还了赌债，将他解救下来。他也是乡里少数还敬重刘裕的人。

王谧曾对刘裕说:"卿当为一代英雄!"

刘裕一直记着这句话,尽管一无所有,但他从不焦虑。

2

与刘裕不同,他的同龄人桓玄是含着金钥匙出生的。

一个刘寄奴,一个桓灵宝,光看乳名就带着鲜明的阶级色彩。

东晋时,琅琊王氏、陈郡谢氏、颍川庾氏与谯国桓氏轮番登场,分庭抗礼,和司马氏共治天下,将门阀政治推向顶峰。桓玄出生于太和四年(369),是大司马、丞相桓温的幼子。

当时正是桓温的事业巅峰,他带兵平定蜀地、三次北伐,独揽朝政十余年,甚至擅行废立,俨然是东晋的统治者。位高权重的桓温野心膨胀,甚至有诛灭王、谢,自立为帝的想法。

有一天,桓温躺在床上对亲信说:"如果一直这么默默无闻,死后一定会被文、景二帝(晋景帝司马师、晋文帝司马昭)耻笑。"

说到此处,他霍然起身,说出那句千古名言:"既不能流芳后世,亦不足复遗臭万载邪!"如果不是王、谢两家屡次从中阻挠,朝廷就该改姓桓了。

桓温病重去世时,桓玄才5岁,承袭其封爵南郡公,桓温的弟弟桓冲则接过兵权。由于桓温晚年的悖逆之举,桓氏被定为"篡逆",为朝廷所疏远,不再执掌权柄,但是他们的老底依旧强大。

当桓冲离任扬州刺史时,地方的文武官员都来相送。

桓冲对一旁的侄子桓玄说:"这些都是你家的门生故吏呀。"

年少的桓玄当即掩面哭泣,让在场的所有人感到诧异。

或许,桓冲的话可以有两种解释。一是桓氏没落,旧官属虽多,却挽不回朝堂上的颓势;二是桓氏门生故吏遍天下,卷土重来还未可知。

在以雄豪自处的桓玄眼中,叔父的意思是后者。带领桓氏夺回大权的理想,像一颗种子深深埋在他心里,也让他从小就养成了自负的性格。

因受朝廷猜忌,桓玄直到23岁才被任命为太子洗马,之后又出任义兴太守,这些官职与当年的桓温不可同日而语。桓玄满怀忧愤,登高俯瞰,叹道:"父为九州伯,儿为五湖长!"

3

当桓玄为官职低微抱怨时,刘裕却连正经工作都没着落。此时,这个穷困潦倒的赌徒结婚了,其妻臧氏的父亲是郡里的功曹。

当男人有了自己的家庭,自然会变得成熟一些。刘裕不忍心让妻儿跟着自己受苦,决定谋一份正当差事,于是投身北府兵,开始他的戎马生涯。

北府兵是发源于京口一带的一支劲旅,由谢玄所创建,军中多是北方侨民中的骁勇之士。太元八年(383)淝水之战,在前秦百万雄师压境的危机中,北府兵负责长江防务,力挽狂澜,是东晋朝廷的顶梁柱。

刘裕身材高大魁梧,天生就是当军人的料。初入军营,刘裕就被冠军将军孙无终看中,任命为司马(军事参谋)。

一直到而立之年,刘裕都是北府兵的中下级军官,虽然看不到什么前途,至少可以吃饱饭,老婆孩子也不用跟着挨饿。若无战事,他没有机会建功立业,就将安稳地度过一生。

天将降大任于是人也,东晋战火不断,机会永远留给有准备的人。

晋安帝隆安三年(399),五斗米道首领孙恩以鬼神符箓鼓动老百姓起义。孙恩起义军迅速占据江东八郡,军队一度增长到数十万众,并大肆屠杀士族地主,兵锋直指京师建康,东晋朝廷为之震惧。

平定叛乱的重担,落在了北府兵名将刘牢之身上。

刘牢之是员猛将,出生于尚武世家,成名于淝水之战,曾率5000名精兵在洛涧大破前秦军队。军事才能一流,政治意识有点儿欠缺,这也成为其致命弱点。

公元4世纪,最贵的是人才。刘牢之听闻刘裕在军中有口皆碑,就将他提拔为自己的参军府事。刘牢之和刘裕一样,祖上都是南渡京口的彭城人,老乡见老乡,两眼泪汪汪,而刘裕这个小老乡,确实没让刘牢之失望。

在平定孙恩起义军的战斗中,刘裕初露锋芒。

刚刚随军抵达吴地,刘裕率领数十人到前线侦察孙恩军的动向,没想到偶遇起义军数千人。

若是别人,遇上这种情况撒腿就跑,刘裕却不这么干,带着这数十人勇猛迎击。

结果,同行的战友全部战死,刘裕自己也被击退到岸下。孙恩军紧追不舍,刘裕独自奋战，手持长刀，大声呼喊，杀伤甚众。

上司许久等不到刘裕归队，带兵前来寻找。正好看见刘裕与数千敌军周旋，在援军到来之前就已奋长刀斩杀数人，不禁为他的勇猛深深折服，惊愕之余急忙带着手下前去救援，此役斩获千余人。

刘裕的威名一时传遍江东，从此成为孙恩起义军的克星。

刘牢之将孙恩赶出会稽后，起义军只能退入海上，以海岛为根据地，成了"海盗"。

隆安五年（401），孙恩大军从海上进攻海盐城（在今上海市松江区），刘裕筑城迎战。

当时，刘裕手下兵微将寡，根本无力抵抗起义军。但刘裕再次展现英雄虎胆，以少敌多，死守城池。刘裕命将士在夜间偃旗息鼓，精锐部队全部埋伏起来。第二天早晨，又大开城门，让几个老弱残兵登上城墙打打酱油。

城下的起义军问城上老兵，刘裕何在？

老兵们答曰："夜已走矣。"

这招空城计果然奏效。起义军信以为真，争相入城，遭到刘裕伏兵的痛击，大败而归。此次失策后，孙恩多次攻城，都被刘裕击退，只好带兵撤退。

与孙恩起义军作战的短短几年间，刘裕战功卓著，成长为北府兵名将，带兵镇守一方，而年轻时成为一代英雄的理想此时再度浮上心头。

4

刘裕在北府兵崭露头角的时候，桓玄也在一步步夺回桓氏的权力。

当时在位的晋安帝司马德宗是一个白痴皇帝，分辨不清饥饿寒暑，饮食起居不能自理。朝中大权掌握在宗室司马道子、司马元显父子手里。

桓玄年轻时到建康拜见司马道子时，受过他羞辱。当时，司马道子喝多了，当着桓玄的面问他，你爹死前想当反贼，你怎么看？

桓玄听完，吓出一身冷汗，当即跪地不起，幸亏有人在旁为其解围，才缓解了这一尴尬局面。

对桓玄这般自负的人而言，这样的经历绝对是奇耻大辱。

更别说，司马道子父子偏偏还很无能，引发孙恩起义的导火线正是他们发布的一道糊涂政令："发东土诸郡免奴为客者"服兵役。"免奴为客者"是刚从奴婢升上来的佃客，让他们充兵役，不仅侵犯了士族地主的利益，也激起了农民的反抗，两边都不讨好。

司马道子父子不得人心，正好给了桓玄可乘之机。在得到其父桓温当年的根据地荆州后，桓玄相继消灭殷仲堪、杨佺期等地方势力，都督荆、江等八州军事，威名远扬。

元兴元年（402），桓玄公布司马道子父子之罪，起兵造反。为了和朝廷抗衡，桓玄派人劝说刘牢之率北府兵倒戈。

正好刘牢之早有推翻司马道子父子的想法。刘裕得知此事，感到事情不妙，与刘牢之的外甥何无忌苦劝刘牢之按兵不动。刘牢之不听，反而勃然大怒道："我怎不知今日讨伐桓玄易如反掌？但是，桓玄若灭，朝廷有司马老贼在，他们嫉贤妒能，我们能保全自身吗？"

桓玄集合八州兵力，又有北府兵相助，建康毫无抵抗之力，迅速被攻陷。桓玄进京后，将司马道子父子一党一网打尽，自任丞相，独揽大权，终于恢复昔日桓氏的权势。

之后，桓玄为绝后患，夺取刘牢之兵权，改任其为会稽内史。

刘牢之这才知道，自己已祸在旦夕。刘牢之找来刘裕商量："我实在是后悔没有听卿言，被桓玄收买。现在若是到广陵举兵匡扶社稷，卿愿追随我吗？"

刘裕的回答极富政治远见："将军昔日率兵数万，不去讨伐叛逆，反而为虎作伥，朝中文武已经对你失望，你如何夺取广陵？"

果不其然，当刘牢之打算讨伐桓玄时，北府兵旧部相继离散，就连他的外甥何无忌也不愿跟从。万念俱灰之际，刘牢之悬梁自尽，之后被桓玄开棺斩首，暴尸街头。

5

刘牢之失势时，刘裕暗地里曾对何无忌说："我看刘牢之早晚会出事，你不如和我一起回京口。桓玄若能恪守臣节，咱们北府兵就跟着他混。否则，我们起兵除掉他，也为时不晚。"

刘裕早已看出桓玄的野心。当初，桓温权倾朝野，差一步就能推翻晋室，而桓玄一生都在追随父亲的脚步，如今只有一步之遥，怎会轻易罢休？

第二年，桓玄果然废晋安帝为平固王，迁都浔阳，自立为帝，改国号为楚。

桓玄篡位后，刘裕入朝拜谒。桓玄一见刘裕，就对其器重有加，他对司徒王谧说："我看刘裕风骨不凡，果然是人杰。"这个王谧，就是当年帮刘裕还赌债的那个好友。

之后每次宴会，桓玄都会召刘裕入座，殷勤款待，并赏赐宝物。

桓玄的妻子刘氏却不以为然。她见刘裕一身英雄气，一看就不好惹，于是规劝桓玄道："我看刘裕龙行虎步，颇有胆识，恐怕终究不在人下，不可不防。"

骄傲的桓玄一听，大笑道："若要平荡中原，正需要刘裕此等人才。等到关、陇平定，再对付他即可。"

桓玄和刘裕都是励志典范。一个是失意的贵族公子，收复旧部，一手重建"家族企业"；一个是贫困的寒门子弟，白手起家，凭借军功进入政坛。然而，桓玄对刘裕的仁慈，最终断送了自己的事业。

6

有些事，一旦错过就不再。

元兴三年（404），刘裕回到京口，与何无忌等北府兵旧将密谋讨逆。

何无忌与刘裕商定后，就去劝说另一位北府兵将领刘毅。

两人都极有心机，何无忌先假意问刘毅："桓氏现在强盛，可以讨伐吗？"

刘毅也和他绕弯子："以正讨逆，不怕失败，可是我们连一个领袖都没有。"

何无忌特意不提刘裕，试探道："您太低估自己了，难道天下之中没有英雄吗？"

刘毅也知道何无忌的意思，当即表示，依我所见，只有一个刘裕可成大事。

何无忌点头称是，这事儿就这么定了。

因此，刘裕被推为讨伐桓楚的盟主，和何无忌、刘毅、诸葛长民等27名将领歃血为盟，起兵勤王。

桓玄一向自命不凡，若是别人造反他也不怕，可听说起事的是刘裕，吓得连日惊慌。

大臣们说："刘裕军队都是乌合之众，势必无成，不足为惧。"

桓玄却叹息道："刘裕足以称为当世英雄，刘毅也是个不要命的，何无忌酷似他舅舅刘牢之，他们共举大事，何谓无成？"

桓玄不敢与北府兵硬碰硬，而是退守200里，屯兵于覆舟山（玄武山，今南京城区东北），准备以逸待劳。这一招看似高明，其实是坐以待毙的昏招。刘裕的军队势如破竹，桓玄不加以阻挡，使其气势更盛。

部下再三请战后，桓玄只好派出顿丘太守吴甫之、右卫将军皇甫敷等将领迎击。

吴甫之是桓玄手下骁将，英勇善战，率兵与刘裕军相遇于江乘（今江苏句容）。

狭路相逢勇者胜。刘裕手持长刀，身先士卒，大呼迎战，将吴甫之斩于马下。

之后，刘裕军进至罗落桥（今江苏南京东北），又与皇甫敷的数千精锐交战。皇甫敷设下包围圈，将刘裕困在其中。两军阵前，皇甫敷挑衅地问刘裕："你想怎么死？"

刘裕身陷重围，毫无惧色，对其怒目而视，吓得皇甫敷不敢直视他的目光。

正在此时，刘裕援军赶到，一箭射中皇甫敷的额头。皇甫敷应声倒地，他知道大势已去，也知刘裕乃当世英雄，便向其托付后事："君有天命，请求您照顾我的子孙。"刘裕同意他的托孤，带兵上前将其斩杀，随后乘胜追击，进攻建康。

吴甫之、皇甫敷相继战败，建康即将失守，桓玄自知无力回天，不得不乘船逃走，桓氏基业毁于一旦。两年前，刘裕是桓玄的座上宾，战战兢兢，如履薄冰。如今，桓玄如过街老鼠人人喊打，一路逃窜，最终在益州被杀，传首建康。

7

义熙元年（405），晋安帝在刘裕的扶持下重登帝位，刘裕取代桓玄，总揽朝政，授侍中、车骑将军、开府仪同三司、扬州刺史、录尚书事、徐兖二州刺史。

整个晋朝，从此由刘裕做主。他以一个寒门士族的身份，打破了士族门阀对东晋政权的垄断。

历史的天平在这一刻悄然倾斜，而刘裕的野心还不仅如此。

对敌人的仁慈，就是对自己的残忍，在站稳脚跟后，刘裕对昔日的老朋友举起了屠刀。

义熙八年（412），占据荆州的刘毅对刘裕心生不满，扬言"恨不遇刘邦、项羽，与之争中原"，要与刘裕争权。刘毅当年是反桓楚联盟的二号人物，如今朝中却没他的位置。

论文化，刘裕泥腿子一个，大字不识几个，刘毅好歹还可以吟诗作对；论资历，两人都是北府兵出身，都有复兴晋室之功。刘毅表面上对刘裕客气，心中早已不满。

对于这样一位不安分的老战友，刘裕态度很明确，在刘毅暴露后，亲率大军西征,将其党羽铲除殆尽。

另一个盟友诸葛长民,一度都督豫州、扬州等六郡军事,被刘裕委以重任。刘裕出兵讨伐刘毅时,将其留在后方。

刘裕如此信任,诸葛长民很慌,私下跟亲信说:"昔日醢彭越,今年杀韩信,我也要遭殃了。"

其部下很纳闷,刘裕西征荆州,把一家老小都托付给你了,怎么可能害你呢?

诸葛长民的弟弟劝他赶紧先发制人,以免和刘毅一样悲剧。

正当诸葛长民举棋不定,不敢贸然出手时,刘裕已经班师,秘密潜回建康。

诸葛长民得知,惊讶之余急忙入朝求见。

刘裕走下堂来,握住诸葛长民的手,和往日一样谈笑风生,说道:"老哥别来无恙,当初我将府中大小事都托付给你,现在也还当你是兄弟,你肯不肯继续为我效力呀?"

话刚说完,没等诸葛长民表态,事先埋伏好的壮士已经跳出来,将诸葛长民拉倒,当场杖杀。

8

在消灭反桓楚联盟的同时,刘裕彻底平定孙恩、卢循之乱,灭南燕,灭后秦,灭谯纵收复四川,鲜血和征服成就了刘裕的霸业,昔日由门阀士族主导的东晋朝廷也被彻底架空。

想当年,金戈铁马,气吞万里如虎。

元熙二年(420),刘裕见时机成熟,逼迫晋恭帝司马德文禅让,称帝建国,国号为宋,史称宋武帝。

司马德文禅位后,刘裕为绝后患,派郎中令张伟送去毒酒一坛,将其毒死。

张伟是个好人,认为"鸩君以求生,不如死",自饮毒酒而死。

司马德文自知刘裕不怀好意,日夜和褚妃同处一室,一切饮食由褚妃打理。

刘裕没法从饮食下手,便策划暗杀。

他命褚妃的两个哥哥前去拜访,趁褚妃外出和哥哥相见之际,刘裕的刺客越墙而入,给司马德文送上毒药。

司马德文知道是刘裕的命令,仍宁死不从,和刺客讲起了哲学,说:"佛教有云,自杀者不复得肉身。"鸩杀不成，刺客就用棉被将其活活闷死。

胡三省评曰："自是之后，禅让之君，罕得全矣。"

刘裕首开恶例，杀禅让之君，可和桓玄相比，这个皇位坐得实在高枕无忧。本质上，刘裕和桓玄就是同一类人，有同一个目标，只是刘裕完成得更加完美。

李建成：他的仁慈，成就了李世民的野心

1

在当上皇帝13年后，贞观十三年（639），唐太宗李世民向史官褚遂良提了一个要求："爱卿，朕想看看本朝的国史。"

没想到褚遂良却说，按照史学界传统，皇帝不能看当代史，于是他严词拒绝了李世民，李世民对此有点恼火，他说："朕有'不善'的地方，你也会记下来吗？"

褚遂良的回答是："秉笔直书本朝的历史，本来就是史官的职责。"

一句话，呛得极力维护"明君"形象的李世民一时无话可说。可他心心念念，对发生在13年前的一件旧事总是耿耿于怀——那就是发生在公元626年的玄武门之变。多年来，李世民对于史官们如何阐述这件事，心里一直惦记得很。

在被褚遂良拒绝一年后，贞观十四年（640），按捺不住的李世民直接给宰相房玄龄下了命令，要求观看国史。这次，宰相房玄龄不敢违逆皇帝的旨意，在经过万分紧急的删改后，记载唐朝初年国史的《高祖实录》《太宗实录》被呈到李世民面前。

在看到自己最关心的玄武门之变被写得比较隐晦后，李世民下令说，没关系，你们直接写啊，我当初杀某些人，就像周公杀管叔、蔡叔安定周朝，还有季友毒死叔牙安定鲁国一样，都是为了"安社稷，利万民"啊。

李世民指的某些人，核心人物就是他在玄武门之变中杀死的同父同母的亲大哥、大唐帝国原本的接班人——太子李建成（589—626）。

对于李世民心心念念的这些事，就在李世民指示史官们应该怎么"写历史"的前一年，黄门侍郎刘洎就向李世民建议说："天底下很多事，即使褚遂良不记载，史官不记载，天下人也会记载。"

但李世民顾不得这么多，在他看来，他所极力维护的"明君"形象，容不得马虎，所以他需要在国史中为自己"润色"粉饰一下：一方面是为自己进行"品牌包装"；另一方面，则是要对政治对手们进行"有艺术"的践踏抹黑。

于是，在经过李世民的"修改指示"后，根据唐朝国史编撰而成的《高祖实录》《太宗实录》以及后来的《旧唐书》《新唐书》，对于在玄武门之变中被杀的太子李建成，大概是这么写的："建成荒色嗜酒……骄态纵横，并兼田宅，侵夺犬马……有禽犬之行……同恶相济，掩蔽聪明……昵近小人……信谗慝，疏骨肉……"按照史书的说法，李建成就是个人面畜生，言下之意，他被"英明神武"的弟弟李世民所杀，也是很有道理的，似乎李建成是咎由自取。

但拨开历史的迷雾，李建成，真的如此不堪吗？

2

隋朝大业十三年（617）六月，心急如焚的李渊，在晋阳（今山西太原）焦急等待着两个人的到来。他等的，是他的两个儿子：李建成和李元吉。

尽管在此后的人生中拥有多达22个儿子，但李渊与妻子窦氏，却只有四个儿子，这就是后来的长子李建成、二子李世民、三子李玄霸、四子李元吉。三子李玄霸早逝，所以李渊对于自己嫡传的三个儿子李建成、李世民、李元吉非常爱护。

隋朝末年天下大乱，作为太原地区最高军政长官的李渊，也有意起兵反隋，于是他秘密派出自己的两个儿子李建成和李元吉，到河东地区秘密招贤纳士、笼络人才，历经两年准备，起兵已势在必行，18岁的二儿子李世民催促父亲李渊说，应该开始干了。

但李渊却坚持要等到长子李建成和四子李元吉回到晋阳后，才正式举兵，他告诫李世民说："你哥哥和弟弟都还没回来，我们此时举兵，他们岂不是将陷入险境？"

等到李建成和李元吉归来后，万分焦虑的李渊才放下心来。七月，李渊最终宣布起兵，率领3万军队直扑长安。

接下来的历史，李建成隆重登场。

在进军长安的路途中，李建成治军严整，对于军队沿途经过的田园里的瓜果蔬菜，"非买不食"，对于百姓"秋毫不犯"，出兵仅仅九天时间，李建成就率兵攻克西河，这让刚开始还担心李建成太过年轻不懂行军打仗的李渊大喜过望。

攻克西河后，李渊的军队一度遭遇大雨，被困阻途中，当时兵粮匮乏，军心一度动荡，有人甚至建议李渊应该退守晋阳，此时李建成又力主应该继续前进，最终在李建成和李世民兄弟的坚持下，李渊决心继续进军长安。

最终，在李建成的协助指挥下，李渊率军突入关中，李建成则率兵扼守关中地区的要塞潼关，并击败隋朝名将屈突通。随后，李建成的部下雷永吉又率先攻入长安城中，为李渊部队攻克长安立下了当之无愧的第一功。

从七月在太原起兵，到十一月攻克长安，短短三个多月、100多天时间，李渊在李建成的主要辅助下攻克了关中地区，从而为第二年建立大唐一举奠定了军事、政治、经济基础。在这当中，作为李渊部队的左路统帅，28岁的李建成当居首功。而在后来经过篡改的史书中，攻克关中地区，被描写成是当时仅仅只有18岁的李世民的首倡和功劳。

3

在这场后世称为"晋阳兵变"、为期三个多月进军长安、建立大唐的伟大战役中，28岁的李建成立下了不世功勋。鉴于李建成出色的军事政治才能，在夺下长安后半年的618年五月，李渊正式建立唐朝，并将长子李建成立为太子。

公元618年的中国仍然四分五裂，此时隋炀帝刚被叛军所杀，各路军阀鼎立，为了完成国家统一及下一步的建国任务，李建成责无旁贷地协助父皇李渊开始经营大唐帝国，并掀开了唐朝初年大规模统一战争的序幕。

在历朝历代的开国皇帝中，尽管天纵英才，但李渊也是一个比较特殊的存在。当时，大唐虽然建国，但是周边仍然强敌环伺：李密、窦建德、王世充、宇文化及等各路势力错综复杂、交织纵横，身处这种危险的局面中，出身贵族世家的李渊却天性爱玩，不顾帝国风险，四处外出，不仅到陕西华阴、终南山等地狩猎，甚至还到华山、老子庙等地祭祀、谒拜，完全不顾大唐草创的安危。

在这种情况下，作为太子的李建成也经常被赋予监国重任，并坐镇长安主持朝政日常工作——可以说，唐朝初期无论是组织大规模统一战争、坐镇后勤，还是劝课农桑、发展经济，协助建立大唐各项规章制度，进行政权建设，李建成都是此中除了李渊之外，最为关键的角色。

太子坐镇后方的特殊职责，使得在大唐建国初期显露出不凡军事才能的李建成无法继续率兵打仗,历史也由此成就了率兵出征的李世民。唐朝的建立,李世民当然具有很大的功劳,但对于李建成坐镇后方、运筹帷幄的指挥以及对前线功不可没的倾力支持,这些历史的事实,在经过李世民的指示篡改后,在后世史书的描述中,李建成却成了一个安享其成的窝囊废。

这里面,有一件事很能显示出李建成的功劳和谋略。

621年,李世民率军击败窦建德,夺得河北地区,然而只注重军事镇压的李世民却无法真正平定河北,窦建德被俘和处死后,他的部下刘黑闼等人起兵反抗,并在半年时间里,便全部恢复了窦建德原先的地盘,河北震动。

眼见李世民无力平定河北,李渊于是又派出自己的四子、齐王李元吉前往平叛,没想到李元吉也被刘黑闼痛击惨败,无奈下,李渊只好派出身为皇太子的李建成领兵亲征。

历史给了李建成青史留名的机会。在分析李世民和李元吉失败的原因后,李建成认识到,光靠一味的军事高压政策无法真正平定河北地区,于是,李建成采取了攻心战,将军事打击与笼络人心并重,双管齐下,最终彻底平定了整个河北地区,而李建成与李世民的军事策略高低优劣,在河北争夺战中也显露无遗。

4

尽管天纵英才、聪慧睿智,但李建成却有一个致命的弱点:仁慈。

对于一个治国之君来说,仁慈不失为一大优点,但在残酷的政治斗争中,仁慈却经常会造成致命的伤害。

玄武门之变后,李世民在杀死李建成、李元吉后,又将李建成的五个儿子和李元吉的五个儿子全部斩杀。随后,李世民又下令大规模搜捕李建成和李元吉的部属,当时作为李建成主要谋士的太子洗马魏徵也被捕了。

李世民见到魏徵的第一句话,就是劈头盖脸训斥魏徵说:"你为何离间我们兄弟?"

李世民说这句话,是指魏徵此前一直建议李建成应该对李世民先下手为强。没想到听到这句话后,魏徵却强硬地回击说:"太子(李建成)就是性格太过仁慈,一直不忍心对你下手,不听从我的建议,才会有今日之祸!"

没想到李世民听后却哈哈大笑,命人释放了魏徵。后来,李世民下令任命魏徵为詹事主簿,此后又改为谏议大夫。

在李世民看来，自己就是抓住了大哥李建成宅心仁厚这个"缺点"，才得以成功发动政变，杀死了李建成，最终夺得帝位。

尽管在后来被篡改的史书中，记载李建成曾经试图用毒酒谋杀李世民，但事实上，为人宽厚仁慈的李建成有很多下手的机会，却根本没有动过手。因为在李建成看来，李世民始终是他的亲弟弟。

武德七年（624），看到秦王李世民依托秦王府部将，势力日益膨胀，支持自己亲大哥的齐王李元吉，派出手下潜伏在一个卧室内，试图谋杀李世民，临发动前，李元吉才告知李建成，没想到"建成性颇仁厚，遽止之"！

在李建成看来，尽管李世民有谋夺帝位的野心，但作为同父同母的血肉兄弟，李建成并不愿意骨肉相残，因此尽管李建成后来也采取措施削弱李世民的势力，却从来没想过要谋杀李世民。

就在玄武门之变前一天，唐高祖武德九年六月初三（626年7月1日），李世民耍了个诡计，在父皇李渊面前诬告太子李建成和齐王李元吉，说他们"淫乱后宫"，试图以此引诱李建成、李元吉进宫对质，进而发动政变击杀李建成。

就在这千钧一发的时刻，支持太子的张婕好命人火速通报李建成，让他多加提防李世民。齐王李元吉当时也觉得事有蹊跷，主张应该"托疾不朝，以观形势"，但史载"性颇仁厚""亲慈"的李建成却觉得，虽然李世民诬告自己，但应该也不至于怎么样，毕竟在李建成看来，李世民终究是他同父同母、一奶同胞的亲弟弟。

这种对于亲弟弟的仁慈和疏于防备，最终在第二天，在玄武门，要了李建成的命。

5

在李世民看来，太子李建成才华横溢，无论是治国理政还是领兵打仗都很有一套，而且作为父皇李渊的嫡长子，兄长李建成从一开始就被立为太子，按照嫡长制的传承规则，秦王李世民根本没有机会问鼎帝位，所以除了政变，已别无他法。

而在李建成看来，自己本来就是皇位的合法继承人，所以尽管谋士魏徵以及弟弟李元吉等人一直劝他要除掉李世民，但碍于骨肉亲情，李建成一直不忍心下手。但出于提防，李建成也步步为营，将李世民秦王府的文臣武将们逐步调离：李建成先是试图收买李世民的猛将尉迟敬德，在收买不成后，李建成又转而将忠于李世民的程咬金外派到偏僻的康州（今广东德庆）担任刺史。随后，李建成又借助唐高祖李渊的支持,将李世民身边最重要的谋士房玄龄、杜如晦驱赶出秦王府,并严令他们不准私下接触李世民。

当时,李世民以洛阳为基地,暗中培养自己的军事势力,谋划一旦与李建成决裂,将以洛阳作为未来与李建成决战的基地;与此同时,李世民又于武德四年(621)设立文学馆,招徕了杜如晦、房玄龄、长孙无忌等"秦府十八学士"作为谋士;武将则以秦王府的尉迟敬德、秦琼等人为基础,暗中培养了800名死士,试图一旦有变,就秘密出击、政变夺权。

对于李世民的暗中谋划,唐高祖李渊也心知肚明,对于自己几个儿子之间逐渐势同水火的局面,李渊也显得痛苦犹豫,不知如何是好。

武德五年(622),李渊对宰相裴寂评价儿子李世民说:"此儿典兵既久,在外专制,为读书汉所教(试图夺权),非复我昔日子也。"

此前,李渊还曾经当面训斥李世民说:"你秘密培养文人武将,蓄养死士,皇帝自有天命,不是靠智力可获得的,你何必那么急着想要呢?"

尽管已经预感到李世民可能要行不轨之事,但李渊对于这场即将到来的家庭和皇族斗争悲剧,仍然从亲情的角度出发处理,没有充分预料到事情可能导致的严重后果。

在李渊看来,李建成自始至终表现都非常优越,且英才聪慧,是一个合格且优秀的帝国接班人,所以他从没有想过要将太子之位传给李世民,对于李世民的这种骚动,他看在眼里急在心里,但也仅仅只是表现出忧虑和训斥而已,并没有采取足够的防范措施。

6

兄长的仁慈与父亲的迟疑,最终给了李世民先发制人的机会。

唐高祖武德九年六月初四(626年7月2日),李世民最终在玄武门成功发动兵变,杀死了兄长李建成、弟弟李元吉,并软禁了父亲唐高祖李渊。

在我看来,评价一个人,不仅仅要看他生前,也要看他死后,还有多少人愿意为他死力卖命。

李建成被杀的消息传来,太子东宫的翊卫车骑将军冯立感慨说:"太子生前,我蒙受他的大恩,如今他不幸被杀,我岂能因此逃难,不去为他复仇?"于是,冯立和太子东宫的副护军薛万彻、谢叔方等人，率领着太子东宫和齐王府的2000多名精兵迅速赶到玄武门，与被李世民买通的玄武门守军展开了激战。战斗中，冯立将支持李世民的云麾将军敬君弘斩杀于阵前。

当时，支持李世民的玄武门守军逐渐不支，就在这千钧一发的时刻，尉迟敬德割下了李建成和李元吉的人头，并将两个人头直接出示给支持太子的军队观看，于是支持李建成的"宫府兵遂溃"。即使如此，有感于李建成人品和恩德的冯立仍然不愿意投降，于是解散亲兵逃亡到山野。临走前，冯立说："我为太子而战，如今杀了敬君弘，才算稍稍报了太子的恩德。"薛万彻则与数十名骑兵，逃亡进入终南山避祸。

玄武门兵变当天，李世民的军队也控制了整个皇宫。当时"擐甲持矛"浑身是血的尉迟敬德杀气腾腾，直接冲进了李渊的寝宫，面对这场突如其来的剧变，李渊只能恐慌地询问说："今天到底是谁作乱？你又来这里干什么？"

尉迟敬德对此回答说："秦王（李世民）以太子（李建成）、齐王（李元吉）作乱，举兵诛之，恐惊动陛下，遣臣宿卫。"

尉迟敬德名为宿卫，实际则是软禁控制了李渊，随后在李世民的授意下，尉迟敬德又强迫李渊颁布敕令，声明将所有军政大权全部授予李世民。在这道由李世民强迫授意的诏书中，太子李建成和齐王李元吉被训斥成是罪行累累、死有余辜的罪恶分子。

在另外一道被迫颁发的《立秦王为皇太子诏》中，李世民借"父皇之口"极力赞扬自己，说秦王李世民是"气质冲远，风猷昭茂""遐迩属意，朝野具瞻"。以求把这场弑兄、杀弟、逼父、夺权的宫廷政变，尽可能包装得美好一些。

随后，李建成、李元吉分别被灭门。短短一天时间，李渊的两个儿子、十个孙子全部被杀。凶手，则是他的另外一个儿子。

在完成这些杀戮之后，李世民才出现在李渊面前，然后假惺惺地扑到李渊怀里"痛哭"。

7

在对自己的哥哥李建成、弟弟李元吉进行灭门屠杀后，李世民还想接着对太子东宫和齐王府的臣僚们展开屠杀。

没想到，亲手割下李建成、李元吉人头的尉迟敬德，却站了出来拼命阻止，尉迟敬德说："罪在二凶，既伏其诛；若及支党，非所以求安也。"

于是，李世民才停止了大规模杀戮，平复心情后，李世民马上借李渊的名义下令说，对于李建成和李元吉的臣属和党羽"一无所问"。由此才逐渐平复了局势。

玄武门之变后，与李建成关系密切的幽州大都督、庐江王李瑗也被迫造反，但很快被部下所杀；而李建成在边境的部属们则放弃抵抗，以致突厥迅速入侵，直接攻到了长安城附近。

尽管边境危机相继化解，但考虑到李建成的巨大人格魅力和感召能力，李世民在收服李建成的谋士魏徵后，随即派其前往河北等地，巡视李建成的老部下，以求安抚人心。

玄武门之变后两个月，即武德九年（626）八月，李世民正式逼迫父亲李渊"禅位"，自己取而代之，是为唐太宗。

又两个月后，即武德九年十月，李世民在多番考虑后，决定将李建成和李元吉"以礼改葬"，对于李建成，李世民下令追封为"息王，谥曰隐"，是为"隐太子李建成"。

所谓"隐"，则是指"隐拂不成曰隐，明不治国曰隐，怀情不尽曰隐"，在政治斗争中取胜，并将兄长李建成灭门后，李世民考虑到各种势力的均衡和安抚，最终给了兄长李建成一个相对较为中性的谥号。

在给兄长李建成和弟弟李元吉发丧的这一天，李世民甚至命令原来东宫和齐王府的部将旧属都去送葬，李世民自己则亲自到了长安城的宜秋门，"上（李世民）哭之……甚哀"。

然而李世民终究按捺不住心情，担心史书记载对他不利，于是发生了本文开头一幕，他先后向褚遂良和房玄龄要求查看国史。

在李世民看来，在政治斗争的哲学里，从肉体到灵魂都是不可宽恕的需要消灭的对象。

但李世民终究有所疏漏，没有彻底清查和销毁各类记载玄武门之变前后的论著和史料，以致温大雅的《大唐创业起居注》等部分记载了真相的史料还是流传于世。

尽管血腥不择手段，但偶尔，他也会闪过一丝不安。就在"指示"篡改玄武门之变史料后三年，即贞观十七年（643），李世民在看了一篇文章后，似乎被触碰到了某个心结，对此他潸然泪下，独自哭了很久，他对身边的近臣们说："朕昨天看了徐干（东汉'建安七子'之一）所写的《中论·复三年丧》这篇文章，义理甚深，恨不早见此书……人情之至痛者,莫过乎丧亲也……但知自咎自责,追悔何及?"

对此,他是在怀念被他亲手所杀的兄长李建成,还是怀念玄武门之变后一直被他软禁的父皇、后来孤老至死的李渊?李世民没有直说,只能说,他心有戚戚焉。

六年后,即公元649年,52岁的李世民猝然长逝,身后,他给大唐留下了一个伟岸的帝国和自己用"贞观之治"塑造起来的"圣君"名声。

只是不知道,他临死前有没有想起来被他指示在史书里极力抹黑诬陷的皇兄李建成?

黄袍加身之后，宋太祖赵匡胤失眠了

黄袍加身之后，宋太祖赵匡胤失眠了。

史书记载，他夜间常常不能入睡，干脆起身披衣，微服造访在京的大臣。搞得很多高官也睡不好觉，不敢脱去衣冠，搞不好皇帝半夜就来敲门了。哪怕漫天风雪，也不能阻止赵匡胤半夜起来溜达。

皇帝患上了失眠症，这俨然已是新王朝的头等大事。但好像没有人有特别好的对策，有个侍卫向赵匡胤进献了一把隐藏在手杖里的宝剑，祝愿皇帝有个安全感，可以睡个好觉。

这个侍卫看出皇帝实际上患的是恐惧症。

然而，赵匡胤似乎很不满意大家对他"有病"的猜测。汴京的新宫殿落成后，他直接坐到正殿上，让人把所有门窗都打开。他对左右的人说："此如我心，少有邪曲，人皆见之。"意思是，我的内心坦荡荡，没毛病。

有病的人都会说自己没病。

1

一个普通人睡不好觉，那是个人问题，但一个皇帝睡不好觉，那就是政治问题。

赵匡胤当皇帝当得并不快乐。有一次罢朝后，他一个人闷闷不乐了很久，然后对内侍说，你以为做皇帝很容易吗？差点就说"你以为容易你来当好了"。

这种话当然是话外有话，但不见得就是矫情。世间最美好的事物，得不到就拼命追求，得到了就死命守住，所以都不容易。

《诗经》里有一个失眠的男子，因为想得到一个美女，导致彻夜难眠："求之不得，寤寐思服，悠哉悠哉，辗转反侧。"这名男子，虽然我们不知道他的名字，但他应该是中国历史上最早的失眠者:因为得不到而睡不着。

伟大的诗人屈原也患有严重的失眠病。他忧患楚国被强国所夺,并因奸臣的谗言和排挤而被流放,在谪地写下不少讲述失眠痛苦的文字,比如:"思不眠以至曙,终长夜之曼曼兮,掩此哀而不去。"又比如:"夜耿耿而不寐兮,魂茕茕而至曙。"

这是因为(害怕)失去而睡不着。皇位,也是如此。

从现代医学理论来看,中国历代帝王多多少少都有一些心理疾病,狂躁啦,忧郁啦,妄想啦,神经衰弱啦……没病的没几个。

各种原因导致的失眠,是帝王群体中的高发病。这一点应该不难理解。失眠喜欢缠上的群体,不是失败者,而是成功者,是金字塔顶端的那些人。官员和富豪往往是最睡不好觉的。

北魏道武帝拓跋珪口碑算可以的,但他后期患了严重的失眠症。史书记载说是"或数日不食,或不寝达旦",要么几天不吃饭,要么通宵不睡觉。他的性格由此改变,变得猜忌心很重,经常幻听幻视,有时候整夜整夜自己跟自己说话。麻烦就来了,苦了他底下的大臣们。即便你只是说错了一句话,走错了一个步子,甚至只是呼吸不均匀,在他面前喘息了一下,他就亲自上阵,加以狂殴暴打,直到打死为止。打死了再把尸体陈在天安殿前,供人"瞻仰"。

拓跋珪的病,应该是长期服食寒食散中毒表现出来的精神症状。总之,一个英明的皇帝就这么毁了。人设因为失眠彻底坍塌。

还有一些奇葩皇帝,史书对他们的记载是通宵饮酒纵乐。我们以前以为这是没有权力监督和制约下最高当权者的一种享受的生活状态,但其实,通宵饮酒纵乐可能是他们对抗失眠症的一种方式而已。个中苦痛,几人能解?

南朝陈后主陈叔宝"君臣酣饮,从夕达旦,以此为常"。甚至隋兵已临长江,君臣依旧奏乐作诗,照饮不误。

宋人真德秀评价陈亡国的原因时说:"陈后主君臣酣饮,自夕达旦,以此为常。其后隋师东下,不为深备,奏技纵酒,赋诗不辍,陈国遂亡。"

没有一个人愿意当亡国之君,但帝王的失眠的确可以导致亡国的严重后果。

2

一个普通人失眠,不成为问题,但一群人失眠,则成为社会问题。

有一种说法是这样的：原始社会时，人类在山洞里过着"穴居"生活，处在"天然睡眠"时期；农业社会时，人们使用简单的工具进行手工劳动，日出而作，日落而息，处在"自然睡眠"时期；工业社会时，许多工厂实行轮班作业，人们的睡眠时间受到了限制，人类进入"强制睡眠"时期；当今信息社会里，知识爆炸，信息泛滥成灾，人类正在进入"无法睡眠"时期，睡眠障碍已经成为一大社会问题。

听起来很有道理的样子，但很明显，这是把古代社会阶层单一化了。农业社会也有脱离体力劳动而从事脑力劳动的群体，这些人的睡眠质量，似乎从来就没好过。在"无法睡眠"层面上，提前跨入了现代社会。

最典型的时代，就是魏晋。

那是个整体动荡的时代，每个人的精神状态都不太好，有的紧张，有的亢奋，有的压力山大，而且均统一表现为失眠症高发。尽管没有像现在一样的抽样统计数据，但从流传的史书记载及文学作品来看，那时候的失眠，就跟传染病一样流行。

有大量的诗歌，都在写失眠这件事。最著名的是阮籍，爱翻白眼的那个名士，把失眠写成了经典："夜中不能寐，起坐弹鸣琴。薄帷鉴明月，清风吹我襟。孤鸿号外野，翔鸟鸣北林。徘徊将何见？忧思独伤心。"又是弹琴，又是鸟叫，又是清风，又是明月，听起来很文艺，很酷，是吧？但他的本质是"夜中不能寐"啊，失眠了是很痛苦的事，所以才折腾出这么多忧思来。

坦白讲，不曾深夜失眠的人，不足以语人生。

魏晋时代有那么多洞穿人生的文学作品传世，跟那阵子世上满是失眠人有直接关系。街上逮住三个人，有两个是诗人，正好两个都是失眠症患者。

曹家三代人，从曹操到曹丕再到曹叡，无一例外是失眠人。都曾半夜三更起来散步、吟诗、弹琴、听鸟叫，还不是一次两次。

最可怕的是曹操，他自己警告别人："我眠中不可妄近，近便斫人，亦不自觉。"我睡觉的时候，你们不要走近，睡梦中把人砍死了，我自己都不知道，不负责的。

相比之下，不热衷权力的失眠者就可爱可亲得多。王羲之的儿子王徽之在一个雪夜失眠，突然想起老朋友，于是连夜坐船到了这个朋友的家门口。但他没有敲门，又坐船回家了——我可以叫醒一个睡好觉的朋友，但依然治不好我的失眠呀。

这要是赵匡胤，他早就闯进去了，哪管别人睡得正香。

鲁迅曾经分析过，"晋朝人多是脾气很坏，高傲，发狂，性暴如火的，大约便是服药的缘故。比方有苍蝇扰他，竟至拔剑追赶；就是说话，也要胡胡涂涂地才好，有时简直是近于发疯"。

那时流行服药，食五石散，结果整个士人群体表现出药物中毒的症状。失眠，只是其一。

即使是陶渊明这样的隐士，也很难睡个好觉。"采菊东篱下，悠然见南山"的那股放松劲儿，跟整个时代紧张的气氛是不合拍的，他确实有特立独行的本事，然而更接近他生活和内心本质的，可能还是"披褐守长夜，晨鸡不肯鸣"这样的失眠时写出来的句子。

总之，一个时代一大帮人失眠了，确实可以有更多时间去琢磨和创造出更多的精神财富，但只有失眠过的人，才会对这帮人产生同情的理解，才会知道他们睡不着觉的痛苦和难受，才会深深懂得，这不是人有病，是时代和社会有病。

3

有些人想睡睡不着，有些人想睡没得睡，这说起来，又是老天的不公平。

一个时代的人为何失眠，这个原因基本就是这个时代的中心命题。看一个时代失眠的人都在干什么，大抵也可以知道这个时代的追求。同理，一个时代的人为何熬夜，熬夜的人都在干什么，也都是时代的一面隐秘的镜子。

唐代颜真卿作过一首《劝学》诗，劝当时的年轻人熬夜读书："三更灯火五更鸡，正是男儿读书时。黑发不知勤学早，白首方悔读书迟。"

元朝重臣曹元用应该读过颜真卿这首诗，他年轻的时候读书相当用功，一看就看通宵。他父亲很担心他彻夜不眠会生病，就警告他，要他早点熄灯。曹元用不听，拿件衣服遮住窗户，继续熬夜看书。

虽然都是熬夜，但层次还是很不一样的。有的人卡拉OK夜总会，有的人囊萤映雪，焚膏继晷。哪怕同样是熬夜看书，不同时代的年轻人精神层次也差了好远。

明代谢肇淛很犀利地批评过他那个时代的年轻人："余尝见人勤读，有彻夜至呕血者，余尝笑之。古人之读书，明义理也；中古之读书，资学问也；今人之读书，不过以取科第也，而以身殉之，不亦惑哉？"

在谢肇淛看来，当时的年轻人哪怕熬夜看书看到死，跟以前的时代比，段位还是低了许多。为什么？功利心太强了。人家熬夜看书，你也熬夜看书，但人家看书是为了义理学问，你看书是为了考取功名，这能比吗？所以，一个时代是否急功近利，从年轻人熬夜干什么就看出来了。

为了功名利禄而熬夜读书，动机不纯，心神难定，长夜漫漫，就会生出许多念头来。明清有一些医案，专门记述了这些熬夜读书人的"病"。

清代名医叶天士写过一个病例，说有个18岁的年轻人为了科举，经常深夜苦读，导致失血咳嗽，心肾不交，频频遗精。病人自述称，虽还未完婚，但夜半读书容易起情欲之念。叶天士给出的治疗方案很有意思，他说这种病吃药是吃不好的，只需要抛开书卷，早睡晚起，就可以痊愈了。

还有更悲剧的。清代朱增籍记载，有个叫贺梅仙的少年，聪明好读书，为了早日科举成功，到了废寝忘食的地步，结果用功过度，终于夭折。

当时出版的文人生活百科全书《传家宝》，已经号召年轻人好好睡觉，不要熬夜读书了。精神境界上不去，学古人熬夜看书会死人的。原文是这么说的："读书原不费气力，若必欲如前人之刺股悬梁，则今人受不得许多痛苦；必欲如前人囊萤映雪，则今人亦无此耐烦心肠。即如老生常谈'三更灯火五更鸡'，亦要看精神力量遣得睡魔、耐得寒暑饥渴。若怯弱书生，未免成病……"

所以，还是洗洗睡吧。

4

越是浮躁功利的时代，睡眠的问题越不容易解决。再多的失眠人，也写不出魏晋的好诗。再辛苦的熬夜读书人，也涂抹不掉科举对人性及身心健康的摧残。

科举功名最盛、最有诱惑力的开端，恰是失眠症患者赵匡胤开创的宋朝。这又得说回赵匡胤的病。

当了两年皇帝，失眠了两年之后，赵匡胤直面并公开了他的病因。史载，赵匡胤召集石守信等将领喝酒，喝高了屏退左右说："我非尔曹之力，不得至此，念尔曹之德，无有穷尽。然天子亦大艰难，殊不若为节度使之乐，吾终夕未尝敢安枕而卧也。"

石守信等将领都问："何故？"

赵匡胤答："是不难知矣，居此位者，谁不欲为之？"原来，他的失眠是缘于对帝位不保的恐惧。石守信等人赶紧表忠心："今天命已定，谁敢复有异心？"

赵匡胤说："不然。汝曹虽无异心，其如麾下之人欲富贵者，一旦以黄袍加汝之身,汝虽欲不为,其可得乎?"意思很明显,他自己是黄袍加身的受益者,他可不想这种事重演。将领们一听,都涕泣不已,要赵匡胤指条明路。赵匡胤这才悠悠地说:"尔曹何不释去兵权……君臣之间,两无猜疑,上下相安,不亦善乎?"

随着兵权的成功回收,铲除藩镇、加强中央集权措施的成功实施,老狐狸的失眠症、神经衰弱症、恐惧症也渐渐好了。困扰皇帝,从而困扰帝国的所有问题,随着失眠症的解决也统统消失了。

此后,赵家人重用文人,无限抬高读书人的地位,仅仅因为他们没有兵权,无法威胁赵家天下。由此造成的时代阴影却逐步凸显,在科举功名的诱惑下,一代代聪明人自觉或不自觉地彻夜失眠。

现在想想,此后每个时代被无限放大的功利心,是比魏晋的五石散更毒的毒药。它不仅让人失眠,还让人失心。

宋太宗的政治战

1

权力交接,自古就是门技术活,个中门道耐人寻味。

宋太宗赵光义深谙此道,他在哥哥宋太祖赵匡胤猝死,留下一个"斧声烛影"的未解之谜后,接过大宋的领导权。

照理说,兄终弟及,名不正言不顺。即位几年后,赵光义就抛出了其母杜太后的遗命"金匮之盟"。

据说,陈桥兵变的第二年(961),杜太后病危,自知不久于人世。她将大臣赵普叫至病榻前,当着他的面问一旁的赵匡胤:"你知道自己是怎么得天下的吗?"

赵匡胤不忘母亲养育之恩,给出教科书般的答案,说:"都是多亏祖上积德,太后行善。"

杜太后一听反而不乐意了,说:"错,你得天下,还不是因为周世宗传位幼子,留下孤儿寡母。主少国疑,才让你钻了空子。你百年之后,应该把皇位传给你弟光义,才能永保江山。"可是,她说这番话的时候,赵匡胤只有34岁,正当壮年,即便他在几年后英年早逝,其子业已成年,不至于如周世宗一样留下7岁幼子,导致群龙无首的局面。杜太后这番话多少有些自相矛盾。

照杜太后的意思,老赵家的江山应该先由匡胤传给光义,再由光义传给弟弟光美,最后再传回赵匡胤之子。国有长君,社稷之幸,如此民意支持率方能噌噌往上涨。

赵匡胤一片孝心,泣拜太后,表示会吸取前朝教训。杜太后就让赵普把她的话记下来,写成誓书,放进金匮之中。金匮之盟疑窦重重,是否为赵光义与赵普合谋伪造,早已不得而知,但这一招确实有安抚人心、巩固帝位之效,也由不得大臣们不信。

2

不管这金匮之盟是不是伪造的,挖了坑,就得填。

对金匮之盟中提及的皇位继承人,赵光义都安排得明明白白。他封弟弟赵光美(避宋太宗讳,已改名廷美)为开封府尹,太祖之子赵德昭、赵德芳实称皇子。之后,开始他的表演。

太平兴国四年(979),赵光义征辽,赵德昭随军前往。高梁河之战,宋军败得惨兮兮,皇帝都给打丢了。军中以为赵光义已死,就打算拥立赵德昭为帝,德昭没什么政治头脑,也不反对。

没过多久,赵光义成功逃脱,安然回营,此事就此作罢。

回京后,赵光义以为此次北伐不利,就不行封赏。赵德昭性情耿直,第一个不服,亲自为那些有功将领讨赏。赵光义立马怼回去:"等你做了皇帝,再行赏赐也不迟!"

这一骂让赵德昭深受惊吓,他的地位本就尴尬,叔父这番话明显带有不满。赵德昭抑郁了,回去后自寻短见,自刎而死。

赵光义急忙赶去现场,抱着尸体痛哭:"傻孩子,何必到这地步啊!"

两年后,赵德昭的弟弟赵德芳又在睡梦中暴病而亡,年仅23岁,死得不明不白。赵光义皇位继承的两大威胁就此消除。

还有一个隐患,是赵光义的弟弟赵廷美。赵廷美为避两个哥哥的讳,改过两次名,自己还因金匮之盟莫名其妙成了第一继承人,当上了"开封市长"。

赵光义曾任开封府尹十余年,并在此期间培养自己的政治势力,深知这一职位的重要性,就怕赵廷美被自己的成功学洗脑。兄弟俩关系逐渐微妙,然而,赵廷美是个马大哈,丝毫不在意潜藏的危机,他与南唐后主李煜谈诗论道,又与宰相卢多逊交往甚密。

李煜是赵光义的心头刺,他亡国后,念念不忘故国往事,没事儿就吟诵几句"春花秋月何时了""人生长恨水长东"抒发愤懑。后世多传言,李煜是被赵光义用毒药鸩杀。

而卢多逊是赵普多年政敌。此人一向机警,知道宋太祖喜欢读书,常到史馆取书,就问小吏赵匡胤看的是什么书,自己也找来通宵阅读。等过几天,赵匡胤谈及最近所读书的内容，满朝文武唯有卢多逊对答如流。这样的小伎俩正暴露了其对权力的欲望，卢多逊得到重用后，与赵普不和。太宗即位后，卢多逊对皇帝说，当年赵普曾反对太祖传位给他，借此打压对手。

在宦海沉浮几十年的元老重臣赵普，深知一朝天子一朝臣的道理。他先将金匮之盟一事告知赵光义，与他商议传位之事时又说："自古帝王传位都是父传子，当年太祖已误，陛下今日还要再错吗？"

赵光义这才知道，赵普原来是盟友。照电视剧《亮剑》的桥段来讲，就是不用叫二营长把意大利炮拉来了，赶紧端上意大利面给友军尝尝。

太平兴国七年（982），赵廷美被加以谋反的罪名，罢免开封府尹，贬到洛阳。随后又以其与卢多逊勾结的罪名，削去一切官职，一家人再被赶到湖北的房州。卢多逊被发配崖州（今海南三亚），剥夺官爵、封赠，永不在宽赦之列，一生无法翻身。

不久，赵廷美因一贬再贬，被自家老哥活活气死，卢多逊则病逝于贬所。赵光义贬谪皇弟赵廷美，赵普扳倒政敌卢多逊，两人一唱一和，成功解决了皇位继承人问题。

皇位，注定是赵光义家的了。

3

赵光义要提防的，还有文臣们那张嘴。

早在即位之初，赵光义似乎就急于为自己正名，当年便更换年号为"太平兴国"。按惯例，新君即位要到次年才改用新年号。

另外，赵匡胤死因蹊跷，当时已有人猜度，太宗朝时编撰的《宋太祖实录》历经三次修改才得以完成，其中是否篡改和掩盖一些真相，由于史料阙如，已成千古之谜。

同时，赵光义对朝中政局进行紧锣密鼓的安排，培养和提拔自己的亲信。他重用自己在晋王府时的幕僚成员，程羽、贾琰、陈从信等人陆续进入朝中担任要职。向拱、高怀德、冯继业等太祖朝的元老宿将，却被赵光义调离中枢，派到京师附近做官，既剥夺了权位，又便于控制。

即位后，赵光义继承其兄确立的重文抑武政策，采取宽松敦厚的执政方针，善待天下文人，可说是励精图治、继往开来，但从另一方面来说，也正好堵住文人的嘴。

为稳固统治，赵光义扩大科举考试规模，即位后第一次科举取士人数就比以往猛增两倍之多。

赵光义深知，士子们热衷于科举，想借此青云直上。科举扩招了，更多文人有机会入仕，他们专注于考试，一心只读圣贤书，少出来惹是生非。或许，赵光义也该像当年唐太宗那样得意地吹一句："天下英雄入吾彀中矣！"另外，赵光义还可以用自己录取的进士来取代太祖朝的官员，一举两得。

据统计，赵光义在位22年，共录取进士1457人。科举为大宋选拔了大批人才，形成一个庞大的士大夫阶层。太宗朝的进士擢升迅速，到其晚年，上自朝堂，下至州县，皆是太宗朝科举考试的士子，都是太宗选拔的文人。

才华横溢的寇准，19岁考中进士，32岁时就官拜枢密副使，深得赵光义信任。太宗朝的第一位状元吕蒙正，曾两度为相，从考取进士到登上执政之位，只用了6年时间。

相反，太祖朝的进士在赵匡胤在位时便官至宰相的，一个都没有，其间15个状元，有4人在《宋史》中竟不见丝毫记载。

赵光义在大兴文教背后进行权力更迭，其间被牺牲的太祖朝官员恐怕不在少数。

4

为巩固帝位，赵光义费尽心机，可他确实善为人主，与文臣们相处，情商相当高。尽管生在军人家庭，他自小就是文艺青年，"工文业，多艺能"，通音律，善飞白书，喜诗词，堪称宋代第一位文人皇帝。

这么一个风雅的皇帝，当然懂得如何拉拢文人。

赵光义看到前朝遗留下来的"国家图书馆"三馆残破不堪，环境喧杂，叹道："这种地方岂足以藏天下图书，招揽天下贤俊！"于是，赵光义二话不说，重新选址，砸钱改建，一年而成，改名崇文院，分设集贤、昭文、史馆三馆，下诏搜集图书，甚至以爵禄为奖励，鼓励百姓献书。

在集全国之力搜求图书的同时，赵光义一声令下，朝中新、旧文臣以及南唐、吴越的南方文人齐聚一堂，一大批精英参与编修《太平御览》《太平广记》《文苑英华》等大型类书。

赵光义为他们提供最舒适的生活条件和工作环境，文人们享受着福利，潜心编书，心存感激，自然也没时间去纠结赵光义的家事。

《太平御览》1000卷编完，赵光义说要亲自审阅，每天读三卷。手下人劝说："陛下读书是好事，可是天天如此，定会十分疲劳呀。"赵光义就说："朕就是喜欢读书，读起书来精神倍儿棒，开卷有益，时间也不至于被浪费啊。"

"开卷有益"这一成语就这么流传下来。

赵光义为文化事业作出的贡献，既是他笼络文人的手段，也是其一生最大的历史功绩之一。皇帝如此热爱读书，自然与文臣有很多共同话题。

赵光义喜爱写诗，还经常为大臣赐诗，其与大臣们游玩唱和的故事多见于史书记载中，只是写的诗大都没有流传下来，其水平如何，实在不敢妄加猜测。

有一回，赵普就得到他的赐诗，感动得痛哭流涕，含着泪也要拍马屁，说："我要把陛下赐的诗刻在石头上，带在身边，直到进棺材。"这番告白，跟情人之间的山盟海誓有异曲同工之妙。

赵光义还给另一个大臣苏易简写过戒酒诗。

苏易简嗜酒如命，世人皆知，赵光义就写了两首诗给他，劝他戒酒，还要他当着其老娘的面吟读。

苏易简从此再也不敢在公众场合饮酒，可后来还是因饮酒生病，不幸身亡。可见苏易简被皇帝教训后，只是不敢在人前喝酒，私下还是照喝不误。赵光义不禁叹息："老苏竟然因为杯中物丢了性命，实在太可惜了。"

除了爱赐诗，赵光义还礼贤下士，对待臣子特别接地气。

寇准乃赵光义一手提拔，此人脾气大，一身正气，时常大胆进谏，以刚直足智著名。赵光义还给他点赞："朕得寇准，犹文皇之得魏徵也。"这句话，以李世民与魏徵做比较对象，是在夸寇准，也是在抬高自己。

有一次，寇准到殿中奏事。估计是他话说得太难听，赵光义实在无法忍受，正要起身离开，转身回内宫。就在此时，寇准快步上前，一把拽住赵光义的衣袖："官家先别走，听完我这段。"

寇准要是遇上一个暴君，反手就被拖出去砍了。好在赵光义强忍住怒火，毕竟忠言逆耳利于行，维持形象要紧，还是坚持把寇准这碗苦药咽下去。

宋太宗对待文臣如此，对武将，同样要收买人心。

一日，赵光义在宫中设宴，孔守正与王荣两名武将前来参加。跟皇帝吃饭，就算不懂得恭维，也该规规矩矩。孔、王二人偏偏在酒过三巡之后，喝得酩酊大醉。

两人为了争功讨赏，竟然就边疆战功各执己见，大吵一架，唇枪舌剑之间，粗言秽语不堪入耳。侍臣们惊呆了，在宫里这么久从没见过这么放飞自我的，请求赵光义将他们下狱处置。

赵光义呵呵一笑，也不多说，只是派人将烂醉如泥的孔、王二人送回家。

第二天，孔守正和王荣酒醒了，回想起自己昨夜言行，吓出一身冷汗，急忙同去朝堂上认罪。没想到，赵光义却说："朕当时也喝醉了，自己都找不着北，早就记不清啦。"一句话就把他们都赦免了。

5

赵光义一边与文官吟诗作对，一边与武将谈笑风生，但他始终摆脱不了兄长的阴影。

赵匡胤曾统率禁军，以殿前都点检之位黄袍加身。若论军事，赵光义远不如其兄，于是"慨然有削平天下之志"，以谋求超越太祖的武功。

赵光义即位后，吴越王钱俶纳土归降，太平兴国四年（979），大宋又出兵攻灭北汉。这让赵光义十分自信。

其实，北汉在当时已如风中残烛，仍靠晋阳坚守，多次逼退宋军。晋阳，这座经历多个朝代打造的军事重镇，让宋军吃了不少亏。每次出兵，宋军都是势如破竹地击溃对方各路援军，可来到晋阳城下就愣是打不动了。

照理说，灭北汉之后，赵光义应该从中得到教训，继续营建晋阳，以作为对抗契丹的战略要地。然而，赵光义的做法实在让人费解，他以晋阳有王气为由，下令将这座古城拆除焚毁，城中百姓全部撤离，另移到阳曲，营建新城（今山西太原）。

河东一带的地理优势荡然无存。

雄心勃勃的赵光义在灭北汉之后，未经休整，迅速与契丹开战，决意收复燕云十六州。结果，高梁河一战，宋军丢盔卸甲，赵光义身上中箭，驾着驴车一路狂飙，以冲刺般的逃跑速度摆脱追击。

七年后，雍熙北伐，宋军分兵三路，再次一败涂地。

两次对辽作战失败，不能全怪赵光义指挥失当。但志大才疏的赵光义对排兵布阵颇为执着，甚至要亲自拟定阵图，坚持"将从中御"。

雍熙北伐前，他不与中枢重臣商议，亲自拟定三路进军的战略，又在曹彬一路惨败后，立马命另外两路人马撤退，导致契丹人乘胜追击，宋军损失惨重。

战后，大臣田锡上书直陈："岂有议边陲，发师旅，而宰相不与闻。"

即位之初，宋太宗还说要"为世宗、太祖刷耻"，风风火火率军攻打契丹。几次大败后，他转而反复念叨老子的名言"兵者，不祥之器，非君子之器，不得已而用之"，似乎彻底放弃了。

经过多年踌躇，赵光义将第三子赵元侃（后改名赵恒）立为太子。自五代以来，武将乱政的局面已成过往，兄弟子侄夺权的斗争也将远去，这一朝总算没有斧声烛影、金匮之盟之类的事了。

然而，当赵光义听说赵恒被百姓们称赞为"少年天子"之后，心胸狭隘的他又不乐意了。他对寇准说："人心都向着太子，那将我置于何地？"

老百姓这舆论分明是在贬低赵光义，寇准却向他祝贺："这是社稷之福啊。"

赵光义无话可说，只好拉着寇准一块儿喝酒，一醉方休。对酒当歌，乘醉听箫鼓，不如意事早已抛之脑后。

终其一生，赵光义尽管武略欠佳，可是为政可圈可点，在他的统治下，大宋经济文化繁荣，君权进一步加强，二府三司制最终确立，文人们死心塌地为他服务。

宋太宗，作为大宋第二代皇帝，最终还是为大宋子民开创了一个太平盛世。

尽管背后潜藏着"国富而不强""三冗两积"种种危机，历史的车轮总算照着赵光义心中的蓝图前进。然而，此后200多年里，羸弱的大宋始终走不出盛世危局，也将为此付出血的代价。

曾国藩为何不称帝？

1

在攻陷天京（今江苏南京），消灭太平天国后，1864年，曾国藩迎来了人生的权力巅峰。此时，他拥兵30多万，湘军兵强马壮、功盖天下，作为清朝的两江总督、钦差大臣、协办大学士，曾国藩还节制着作为国家经济命脉所在的江苏、浙江、安徽、江西四省军事，四省自巡抚、提督等以下文武百官全部归他节制。

当时，全国8名总督中，有3名是湘系（分别是两江总督曾国藩、直隶总督刘长佑、闽浙总督左宗棠），此外四川总督骆秉章和两广总督毛鸿宾也和湘军关系密切；全国15名巡抚中，也有7人属于湘系。放眼清朝，担任各地官员的湘军将领更是不计其数，可以说，此时的曾国藩和他的湘军势力，几乎把持了半个大清。

野史记载，眼看湘军势可倾国，湘军高级将领曾国荃、彭玉麟、左宗棠、鲍超四人也密谋拥戴曾国藩自立称帝，1864年七月的一天，以曾国荃四人为首的30多名湘军高级将领齐聚曾国藩军营，企图重演一出"赵匡胤黄袍加身"的历史剧，没想到正当众人鼓噪之际，曾国藩却当场写了一副对联："倚天照海花无数，流水高山心自知！"他委婉向部下们说，自己效忠大清，并无意称帝。

100多年来，关于曾国藩为何不称帝这个问题，一直是中国近代史上的一个热点，但曾国藩为何放弃称帝、急流勇退？

其实，早在太平天国陨落前，想劝曾国藩自立称帝的人，已是一拨接一拨。

1861年八月，湘军攻下长江要塞安庆，直逼太平天国首都天京。此时，恰逢咸丰皇帝驾崩，年仅6岁的载淳（同治皇帝）登基，慈禧等人随即发动辛酉政变夺权，垂帘听政。

此时，第二次鸦片战争刚刚结束不到一年，清朝随即帝位更替、中枢动荡，眼看主少国弱，湘军将领李元度随即写了一副对联："王侯无种，帝王有真。"进呈给曾国藩，没想到曾国藩却勃然大怒说："你们只知拉我上草案树（湖南土话，草案树为荆棘），以取功名，图富贵……"

曾公无心，但属下有意。

借着曾国藩生日的名义，友人湖北巡抚胡林翼前来祝贺，交谈间，胡林翼偷偷写了一张字条："东南半壁无主，我公其有意乎？"曾国藩不说话，只是悄悄将字条撕了个粉碎。

眼看清朝风雨飘摇，汉人势力迅速崛起，老部下左宗棠也写来了一副对联："鼎之轻重，似可问焉！"曾国藩看后，将"似"字改成"未"字，悄悄退回。

作为曾国藩的密友，王闿运有一天也来到曾国藩幕前，密献"纵横计"，暗中劝进。没想到曾国藩也不说话，只是用手指蘸着茶水在桌子上点点画画，然后起身离去，王闿运一看，写的竟是"荒谬"二字，不得已，王闿运随后紧急离开了曾国藩的幕府。

从1853年组建湘军，到1864年太平天国临近覆灭前，曾国藩势可倾国，这一点，连他的对手都看得清清楚楚。

太平军翼王石达开在被俘后就提醒曾国藩说，你若汉代韩信一般，何不率众独立？否则你功高震主，怕是难免"狡兔死，走狗烹"；太平军忠王李秀成在1864年七月被俘后，也向曾国藩进言说，自己愿意为曾国藩招抚仍然坚持在长江两岸抵抗的10多万旧部，拥戴曾国藩为帝。

对于这些连续不断的"劝进"之言，曾国藩并没有听进去。

2

虽然属下乃至对手极力拥戴，但对于是否称帝，曾国藩心里明白，尽管湘军表面上势可倾国，但内中已暗藏分裂。1864年前后的湘军，虽然名义上拥兵30多万，内中却派系复杂，真正归属曾国藩直接指挥的，其实只有大约12万人，而其中真正的嫡系部队，只有归属弟弟曾国荃指挥的5万人马，其他各部，跟曾氏兄弟多少都有点儿矛盾。

清廷对此看得清清楚楚。1854年，当湘军攻克武昌后，咸丰皇帝一度喜形于色，说曾国藩一介书生，竟然能立下如此奇功。大学士祁寯藻急忙说，曾国藩只是一个不在官位的侍郎，却能迅速拉起一支上万人的队伍，这恐怕不是国家的吉兆，咸丰皇帝听后顿时变色。此后咸丰在世期间，一方面让曾国藩打仗，另一方面却故意不肯将地方总督、巡抚等实权，交给手握重兵的曾国藩等汉人。

1861年咸丰皇帝驾崩后，垂帘听政的慈禧等人碍于国家动荡，无奈下授予曾国藩"节制四省军政大权"，但为了抑制曾国藩、分化湘军，慈禧也在湘军内部不断扶持曾国藩的反对派和敌对势力。

以左宗棠为例，左宗棠曾经是曾国藩的核心幕僚，一度劝说曾国藩自立称帝，但由于性格倔强，加上部分政见不合，左宗棠后期与曾国藩逐渐疏远。慈禧见缝插针，在1863年破格提拔左宗棠为闽浙总督，使得左宗棠率领的几万湘军精锐从曾国藩麾下分化出去。

此外，作为曾国藩的老幕僚和老部下，江西巡抚沈葆桢，此时也跟曾国藩决裂了。沈葆桢是林则徐的外甥和女婿，1861年，在曾国藩的上疏保奏下，沈葆桢晋升为江西巡抚。后来，曾国藩的弟弟曾国荃领兵围攻天京，前线急需军资给养，曾国藩为了筹措军饷急得"夜不成寐"，然而沈葆桢却将原定移交湘军的半数江西厘金全部扣下，对此曾国藩怀恨在心。

为了报复沈葆桢的"忘恩负义"，曾国藩命令湘军在太平军反攻时，故意不防守安徽南部的广德和宣城，以致太平军长驱直入江西。为此，曾国藩与沈葆桢最终绝交，从此形同陌路。

在慈禧等人的授意和故意分化下，到1864年，尽管名义上曾国藩号称"节制"江苏、浙江、安徽、江西四省军事，但浙江的左宗棠势力和江西的沈葆桢势力实际上已经难以为曾国藩所控制。

利用湘军的内部矛盾，清廷在此基础上进行分化和釜底抽薪，这大大削弱了湘军的内部势力，使得曾国藩对于是否要反清称帝，也不得不细细思量一番。

3

在清廷的故意扶持下，另一股抑制湘军的势力——淮军，此时也迅速崛起。

作为淮军的创始人，李鸿章是曾国藩的门生，一度还给曾国藩做过幕僚，尽管没有像沈葆桢一样与曾国藩公开决裂，但随着淮军的不断壮大，曾国藩也不得不开始忌惮起来。

李鸿章在组建淮军时，正是太平军势力最为雄厚之时，对此曾国藩还催促李鸿章尽早组建成军，以协助对抗太平军。但随着淮军的不断壮大，曾国藩心中非常不爽，不仅要求李鸿章自我限制，而且派出心腹韩正国带着两个营的湘军进驻淮军，监视李鸿章的举动。后来，曾国藩还截留了4000名本来要补充进淮军的新兵，并将其擅自编入湘军。

对此，李鸿章心里很是恼火，李对淮军的二号人物程学启抱怨说，曾国藩和湘军是："湖南人鸡犬升天，客籍人颇难出头。"

尽管淮军在创建早期发展艰难，但到达上海后，在上海士绅雄厚的财力支持下，仅仅两年时间，便从6000人剧增至7万人。在洋人的支持下，淮军还一跃超过湘军，装备了洋枪洋炮，成为清军中装备最精良、火力最强大的一支武装。

此外，淮军内部跟湘军的矛盾也非常深。

当时，急剧扩张的淮军有两个特点，一是原太平军的降军多；二是军中很多要员都是李鸿章的安徽老乡，跟以湖南人为主的湘军有很深的隔阂。

以太平军的降将、淮军二号人物程学启为例，程学启起初投降的是湘军，但曾国藩的弟弟曾国荃却对他疑心很重，经常排挤欺凌程学启等人，打仗的时候叫程学启等人在最前面冲锋送死，因为担心他们从中作乱，筑营的时候也不允许程学启等降兵跟湘军在一起。

由于深受湘军歧视，程学启还曾自杀过，所幸被部下救出。因此，占淮军大部的原太平军成员，也对湘军恨之入骨。

可以想象，假若曾国藩造反称帝，那么在当时最为强大、与湘军向来不合的淮军部队，难免会与湘军公开决裂。

4

实际上，为了防范湘军等汉人武装造反，清朝朝廷也一直在不断提防。尽管太平天国战乱时期，南方战火滔天，清廷却一直将八旗骑兵（京营八旗）的主力十几万人，驻守在北京左右。

为了扼防湘军，慈禧还在军事上做了其他防备，以提防湘军北进。当时，湘军西面有钦差大臣官文所率领的20万大军守在武昌，控制长江上游；著名悍将僧格林沁则率兵驻守在安徽、湖北；在湘军东面，清廷还布置了富明阿统帅的大军镇守在镇江、扬州等长江下游地带，几乎是全面阻遏湘军。

湘军虽然看起来强大，但主力以水军最强，骑兵力量非常薄弱，所以假如北上作战，湘军的水军相对清廷的八旗骑兵并无优势。此外，清朝当时还有60万绿营兵在各地驻防。

而在曾国藩的湖南湘军之外，清廷当时还命令直隶、江苏、安徽、河南、山东、江西等九个省的另外41位官员也举办团练武装，这些分布全国各地的军事武装，都是阻遏湘军的雄厚势力。

在此情况下，尽管部下们内心躁动，期望着跟随曾国藩一起造反称王称霸，但对全国兵力分布和湘军内部矛盾了然于心的曾国藩，也不得不三思而行。

有鉴于湘军内部的"骚动"，清廷也洞若观火，一直在不断敲打曾国藩。

1864年七月，当曾国荃攻破天京后，湘军连夜上奏捷报，原本以为会得到重赏的曾国藩和曾国荃，没想到却迎来了清廷和慈禧等人一顿劈头盖脸的狂训。

此前，咸丰皇帝在临死前曾经许诺"克复金陵者为王"，然而清廷不仅没有兑现这个承诺，还训斥曾国荃指挥失当，没有将太平军一网打尽，以致让太平天国幼主洪天贵福等1000多人逃走。此外，针对当时到处传言湘军掳掠太平天国的金银宝库"天国圣库"的问题，清廷还命令曾国荃必须限期将财宝如数上缴朝廷。

清廷还颁发圣旨警告曾国藩，要求曾国藩严格管束部下，不得骄奢淫逸、四处掳掠，旨意中严厉训斥、暗藏杀机。

对此，以曾国荃为首的湘军将士心中非常愤怒，认为自己血战多年，如今攻下天京，不仅没有得到封赏，相反还招来清廷的猜忌，由此他们更加倾向于离心叛变，但曾国藩并未迷失心智，只是默默忍了下来。

5

曾国藩明白，湘军立下大功，清廷却敢于如此这般训斥和猜忌，是有底气的。

碍于湘军内部的矛盾，淮军的坐大和制衡，以及八旗骑兵和各路绿营兵、团练武装的监视，曾国藩了然于心的是，尽管湘军外表强大，但其实已经危机四伏。

即使在曾国藩直接控制的湘军内部，当时贪腐之风也越来越严重，军队中的各级将士纷纷往家中偷运金银财宝，士兵们普遍厌战。由于赏罚不当、分配不公，湘军内部还出现了闹饷、抗令等问题。在军中，很多底层士兵加入哥老会等黑社会组织，小集团的分化问题也越来越严重，曾国藩明白，经过十多年的征战，湘军已不复当年锐气，在到达巅峰之日，也是衰落之时。

盛极而衰，是1864年，骚动不安的湘军内部的真实写照。

而作为一介书生，曾国藩内心也没有反清称帝的野心。

在曾国藩心中，他组练湘军，原本就是为了忠君报国，儒家的忠义概念在他心中根深蒂固；起兵之初，曾国藩就在讨伐太平天国的《讨粤匪檄》中指出，他之所以反对太平天国，乃是因为太平天国本身毁灭儒释道等一切传统中国信仰，毁孔庙、烧道观、杀僧人，对于一切名教的毁灭："此岂独我大清之变，乃开辟以来名教之奇变，我孔子、孟子之所痛哭于九原，凡读书识字者，又乌可袖手安坐，不思一为之所也。"

所以，捍卫儒教信仰和忠君报国的所谓"大义"，正是曾国藩内心的真实写照。

此外，在十多年的征战中，曾国藩曾多达五次大难不死，这也让他身心俱疲、无力再战：第一次，在靖港大败后，曾国藩试图自杀，幸亏被幕僚所救；第二次，回到长沙后，听说清廷要解散湘军，曾国藩一度悲愤地写下遗书、买好棺材想要自杀，还好前线湘潭大捷的消息传来，才打消了自杀的念头；第三次，湘军在湖口大败，曾国藩投水自杀，幸亏被李元度所救；第四次，南昌被围，曾国藩差点被石达开活捉，幸亏当时刚好天京事变，石达开撤兵离去，曾国藩又逃过一劫；第五次，太平军李世贤、杨辅清所率十几万大军包围湘军总部祁门，当时曾国藩手下只有几百名亲兵，几条退路也全部被堵死，没想到太平军却由于情报失误撤围而去，曾国藩再次大难不死。

尽管自己多次大难不死，但曾国藩的二弟曾国葆却在战场上累死；三弟曾国华则战死。

从1853年组练湘军，到1864年攻下天京，11年间曾国藩历经坎坷，自身和家人的遭遇，也使得他对于所谓自立称帝，且不说心中的儒家道义束缚和实际情况的诸多阻碍，即使在内心中，曾国藩也已是感觉到心力交瘁、沮丧难行。

6

而在攻克天京之前，曾国藩内心的这种惶惧就已显露。

在1861年终于受命"节制四省军事"时，曾国藩就在写给家人的信中表示："权太重，位太高，虚望太隆，悚惶之至。"

1862年，曾国藩在两次写信给儿子曾纪泽时就谈道："余忧惧太过……忧惶战栗之象不为少减，自是老年心血亏损之症。""但求全局不遽决裂，余能速死，而不为万世所痛骂，则幸矣！"

这位早年游戏嬉乐的书生，根本没有想到他人生的后半段，竟然会被卷入一场中国历史上最大规模的农民战争，并且成为决定时局的最关键人物，战争的残酷，远远超过了他心中所能承受的程度，更何况，自古"功高震主""狡兔死，走狗烹"的无数案例摆在眼前，曾国藩更是战战兢兢。

为此，曾国藩写信给弟弟曾国荃说，以年羹尧等人的惨死为例，大清开国200多年，没有几个汉人像他这样手握重兵的，所以朝廷不放心，是很正常的事。他劝诫曾国荃说，受点窝囊气很正常。

此外，考虑到当时天京虽然已攻破，但太平军仍有数十万残部在坚持战斗，北方的捻军也活跃流窜，再加上列强环伺、虎视眈眈的危险局面，曾国藩也不忍再挑起战祸，殃及天下。

为了急流勇退，就在湘军攻破天京一个多月后，即1864年八月，曾国藩决定自削兵权，并自裁湘军25000人，且裁撤的都是他直接控制的湘军核心部队。1864年十一月，曾国藩又奏请停征了作为湘军军饷的厘金、亩捐；曾国藩还让弟弟曾国荃主动"抱病离职，回原籍调养"。

通过自我裁军、主动交权等一系列举措，没有反清称帝的曾国藩，最终实现了急流勇退和自我保全，而清廷对他"再造大清"的回报则是，一个御赐的所谓"太子太保、一等侯爵，世袭罔替，并赏戴双眼花翎"的"殊遇"。

八年后，即1872年，急流勇退的曾国藩，最终以两江总督的身份死在任上。清廷给予他的待遇是：追赠太傅，谥号"文正"，并下令各省建立专祠纪念。

纵观历史，以再造社稷之功，功高震主，却能全身而退，除了郭子仪，就是曾国藩了。你不服他，还能服谁？

第二章
科举考试：人才之战

状元争夺战：南北方的政治与文化较量

1

康熙十八年（1679）的一天，担任清廷翰林院编修的苏州人汪琬，与同僚谈起了各自家乡的特产。正当大家各自夸耀家乡特产的时候，轮到汪琬，这位顺治十二年（1655）的进士讲了。

汪琬缓缓地说，苏州嘛，特产很少，但有一个很特别，那就是：状元！

一语惊四座。特产"状元"？这句话，在作为清朝高级知识分子集结号的翰林院各位官员们听来，很是刺耳，可大家仔细一想，又不无道理。

实际上，状元，确实是苏州的特产。

苏州在唐朝晚期的869年"出产"了第一位状元，到1905年科举结束，整个苏州全部六县区（苏州、吴县、常熟、吴江、昆山、太仓），共产生了45位状元，数量为中国城市之最；而中国有史料记载的科举状元，一共也就600位，苏州一个城市独占7.5%，不愧为状元之乡。

中国古代科举，从隋朝开皇年间创立，至清朝光绪三十一年（1905）废止，历经1300多年，共开科取士709次，然而现存史料有据可查的有名有姓的状元，仅仅600人（不含武状元），这600人中，可以查询到籍贯的，又只有448人。

话说，如果看到清朝的苏州进士汪琬竟然这么"嚣张"，唐朝的北方士子们一定会非常不屑，因为在大唐盛世时，状元，大部分可是北方人的囊中物。

根据现有的资料统计，唐朝时，状元郎们的家乡，大部分都位处黄河中下游的北方各省，那时候，黄河中下游两岸，才是中国人才聚集的地区：在现有知道籍贯的68位唐朝状元中，位列前三的省份分别是河北（15人）、河南（13人）、陕西（11

人）；从具体数据来分析，在安史之乱（755）前，详细知道籍贯的8位状元，有7个是北方人。

安史之乱是中国北方文脉衰落的开始。从755年安禄山起兵以后，中国的文脉兴旺之地，逐渐从黄河中下游地区，转移到了长江中下游地区。

安史之乱后，大约从唐武宗会昌年间（843年前后）开始，来自南方的状元人数逐渐增多，从843年至907年唐朝灭亡，64年间，秦岭、淮河以南的南方地区，相继出现了11位状元，约占这一时期状元人数的31.4%。

晚唐时期，就连当时非常偏僻的广西地区，都出了2位状元。随着中国历史大格局的转变，南北方文运逐渐扭转，状元分布的颠覆时代即将到来。

2

安史之乱后的200年间，南方人在科举榜上逐渐崛起，这也让有个人心里非常不爽。

作为北宋华州（今陕西渭南）人，出生在关中地区的寇准（961—1023），一向很看不起南方人。北宋时期，尽管作为中国古代政治经济的传统核心，关中地区已经逐渐没落，但寇准和他那个时代的人一样，仍然认为关中地区所处的西北地区，才是中国真正的王霸之地："西北，天地之劲方，雄尊而严，故帝王之兴常在西北。"

当时，赵匡胤家族与主要的大臣都是北方人，尽管北宋王朝的经济命脉已经开始仰赖江南地区，但在政治上，北宋的政治圈里，大家对于南方人还是很排斥的。对此，当时作为宰相的寇准甚至公开放话说："南方下国，不宜多冠士。"意思就是说，南方是个下等地方，不能让太多人中举、当官。为此，作为宰相的寇准，有一次在看到主考官们集体将当科状元定为南方文士萧贯中时，当场发了飙，强行要求将状元改成了山东平度人蔡齐，对此寇准非常得意，逢人便夸口说："又为中原争得一状元！"

由于北方官员集团的打击，在北宋前期，朝廷中"选用人才多取北人"，南方士大夫则大多默默无闻，"沉沦者多"。

安史之乱后，随着大量人口的迁徙南下，秦岭、淮河以南的长江流域地区人口日渐增长，经济蒸蒸日上。与此相对，北方地区却长期处于战乱之中，深受契丹（辽国）、党项（西夏）、女真（金国）威胁，动荡的军事政治局面，使得北方经济发展、文化教育开始全面落后于南方。

以河北为例，唐朝时河北"出产"的状元多达 15 人，是唐朝时各省之最，但是到了北宋时期，作为与契丹、女真人长期对峙的军事前线，河北在北宋时期的状元人数，却急剧下滑到只有 1 人。

尽管有诸如寇准等北方重臣的极力维护，但北方士子在科举竞争中的逐渐落败，已经开始显现出来。

此时，中国历史的天平，已经从北方开始倾斜向了南方：在人口数量上，唐朝天宝六载（747），当时的北方户口为 492 万户，南方为 257 万户，数量对比为 13∶7。

到了北宋元丰三年（1080），北方户口减少为 459 万户，南方户口则增加至 830 万户，北方与南方的人口对比，逆转成了 7∶13。

在经济上，北宋的朝廷命脉，也主要仰赖着东南一带的财赋供养，北宋时期的名臣包拯（999—1062）就指出："东南上游，财富攸出，乃国家仰足之源，而调度之所也。"

此时，位处长江下游的东南（江南）地区已经成了北宋王朝的经济命脉所在。而经济繁盛的南方地区，文化教育的发展程度也远远超过了北方地区：北宋时期，位处南方的两浙、两江及福建三个地区，州学普及率均达 100%，县学普及率则超过 80%。当时，北宋全国高达 72% 的私人学堂，竟然全部集中在这三个省区，在此情况下，政治稳定、经济繁荣、文化昌盛的南方，为科举上的崛起，打下了坚实的基础。

3

唐朝时，中国状元前三的省份分别是河北、河南和陕西，然而到了宋代，状元前三的省份却变成了浙江、河南和福建，南方地区开始明显赶超北方。

南北方状元人数的大规模逆转，在宋仁宗朝时期（1022—1063）开始出现。当时，北宋共有 57 名状元有籍贯可查：在宋仁宗朝以前的北宋，明确籍贯的 27 名状元中，南方人仅为 6 人，占比 21.4%；然而宋仁宗时期开始的 30 名北宋状元，南方人却多达 21 人，占比高涨到了 70%。

除了状元，在进士数量上，北方人在进士考试争夺战中，更是几乎全军覆没：在 960—997 年，北方籍进士在全国总额中占比还能达到 28.4%；然而到了 1101—1126 年，北方籍进士已经锐减到了仅占 0.08%。

这种南北状元数量的逆转，和进士数量对比的日益尖锐化，让一代大咖、身为北宋陕州夏县（今山西夏县）人的司马光很是恼火，为此，司马光与欧阳修狠狠吵了一架。

当时，北方读书人在科举考试中逐年败北，为此，作为北方人的司马光向北宋朝廷进谏说，科举考试这种大统考、公开竞争的方式很不公平，北方有的路（相当于今天的省）竟然连一个考中进士的人都没有，所以科举考试应该按照各个省的户口数量来平均分配录取名额，实行"逐路（省）录取"，这也就是中国最早的分省考试制说法的由来。

然而，作为江西人的欧阳修却很不赞同司马光的说法，为此他上书跟司马光争论说，科举考试都是匿名考试，中榜后才知道中举人和状元们的籍贯，这种做法"凭才取人，唯才是择"，实行的是匿名制的公平竞争，有能者上，怎么能按照省份，搞大锅饭、平均分配呢？

在欧阳修看来，在当时的政治和科举考试上，南方人向来就受歧视，如今凭着真才实学开始出人头地，作为北方人的司马光之流就看不顺眼，想来阻挠了，这实在是很不公平。对于欧阳修的这种观点，同样是江西人的王安石也非常赞同，所以在王安石主持变法时期，北宋的科举考试，仍然沿袭了全国各路（省）公平考试竞争的做法。

在今天看来，司马光提倡的"分省录取"制尽管有私心，但由于当时北方地区在经济文化上相对南方表现出了衰落，因此，"分省录取"制也有着"补偿性正义原则"的因素，不能说全然没有道理；但欧阳修的意见也不无道理，公平竞争符合"程序性正义原则"，有利于国家对人才的最优化选择。

4

但决定政策走向的，是政治斗争的胜利者。

王安石变法失败后，反对变法的司马光重新上位，并将北宋的科举录取制度，实行了初始化的"逐路取人"（分省录取）制——作为北方地区的齐、鲁、河朔诸路（省），可以与南方的东南诸路（省）分开考试，并平均分配，保证北方地区的进士录取名额。

尽管在进士考试中，可以受到名额保障的大锅饭照顾，然而一到了皇帝亲自主持的殿试环节，由于状元录取不分地域和籍贯，因此南方人的聪明才学，立马全面爆发，司马光对此曾经恨恨地说："闽人狡险，楚人轻易！"

言下之意是说，南方人都很狡诈，统统都不可靠。在司马光看来，不仅是欧阳修、王安石这些江西人让他不爽，所有南方人，都很"狡（猾阴）险"！

政治上虽然有争论，但是南北地区的文化教育失衡，确实越来越严重。

在后世扬名的唐宋八大家（唐代韩愈、柳宗元；宋代苏轼、苏洵、苏辙、王安石、曾巩、欧阳修）中，除了韩愈（今河南洛阳人）、柳宗元（今山西运城人）两位唐代名家是北方人外，宋代的苏洵、苏轼、苏辙父子三人，是今天的四川眉山人，王安石是江西抚州人，曾巩是江西南丰人，欧阳修是江西吉安人。

可以说，唐宋八大家的籍贯所在地，也反映出了从宋朝开始南方文化全面反超北方。

在现在可以考据的北宋进士9630人中，南方诸路（省）为9164人，占比高达95.2%；北方诸路（省）仅为466人，占比仅为可怜的4.8%。北方地区在文化教育、科举成绩上的全面落后，在北宋中后期开始愈演愈烈。

5

科举考试与状元分布这种严重的失衡状态，最终酿成了一起超级命案。

明朝洪武三十年（1397）三月，这一年的科举会试结果公布后，北方的士子立马炸开了锅。

原来，这次科举考试录取的状元陈䢴是闽县（今福建闽侯）人，榜眼尹昌隆是江西泰和人，探花刘仕谔是浙江山阴人——而其他49名进士也全部是南方人。

北方士子们对此非常愤怒，认为是主考官、湖南茶陵人刘三吾作弊偏袒、荫护南方人。

事情闹大了，朱元璋于是下令，派前科状元张信等翰林院的高才，成立联合调查组重新进行评卷，结果张信等人调查来调查去，都认为刘三吾等人的评卷很公平，录取结果不存在什么问题。

看到张信等人的这个复查结果，朱元璋勃然大怒。

原来，当时北方地区经过金、西夏和元等政权交替，历经200多年的战乱，刚刚统一在大明政权之下，此时北方的人心不稳，对于当时的明朝——这个位处南京的

"南方政权"还心存疑虑,虽然刘三吾等人的评卷很可能是公平的,但是却违反了收买北方士子人心这一"政治正确"原则。

在朱元璋看来,如果不"均衡性"地照顾下北方的读书人,那么明朝这个当时的"南方政权",是难以有效收买北方人心的,不利于国家的统一。

在此情况下,朱元璋最终下令,将新科状元、福建人陈䢿以及复审官员、前科状元张信等20多人处死,而主考官刘三吾由于当时已经85岁,才得以逃过一死,被革职充军处理。陈䢿、张信这两位朱元璋时期的新老科魁,成了历史上死得最冤的状元。

杀死陈䢿、张信等状元和南方士子后,明朝洪武三十年(1397)五月,朱元璋又宣布重新进行科举考试,这一次朱元璋亲自阅卷,并将全部61个进士名额都给了北方人。同年六月,朱元璋自己主持殿试,专门录取了山东人韩克忠为状元,以笼络北方士子。

这一惨案发生后,后世将当年的第一榜称为南榜,而将第二榜称为北榜,这也就是历史上著名的"南北榜案"。

6

朱元璋死后,到了明宣宗宣德二年(1427),明朝开始实行南北中卷制度,即将全国的科举考试划分为南区、北区和中区,实行分地区录取;到了清朝顺治年间,将中卷并入南、北卷,开始实行南北卷制度;康熙五十一年(1712),南北卷制度最终被废除,实行了分省录取制度。

尽管明清时期实行南北卷制度和分省录取制度,但在排定进士名次的殿试环节,仍然是公平竞争,在此情况下,南方士子的科考能力也得到了充分展现:在明朝有籍贯可考的89位状元中,位列前三的仍然是南方省份,分别是浙江19人,江西18人,江苏14人。

到了清朝时,长江中下游的东南地区更是进一步崛起,在清代114位状元中,江苏占了46人,浙江20人,安徽9人。

明清两代,北方地区被彻底挤出了状元前三位地区。

这种状元集中的趋势,在东南地区更明显:历数中国古代448名有籍贯可查的状元,各省出状元最多的,首先是江苏76人,其次是浙江64人——仅仅江苏、浙江两地的状元就达到了 140 人，占比高达 31.25%。对此，历代的说法是：天下英才尽出东南。

由于北方的状元实在太少了，乾隆二十六年（1761），当看到阅卷大臣进呈的前十名试卷中，有一个陕西人王杰竟然排在第三时，乾隆皇帝感慨万千，特地将王杰从第三提拔为第一名，以此照顾下北方的读书人，王杰也因此成了清朝时陕西全省乃至整个西北地区唯一的状元。

1904 年 7 月，中国科举史上最后一次殿试在北京举行，在经过一番考评后，主考大臣将最终结果呈递给了慈禧"钦定"。

当时，清廷内外交困，正准备做七十大寿的慈禧，希望从科举中得到一点吉利兆头，没想到她一翻开主考官们定为头名的试卷，竟然是广东清远人朱汝珍，一想到被慈禧下令推落井中溺死的珍妃，再加上广东又出了洪秀全、康有为、梁启超这些"逆匪"，慈禧心中非常恼怒，立马就否决了朱汝珍的状元称号。

接着，慈禧又看了第二名的试卷，没想到这个人竟然是直隶（今河北）肃宁人刘春霖。当时，北京一带正闹干旱，刘春霖的名字非常吉祥，加上慈禧觉得刘春霖是肃宁人，肃宁这个名字有天下太平之意，于是凤颜大悦的慈禧，立马就将刘春霖从第二名调转成了第一名状元。广东人朱汝珍则因此与状元擦肩而过，成了中国科举史上的末代榜眼。

河北人刘春霖，则成了中国历史上的最后一位状元。

至此，中国的南北状元之争，终于落下帷幕。

千年科举，这一届无可匹敌

1

50岁那年，文坛大咖欧阳修，受命担任科举考试的主考官。正是春寒料峭时，各地士子收拾行囊，满怀希望，进京赶考。十年寒窗无人问，一举成名天下知。金榜题名，那是当时千万读书人毕生所愿。

这一年，是宋仁宗嘉祐二年（1057），看似平凡，其实并不平凡的一年。

从当年正月初六，欧阳修权知贡举，到三月初五，奏名进士，各科共录取899人，其中，进士388人。

一甲三名为：状元章衡，榜眼窦卞，探花罗恺。

都不认识？没关系。同年考中进士的还有：名列唐宋八大家的苏轼、苏辙、曾巩；宋明理学的引路人张载、程颢；王安石变法的核心干将吕惠卿、曾布、章惇等。

这一年科举，光辉照耀整个大宋。

其中，苏轼与苏辙是在父亲苏洵的陪同下进京的。

老苏很励志，年少时读不下书，四处交游，快意任侠。等成了家，有了孩子，他才知道万般皆下品，唯有读书高。自27岁始，苏洵发奋求学，曾连续六七年宅在家，除了学习就是学习，并立志，学业未成，绝不提笔写作。

什么时候开始读书，都不算晚，大器晚成的苏洵终于成为远近闻名的大学者，开创蜀学。有些遗憾的是，苏洵一生都没考中过进士。

希望就落在孩子们身上了。嘉祐二年，20岁的苏轼和18岁的苏辙进京参加省试（相当于明清时的会试），一举成功。

苏轼、苏辙考中时这年纪是什么概念呢？

可说是天纵之才。

要知道,清代的才子蒲松龄一生考了许多次乡试,一直到70岁,连个举人都没考到,更别说进士了。当然,也正是因为屡试不第,蒲先生才有机会为我们留下一部名著。

苏轼与苏辙的成功,有一定原因是搭了当时古文运动的便车。

宋初曾一度流行西昆体和太学体等文体,其中,西昆体矫揉造作,太学体险怪艰涩,都是文坛毒瘤,却受到广泛推崇。

作为当时古文运动的领袖,欧阳修看不下去了,想趁这次科举好好整治不正文风。评策论的考卷时,欧阳修的好友,同时也是考官之一的梅尧臣,发现一篇《刑赏忠厚之至论》,观点新颖独到,行文不落俗套,让人叹为观止。

欧阳修一看,确实不得了,策论第一舍他其谁,又转念一想,这该不会是老夫的弟子曾巩所作吧?为了避嫌,欧阳修将这篇文章评为第二,等到名次揭晓后,才知道,这篇文章竟出自苏轼之手。

欧阳修心悦诚服。

只是,苏轼文中有一句"当尧之时,皋陶为士,将杀人。皋陶曰杀之三,尧曰宥之三"。欧阳修实在想不起出自何处,对此耿耿于怀。

后来,欧阳修当面问起苏轼。苏轼说,那是我编的啊!

有才的人叫创作,无才的人那叫瞎编。

欧阳修还是不住给苏轼点赞,他在给梅尧臣的信中说:"老夫当避路,放他出一头地也。"

宋仁宗在读过苏轼兄弟俩的文章后,那叫一个激动,当即表示:"今又为吾子孙得太平宰相两人。"后世也都领会苏东坡的旷世才情,直至今天,中小学教材中要求"背诵并默写"的,除了李、杜的诗,最多的就是苏轼的词了。

2

欧阳修会错把苏轼的文章认成是曾巩的,是因为他对曾巩这位得意门生相当看重。唐宋八大家中,最没存在感的,曾巩要算第二,没人敢当第一。

可在宋人眼中,曾巩可一点儿都不打酱油。在文学上,他主张宗经明道、文道并重、文以经世,是古文运动的中流砥柱。

自打年轻时，曾巩就是欧阳修的粉丝，常以欧阳修为表率，"言由公诲，行由公率"。这才是追星的正确姿势。

年轻的曾巩鼓起勇气，给偶像写了一封自荐信，并附上自己写的《时务策》。

欧阳修毕竟是位善于发掘人才的伯乐，史书说他"奖引后进，如恐不及，赏识之下，率为闻人"。看到曾巩的文章，欧阳修十分赞赏。

可惜，曾巩这人时运不济，他擅长写文章，但应试能力太菜了，一直被埋没。于是，欧阳修撰文为这位粉丝叫屈，写了篇《送曾巩秀才序》，赞扬了曾巩一番，还顺便把当时的选官制度批判了一下。欧阳修说，不是你的错，全是考官的责任。由此可见曾巩的才气。

在欧阳修的鼓励下，曾巩锲而不舍，终于在嘉祐二年高中。

这一年科举，北宋古文运动旗开得胜。苏轼、苏辙、曾巩等人为文坛注入新鲜血液。

3

嘉祐二年考中进士的，还有曾巩的弟弟曾布。

曾巩潜心治学，在政治上鲜有成就，而曾布就不一样，他踏入政坛如鱼得水，日后成为叱咤风云的人物，是新党的得力干将。这人脾气犟，为人刚直，倒是和他上司王安石很像，被梁启超评价为"千古骨鲠之士"。

打虎亲兄弟。嘉祐二年，有好几对兄弟同科及第，除了苏轼兄弟、曾巩兄弟，还有林希、林旦兄弟，王回、王向兄弟等。不过，那个时代，对后世思想影响最深的，还数理学家"二程"兄弟：程颢、程颐。其中，程颢也是嘉祐二年进士，而程颐虽然名声在外，但和苏洵一样，一生都没考中进士。

兄弟俩师承濂学开创者周敦颐，提出"理"是万物本原，"存天理，去人欲"等主张，开创洛学。而后来与程朱理学齐名的陆王心学，实际上也肇始于程颢。兄弟俩可说是引导了中国以后几百年思想史的发展。

嘉祐二年，榜上有名者，还有另一位理学家张载。张载是关学的开创者，主张"气本论"，算亲戚关系，还是"二程"的表叔。叔侄关系很不错。

程颢常和张载在寺庙中坐而论道，叔侄俩谈天说地，无所顾忌。程颢豪言，古往今来也就咱俩聊天可以聊到这个高度。

人生在世，总得给自己立个小目标，张载留下万古流芳的四句话："为天地立心，为生民立命，为往圣继绝学，为万世开太平。"

这可以说是历代读书人的崇高理想。

可惜，宋代以后，作为官学的理学逐渐变得压抑变态，以至于到了"以理杀人"的地步，"二程"和张载等人的理想彻底跑偏了。

4

科举说到底是选官制度，嘉祐二年涌现了这么多文化名人，自然也少不了政坛精英。

从神宗在位时（1067—1085）的王安石变法，再到哲宗在位时（1085—1100）的元祐更化、绍圣绍述，都有嘉祐二年进士们的身影，新党中有吕惠卿、章惇、曾布等，中间派及旧党中则有苏轼、苏辙、程颢等。双方在朝堂之上明争暗斗，甚至各自党派内部也矛盾重重。

熙宁二年（1069），王安石任参知政事，开始执掌政权，主持变法。吕惠卿是变法的二把手，在老王眼里，小吕是位好下属。

王安石比吕惠卿年长11岁，常一起讨论经义，两人意气相投，结为莫逆之交。

王安石变法，事无巨细，都要与吕惠卿商量，大部分章奏出自吕惠卿之手，青苗、募役、保甲等法都是由他制定。有我老王吃的，就有你小吕一份。可是，吕惠卿这人不厚道。

王安石还在前线振臂高呼："兄弟们，上啊！"回头一看，自家人都在互撕。

先是，吕惠卿和曾布交恶。熙宁三年（1070），吕惠卿因父丧离职，曾布暂代，他改定了募役法。等到吕惠卿回朝，发现曾布擅自改动了自己拟定的新法，丝毫不念及自己的劳动成果。

吕惠卿一向小家子气，和曾布这梁子就这么结下了。

熙宁七年（1074），曾布被卷入市易务案。市易法是为抑制兼并、增加财政收入而实行的新法之一，市易务是市易法的执行机构。

市易法的原则就是由市易务出钱，收购滞销货物，等市场短缺时再卖出，以此限制豪商大贾对市场的控制。曾布不得要领，以为市易务的判官吕嘉问派官吏到各地购买货物，禁止商人先交易，这是与民争利，剥削百姓。

吕惠卿趁机利用曾布这直性子，诬告他背叛新法，王安石居然信了。此案导致曾布被罢官，这是新党内部第一次分裂。

同年，王安石因朝野舆论，第一次罢相。

吕惠卿接任参知政事，瞬间自我膨胀，完全忘了自己是王安石一手提拔的。执掌朝政后，吕惠卿任人唯亲，专横跋扈，借机收拾政敌。

王安石的弟弟王安国跟吕惠卿早有过节。王安国热衷于吹笛，王安石曾劝他少沉迷玩乐，王安国却反要老哥远离小人。他所指的小人，就包括吕惠卿。

吕惠卿上台后，将王安国削职放归乡里，没过多久，王安国就病死了。这可是恩人的亲弟弟。

吕惠卿垂涎新党领袖之位，不肯让老上司王安石回朝，借用祭祀赦免的旧例，向宋神宗建议任王安石为节度使。

那点小心思，宋神宗当然知道，立刻质问他："老王又不是因罪被罢免，为何要以赦免的方式复官？"

第二年，王安石东山再起，回朝执政，搞了这么多小动作的吕惠卿慌了。

王安石很生气，后果很严重，他很快将吕惠卿排挤出朝。吕惠卿从此屡遭贬谪，疲于奔命。

尽管吕惠卿是变法的先驱，在边境也忠于职守，却再也难以进入政治中心，被新、旧党共同嫌弃。

忘恩负义，真的会遭报应啊。

5

与此同时，旧党反对新法的火力一点儿也不小，以司马光为首的旧党从熙宁年间就对新法连续炮轰。朝堂之外，至交好友饮酒赋诗，朝堂之上，新旧两派党同伐异。有时候，同样一拨人，在生活中是朋友，到了朝廷，就成为政敌。

苏轼与章惇的恩怨极具代表性。章惇是苏轼多年好友，二人感情深厚。

据说，有一次苏轼和章惇一起出游，路过一处独木桥，桥边景色宜人，桥下是万丈深渊。

章惇跟苏轼提议："要不咱俩一起过去，到对面石壁上题个字？"豪放的苏轼难得冷静一回，觉得没必要冒这个险。

章惇不怕，大笑一声，快步走过，在石壁上写下"苏轼、章惇来游"，然后从容不迫地走回来。

苏轼对章惇说："子厚兄以后能杀人。"

章惇问，何出此言？

苏轼笑道："你连自己的命都不顾了，还会顾惜别人的生命吗？"一语成谶，多年以后，章惇确实差点儿要了苏轼的命。

章惇的科举生涯也有几分传奇色彩。

嘉祐二年，章惇进京，高中进士。可章惇一看，状元居然是自己的族侄章衡，当场就不爽了，拒不受敕，打道回府。两年后，从头再来，又一次考中。

王安石变法期间，章惇和吕惠卿等人一样，是草拟和制定新法的骨干，而作为旧党的苏轼一向心直口快，好议时政。

元丰二年（1079），苏轼身陷乌台诗案，被政敌群起而攻之，命悬一线。

章惇不惧被新党同僚排挤，仗义相助。他撰文劝慰苏轼，并上书神宗："苏轼弱冠之年就擢进士第，23岁应直言极谏科，评为第一。仁宗皇帝见过苏轼，将他视为一代之宝。如今反而将他置于牢狱，臣实在担心，后世借此事说陛下听谀言而恶讦直啊。"

在章惇等人的援助下，宋神宗网开一面，将苏轼贬为黄州团练副使，同时受牵连的还有他的弟弟苏辙，被贬为筠州盐酒税监。

这一年，作为朝臣的苏轼"死"了，作为文人的苏东坡却"活"了。

谪居黄州期间，苏轼过着清贫的日子，能用来打发度日的，不过几亩薄田，几壶浊酒。他咏古抒怀，"故国神游，多情应笑我，早生华发"。他豪放洒脱，"竹杖芒鞋轻胜马，谁怕？一蓑烟雨任平生"。他乐观旷达，"谁道人生无再少？门前流水尚能西，休将白发唱黄鸡"。他慨然长叹，"长恨此身非我有，何时忘却营营"。

同时，苏东坡也有哀伤的一面。在黄州第三年的寒食节，苏轼作了两首五言诗，挥笔写下有"天下第三行书"之称的《寒食帖》，"何殊病少年，病起须已白"，郁郁不得志的惆怅之情溢于纸上。

6

风水轮流转，宋哲宗即位后，改元为元祐，皇帝年纪尚幼，旧党领袖司马光在宣仁太后的支持下上台执政，力主废除新法，新党备受打击，史称"元祐更化"。

苏轼被召回朝，这会儿轮到章惇倒霉了。

元祐元年（1086），司马光等旧党上书要求废除募役法。章惇据理力争，立刻遭到旧党攻击，就连苏辙也写了论状。一向自视甚高的章惇心都凉了，不久就被贬知汝州，元祐年间一直被贬到岭南，比苏轼当年还惨。

狂傲的人一旦自尊心受到打击，难免会性情大变，章惇正是如此。

元祐八年（1093），宋哲宗亲政，次年改元绍圣，再次起用章惇、曾布等新党旧臣，恢复变法，史称"绍圣绍述"。

章惇的命运再一次发生转折，在他重新得势之后，便对旧党进行报复，他对老友苏轼的最后一丝仁慈也消耗殆尽。

绍圣元年（1094），苏轼作为旧党分子遭到清算，贬至惠阳（今广东惠州）。苏轼继续发扬乐观主义精神，写下诗句"为报诗人春睡足，道人轻打五更钟"，好不逍遥自在。

章惇可没有苏轼的气度，经过大起大落的他，内心早已扭曲，他看不惯苏轼的潇洒，心里满是愤恨。章惇给苏轼挪了个地，直接将其贬到最偏远的儋州（今海南儋州）。

此时，苏轼已年近六十，去了，恐怕就没命回来了。

元符三年（1100），年仅24岁的哲宗英年早逝，没有子嗣。

风头正劲的新党再次诠释什么叫"生命不息，内斗不止"。

章惇和曾布在立储一事上起了分歧。曾布等人认为，应立哲宗的弟弟端王赵佶。

孤傲的章惇站在众臣对立面，认为赵佶"轻佻无行"，不宜继承大统。

这一回，章惇站错队了。众所周知，赵佶，便是宋徽宗。

徽宗即位后，章惇被罢相，贬出京，五年后，病死于湖州团练副使任上。

就在章惇被贬的这一年，远在海南的苏轼遇赦北归。

第二年六月，苏轼途经京口，偶遇章惇之子章援。章援是元祐年间苏轼知贡举时考中的进士，与苏轼有师生之谊。

章援担心，一旦苏轼被起用，会报复章家，因此怀揣不安与苏轼通信，请他看在往日的情分上，对章惇一家多多关照。

苏轼当即表态："某与丞相定交四十余年，虽中间出处稍异，交情固无增损也。"

当初，章惇欲置苏轼于死地，如今，苏轼不仅没有怨恨章惇，反而发自内心地表达对友人的关爱。在乌烟瘴气的朝廷，这样的博大胸襟实在难能可贵，与章惇的心狠手辣形成了鲜明对照。

遗憾的是，苏轼等不到施展抱负的那一天，也等不到章惇的和解，65岁的他，在北归途中病逝于常州。

章惇离京后，曾布本有机会一家独大，偏偏宋徽宗信任的是另一位权臣——蔡京。

蔡京先是揪住了曾布的把柄。曾布有意提拔自己的亲家陈佑甫为户部侍郎，蔡京上奏说："官爵是陛下的赏赐，宰相哪来的权力私自授人呢？"

曾布在朝堂之上，与蔡京争辩，没想到越说越激动。

蔡京的亲信、尚书右丞温益当面呵斥，甚至直呼其名："曾布，你怎敢在皇上面前如此失礼？"宋徽宗对曾布开始有些不耐烦。

随后，蔡京又想给曾布加上贪污的罪名，命开封知府吕嘉问逮捕曾布诸子，进行威逼利诱，以此来给曾布罗列罪名。这个吕嘉问，正是当年市易务案中被曾布弹劾的那位。曾布估计跟他八字相冲，这辈子倒的两次霉，都跟他有关。

失去了宋徽宗的信任，曾布被一贬再贬。

大观元年（1107），72岁的曾布在润州知州任上去世，嘉祐二年进士中的最后一位权臣黯然落幕。在政坛上几经浮沉的曾布，功勋卓著，日后却与章惇、吕惠卿等一起被史官列入《奸臣传》。而他哥哥曾巩，一生为官廉洁，一心专研学问，在《宋史》中被给予了很高评价，其文章与王安石、欧阳修齐名，"卓然自成一家"。

同年考中进士的兄弟俩，评价如此大不同。

章惇和曾布先后离京后，宋徽宗命蔡京将前两朝参与"党争"的大臣列出来，整理成一份黑名单。于是，蔡京七拼八凑，找出"元祐党人"309名，将这些人定为奸党。苏轼、章惇、曾布等赫然在列。

宋徽宗不许党人子孙留在京师，且列名的人一律"永不录用"，随后由蔡京手书姓名，发至各州县。

这些英才，斗争了大半辈子，最后居然什么也没得到。

嘉祐二年初春，士子们踌躇满志，一心为国效力，却在不知不觉间分道扬镳。有的人眼睁睁看着理想破灭，有的人在漫漫长路上渐渐迷失，还对同年举起了屠刀。

或许，官场上，从来就只有权力，没有情谊。

福建：一个被忽视的科举强省

说起科举考试，大家都有个成见，总是认为江浙一带，尤其是江南，苏州、杭州、常州等地，肯定是最牛的。

是，江南科举之牛，全国无敌。明代近四分之一的状元，清代半数以上的状元，都出自那里。曾经担任清廷翰林院编修的苏州人汪琬，跟同事聊家乡特产，其他人都是荔枝烤鸭、汤圆牛肉丸，他倒好，高调地口吐两字：状元！

但有一个低调到常被忽略的省份，并不比霸气外露的江浙弱，某些时候，甚至碾压全国，一枝独秀。这就是福建。

1

福建人能考的历史，可以直接上溯到两宋时期。那是整个科举史上，福建人最高光的时刻。

南宋绍兴八年（1138），全国录取293名进士。其中，状元黄公度，福建莆田人；榜眼陈俊卿，福建莆田人；探花陈修，福建福州人。

福建人包揽了前三名，堪称完美。在唱名报名次的时候，连宋高宗都问黄公度和陈俊卿："卿土何奇？"意思是，你们福建莆田人厉害呀，那片土地有什么神奇之处呢？

黄公度回答："披锦黄雀美，通印子鱼肥。"夸了一下家乡物产。陈俊卿一听，状元老乡的答案并不咋样，便接着说："地瘦栽松柏，家贫子读书。"宋高宗听罢，连连点赞："公度不如俊卿，陈俊卿应该是状元才对呀。"

轮到第三名陈修。宋高宗一看，一个满头白发的糟老头走了出来，诧异不已："你便是陈修？"陈修没有直接回答，张口吟诵"葱岭金堤，不日复广轮之土；泰山玉牒，何时清封禅之尘"，到动情处，潸然泪下。

这是陈修在科举考试中写过的两句话，宋高宗对此印象深刻，据说还曾亲自抄写一遍，命人张贴在大殿上。

确认过眼神后，宋高宗跟陈修拉起了家常。当得知陈修已经73岁，终生未娶，宋高宗当场就从宫中选了个30岁的宫人赐给他。事后，有人开陈修的玩笑，编了两句打油诗："新人若问郎年几？五十年前二十三。"

到了宋孝宗在位时期，福建人又创造了一项纪录：连续四届科举的状元，无一例外都是福建人。

总之，整个宋代，福建人变着花样，在科举考场上称王称霸。根据《福建通志》记载，宋代福建进士共7043名，排名全国第一。

这个数字是什么概念？两宋共有进士28933名，算下来，福建一省就占了全国的四分之一左右。而且，比位居第二的两浙东路，整整多了2000多名进士，形势不是小好，是一片大好。当时人们不无夸张地说："龙门一半在闽川。"

2

要知道，在唐代，福建虽偶尔有冒尖的人考出来，但总体来说，科举成绩被中原考试大省、考试强省甩了不知几条街。

到了宋代，福建人怎么突然都这么能考了呢？

这其实跟唐宋之际，全国经济重心的转移有很大关系。经济重心逐渐转移到南方后，原来的边远弱省福建，人口涌入，得到开发，一举跃升成为纳税大省之一。这说明福建的经济上去了，经济上去了，教育自然跟着往上走。

梁启超就曾用大白话说过这个朴素的道理："无论什么时代，没有几分的经济独立，就无从讲起教育。孔子若要凿井而饮，耕田而食，哪里还有工夫去敦诗说礼……地方上越富庶，教育越振兴，人物自然越多。"

但还有一个非常重要的原因必须提到。福建人脱颖而出，真真切切是考试制度公平性改革的受益者。

唐代的科举考试，说得好听点叫"公荐"，由当时的朝堂大人物推荐，说得不好听就是"走后门"，猫腻太多。所以，唐朝的进士，基本控制在中原的世家大族手里。连陈子昂这样有才有财的人，都要在长安城里炒作摔琴，才能成名。可想而知，一个南方人要在长安城考个好名次有多难。

福建人比四川人陈子昂更惨。比起四川，福建更加远离政治文化中心，交通更加闭塞。当时，一个福建人要到京城考试，混个名声，入仕为官，简直是一个可望而不可即的梦想。

福建好不容易出了个进士欧阳詹，是因为他得到了著名宰相常衮的推荐。即便如此，在获得官职前，欧阳詹在京城活得相当悲凉，孤单贫寒，穷困潦倒，估计裤子都没得穿，时常连门都出不了。

感谢伟大的宋代。宋代最大限度放宽了科举应试者的资格限制，对福建等新开发地区一视同仁，不搞地域歧视。最关键的是，禁止唐代的"公荐"制度，全凭考试成绩录取。宋太祖一眼洞穿"公荐"制度很容易"因缘挟私"，遂下令废止了这项不公平的制度。

走后门、攀关系搞不过你们，但凭实力、拼成绩，谁怕谁啊？从此福建人的春天来了。

3

那么，两宋300年间以成绩吊打全国其他省份以后，福建人在考场上的表现又如何呢？

客观地说，正如骄傲的苏州人所吹嘘的，江南特产状元，明清两代的考场，由江浙人唱主角。但是，福建的科举实力仍然杠杠的，在许多方面独占鳌头，碾压江浙。

在明代，福建的进士数退居全国第五，排在南直隶、浙江、江西和北直隶之后。很多人光看这个排名，就说福建人不行了。其实，除了这个指标，还有很多指标可以证明，福建人民很行。

比如人均进士数。数据统计，明代福建每万人平均拥有进士13.26人。

福建这个数据有多牛？就拿进士总数全国前四的省份来对比：南直隶每万人平均拥有进士3.66人，只是福建的零头；浙江是6.65人，已经很不错了，但也只有福建的一半；江西是4.64人，北直隶是5.65人。

可以看出，福建的人均进士数不仅高居全国榜首，而且遥遥领先。打个比方，这个领先的幅度，跟如今中国国乒队领先世界是一样的。

我们知道，明代进士有一、二、三甲之分。最牛的进士，当然是一甲进士，只有三人，即状元、榜眼和探花。一甲进士之争，成为衡量各省科举实力的一项重要指标。

明代福建一共考出了33名一甲进士，排全国第四，低于南直隶、江西和浙江。但是，如果算人均一甲进士数的话，福建又是一骑绝尘，无人能敌。

福建每百万人平均拥有一甲进士19.4人。这个数据，是南直隶的3.08倍，江西的2.11倍，浙江的1.94倍，看来不服不行。

宋高宗时期福建人包揽科举前三名的"盛况"，300年后重现。明宣宗宣德五年（1430），状元林震、榜眼龚锜、探花林文，都来自福建。

4

比过了省，再比比县。县是明代最基层的行政区，负责培养和输送科举人才。县的科举实力可以让我们更微观地看出省份差距。

你知道明代有多少个县考出了200名以上进士吗？

答案是9个。其中，福建、浙江分别有3个县，南直隶有2个县，江西有1个县。

如果这还看不出福建有多牛，那么更牛的来了。在这个榜单上，莆田、晋江两县，分别考出494名和366名进士，是明代全国进士最多的两个县。你看，都是福建的。

论平均进士数，来自福建的晋江、闽县、莆田，竟然包揽了全国前三。晋江人能考试，恐怖到这种程度：平均每万人拥有进士54.6人。

闽县、莆田、晋江三个县分属于福州府、兴化府和泉州府，从地图上看，恰好是福建东南沿海一带沿线而下。再加上最南部沿海的漳州府，构成了明代福建省内一条科举人才高聚集带，当时福建乃至全国最能考试的人，就都生在这里，住在这里。

凭什么最能考试的人都聚集在这里，这是历史的偶然吗？

福建人说，显然不是偶然，是必然。

前面已经说了，一个地区的科举水平与经济有很大关系。同时，与文教、风气关系更直接。这些面海的地方，人多地少吃不饱，想要出人头地，唯有科举一途，形成了重教的民风。

那个年代，图书印刷、流通远远没现在这么方便，很多人想读书，但发现找不到书来读。福建人的幸运在于，宋代以来形成的全国最大的图书印刷、批发市场之一，就在福建境内的建阳。莆田等地的藏书楼，很多很多。家族读书科举的传统，可以影响好几代人。

明代全国有2000多个进士家族，福建一省占十分之一。最牛的是，全国唯一的"七代进士家族"就在福建，是来自莆田县的黄寿生家族。在200多年间，这个家族直系八代中，有三代中解元、七代中进士，家族传承的力量可见一斑。

5

科举制的最后一个朝代，福建人又有怎样的表现呢？

一聊到科举，江苏、浙江人言必称明清两代，尤其是清代。因为清代是这两省对其他省份形成全面碾压的朝代。在此之前，江浙并无明显优势，在很多指标上反被福建吊打。

江浙在清代的牛，某种程度上反衬出福建的雄风不再。

清初，科举省份被分成三等，即大、中、小省。福建被列为大省，但在大省里排名最末，全国第六。这个定位，比被列为中省的山东好，但比起福建自身在宋明两代的表现，无疑是衰势已显。

清代科举省考的录取名额是规定好的，即乡试中额。乡试中额的分配，也就是每次省考各省能录取多少人参加国考（会试）。这个分配，可以反映一个省在全国的地位。

乾隆九年（1744），各省中额基本确定下来，福建每年乡试可以录取85名，排在全国第六。不过，江南、湖广的名额虽然比福建多，但它们实际上各包含了两个省，若按单省计算，福建实际应排在全国第四。

可以看出，瘦死的骆驼比马大，福建的科举大省地位仍然不容动摇。

就全国府州层面来考察，福州府在清代的进士数，排名全国第三，仅次于杭州府和苏州府这两个劲敌。实力也还是相当强悍的。

福建全省最终干不过浙江、江苏等省，主要是自身原因。明代福建那条沿海科举人才聚集带，除了福州保持强劲优势，其他各府已经相对没落。

数据说明一切。福州府在明清两代，进士数均高居省内第一位。但是在明代，它与第二的泉州、第三的兴化（今福建莆田）差距不算大，也就多个100多名进士；到了清代，这个距离就拉得很大了，它竟然比第二的泉州整整多了500名进士，比第三的漳州多了 600 名进士。

而曾经辉煌无比、创造许多全国纪录的兴化府（今福建莆田），在清代的科举数据已经惨不忍睹，仅有 66 人中进士（明代是 537 人），勉强跻身全省第五，连闽北的汀州府（今福建龙岩市以及三明市部分）都不如。

可以想象，如果不是泉州、兴化（莆田）等传统科举强市的相对衰落，福建仍然保持三地并进的态势，而不是福州一地独挑大梁，那么，清代全国科举的局面肯定会被大大改写。

话说回来，泉州和莆田，尤其是莆田，怎么突然间科举就弱了呢？

"罪魁祸首"其实还是经济。经济发展，科教才能兴盛。但经济太好了，赚钱太容易，也会把整个地方风气带到钱眼儿里，科举无用论就会流行起来。泉州、莆田就是后者的典型。

泉州早在元代就经历过一次科举的大衰落。原因是，那时的泉州太繁华了，是全国最大的贸易港口。货如轮转，生意兴隆，大家就不喜欢读书了。清代的泉州，当地风气和价值取向，也有这种转变。

当然，比起莆田，泉州的转变还没那么明显。清代的莆田在科举上一落千丈，跟明朝比，简直不敢相认。一个主要原因是当地重商观念盛行，更多人选择去经商贸易，对读书科举产生了巨大冲击。

武状元：中国什么地方的人武功最高？

1

光绪二十四年（1898），直隶开州（今河南濮阳）人张三甲，来到戊戌政变后的京城。张三甲此行的目的，是参加武举会试。此前一年，他参加乡试，不负众望，以精湛的武功，考取了武举人。

现在是进一步获取功名的时候，张三甲被认为是当年武状元的热门人选。他出身武术世家，自小习武。据说十四五岁时，曾将邻家门前两个数百斤重的石狮子举过头顶，玩耍一阵后放回原地，面不改色气不喘。他拜在武林名师杨国昌门下，"弓、剑、刀、石，色色冠群"，是杨门中的希望所在。

参加会试的武举人，大多出身豪门富户。张三甲家境不好，又朝中无人，心灰意冷了一大半，原想着耍耍武功露露脸，就打道回府了。

没想到，会试拿了个头名。

武进士已经到手，还可以更进一步。殿试中，张三甲手提一柄沉重的大刀，威风凛凛。他摆定架势，挥起大刀，前后左右寒光闪闪，只见刀光，不见人影，如蛟龙潜水，似鲲鹏展翅，令人目不暇接，望而生畏。

突然"哐啷"一声，大刀落地，全场愕然。

张三甲处变不惊，用右脚猛力一搓，脚尖一挑，大刀顺势飞起，正落手中，接着连耍数招，全程有如行云流水。

凭借这次出色的"救场"，张三甲一举夺得武状元，钦命御前头等侍卫。

春风得意马蹄疾，张三甲匆忙回乡省亲。直隶省城、开州等地方官员名流，络绎不绝登门拜访，赠匾道喜。

张三甲天天忙于应酬，迎来送往，回乡十几天便患了重病，卧床不起。经多方诊治无效而死，年仅22岁。一切加之于身的功名荣耀，戛然而止。

张三甲衣锦还乡的时候，废除武举的呼声已经响彻晚清。一个自身命运极具悲剧色彩的人物，最终，成为中国最后一个武状元。

悲剧沾染了传奇，如此而已。

光绪二十七年（1901），清政府宣布永久废除武举考试制度。

张三甲之死，成为中国1200年武举制度的一个隐喻：当一项制度制造出来的顶级精英，命运竟然孱弱如此，这项制度本身的命运，也就到头了。

2

中国的武举制度，创始于武则天长安二年（702）。此后，尽管历朝历代不时有废除或停止武举的决策（比如元代不搞武举，明代前期也不搞武举），但就历史大势而言，武人终于像文人考科举一样，有了一条常设的晋升通道，可以实现阶层流动。

到清末永久废除武举，这项考试制度前后存在了1200年。

然而，迄今为止发现的有名可查的武状元，不过280人左右。算下来，平均每四年多，才有一个武状元的名字流传下来。

武状元如此凤毛麟角，一个原因是确实难考，另一个原因则是，中国文人对武人的鄙视。

我们都知道，武状元、武进士的名字、生平等要流传下来，靠一只手打遍天下是没用的，终归还是得靠文人的一支笔。尤其是历代修史者的那支笔。

很不幸，那支掌握话语权的笔，不仅文人相轻，而且文武相轻。北宋修史的欧阳修，就直接撂下一句话，武举毫无价值，史书无须浪费纸墨。

完了，只这一句话，唐代的武状元状况基本就湮灭了。

按照唐朝的武举制度，一年一考，少说也诞生了一两百号的武状元。但我们现在知道的唐代武状元（含武进士）只有41人。

这41人中，有19人籍贯不详。剩下22人，山西一省就拿下11人，占了一半。可见，在唐代，山西人的武功是最硬的，打遍天下无敌手。其次是陕西，国都所在，出了4个武状元。第三是河北，占了2个。

天下武功，半出河东（唐代河东，主要指山西一带）。山西人凭什么撑起了武举制度的半壁江山？

凭什么？就凭山西是大唐的发家之地。唐高祖李渊起兵反隋，虽然依仗关陇集团的支持，但其发兵的武力支撑，来自山西。

此外，唐代的山西，经济地位类似今天的广东。经济实力雄厚，无疑也是催生武状元的适宜土壤。连饭都吃不饱，还有力气习武吗？

山西人这么能打，恰好唐代的武举，是百分之百纯武举，只考武不考文。这样的制度简直是为山西人量身定制，想不赢都难。

当时武举的科目，大致分为三类：一是考射箭，分为马射和步射。二是考体力，有翘关和负重。"关"是过去城门用的长门栓，所谓"翘关"，即要求武人单手握门栓的一端，用力把门栓平端起来。负重一科，则要求武人背着五石（约600斤）米，往前走，走的步数越多，成绩越好。三是考身材和言语，就是看你高不高大，威不威猛以及基本的对答是否流利。

到了宋代，武举的考试重点变了，山西"武状元省"的宝座就不保了。

3

武举制度的设立，是为国家选拔靠谱的武将。对武将的要求，素质肯定要全面，武功、谋略、战术、大局观、忠诚度，都非常重要，有一身蛮力是远远不够的。

宋代对整个武举制度进行了完善，其中最主要的，是对考试科目重划重点。

具体来说，宋代武举分为比试（资格考试）、解试、省试和殿试四级，考试科目既考武艺，又考程文。

武艺科目包括弓步射、弓马射、弩踏、抡使刀枪等器械，仍以步射、马射为主，即主要看射箭成绩。

科目的变更是根据当时的战争需求设立的。唐代的翘关、负重等科目，到宋代，被挽弓开弩取代，通过拉弓弩的幅度，测试武人的力量。

唐代武举看材貌身高，到了宋代，这一指标也成为募兵中的基本条件，无须单独面试。

宋代比唐代增设了程文（一般称为"内场"）考试，包括策问和兵书墨义。也就是说，宋代的"术科"要考文化课，既要根据时务边防进行答对，类似于现在的申论，也要讲解兵书的主要意思，相当于现在的默写原文＋阅读理解。

而且，文化课的难度和占比还挺大。当时的武学（类似公办武校），对那些文化课贼棒但武艺一般的学生，都会格外开恩，列为优等生，尤其照顾那些知阵法、懂谋略的考生，武艺不及格也不要紧。

宋仁宗天圣八年（1030），仁宗"亲试武举十二人"，主要考骑射和策问，以策问为主，即"以策为去留，弓马为高下"。这说明，宋代皇帝确实重文轻武，选武进士，文化课还是排第一位。

这些改革，有利于促使武人从四肢发达头脑简单，向大块头有大智慧的方向发展。随之而来，是"武状元省"的转移。

唐代武功独步天下的山西，此时被浙江取而代之。两宋共产生武状元74人，除去籍贯不详者24人（大部分为北宋武状元），剩下50人中，浙江一省24人，几乎占了一半。

福建这一时期有15名武状元，也相当厉害，仅次于浙江。

浙江省内，平阳县两宋时期出了14名武状元，由此被誉为"武状元之乡"。同时期，东阳县也将6顶武状元桂冠收入囊中。

这不难理解，因为经过宋代的武举改革，武举名为考武，实为考文，哪些地方文风盛，文武状元就尽收囊中没商量了。

还有一点必须说明，南宋的地盘被局限在南方，北方很多省份无缘参加南宋武举，这也使这一时期的武举成为南方各省的专属舞台。

前面说了，北宋继承和改革武举的初衷，是要通过海选求得将帅之才。但在实际操作中，与这一目标相去甚远。武举人、武进士的职务安排，不是安置在京城负责捉贼、当骑兵教练，就是被派往边疆一线，充当士卒，离将帅不止一点两点那么远。

原因嘛，当然出在制度上。只要是考试，就会存在应试教育问题，宋代也不例外。所以当时的情况，朝廷归结为"所取非所用，所用非所学"，就是考试跟实战脱钩了，武进士到了实战，彻底蒙了，不堪大用。

因此，唐代武举出身还有个郭子仪撑门面，宋代名将却基本都不是武举出身，被人津津乐道，竟然是一个9岁的武状元朱虎臣。这不能不说是一种讽刺与悲哀。

4

相比南宋偏安一隅的政治局面，明代版图的扩张，让武状元的地域分布在全国范围内更具说服力。那么,大一统的明代,哪个地方最出武状元呢?

答案,跟宋代一样,得从武举的考试重点去找。

朱元璋时代,他曾训斥说,武举"是析文武为二途,自轻天下无全才矣"。武学、武举遂被打入冷宫。直到明朝立国百年后,武举才恢复正常。

就考试内容和侧重点而言,明代几乎是宋代的翻版,即相当重视文化课成绩。

以乡试(省考)为例,明代规定要考三场:第一场考骑马射箭,以35步为准;第二场考跑步射箭,以80步为准;第三场笔试,或问古兵法,或问时务。

这些考试内容,尤其是射箭一项,从唐到清,整个冷兵器时代都未被淘汰,说明它有很实用的一面。

古代作战,弓射最具杀伤力,也最难防备。80步以外,一箭射去,效果和现在用枪差不多。所以当时武举考射箭,道理跟现在的士兵练射击打靶是一样一样的。

至于徒手搏击这一类我们熟悉的传统武术,在战场上是几乎不可能出现的。所以从未被列为考试重点。

万历末年曾有过一次实行武举改革的议论,有朝臣主张设"将材武科",初场试武艺,内容包括马步箭及枪、刀、剑、戟、拳搏、击刺等法;二场试营阵、地雷、火药、战车等项;三场各就其兵法、天文、地理所熟悉者言之。显然易见,这是一个具有远见卓识的提议,可惜并未引起朝廷重视,只是说说罢了。

由于文化科目的比重仍然很大,明代出文状元的地方,也盛产武状元。

整个明代有武状元52人,其中籍贯可考者45人。

这45名武状元中,江浙两省分掉一半。其中,江苏13人,浙江10人。接下来,安徽4人,排第三。全国前七名的省份里,除了陕西,都位于南方。这与文状元前五名的省份都是南方省份的状况高度重叠。

按南北方来分,明代武状元39人出自南方,占87%;仅有6人出自北方,只占13%。

南方人武举厉害,除了前面讲到的文化课占优势,还有一个重要原因:明中期沿海倭患严重,促使当地居民重视武艺,且形成习武的氛围。在倭患最严重的嘉靖朝,12名籍贯可考的武状元中,就有9人来自江浙地区。可见,倭寇侵扰对武状元地理分布的影响还是蛮大的。

到了崇祯时代,面对内忧外患,崇祯帝锐意重武,力图改革武举重文轻武的旧习。

崇祯四年（1631），参加武会试的举子中，能使用百斤大刀舞刀花的，只有王来聘、徐彦琦两人。发榜后，徐彦琦榜上无名。崇祯帝认为有人作弊，将考官、监试御史等一大批官员下狱、撤职，再命人重新主持复试。

此后，直到明朝灭亡前一年，每隔三年，崇祯帝都是亲自主持殿试，钦点武状元，封官许愿赐战袍。在特殊年代，给予武状元无上的荣耀。

尽管这一切并不能挽回大明的衰落。

5

清代的武举比以往任何时代都更受重视，武状元授官也比前代优厚许多。一旦钦点武状元，立马从平头百姓，成为正三品将领，不是授予参将，就是紫禁城中的头等侍卫，跟坐直升机一个样。

清朝皇帝个个精得很，武举一方面是精选将才，另一方面是"别有用心"。怎么个"别有用心"法？社会上的武艺精英，即使不干什么，只是通过制度选拔，将这些人豢养起来，也总比留在世上谋反生事强。

清代武举一改宋明两代重文轻武的趋向，在考试制度沿袭明代的基础上，将录用标准逐步恢复到注重武艺的本质上。

让北方武人屡屡吃亏的文化科目，在清代渐渐往容易的方向改革。

最初是考策、论文章，"策"相当于问答题，"论"是按试题写一篇议论文。顺治时定为策二篇、论二篇，题目选自四书和兵书。康熙年间改为策一篇、论二篇。策题出自《孙子》《吴子》《司马法》三部兵书，论题只从《论语》《孟子》中出，考试难度有所降低。乾隆时，进一步缩小命题范围，规定题目都选自《武经七书》。

到嘉庆年间，考虑到武人多不能文，所考策、论多不合格，而不少外场成绩突出者又往往败于内场，于是干脆废除策、论，改为按要求默写《武经七书》中一段，通常只要100字左右。

这已经把文化科目难度，降到了小学生的水平。内场考试的水平越来越低，最后差不多只是形式上的存在。周星驰主演的电影《武状元苏乞儿》中，连自己名字都不会写的官二代苏灿，要不是仇家揭发，差点就高中武状元。这种情况，在宋明两代绝不可能出现，但在清代，极有可能。

文化科目在武举中沦为陪衬的结果，是北方省份终于压过南方省份，在武状元数量上包揽前两名。

清代共有109名武状元，直隶（今河北、北京、天津全部以及河南一小部分）占了41名，山东占了14名。这两个典型的北方省份，一举拿下全国武状元的一半名额。

明代武状元人数最多的江浙两省，此时并列第三名，分别有7名武状元。但绝对数被直隶、山东拉开一大截。

全国武状元人数前七名的省份，除江浙两省外，都是北方省份。与明代的情况，形成了有意思的反差。

河北人突然发飙，力压全国，与该省武风素盛分不开。但还有一个主要的原因，河北拱卫京师，清代给的乡试名额总比其他省给得多，得到了政策性的照顾。

自唐代以来，武功最高、武状元最多的省份，兜了一圈，终于又回到北方。

轮回亦意味着终结。晚清西方列强的船坚炮利，进一步突显了传统武举弓矢刀石的可笑。

1901年7月，两江总督刘坤一、湖广总督张之洞联合上奏，请求与时俱进，废除武举，理由是"硬弓刀石之拙，固无益于战征，弧矢之利，亦远逊于火器"。武举选拔出来的人才，武功再高，也敌不过枪炮。这是赤裸裸、血淋淋的事实。

一个多月后，清廷下旨，宣布永久停止武举考试。

一个科举失败者的逆袭：考不上，就把它废了

1

1879 年的第一场雪，并没有比以往时候来得更晚一些。

与之前的年份相比，这一年实在没有什么特别之处：庄稼人继续种他的庄稼，生意人继续做他的生意，读书人继续考他的科举。

当然，说起科举，考不上的人照样还是考不上。比如袁世凯，这是他第二次考场折戟了。

虽说袁世凯一向不喜欢章句之学、经史大义，但在那个人人科举的年代，他还是做过科举梦的。他曾对人说过，如果"不能博一举人，则不能瞑目"。

对这一年的科举考试，有过落榜经历的袁世凯十分重视。早在 1877 年，在给自己二姐的信里，袁世凯就表决心，要专心备考："因下科将至，如再碌碌，弟何以面见人也……所以不敢误了功夫。"

当时袁世凯身体不好，老是生病，但他却"不敢自弃"："每当病卧思己之功名不就，无不攘背而起，展书味诵。"抱病复习，可以说，是非常刻苦非常用功了。

在袁世凯的愿景里，他所付出的所有努力，都只为换老天开一次眼："但不知老天负我不负我乎！"

然而老天终究没开眼，狠狠地负了他。而再度科举失败的袁世凯，原地爆发了。

他把自己所作的诗文全倒在地上，付之一炬，还愤愤地说："大丈夫当效命疆场，安内攘外，乌能龌龊，久困笔砚间，自误光阴耶！"

那意思就是：垃圾科举误我人生。

2

没有人知道假如袁世凯中举，他将会有怎样的人生轨迹。1879年这出历史剧里，只有一个名落孙山的微胖的袁书生。

感到被举业抛弃的袁世凯，没有像蒲松龄等历史上著名的老考生一样，选择复读三战。他果断地抛弃了举业，改投军旅。

袁世凯自幼喜读兵书。以前读书的时候，老师不让他看兵书，逼他学辞章，他就白天跟老师学辞章，晚上再一个人研究兵法。

如今告别了令自己痛不欲生的举业，来到了军队，袁世凯可算是找到自己的地盘了。

1882年，年仅24岁的袁世凯随清军入朝鲜平乱，颇有军功。两年后，凭借在甲申政变中的力挽狂澜，他被政界大佬李鸿章看上，从此红得一发不可收拾。

27岁时，袁世凯当上了"驻扎朝鲜总理交涉通商事宜大臣"，官居帝国三品大员，总督朝鲜事务。37岁时，在天津小站，袁世凯主持编练新军，创立晚清的精锐部队。41岁时，由于在戊戌政变中站了太后的队，袁世凯被赏封为山东巡抚，成为封疆大吏。43岁时，随着李鸿章去世，袁世凯接过直隶总督、北洋大臣的指挥棒。

谁还记得1879年科举的状元？但如今天下无人不识袁世凯。当年的落榜小子，一步步摸爬滚打竟成为晚清柱石。

1900年庚子国变，惨败深深地刺激了清廷上下。面对这危局，老佛爷娘儿俩决定对"祖制"动刀子了。诏书里说了："世有万祀不易之常经，无一成不变之治法。穷变通久见于大《易》，损益可知著于《论语》……总之法令不更，锢习不破，欲求振作，难议更张……"

要改制是吗？袁世凯"报仇"的机会来了。

3

在20世纪最初的那几年里，"中不如外"是社会上下普遍的认识。换句话说，那会儿流行崇洋媚外：只要是洋人有而我们没有的，那就是先进的、需发展的；那些我们有而洋人没有的，则必然是落后的、应弃的！

本着这样的认识，在中国延续千年，而外国并没有的科举制度，不幸中枪。

两广总督陶模最先上书，请求以"减额渐停"的方式废科举，兴建学堂。闻此，社会舆论一片叫好，呼吁废停科举的声音一浪高过一浪，俨然戊戌年的事从未发生过一样。

对此，袁世凯当然喜不自禁。

1903年4月9日，直隶总督、北洋大臣袁世凯给帝后上了《请递减科举中额专注学校折》。在折子里，他说："科举一日不废，即学校一日不能大兴，学校不能大兴，将士子永远无实在之学问，国家永远无救时之人才，中国永远不能进于富强，即永远不能争衡于各国。"

一句话，科举是万恶之源，科举是罪魁祸首。科举不废，国将不兴。

两年后的1905年，袁世凯又亲自执笔，写了一封奏折，与张之洞、岑春煊等另外五个封疆大吏一同联名上奏：现在还不废科举，过十年再废就晚啦！

过了两天，清廷答复，准了："着即自丙午科为始，所有乡会试一律停止，各省岁科考试，亦即停止。"

随着一道诏书颁布，盛行1300多年的人才选拔制度骤停。

4

科举制度在自己的推动下被废了，曾经的落榜考生袁世凯当然得意。

对此，袁世凯的女儿袁静雪曾回忆说："我父亲以后经常谈论这件事，他认为这是他一生中最为得意的事。他说，他是从小就痛恨这种科举制度的。"

然而，随着科举被骤然废除，还有一件让袁世凯意外的"大礼"，在清末深刻的社会变革中开始酝酿。

1905年10月15日，清末举人刘大鹏在他的日记里写道："下诏停止科举，士心散涣，有子弟者皆不作读书想，别图他业，以使弟子为之，世变至此，殊可畏惧。"

10月23日，刘大鹏又写道："昨日在县，同人皆言科考一废，吾辈生路已绝，欲图他业以谋生，则又无业可托，将如之何？"

两个月后，刘大鹏的日记里又出现这样的文字："顷闻同人失馆者多，家有恒产尚不至于冻馁，若借舌耕度岁者，处此变法之时，其将何以谋生乎？"

简单来说，戊戌年仓促废除科举所造成的负面影响，在1905年废除科举的时候，再次出现了：年轻人不再读"书"，而读书人不仅失去了理想，也失去了现实。

弊端远不止于此。

由于配套的政策没有跟上，科举制度的废除在清末社会的各个领域，都宛如地震一般。

没了科举，私塾便失去了存在意义。私塾倒闭后，城里的孩子尚能进新式学堂学习，而乡里的孩子却落到无书可读的境地，文盲率竟因此大幅提高。1915年，梁启超便评论说："办现代教育，使得全民不识字。"

而那些读了学堂的孩子，由于学堂风气西化，他们竟能"议论毫无忌讳，指斥政治得失"，甚至敢言"排满"二字。

一时间，社会上的革命风气日日渐浓。这大概出乎所有人的意料。

5

科举废除6年后，当年12岁的孩子长到了18岁，当年18岁的少年长到了24岁。

童年、青春，他们人生中最宝贵的一段时光，由于卸掉了科举的枷锁，变得自由奔放，无拘无束。

1911年10月10日，一群年轻人在武昌举起了反旗。一瞬间清廷的统治土崩瓦解。

次年，袁世凯带人逼宫。

灭亡清廷的社会基础已经广泛形成。无奈之下，曾经的科举状元张謇，代清廷写下了逊位诏书。而袁世凯则摇身一变，成为共和第一功臣。

当年的科举落榜生，不仅灭了科举制度，还把一个朝代给灭了。

如果1879年的考官能预知未来，他们在提笔钦点举人的时候，会不会犹豫一下呢？

第三章
经济命门：帝国之基

军事孱弱的北宋，如何靠贸易战翻盘取胜？

1

宋仁宗庆历二年（1042），已经称帝4年的李元昊，第三次向北宋军队发起了大规模攻击，并在定川寨（今宁夏固原西北）之战大败宋军。从1040年以来，李元昊的西夏军队在对宋军作战中屡战屡胜，对此李元昊非常得意，对外宣称："朕欲亲临渭水，直据长安。"

当是时"关右震动"，临近陕西的首都开封府里，宋仁宗为此急得都吃不下饭了，震怒之下，宋仁宗将户部尚书、陕西经略安抚使夏竦和名将韩琦、范仲淹等人统统免职。宰相吕夷简对此更是惊呼："一战不及一战，可骇也！"

连续三年时间，大宋朝为此损失精兵强将数万，敌寇甚至意指开封，这可怎么办？情急之下，包拯向宋仁宗献计说，西夏国小地窄，财政收入绝大部分倚赖"青盐"，在此情况下，必须重新禁止进口西夏的青盐，从经济上狠狠掐住西夏的咽喉。

包拯的建议，换句话说就是，既然大宋朝干架不行，那么就发起贸易战，从经济上整垮西夏。

青盐，是西夏的经济命脉之所在。

西夏境内的池盐资源丰富，各个盐池因为所含的微量元素各异，从而呈现出赤、紫、青、黑、白等不同颜色，其中尤以青色和白色两种颜色的盐（统称青盐）产量最大、质量最好，然而只有300万人口的西夏国，根本吃不完这么多盐，所以向北宋出口青盐，也是西夏国最主要的财政税收来源。

北宋的食盐实行地区专卖制，盐价很贵，但是从西夏进口的青盐却"价贱而味甘"，很受西北地区老百姓的欢迎。北宋刚建立时，对于西夏的青盐并没有严厉禁止，然而到了宋太宗时期，由于党项部的李继迁（李元昊的爷爷）依附辽国，经常跟北宋对着干，于是在988年，宋太宗赵光义第一次拿起了贸易战这个武器，宣布禁止进口青盐，以此削弱党项人的经济实力。

眼看最大的财收被禁，李继迁精得很，疲敝之下宣布依附宋朝，宋朝便停止了贸易战，但是等到实力恢复后，李继迁又再次背叛北宋，这下可彻底惹恼了宋太宗。993年，宋太宗赵光义接受转运副使郑文宝的建议，严厉禁止进口和销售青盐，以图彻底困死李继迁。

2

但是盐这个东西，你政府能禁，老百姓可不能不吃。

当时，北宋自产的盐价格死贵，所以西北地区的老百姓都很喜欢购买西夏产的青盐，但是宋太宗下令，对西夏"绝其青盐不入汉界"，凡是胆敢私自贩卖西夏青盐的，"皆坐死"。

然而宋太宗的这次贸易战，完全起到了反作用。由于青盐被禁止，关陇地区的民众"无盐以食"，而本来已经内附北宋的1万多户吐蕃民众，也反叛归依了李继迁，其他羌族部落也因此入寇北宋边境，以致北宋边疆"境上骚扰"，无奈下，993年八月，宋朝不得不宣布停止了这次贸易战。

此后，仰赖着青盐带来的庞大财政收入，国小地窄，只有300万人口的党项部落，屡次跟人口4000多万的大宋单挑，并且不落下风，屡次在战争中获胜，而北宋则在993年的贸易战失败后，又分别在994年、1000年多次发起了针对西夏青盐的贸易战。然而，政府的禁令，根本无法阻挡民间私盐贩子的脚步，西夏的青盐还是得以源源不断地偷偷走私进入北宋境内，并从经济上支撑了党项部落与北宋的对抗，而有盐又有钱的党项人，最终在李继迁的孙子李元昊时代，正式建立了西夏国，跟北宋正式分庭抗礼。

3

前面已经说过，其实早在包拯建议贸易战之前，北宋已经多次发起了针对西夏的青盐禁运和贸易战，但碍于北宋自身盐价与西夏青盐的巨大差价，加上边境线上庞大的走私队伍，所以北宋以往的贸易战无法产生太大效果。

所以这一次的贸易战，究竟要怎么打？

鉴于以往多次贸易战的失败，在包拯等臣子的经验总结下，北宋政府也开始学精了。对于这次贸易战，北宋政府实行了区别对待，即禁止汉人贩卖西夏青盐，但对羌族和吐蕃部落却不予禁止，以稳住其他少数民族；另一方面，北宋又支持商人自行到边境贩卖食盐，降低北宋自产盐价，在价格基本相同的情况下，西夏青盐的优势基本被摧毁，以致走私也失去了市场空间。

青盐卖不出去，走私又没有利润空间，在军事上频频得胜的李元昊这时突然发觉，西夏的财政收入，开始岌岌可危起来。

话说尽管宋朝打仗稀巴烂，可搞起经济来，手段和方法是一套一套的，经商天赋堪称当时世界之最。经过不断总结经验，在宋仁宗一朝，贸易战终于取得了巨大成果，西夏在经济上逐渐被掐住了喉咙。

由于连年战争，本身只有300多万人口的西夏，最高峰时供养的军队达到了50万人之众，相当于平均每5个平民就要供养一个士兵，西夏民众的经济和徭役负担之重可想而知。而在禁止青盐贸易，断绝西夏最大财收来源的同时，北宋还停止了向党项部落免费发放银两、布匹绢绸和粮食的"岁赐"（相当于一种收买），并且关闭了边境榷场（交易关口），禁止向西夏出口粮食、布匹、茶叶以及其他各种生活用品。如此一来，本身生产能力就严重不足、国小地窄的西夏，陷入了严重的经济困境。

在北宋的强势贸易战前，西夏国内财源濒于枯竭，物价飙涨，必须依靠茶叶改善饮食结构的游牧民众"饮无茶，衣昂贵"，民众也开始大量逃亡。而剩余的民众，甚至在西夏国内做了"十不如"的民谣以讽刺李元昊政府。

失去了青盐等重要财源补充，西夏国内的各个部落首领也不干了——当时，西夏兵制是士兵平时从事生产，战时打仗，士兵必须自备马匹和粮食，而与北宋的连年战争，使得本来人口就少的西夏出现大量人员伤亡不说，农业生产也被严重阻碍，牛羊缺人放牧，基础生产濒于停滞。在此情况下，西夏的国力和民力都不堪重负，许多部落首领也纷纷提出反战，这也给了李元昊巨大的压力。

4

从某种意义来说，持久化的战争，首先是国力上的较量，而国小地窄、人口只有300万、财政收入严重倚赖青盐、经济结构单一、严重倚赖北宋的西夏，尽管在军事上频频获胜，然而在旷日持久的战争面前，西夏举国上下，无不感受到国力的巨大限制。

当时，西夏国内的有识之士指出，"国家（西夏）自青白盐不通互市，膏腴诸壤浸就式微，兵行无百日之粮，仓储无三年之蓄"，而在被北宋实行贸易战后，只能够与契丹进行杯水车薪的小额贸易，"岂所以裕国计乎"。

北宋的贸易战，已使得"兵行无百日之粮"的西夏无力再行侵略。

在此情况下，当初嚷嚷着要一直打到长安和开封去的李元昊，不得不开始放低姿态，多次派出使臣，希望北宋能够解除针对西夏青盐的贸易禁售，而前面说过，军事上较弱的宋朝，搞经济还是蛮有一套，对于西夏希望解除贸易战的图谋，北宋名臣欧阳修直接就对宋仁宗说，贸易战可以不战而屈人之兵，西夏请求解除青盐禁令，"尤不可从。于我虽所损非多，在贼则为利甚博"。

对此，当时还是个年轻小伙子的司马光（1019—1086）更是直接举例子说，西夏就跟婴儿一样，完全得靠着大宋这个妈妈哺乳喂养，"夏人仰吾和市，如婴儿之望乳"。巨大的国力支撑和经济优势，最终使得北宋在这场旷日持久的贸易战中，逐渐迎来了胜利的曙光。

最终，在取得定川寨大胜后两年，作为胜利方的西夏，却不得不与北宋达成和解，宋仁宗庆历四年（1044），宋夏双方正式达成协议，作为胜利方的西夏李元昊方，以向北宋称臣的"屈尊"代价，换得了北宋每年给予西夏"岁币绢15万匹、7万两银和3万斤茶叶"的"赠礼"，史称"庆历和议"。

在以往的历史叙事中，多认为这种"岁赐"，实质上是北宋对西夏的一种和平"赔款"，但实际上，最会做生意、擅长精打细算的宋人可一点都不吃亏。庆历和议后，北宋通过开放与西夏的榷场交易征收商税，也赚了不少钱，因为在继续禁止青盐贸易的基础上，严重倚赖北宋物产的西夏人，每年都不得不将大把的银子缴税给北宋政府，在宋夏贸易中，北宋几乎是取得了一边倒的贸易顺差。

名义上是赔钱，但实际上通过开放双边贸易，北宋反而还赚了钱，而同样的情况，也出现在了宋辽关系上：当时，北宋尽管在澶渊之盟后，每年要向辽国进贡"岁币银10万两、绢20万匹"，但由于北宋自身农业经济对辽国游牧经济的压倒性优势，北宋通过开放与辽国的边境贸易，每年仅仅河北一地，北宋的税收就达"40万贯"，可以说在实际经济收益上，一点也不吃亏。

在此情况下，宋徽宗宣和四年（1122），北宋臣子宋昭就曾经揭露出这个秘密。他说，北宋政府给予西夏、辽国等少数民族政权的赔款"岁赐"，名义上是赔钱，但实际上通过开放双边贸易，北宋反而还赚了钱："盖祖宗朝赐予之费，皆出于榷场岁得之息。取之于虏而复以予虏，中国初无毫发损也。"

虽然军事上经常被打得满地找牙，但从某种意义来说，我们不得不佩服，宋人搞经济确实还是蛮有一套的；而打了不少胜仗，却因为贸易战吃了亏，被迫"臣属"北宋的李元昊，则对宋朝派来的使臣一律挡驾。史载，对于北宋派去的使节，李元昊一律将他们安排在宥州（今陕西靖边东）接待，从来不让他们到夏国的都城兴庆府（今宁夏银川）去，以免在西夏臣民面前被迫用客礼接待宋朝使节，暴露出西夏的无力和无奈。

尽管通过贸易战手段得了便宜，但军事上较弱的北宋和南宋，最终还是挡不住女真和蒙古人的铁蹄，因为他们不像契丹人和党项人，不仅要钱，还要命，这一下，有钱但拳头却不够硬的宋人，真是没了办法。

"腐败"这颗毒瘤,乾隆为何舍不得割掉?

1

1759年,因为一个洋人进京告御状,乾隆皇帝怒了。

告御状的是英国商人詹姆士·弗林特,中文名叫"洪仁辉",在经过天津知府灵毓转呈的告状信中,詹姆士·弗林特控诉位处广州的粤海关官吏,说他们对外国商人贪污索贿、层层剥削勒索,并且多年来一直粗暴对待洋商。

读到这封"洋状"后,乾隆非常恼火,在他看来,洋人万里迢迢进京告御状,这不仅仅是大清开国未有之事,在历史上更是前所未闻,堂堂天国上朝,如今竟然闹出这种事,实在有损帝国颜面。

随后,乾隆下令两广总督李侍尧审理此案,并嘱咐说:"事涉外夷,关系国体,务须彻底根究,以彰天朝宪典。"

詹姆士·弗林特状告大清官吏贪污腐败,是18世纪,在华外商的集体心声。

这位外商告御状这一年,恰好是清廷启动在广州一口通商时期,从1759年到1842年,广州由此开启了长达83年的中国贸易进出口垄断时期,也就是这83年,外商们更体会到了在中国做生意是何等之难。商品想在中国流通,就要靠贿赂,200多年前,外国商人们在粤海关体会很深。

在当时,针对外国商人收取的关税,主要分为船钞或货税两种方式。假如是征收船钞,则按照规定,大船是缴纳银子1200两,中船是960两,小船是大约340两。但实际上,按照这种征税方式,假如不贿赂,外商通常都会很吃亏。

康熙二十四年(1685),英国东印度公司一艘货船来到广州经商,一开始,清朝的官吏们开价是要征税2065两银子,在经过为期一个多月的讨价还价后,这笔"船钞"关税最终是以500两银子成交,当然英国商人的代价就是,私底下要向大清的海关官吏们"赠送"320两银子。

不管怎么说,经过一番贿赂,还是少了1000多两银子的税,英商还是很开心的。但这也正是让外商们感觉害怕的地方,他们很快就发现,在大清朝做生意,关税没有一个明确的规则可以遵循,一切都是不透明的,具体缴纳多少关税,只能是凭着感觉跟清朝的官员们软磨硬泡、讨价还价。

在这个地方,关税和贸易体系,是黑暗且摸不着边的。

2

做生意不透明,没有明文规则可以遵循,这是让所有商人都感觉害怕的地方。在当时,大清表面上对外的关税税率是4%,但在实际征收中,远远不止于此。

除了"船钞",大清对外征收的关税,还有一种叫作"货税"的方式,这种方式一是包含大概固定的商品价值4%的关税;另外则是一个难以衡量的黑暗收入"陋规"(也称"规礼")。所谓陋规,说白了就是一种上不了台面,需要缴纳的约定俗成的"贿赂"。

我们再回到大清的粤海关,在当时针对外商,除了正规4%的关税,针对每艘商船还要另外征收1950两银子的"陋规",说穿了,这笔钱就是用来在关税之外,打点粤海关"各路神仙"的"买路钱",为了进入中国做买卖,这钱你不交也得交。

当时的外商回忆说,尽管名义上当时大清的关税仅为商品价值的4%左右,但实际上加上各种贿赂的"陋规"在内,一艘外国商船在粤海关,需要缴纳的各种正规和非正规的关税和贿赂,需要达到商品价值的20%还多。

到了道光十年(1830),当时的德国传教士郭士立就统计说,当时一艘一等"夷船"进入广州粤海关,需要缴纳的各种关税和贿赂,大约需要3350两白银;一艘二等"夷船",则大概需要缴纳2260两白银的关税和贿赂——这些钱,只有极少部分进了大清的国库,绝大部分,都流入帝国各路大小官吏和中间商们的腰包。

其实,乾隆皇帝对于海关官员们大举索贿这件事,心里明白得很。因为乾隆知道,大清自开国以来,公务员们实行的都是低薪制,收入都很低,假如不给他们"放水"给点"甜头",这些官员是活不下去的。

以乾隆时期的粤海关监督(相当于关长)为例,这个官职在当时是二品大员,但这个官职当时一年的工资，仅仅是 155 两银子（乾隆时期一两白银，折合 2019 年人民币约为 300 元，155 两白银年薪，相当于人民币 4 万多元），所以清朝历代的皇帝们都很"贴心"，对于大清官员们的贪污腐败，很多时候都是睁一只眼闭一只眼。

二品大员年薪才 155 两银子，中下级官吏的工资就更低了。

当时，粤海关的大关清书，也就是普通文案工作人员，月薪是 3 两银子，相当于现在的人民币 900 元左右；粤海关当时的巡役，也就是海关稽查人员，当时月薪是 3.09 两银子，每月工资折合 2019 年物价也是 900 多元人民币；而粤海关当时的后勤人员例如"堂役"，月薪更是低至仅有 0.58 两银子，相当于人民币 170 元左右。工资低到这个份儿上，让他们不贪污，几乎是件不可能的事。

如果仅仅靠工资，大清的官员们是无法养家糊口的，但如果提高工资，大清的财政又将不堪重负，所以清朝历代皇帝，对于海关工作人员实际等同于索贿的"陋规"，基本都予以了默认和首肯。

3

除了要照顾实行低薪制的官员，对于广州粤海关的这种集体性索贿和腐败，乾隆皇帝心里，还有一个不好意思说出来的"秘密"。清朝皇帝的私人开销不是来自户部，主要是来自内务府，而清朝海关的收入，一部分是上交给户部，一部分则是作为清朝皇帝的私房钱，直接上交给内务府。

乾隆时期，广州粤海关每年会给乾隆皇帝的内务府进贡大约 85.5 万两白银的私房钱，不仅如此，皇帝如果结婚或是过生日，粤海关的公务员和属下的十三行行商们，还要给万岁爷"捐钱"。

仅从乾隆三十八年（1773）至道光十二年（1832）这 59 年间，粤海关组织"捐"给清朝皇帝们的白银就多达 400 万两。此外，粤海关的官员们，每年还会给皇帝私下进贡各种舶来的珍奇"异品"。

所以在清朝，广州粤海关也被称作清朝皇帝们的"天子南库"（另外还有一个"天子北库"，指的是北京崇文门税关），而作为"天子南库"的粤海关监督（关长），自然也就担负着替皇帝"搞私房钱"的重大政治任务。

但粤海关监督（关长）工资这么低（年薪 155 两银子），政治任务又这么重（一年要为皇帝搞 80 多万两私房钱），所以清朝皇帝们对于粤海关监督（关长）的任命，大多是安排心腹亲信，并且对他们的所作所为睁一只眼闭一只眼。

由于位置显赫，所以粤海关监督（关长）们往往在三年任期中，除了上交皇帝的私房钱，个人也经常赚得盆满钵满，三年的私人工资外"收入"，至少都是在几十万两银子以上。

由于这是个超级肥缺，所以清朝皇帝们都喜欢任用亲信来担任粤海关监督（关长），道光年间，苏州浒墅关监督（关长）延隆捅了篓子，亏空白银20.9万两，道光皇帝特地"照顾"改授延隆为粤海关监督（关长），以方便他翻本捞钱。

对于包括乾隆在内的各任清朝皇帝以及实行低薪制的大清朝官员们来说，广州粤海关是个很特殊的存在，所以从乾隆中期开始，广州粤海关作为大清朝唯一的对外贸易港口，就成了一个超级捞钱机器，洋商们到此地经商，不给清朝的官员们剥一层皮，怎能轻易通过，进入内地做生意？

乾隆二十四年（1759），一位法国商人就在给两广总督的禀文中写道："如英吉利（指英国商人）必欲往宁波开港贸易者，诚恐因粤海关种种苛政，欺勒难堪。"就在这位法国商人向两广总督告状的时候，英国商人詹姆士·弗林特，则选择了坐船北上，向乾隆皇帝告御状。

但话说起来，詹姆士·弗林特能成功告上"御状"，也是因为花了银子打点的。

1759年这一年，詹姆士·弗林特到达天津大沽口后，天津知府灵毓答应替他上呈"御状"，但条件是要索贿5000两银子作为"辛苦费"，最终经过一番讨价还价，詹姆士·弗林特给了天津知府灵毓2500块西班牙银元作为"酬劳"，于是"御状"通过灵毓得以层层上递，呈递到了乾隆皇帝面前。

洋人"告御状"，对于这一千古未有的奇闻，乾隆自然是怒了，他下令时任两广总督李侍尧审理此案。

李侍尧随后快刀斩乱麻，以"失察"为名，将粤海关监督李永标革职查办，一些参与对洋商敲诈勒索的粤海关官员，有的被杖责，有的被流放，有的被处以刑罚。对于洋商们反应激烈的"陋规"，深知此中"利害"的李侍尧则不敢取缔，只是规定，最多只能收1950两，不能再多了。

李侍尧是个明白人，他知道如果取缔这个作为皇帝私房钱来源的"天子南库"，是个什么下场。况且他也明白，在大清实行低薪制这种扭曲的制度下，粤海关已经成了一个水深不见底的利益场，是不能过分深究的是非之地。

随后，李侍尧又将替英国商人詹姆士·弗林特写"御状"的四川人刘亚匾处以斩首极刑，给詹姆士·弗林特出"告御状"主意的安徽商人汪圣仪父子，则被处以重杖六十、徒刑一年的刑罚，以杀鸡儆猴，警告那些敢于"勾结外商"的华人。

而作为这场"告御状"事件的主人公，英国商人詹姆士·弗林特，也被李侍尧下令抓了起来，并以"勾结内地奸民，代为列款，希图违例别通海口"的罪名，判令"在澳门圈禁三年，期满后驱逐出境"。

4

最终，这场以英国商人个人之力，希望对抗整个大清朝系统性腐败的"告御状"事件，以当事人被"驱逐出境"告终。

在乾隆皇帝和两广总督李侍尧等人看来，洋商们想在大清朝内部做生意，却不想付出一些"额外"的代价，这本身就是一件几乎不可能的事情，而清朝的主政者们，也无意建立一种规范化的财税制度，他们更乐意以一种暗箱操作的方式，去抚平内部种种错综复杂的关系。

对此，洋商们则对大清进行了不懈的抨击，德国传教士郭士立就在第一次鸦片战争爆发的前一年即1839年提交给英国外交部的《论中国商业》的长篇论文中指出，在中国做生意"实际上的勒索如此名目繁多，其方式如此曲折隐晦，以致没有任何道义上的可能性，足以穿过这种迷宫"。

所以这个世界，往往比生意场上呈现出来的更复杂，很多商人幻想中的商品以市场规则自由流通，结局往往证明，这只是人们心中一种美好的想象。因为国家的惯性，比市场的力量更强大。

上瘾四百年：烟草背后的经济、商战与道德

1492年8月3日，哥伦布驾着3艘帆船开始横渡大西洋，去寻找神秘的中国——在马可波罗的笔下，遥远的东方世界是丝绸、瓷器和香料的故乡。

两个多月后，哥伦布来到美洲巴哈马群岛中的一个岛屿，这里被他命名为"圣萨尔瓦多"。他坚信自己到达的是亚洲的印度，故把当地居民称为印第安人。可是，这里并没有想象中的那般富庶，也没有"黄金遍地，香料盈野"的景象。

但这次航行却有一个意外的发现：当地人有一个习俗，他们吸入由某种植物制成的微微燃烧着的东西散发出来的香气，之后他们的身体便失去了知觉，像是喝醉了一样。

这就是烟草。

只不过，当时哥伦布一心扑在黄金上，对此不以为意。他不知道的是，这种小小的东西是继香料、烧酒、茶叶与咖啡之后的又一影响全球的"兴奋剂"。哥伦布之后，全球迎来物质交换的大浪潮。原产于美洲的马铃薯和玉米，进入欧洲和亚洲，使得人口暴增；来自欧洲的传染病，如天花和麻疹等，夺走了数百万美洲原住民的性命，死亡人口则由欧洲人和非洲人填补。

一开始，在欧洲人眼里，烟草只是一种稀奇的植物、异国的瘾品，充其量也就摆在宫廷里以供观赏。法国驻葡萄牙大使尼古特用它治好了法国太后的头痛病，于是，太后便爱上了闻鼻烟，还倡议在法国大面积种植，烟草也因此被命名为"太后草"而身价倍增。为纪念尼古特，人们把烟草中具有特殊功效的烟碱命名为"尼古丁"。

后来，远行归来的水手们将吸烟草的习惯传入社会底层，自那以后，烟草迅速成为一种赚钱的作物。从西班牙、葡萄牙传播到欧洲各地，再经过欧洲传播至西非、中东和东南亚，然后进入中国、日本，就像一块石头扔进水中激起的涟漪那样，一波波扩散出去。

第三章 经济命门：帝国之基

1

美洲烟草进入中国的时间，大约在明末。

撰成于明朝万历三十九年（1611）的《露书》记载了烟草传入的情况："吕宋国出一草，曰：淡巴菰，一名金丝醺，烟气从管中入喉，能令人醉，亦辟瘴气，捣汁可毒头虱。初，漳州人自海外携来，莆田亦种之，反多于吕宋。"这段话清晰地介绍了烟草传入中国的早期历史：产自菲律宾，又名"淡巴菰"，有药用价值，由海外商贸而来，在中国福建种植。

16世纪中叶，因为明朝的海禁，烟草无法名正言顺地进入中国。隆庆元年（1567），明穆宗才宣布有限制地解除海禁，允许漳州月港开放"洋市"。于是，漳州成了外国商品的集散地，跟吕宋岛、交趾、日本、朝鲜、占城、马六甲、暹罗、柬埔寨、爪哇等地区皆有贸易往来。

一个可能的情况是，雄心勃勃的福建商人在看见自己的水手吸烟草之后，立马发现了商机，果断购买了"淡巴菰"的种子，将其带回福建。江南是福建农产品的主要消费市场，烟草很快借商人之手来到了经济腹心之地。不过，旅程并未结束，它继续沿着大运河向北扩散，在山东、河南等地留下了足迹，最后进入帝都。

居住在北京的官员杨士聪发现并记录了一个情况：烟草已经完全占据了北京的集市！据他的观察，这种"盛况"离不开军队的影响。当时辽东有战事，明朝军队调动频繁，或许是士兵们想要缓解旅途的劳顿，便用吸烟来放松自己。一旦这种风气成型，那么烟草就会随着士兵的脚步跨越数省，"渐传至九边"。在漫长的长城防线上，少量的烟草便可值一匹马，因为在军队中流行的"寒疾"，非烟草不可治。

辽东则是烟草占领中国的第二个桥头堡。它从日本出发，经由朝鲜，进入了女真人的地盘。当然也有少量的烟草，会从明朝的要塞流出走私到辽东，以换取貂皮和人参。因此，满洲的贵族很早就迷恋上了吸烟，不论男女，以至于皇太极颁布了禁烟的命令，但还是无疾而终。

烟草也侵入了西部边疆。在西南，经由缅甸，烟草和它的美洲同伴红薯、玉米一起来到了云南。在西北，兰州很早就以切成细丝的"黄花烟"闻名，这种烟只能用水烟筒吸食，又被称为"水烟"。

可以看出，中国在明清时期并非是一座孤岛的状态，烟草征服中国的多线攻势倚仗的就是一张全球性的贸易大网络。航行在南海的水手，大运河的贩夫走卒，戍守边疆的士兵，追逐利益的走私商人，行走在西北绿洲或是西南山地的旅行者，他们连接着帝国与境外、边缘与中央，成为这个巨大网络里不可缺少的一部分。

传入中国伊始，烟草以药用价值闻名——驱寒解毒辟瘴气，提神醒脑除疲劳。但很快，它就成为一种没有阶层壁垒的大众嗜好品，受到了所有人的喜爱。无论你是商人、士兵、贩夫走卒，还是贵族、士大夫、皇帝，都无法抵抗它的魅力。

清朝大学士纪晓岚就是一个著名的大烟鬼。他嗜烟如命，烟量惊人，人称"纪大烟袋"。某日，纪氏正在编修馆吸烟，正巧皇上召见。纪晓岚忙将未灭的烟袋插入靴中面圣。纪晓岚与乾隆帝聊得兴起，烟袋内的余火已经烧破袜子并殃及皮肉，纪晓岚疼痛难忍，不禁呜咽流涕。

乾隆帝询问出了什么事，纪氏回答："臣靴筒内'走水'。"皇上听后，即令其出宫。纪晓岚出宫之后，连忙脱靴，靴内先是一阵浓烟，随即蹿出火苗，烧得纪氏脚颈肌肤焦烂。很长一段时间，都无法正常走路，被人嘲讽为"李铁拐"。

2

吸烟风气席卷中国之后，遭到了明末清初几位皇帝的禁止。

禁烟的理由大致有三点：害身、靡财以及伤农。明末崇祯禁烟之时已是天下大乱，禁烟根本不起效果。而皇太极禁烟，只禁平民，不禁贝勒，一纸禁烟令形同虚设。

倒是乾隆认认真真推行了禁烟令，因为他认为种植烟草与农业争地，会影响农业生产，对民生毫无裨益；而种烟又要挑选肥沃之地，农民为了获取高额利润，势必把好地种上烟草，使得人们吃饭成为问题，所以要予以禁止。然而这一场严禁，也不过持续了十年。

农民是理性的，对于作物的价格尤为敏感。明人早就意识到，烟草"一亩之收，可以敌田十亩"。清初，赵古农《烟经·题词》中收录这样一首诗："村前几稜膏腴田，往时种稻今种烟，种烟市利可三倍，种稻或负催租钱。"如此大的利润，农民怎么可能不前仆后继、争种烟草呢？

说起中国的农业，人们首先想到的是"精耕细作""自给自足"。明清以来，人口增加，土地相对不足，迫使农民不得不在有限的农田上投入更多的人力以获取生存所需的收益。自给自足的田园牧歌不复存在了，耕作需要越发的精细。因此，种植经济收益较高的作物，就成为一种最好的选择。

福建则充当了烟草在整个帝国传播的中心。当地居民最早专门种植烟草，并通过移民和商人扩散至全国各地。清政府的几次禁烟令都特别关照福建地区，甚至到了禁烟过急，百姓便会造反的程度。

永定县（今福建龙岩永定区）的条丝烟被很多人认为是当时最好的烟草，得到了皇家的喜爱。清初，永定的烟商纷纷前往江南开拓市场，他们每日身背水烟袋、旱烟筒，请人吸食品尝，被当地人戏称为"烟鬼"。传说，乾隆皇帝下江南，到扬州微服私访，看到人们吸烟，亲自品尝后非常满意，便对店主说："你们的烟真是好极了，但店名'烟鬼'，稍嫌不雅，不如改一改，叫做'烟魁'如何？"

店主连忙道谢，又亲自相送出门。谁知几天后，府衙突然派人送来一块匾额，要店主叩拜迎接，匾额上赫然印有"烟魁"二字，店主这才知道来人竟是乾隆皇帝。从此永定条丝烟就得了"烟魁"的雅号，价格一涨再涨，成为最昂贵的烟。

随着技术的扩散，全国各地出现了不同的烟草品牌，比如衡烟（出自湖南）、蒲城烟（出自江西）、油丝烟（出自北京）、青烟（出自山西）、兰花香（出自云南）、奇品烟（出自浙江）、杜切烟（出自松江）、水烟（出自甘肃）等。

当然，商品化也意味着更多的风险。民国初年，山东有个农民种了许多烟草，后来因为烟叶卖不出去，没有饭吃，便四处去借钱，结果还是空手回来。他回到家里，肚子饿极了，看见厨房里热腾腾的，赶紧揭开锅一看，却是煮着一大锅的烟叶。

他奇怪极了，去问老婆，老婆恶狠狠地骂道："叫你不要种烟，你偏要种烟，现在烟叶卖不出去，只有煮给你吃！"那个农民又气又恨，冲出门投河死了。

3

吸烟在中国的传播，是一个向内渗透和向上蔓延的过程。边疆的士兵、水手、商贩、强盗是它的第一批顾客，然后才进入到阳春白雪的精英世界。

一开始，很多士人对这种自下而上的新习惯比较排斥，斥之为低俗。不过很快，他们便找到了一种精致的吸烟方式，从而将自己与下层民众区分开来。

马德清在《清宫太监回忆录》里描述小太监侍候主人吸烟时说道："主子吸水烟的时候，你得跪在地上，把仙鹤腿水烟袋，用手握紧，小水烟袋你得站着捧在手里，随时装烟，吹纸煤儿……"那时候清宫里的主子抽水烟、旱烟成了生活中的常事。一般是饭后抽水烟,平时抽旱烟,用不着主子吩咐,到时候得准备好,捧上去。"

烟草也很好地融入了文人的社交圈子。原来文人聚会,吟诗作对,品一品茶,喝一喝酒,已是快事。现在又多了一项:抽烟袋。陆耀在乾隆三十九年(1774)出版了一本《烟谱》,堪称上流文士之吸烟指南。哪怕是下层文人如蒲松龄,也烟不离手。在蒲松龄的陪葬品中,有他使用多年的烟袋,烟管大约长2尺,在烟嘴下垂着一个装有烟丝的烟布袋。

一旦上流社会开始接受烟草的魅力,那么,整个社会就会流行吸烟。

社会地位较低的人急于获得地位提升的符号,就抄袭上流社会的行为模式。可是,每当下层开始模仿上层之后,上层社会便会产生一种焦虑,他们会立马抛弃旧的习惯,转向一种新的时尚,以保持上下泾渭分明的情况。

上流永远在制造壁垒,而下流永远在追逐。这恐怕就是时尚永远在变的原因。

于是乎,精英们很快放弃了用长烟筒抽旱烟的习惯,开始改用进口的鼻烟。1719年,葡萄牙人向康熙皇帝赠送了48瓶葡式鼻烟,后来向皇室赠送鼻烟成了惯例。澳门议事厅每年向清政府支付地租的时候,都必须加上鼻烟。同时,葡萄牙人也会向广东的官员赠送鼻烟,以获得与十三行进行贸易的机会。

鼻烟作为一种稀少的商品而显得珍贵,只有精英才能接触到,这就是一个天然的壁垒。因此,带有异国情调的鼻烟变成了优雅的代名词,旱烟的烟袋则代表着粗俗。

《红楼梦》第五十二回中,宝玉给晴雯治病,便是让麝月取来一个金镶双扣金星玻璃的小扁盒儿,"里面有西洋珐琅的黄发赤身女子,两肋又有肉翅,里面盛着些真正汪恰(上等)洋烟……(晴雯)忙用指甲挑了些嗅入鼻中,不怎样。便又多多挑了些嗅入,忽觉鼻中一股酸辣透入囟门,接连打了五六个嚏喷,眼泪鼻涕登时齐流。晴雯忙收了盒子,笑道:'了不得,好爽快!拿纸来。'"。

对于广泛的下层士绅和富裕百姓来说,吸食水烟则是颇受欢迎的生活方式。与旱烟不同,水烟袋需要洁净的水,产生的烟气也比较凉爽。一个乡村大家庭中,通常只拥有一个水烟袋,家里所有的吸烟者共同使用,只有稍微富裕点的人才能独自享有一个烟袋。至于底层百姓,抽旱烟已经是很高的享受了。

4

20世纪初,精英们再度抛弃了鼻烟,迷上了机制的卷烟。

卷烟的背后，是中国人痴迷的"现代"因素——公司经营、标准化生产、科学与技术、广告销售等。卷烟恰好在中国的财富和权力跌入谷底的时候传入中国，也印照了当时中华大地的真实处境。

1902年，英美资本家共同出资600万英镑设立英美烟草公司，总公司设在英国伦敦，其分支机构遍布全球十几个国家和地区，俨然构成一个烟草王国。中国亦是其主要市场之一。这家跨国公司在中国的市场份额从来没有跌过55%，基本上一直处于60%—80%之间。

英美烟草公司打入中国市场依靠的是中国的经销商，这些人熟悉整个烟草行业，而且在当地都有关系。因此，从上海大都市到犄角旮旯的小村庄，你都能看见它的商标和传单。一名中国记者在1934年写道："许多村民不知道孙中山是何许人，但几乎没有地方不知道'大英牌'香烟的。"

正当英美烟草公司开始垄断中国烟草市场的时候，中国的民族资本势力开始兴起，其中尤以南洋兄弟烟草公司发展最快。在1905年抵制美货运动的一片"不用美国货，不吸美国烟"的口号声中，广东南海的华侨商人简照南、简玉阶兄弟创办了广东南洋烟草公司，资本10万元，地址在香港。跟英美烟草公司一比，这就如同站在巨大城墙下面的小兵。

但，商战就这样开始了。

英美烟草公司几乎无所不用其极，有些属于正常的手段。1914年，它将原价250元一箱的GoodBeam烟降低一半价格在市场上抛售。一旦发现南洋公司出产的某种牌号畅销时，它立即赶制出一种价格相当而烟味更好，或烟味相当而价格更低的新牌子进行竞争。

不正常的手段就更多了。比如，利用自己的权势多次诬陷南洋烟草公司抄袭、"影射"，使其连年亏损，最后拍卖重组。它甚至还利用中国人的民族情绪，在中国人抵制日货运动的时候，借口南洋公司总经理简照南曾加入日籍，并引进日本机器设备，聘用过日本技术人员等理由，诬称南洋公司为"日资""日货"。

当时，由于中国的国际地位低下，海外华侨得不到本国政府的保护，为了生意和事业的需要，"不得已寄名外籍"是极普通的事情。而一个外国牌子，以"支持国货，抵制日货"为由，打压中国的民族企业，也算是历史的一大奇景。

面对高墙的巨大压力，南洋公司的实业家们并没有屈服。英美烟草公司的卷烟销售到哪里，南洋公司的生意也必须发展到哪里。英美烟草公司没有占领的地方，南洋公司更要抢先一步，先去占领。

面对"日资"的指责，南洋公司首先将问题公诸社会，请求调查，澄清事实真相。经两次调查证实，公司从上到下，都是华人。简照南也把当年经商时不得已加入日本国籍的原因、经过公之于众，并公开宣布：在此国难当头的时候，脱离日本国籍，经批准"回复国籍"。

一系列公关之后，南洋公司赢回了民心，便开始准备反击。他们指出英美烟草公司最忌惮的就是国货二字，所以不惜费尽心力也要将其污名化。光是香烟一项，中国一年的销售额就达到七八千万。利润之大，几乎都被外商垄断。自南洋公司出现，与其竞争，还没有夺回十分之二。

为了表明南洋公司反对西方列强经济侵略的决心，简照南宣布将公司"公诸全国"，公开招股1000万元，增资达1500万，使"国人得共同享受其权利"。如此一来，南洋烟草公司反倒浴火重生，更进一步了。

南洋烟草公司用来生产的原料、机器和技术全都是进口的，可以说完全是一个西式的公司。然而它诞生于抵制美货的运动中，又时刻都在争取群众的支持，它的成功已经不是单纯的商业逻辑了。

而南洋公司的经历，就像每一个中国人蹒跚而行迈向"现代"的步伐：学习西方，打倒西方；痴迷西方，警惕西方；崇尚西方，鄙夷西方。

5

20世纪30年代，中国似乎分裂成了两个世界：极少部分的"现代"都市和广泛的"传统"乡村。

数百万农民背井离乡来到大城市，希望在工厂里找到一份工作。定居的市民鄙夷地打量着来自乡下的"土包子"，摆出一副傲慢的姿态。还有成千上万的百姓依旧在农村沉沦，找不到容身之地。

吸烟也出现了地域性的差异。城镇之中，机制卷烟是人们的最爱，如果不够富裕，烟丝是更为经济的选择。广大乡村依然流行着抽烟袋的习惯。烟袋本来就是一种舶来品，而它却早已降格成了地道的中国农村的形象，被认为是传统的遗迹。

"西方"的卷烟势必要取代"中国"的烟袋，这背后是技术的进步，也是道德的堕落。

当时,许多作家都感受到这种紧张。老舍自小生活在北京,一个与上海完全不同的传统城市。在他著名的《骆驼祥子》中,我们便可以看到传统的衰落与绝望。

祥子年轻时来到北京,那时的他强壮、勤奋,从来不吸烟。他希望能靠这一身力气,给人拉黄包车,换取一个美好的未来。为了达到这一个目标,他不得不放弃享乐,远离喝酒、赌博、吸烟。

三年后,他终于买到了自己的黄包车,却被如同强盗的士兵给绑架了,连车也抓走了。此后,祥子不断努力向上,却无法摆脱生活的牢笼,不幸接二连三地发生。最后,他堕落了。他开始拼命地喝酒抽烟,即便不是真正的享受:"越想越恨,泪被怒火截住,他狠狠地吸那支烟,越不爱吸越偏要吸,把烟吸完,手捧着头,口中与心中都发辣,要狂喊一阵,把心中的血都喷出来才痛快。"

渐渐地,绝望变成了麻木。"烟卷可是已吸上了瘾。一坐在车上,他的大手便向胸垫下面摸去。点着了支烟,他极缓慢的吸吐,眼随着烟圈儿向上看,呆呆的看着,然后点点头,仿佛看出点意思来似的。"

一个正直的农民,在拥抱城市,拥抱黄包车,拥抱现代之后,他得到了卷烟,也得到了恶习,却失去了生活的希望。

沈从文也在小说《丈夫》中表达了同样的焦虑。

故事发生在一个小镇。一个农民只靠种地无法糊口,就让自己的妻子去河边的船上做妓女,以维持生计。当男人来看望妻子的时候,会惊讶于妻子的城市化面容,一切都与乡下来的他格格不入。当男人拿出烟管来吸烟的时候,妻子会一把夺过这些土气的东西,给他手里塞上一根"哈德门"香烟。每当他妻子做生意的时候,他都在吸"哈德门"。最后,这个农民无法忍受这种生活,拿起自己的烟管,带着妻子一起回家。

在这里,"卷烟"代表了堕落。

矛盾的是,这些作家在写小说的时候,手里拿着的可都无一例外是卷烟。尤其是老舍,更是一个离开了卷烟就无法写作的人。这并不是说,老舍他们是伪善的。或许他们的内心同样挣扎于现代与传统之间,无法找到一个平衡。

退一步说,能够挣扎的知识分子总还是要比那些被命运强奸的底层百姓要过得好些,而如何让百姓能够优雅地抽上一根卷烟,而没有堕落的危险,是那个时代必须要面对的问题。

一位历史学家曾说过:"事实上,任何文明都需要奢侈的食品和一系列带刺激性的'兴奋剂'。12和13世纪迷上香料和胡椒;16世纪出现烧酒;然后是茶、咖啡。"再然后就是烟草,抑或是更具有刺激性的鸦片、吗啡等瘾品。它们对于生理的作用,或刺激、或麻醉,就如同它们在历史中的角色——见证一个族群或国家的欲望与沉沦。

从这个角度来说,烟草是窥视中国明清以来历史的一面镜子:一个身处全球化浪潮的大国,迷惘,抗争,焦虑,挣扎,它在寻找出路,也在寻找归宿。

第四章 帝国衰微：残晖斜阳

汉献帝：大汉灭亡为何不能怪他？

1

东汉兴平二年（195），董卓之乱后第六年，15岁（虚岁）的汉献帝刘协向挟持他的董卓部将李傕提出，他的臣子们长期吃不饱，"皆有饥色"，可否给"五斛米、五具牛骨"充饥应付一下，没想到李傕却朝着小皇帝发了火，说你们刚刚吃过早饭，又想要米干什么？最终，李傕只给了汉献帝一些已经腐烂、"臭不可食"的牛骨，当是给小皇帝的"赏赐"。

汉献帝非常愤怒，作为皇帝，他已沦落到要向臣子讨饭吃的地步，他想朝李傕发火，但臣子们制止他说，皇帝啊，务必忍气吞声。

在汉末三国的历史上，汉献帝刘协是一位存在感非常弱的皇帝，在汉末群雄并起的年代，似乎没有人承认，他才是实际上早已四分五裂的大汉帝国的最高领袖。

作为汉朝的末代皇帝，他似乎更是一位被淡忘的边缘人物。

他讨饭吃的这一年，董卓已被杀三年，然而天下却加速四分五裂，董卓的部将李傕、郭汜更是在长安城中各自拥兵、互相攻击，几个月时间，长安城中尸横遍野、一片废墟，而比战争更可怕的，是因为旱灾和基础生产被破坏后引起的大规模饥荒，从此前一年的194年到195年，两年间，以长安为中心的关中地区到处人吃人："人民饥困，二年间相啖食略尽。"

所以即使贵为皇帝和近臣，也开始感受到了饥饿的滋味。

生逢乱世，汉献帝刘协也是个苦命人。他还在娘胎里的时候，当时何皇后主持后宫，最忌恨的就是别的妃子怀上汉灵帝的孩子，为求自保，刘协的母亲王美人，甚至不惜喝下堕胎药希望自保，然而刘协命大，王美人堕胎没有成功；生下刘协后，王美人还没出月子，就被何皇后命人下毒毒死；还没满月的刘协，就已失去了母亲。

长大后，9岁那年，刘协的父亲汉灵帝去世。当时外戚与宦官相攻，东汉朝廷大乱，刘协的哥哥汉少帝刘辩，则被乘虚而入的军阀董卓强行毒杀。乱世之中，刘协被董卓拥立为帝，是为东汉的末代皇帝，应该说，从此以后，他终其一生，都只是个傀儡而已。

母亲和哥哥被杀，这只是刘协不幸命运的开始，在此后，他的一位妃子和一位皇后以及两个儿子，也相继被骄横跋扈的曹操所杀：他的宠妃董美人被杀前，已经怀有身孕，刘协向曹操再三恳求说，她已经怀了孩子，能不能放过她呢？曹操压根儿不理这位傀儡皇帝，照杀不误；与他休戚与共的伏皇后，也因为试图刺杀曹操被捕，临死前，伏皇后披头散发、光着脚从这位"大汉天子"面前被拖走，伏皇后哭着对他说："皇帝，你就不能救救我吗？"

刘协只能默默流泪说："我也不知道我还能活多久！"他只能向曹操派来捕杀伏皇后的大臣郗虑哭着说："郗公！天下还有这种道理吗？"

作为皇帝，他却连自己的老婆、孩子也保护不了。

2

读《三国演义》的时候，人们时常会生出一种英雄纵横的感觉。然而，《三国演义》只是小说，翻开真实的史书《后汉书》和《三国志》，关于汉朝末年、三国期间大规模饥荒，人吃人的记载比比皆是："人相食啖，白骨委积""江淮间民相食"。

所谓英雄纵横，背后却是白骨累累。

对此，汉末诗人王粲在他的《七哀诗》中就写道："出门无所见，白骨蔽平原。"

生在这种乱世，作为末代皇帝的刘协，并非暴君，更不是昏君：194年，虚岁仅仅14岁的汉献帝，在听说长安城内，一斛米价高达50万钱，城内人吃人时，刘协马上利用董卓死后，他所拥有的一点点权力，下令开仓济民；然而长安城内的大规模死人依旧，刘协非常愤怒，怀疑是臣子们作假糊弄饥民，于是亲自在宫殿中用五升米和豆子煮粥，熬出两大盆之多，然后，他将负责赈灾的臣子召来，当场将他重杖五十，过后，长安城中的死人现象才开始减少。

然而，随着第二年（195）李傕、郭汜重新发起战争，长安城中再次大乱，即使身为皇帝，他连自己也吃不饱了，没办法，他也只能向外逃难。

东汉的首都本在洛阳，190 年，军阀董卓为了回避讨伐他的关东联军，强行将汉献帝和满朝文武迁徙到长安；192 年，董卓被杀，此后董卓部将李傕、郭汜又控制了小皇帝刘协。

后世人常说，曹操"挟天子以令诸侯"，然而大家普遍忽略的是，东汉末年实行"挟天子以令诸侯"的，其实最早的是董卓，然后又是李傕、郭汜。长安再次大乱，没办法，刘协只能带着文武大臣趁着战乱逃出长安，向着洛阳的方向逃命。

一路上李傕、郭汜不断追击，少府田芬、大司农张义等高官都死于乱军之中，普通官员和士兵、宫人死亡更是不计其数，危急之中有将士劝说汉献帝，说皇帝你快快上马，我们掩护你杀出重围！然而汉献帝刘协却坚持要与百官患难与共，他说："百官士民们一路追随着我，我怎能舍弃他们独自逃生？"

危难之中，他恪守着情义的本分，然而最残酷的一幕仍然出现了，乱军在逃难抢渡黄河时，由于渡船有限、混乱不堪，为了逃避追兵，臣子们拥护着汉献帝，并将许多希望能攀船而上的士兵砍翻："手指于舟中可掬。"

3

作为皇帝，他却惶惶如丧家之犬，到达洛阳时，由于洛阳宫殿此前已经被董卓下令放火焚毁，百官们只能在荆棘之中，倚着墙壁休息；此时天下军阀割据，根本就没人想起来要关心这位大汉朝的皇帝，汉献帝带到洛阳的臣子们，从尚书郎以下全部要自己出去在荒野和田间找吃的，大臣们"或饥死墙壁间，或为兵士所杀"。

从皇帝到公卿，尊严和温饱，已经成了奢侈的渴望。

在此情况下，袁绍的谋士沮授对汉献帝表现出了极大的兴趣，他认为汉献帝奇货可居，于是率先向袁绍建议，应该立马派兵迎请汉献帝："挟天子而令诸侯，畜士马以讨不庭，谁能御之？"

继董卓、李傕、郭汜之后，沮授也将汉献帝看成了有利可图的超级宝藏，并在中国历史上第一次明文提出了"挟天子以令诸侯"的概念和谋略，然而不争气的袁绍认为汉献帝是个烫手山芋，如果迎接了过去，"听他的话不是，不听他的话也不是"，所以袁绍放弃了。

机会这才落到了曹操身上。

只有曹操，才懂得 16 岁的皇帝刘协最需要的是什么。当臣子们建议去到洛阳觐见皇帝，应该献上美女，或者是黄金珠宝作为见面礼时，曹操却带上了粮食。对于刘协和他手下的百官们来说，乱世饥乏，几碗米饭或面条的魅力，已经远远超过了美色和黄金，所以当曹操提出要迎请皇帝到他的大本营去"就食"时，刘协几乎是没有选择的，半被骗、半自愿地就到了曹操的大本营许昌。

此时的刘协，对于能让他吃上饱饭的曹操，评价是三个字："知朕意。"

尽管寄人篱下，然而大汉帝国皇帝的身份仍然在不断提醒着他，激励着他。

与后来许多个朝代的亡国之君不同，汉献帝刘协尽管是东汉的末代皇帝，然而他却并不昏庸——公元189年汉灵帝去世时，东汉内乱，刘协和他的哥哥汉少帝刘辩在慌乱之中逃难，被董卓的乱兵追到后，14岁的汉少帝刘辩被吓得号啕大哭，然而年仅9岁的刘协却临危不乱、应答自如，使得董卓暗自称奇，并最终决定废刘辩、立刘协。

被曹操挟持到许都（许昌）时，刘协已经16岁，他仍然时刻不忘光复大汉的梦想，继续努力读书，并不断延请荀悦、荀彧和孔融等当时的名士到宫中为他讲解文学，甚至经常与这些大学子秉烛夜谈，以求学习治国之道。

然而此时他的身边，已经全是曹操的耳目亲信，当时，有位议郎名叫赵彦，曾经替汉献帝陈述时政和对策，这使得曹操尤其反感，于是被曹操直接杀掉；而所有敢于亲近汉献帝的臣子，也大部分被曹操所杀："多见诛戮。"

在此情况下，刘协开始发起反击。

建安五年（200），20岁的刘协不甘心做傀儡，于是密诏董贵人的父亲车骑将军董承设法诛杀曹操，然而事情泄露，参与谋划的，除了左将军刘备出逃外，董承以及将军吴子兰、王子服等全部被诛杀，即使是已经怀孕的董贵人也未能逃过一劫。

尽管寄人篱下，自己的性命安危也在曹操的拿捏之中，然而这位少年天子，此时仍然不甘心彻底沦为傀儡，有一次，曹操上朝，汉献帝直接就对他说："如果你能辅佐我，就请你好好对待我；如果你做不到，就请你垂恩，把我外放了吧。"

平时骄横跋扈的曹操，没想到这位少年傀儡皇帝竟然"天威大发"，惶惧之下竟然"汗流浃背""俯仰求出"，从此后，曹操再也不敢直接向汉献帝"朝请"。

然而，这或许只是一种少年意气，在密诏董承刺杀曹操失败，董承、董美人等人相继被杀后，汉献帝开始越发韬晦；此后他又与伏皇后试图利用朝外力量刺杀曹操，事情最终也告失败，伏皇后及汉献帝的两个儿子因此被杀，尽忠汉朝皇室的伏氏家族

100多人惨遭屠戮。

建安二十年（215）正月，就在伏皇后被杀后两个月，在曹操的安排下，曹操的女儿曹节被指定成为汉献帝的皇后，按照史书的说法，此时的汉献帝只能是逆来顺受。

然而即使是在这种屡战屡败的情况下，汉献帝仍然不甘附庸——建安二十三年（218），少府耿纪、丞相司直韦晃起兵试图诛杀曹操，失败后，耿纪和韦晃被"夷三族"。

至此，从196年16岁时就被曹操挟持控制，到218年38岁时，多次试图反击曹操的汉献帝才终于死了心，至此，他终于放下了心中光复大汉的梦想，仅仅"守位而已"，而在忠心于汉朝的臣子们被曹操屠戮殆尽后，汉献帝的身边，已经全部是"曹氏之人"了。

4

抗争全部失败，他最终彻底死了心。

建安二十五年（220），离皇帝仅有一步之遥的曹操去世。曹丕继位后，随即开始马不停蹄地进行造势，并导演了中国历史上的一出"禅让"大戏：在曹丕的造势面前，40岁的汉献帝，已经懂得了"识时务者为俊杰"，他再也不像年轻时一般努力抗争，而是四次向曹丕提出"禅让"皇位，曹丕则假惺惺地说："我是不会逼迫皇帝禅位的，三军可以夺帅，匹夫不可夺志，你们不能强迫我（当皇帝）啊！""我坚决不接受汉朝（禅让）的诏书，宁可跳东海自杀。"

最终，在"盛情难却"，接受汉献帝"禅让"后，曹丕说了一句话：

"舜、禹（禅让）的事，我现在总算明白了。"

对于这种"禅位"，汉献帝表现得很是"平静"，倒是嫁夫随夫的曹操的女儿曹节、汉献帝的曹皇后，泪流满面地对曹丕的手下说："老天不会保佑你们这些人的！"

对于自己的妹夫刘协和妹妹曹节，曹丕倒也表现出了气度，不仅没有杀害刘协，反而将他封为山阳公，并赐食邑一万户，"位在诸侯王上，奏事不称臣，受诏不拜"，并且准许刘协仍然以天子的马车、衣服"郊祀天地"和祭祀祖先。

"禅位"后，刘协又活了14年，一直到234年才去世，享年54岁。而此时，曹操已经去世14年，逼他"禅位"的曹丕也已去世8年，刘备也去世11年了。他活在曹操、刘备和孙权等乱世英雄的名下默默无闻,以致大家都忘却了他的存在。

刘协死后半年,234年十月,诸葛亮也在"兴复汉室"的北伐途中去世。

至此,兴复汉室注定仿佛一梦,要破碎在那个扶不起的阿斗手中。

帝国,彻底崩塌了。

文天祥：大宋最后的风骨

1

人生许多事，明知不可为，为何仍要为之？

德祐元年（1275），南宋临安城里，朝野上下乱成一团。面对节节推进的元朝大军，南宋各级官员，抛下年仅4岁的宋恭帝赵㬎（xiǎn）纷纷弃职逃命。已经66岁的太皇太后谢道清，为此在临安朝中张榜痛斥公开逃窜的各级官员："我朝三百余年，待士大夫以礼。吾与嗣君遭家多难，尔大小臣未尝有出一言以救国者，内而庶僚畔官离次，外而守令委印弃城，耳目之司既不能为吾纠击，二三执政又不能倡率群工，方且表里合谋，接踵宵遁。平日读圣贤书，自许谓何！乃于此时作此举措，生何面目对人，死亦何以见先帝！"

大宋眼下崩溃在即，对于许多人来说，那些史书上"疾风知劲草，板荡识诚臣"的训导，早已被死亡的恐惧所笼罩，以状元出身的宰相留梦炎（1219—1295）为首，文臣武将们纷纷弃官逃命。南宋，这个自靖康之变以来就南渡偏安的政权，眼下已摇摇欲坠。

危难时刻，另外一位状元出身的官员挺身而出。

那是以20岁之身就荣膺状元的文天祥（1236—1283）。眼下，这位39岁的昔日状元，正担任赣州知府。

当得知朝廷诏令天下勤王，这位"体貌丰伟，美皙如玉"的美男子状元，捧着勤王诏书痛哭流涕，尽管少年英才高中状元，但这位生性耿直，敢于在当时讽刺当权宰相贾似道的年轻官员，在南宋朝中并不受待见，为此他一度被贬，仕运坎坷。

文天祥刚硬正直，但也不是那种清汤寡水式的保守官员，他"性豪华，平生自奉甚厚，声伎满前"，是个懂得享受生活的人，或许这是一种排遣仕途坎坷、心情抑郁的方式，当国家遭遇危难，各级官员纷纷出逃之时，他却痛哭流涕，变卖家产，毁家纾难，宁可让自己过上最苦的日子也要"尽以家资为军费"，倾尽所有：打元兵去。在那个民族、国家危亡时刻，他散尽家财，东拼西凑，甚至联结了赣州境内的少数民族，终于集合起一支1万多人的队伍向临安进发勤王，对此有朋友劝阻他说："元兵三路直逼临安，而你却带着1万多人的乌合之众去以卵击石，这跟赶着一群羊入虎口有什么区别？"

这位状元出身的地方官员，对此回答说：我又何尝不知，但国家危难，眼下征召天下勤王，却"无一人一骑入关者，吾深恨于此，故不自量力，而以身徇之"。

尽管南宋皇族和朝廷要员看他，只是个低级的地方官员；那些畏死逃避的同僚，也只当他是个孤军冒进的"傻大憨"。但他早已抱定必死之心，要与国家社稷共存亡。在江苏虞桥，他临时组织、毫无作战经验的勤王义军，被凶悍且久经战阵的元兵屠戮殆尽，他率领残兵退保余杭，德祐二年（1276），在危难之中，他被风雨飘摇的南宋朝廷任命为临安知府，协助拱卫京师。

元大军逼近临安城外的皋亭山，在敌兵震赫前，比文天祥先12年考中状元的左丞相留梦炎开溜了，然后右丞相陈宜中也脚底抹油了。

临安城内的凤凰山皇城中，此时已几乎无人来朝，只有这位憨直的状元知府文天祥和少数一些官员，还毕恭毕敬侍立在老迈的太皇太后谢道清以及5岁的宋恭帝赵㬎左右，无人可用的太皇太后谢道清只得颁发懿旨，任命文天祥为右丞相兼枢密使，全权负责与城外元军主帅伯颜的谈判事宜。

当王朝即将覆灭，南宋皇族们放眼望去，才发现那些他们寄予厚望的权贵高官，却纷纷仓皇逃命；而那几个他们压根不当回事的低级官员，却始终坚守岗位，甚至不惜远道千里勤王。

那些当初共富贵的人，都逃跑了；剩下那些他们看不入眼的人，却选择了与他们同生死共患难。

2

在中国1300多年的科举史上，一共产生过600多位文状元，其中有45人由状元而官至宰相，即为状元宰相。在宋朝，状元宰相有北宋的蔡京以及跟文天祥同时代的留梦炎。

眼下，状元宰相留梦炎已经弃官潜逃，另外一位宰相陈宜中，也撇下幼稚的小皇帝和老迈的太皇太后开溜了，剩下一个最后的烂摊子，等着赵家人自己收拾。

就在这个时候，文天祥挺身而出。

临安城的陷落，只是时间早晚的问题。身为元军统帅兼宰相的伯颜对此志在必得，可他没想到的是，那位在南宋危亡之际出任宰相的文天祥竟然敢跟他抗争辩论。恼怒之中，伯颜命令将文天祥拘押起来。被拘押的这一天，是德祐二年（1276）正月二十四日。

11天后的二月初五日，已经走投无路的南宋小朝廷，最终在临安向元军投降。

与149年前经历靖康之耻（1127）灭亡的北宋一样，南宋，也已接近穷途末路。眼看大厦将倾，可仍有人在力撑危局。

为了拱卫赵宋帝国最后的血脉，协助名将李庭芝一起抗击元兵的进士陆秀夫，在南宋朝廷于临安投降元朝之前，秘密护送着赵宋皇族最后的血脉——7岁的赵昰和5岁的赵昺，出走福州。

临安之降后三个月，1276年五月，陆秀夫和赶来护驾的张世杰一起，在福州拥立赵昰登基，是为宋端宗。此后，被元军押解北上的文天祥，也在途中逃脱南下，历经九死一生辗转来到福州，并被任命为右丞相知枢密院事。

尽管叛降元朝的文臣武将众多，但在南宋最后的末日，仍然有人在用卑微却高贵的生命，誓死捍卫着这个他们热爱的祖国：从坚守淮东的姜才、李庭芝到坚守重庆的张钰，以及团结在福州小朝廷周围的文天祥、陆秀夫、张世杰——这些散落在国家各个角落，仍然在坚持战斗的文臣武将，早已将生死置之度外，因为他们早已决定，要用自己的鲜血，为大宋谱写出最后的光辉。

3

人生许多事，其实并非看不透，也不是愚忠，而是那些从小到大接受的教育，不允许我们背叛心中的信念和良知。

与甘心投降的留梦炎等人相反，在南宋大厦将倾时，文天祥、陆秀夫和张世杰等许多"不识相"的痴情男儿，仍在为这个国家奔走呼吁、奋力抗争，直到流尽最后一滴血。

第四章 帝国衰微：残晖斜阳

与当初在江西赣州组织兵马勤王一样，从元兵手中逃脱的文天祥再次出发，从1276年七月到1278年十一月，他先后组织义兵，一度收复了被元兵占领的江西赣州、吉州、徇州等地，然而在永丰，他再次遭遇败绩，妻妾子女都被元兵俘虏；而在进军广东潮州的过程中，他的军队又开始流行瘟疫，并夺走了他剩下的唯一的儿子。

他已然一无所有，却仍然在坚持战斗。

他率领着最后的残兵一路转战，最终在退到广东海丰时，被元将张弘范的部队突然袭击。猝不及防的文天祥最终被捕，仓促之中，他吞下脑子（龙脑）试图自杀，没想到自杀失败。

这是他第一次自杀。

元将张弘范要他跪拜，他坚持不拜，张弘范又要求他写信劝降陆秀夫和张世杰等人，没想到文天祥却说："我无法保卫自己的父母，又怎么可能教别人背叛自己的父母？"他宁死不降，在被元军押解前往追击宋军时，他写下了千古闻名的《过零丁洋》：

> 辛苦遭逢起一经，干戈寥落四周星。
> 山河破碎风飘絮，身世浮沉雨打萍。
> 惶恐滩头说惶恐，零丁洋里叹零丁。
> 人生自古谁无死？留取丹心照汗青。

在广东崖山，南宋的最后一战也最终到来。

1278年，年仅9岁的赵昰在流亡的途中病逝，随后陆秀夫和张世杰又拥立7岁的赵昺为帝继续抗战。不久，1279年二月，陆秀夫和张世杰率领着残余的10多万南宋军民，与元兵展开了最后的战斗。

宋军最终惨败。面对重重包围的元兵，不愿屈服投降的陆秀夫，毅然决然背着8岁的赵昺投海自尽。在得知陆秀夫和赵昺跳海自尽的消息后，张世杰仰天长啸，泪流满面地说："我为赵氏尽心尽力，一君亡，又立一君，如今又亡矣，不知天意为何？"最终在飓风中，张世杰也跳入滚滚波涛之中，追随那个他为之奉献所有的王朝而去。

在整个崖山之战中，南宋最后残存的10多万军民，或在战斗中壮烈牺牲，或不甘受辱投海自尽，至此，南宋彻底毁灭于崖山的怒海波涛之中。

4

当时,被扣押在元兵船中的文天祥,全程见证了崖山之战的惨烈。南宋灭亡后,张弘范在广东崖山刻上了"镇国大将军张弘范灭宋于此"的碑文,并让人再次押来文天祥,引诱他说:"你的国家已经灭亡了,你为宋朝已经倾尽全力了。如果你能用对待宋朝的忠心,来对待当今的圣上(忽必烈),那么一定还可以当上宰相!"

对此,文天祥泪流满面地说:"国亡不能救,为人臣者死有余罪;又怎么能够背叛国家,不与之同生共死呢?"一席话,说得张弘范也动了恻隐之心,于是,他命人护送文天祥北上大都(北京)呈见忽必烈。

文天祥再次自杀求死,在路途中,他绝食八日,没想到仍然不死,于是他放弃绝食,决定与元朝人周旋到底,最终以求一死,为大宋殉葬。

许多年后,常常有人说,文天祥为何不再次自杀?其实,一求速死固然痛快,但这种把牢底坐穿,始终坚贞如一的信念,却比"引刀成一快"来得更为艰难,所以这也是选择将牢底坐穿的甘地、曼德拉等人的伟大之处,而在世界范围里,文天祥,是比他们更为古老的精神典范。

在元大都,忽必烈让9岁的宋恭帝赵㬎出面劝降文天祥,当看到宋恭帝一身蒙古人装扮出现在牢狱中时,文天祥立马跪在宋恭帝前泪流满面,他说:"臣不能保大宋,致使陛下有今日,深愧。圣驾请回,圣驾请回!"

当时宋恭帝已经懂事,在文天祥面前也痛哭失声。

在牢狱中,元朝人又将文天祥的妻子欧阳氏和两个女儿柳娘、环娘罚没为奴,并且让他的女儿柳娘写信给他,并提示他说,只要他愿意投降,他的家人马上可以恢复自由身,他本人也可享受荣华富贵,但文天祥执意不肯,他在回复自己女儿的信中写道:"收柳女信,痛割肠胃。人谁无妻儿骨肉之情?但今日事到这里,于义当死,乃是命也。奈何?奈何!……可令柳女、环女做好人,爹爹管不得。泪下哽咽哽咽。"

为了逼迫文天祥投降,慑服亡宋子民,元朝宰相孛罗甚至亲自提审文天祥,文天祥坚持不肯下跪,强硬地说:"天下事有兴有衰。国亡受戮,历代皆有。我为宋尽忠,只愿早死!"

对此,已经投降元朝的王积翁等人上书忽必烈请求说,文天祥坚持不降,或者就将他释放做道士好了,但同样为宋朝状元宰相出身的留梦炎却强烈反对,留梦炎说:

"文天祥如果被释放，复出号召江南，那我们这些投降的人，将置于何地？"

5

从1278年被俘，到1279年目睹崖山之战南宋的毁灭，中间两次自杀，始终坚持不屈的文天祥，最终在被关押四年后的1283年，迎来了忽必烈的再次提审。当时，忽必烈仍然重视这位南宋的状元宰相，便问他说："你有什么愿望？"

文天祥显得非常淡然，只是说："我文天祥受大宋的恩惠，官为宰相，安能投降二主？"文天祥说："愿赐一死足矣！"

最终，他被引出就刑。临刑前，他特地要求，向着南方故国大宋的方向跪拜，然后大声地对围观的元朝官吏士卒说：

"吾事毕矣！"

最终，他从容就义。

他死后几天，妻子欧阳氏为他收尸，在他的衣带中发现了他的遗言："孔曰成仁，孟曰取义，惟其义尽，所以仁至。读圣贤书，所学何事，而今而后，庶几无愧。"

对此，近代史学家蔡东藩评价说：正如诸葛亮明知不可为，却仍然坚持北伐一样，文天祥等人明知南宋大势已去，却仍然坚持救亡图存，"六合全覆而争之一隅，城守不能而争之海岛，明知无益事，翻作有情痴"。

因为，即使明知失败，败，也要败得忠肝义胆，轰轰烈烈，对不对？

张居正：如果没有他，大明早就亡了

当奉圣旨查抄江陵张府的"专案组"打开大门时，一幕人间惨剧呈现在世人面前：张家老少妇孺有17人饿死在府里，有的尸体已被饿红了眼的家犬吞噬殆尽。

十几天前，"专案组"从京城出发时，先行命令当地官府封闭了张府所有出入口。张家大小数十口人来不及退出，被锁在了门内。有些人被活活饿死，惨不忍睹。

"专案组"简单处理了现场，开始抄家。张居正的几个儿子被分头提审，接受各种严刑拷打。大儿子张敬修经受不住暴力与羞辱，悬梁自尽，死前，咬破手指头在衣服上写下血书，为父亲的清白抗辩。

此时，张居正已经死去两年。从天堂到地狱，却只需皇帝的一个决定。

万历皇帝——那个曾经对张先生毕恭毕敬、又怕又爱的年轻人，数次向张先生许诺，会替他看顾好他的子孙。

原来就是这样的"看顾"法儿。

1

张居正生命的最后两年，对于自己的急流勇退有过认真的打算。

万历八年（1580）二月，他向18岁的皇帝上疏，请求退休。他在疏中回顾说，当首辅九个年头来，直面闲言恶语，每天辛苦劳瘁，不敢有任何推脱避让，不是因为别的，只是为了"图报国恩"，报答先帝当年托孤的信任和礼遇。

张居正对权力及其风险的认知，极为清醒。他在疏中说："高位不可以久窃，大权不可以久居，然不敢遽尔乞身者，以时未可尔。"

权位不可以贪恋，熟稔本朝内阁斗争史的张居正，看得比谁都清楚。他只是在找一个合适的机会，把皇帝赋予的权位还给皇帝。此次上疏请求退休，他认为主客观条件已经具备。

客观上，经过八年的改革，人事、经济、边防等国家要务较之前大有起色，基本进入正轨。而且皇帝已经成年大婚，实现"亲政"是必然的。主观上，张居正说自己56岁了，须发变白，血气早衰，怕身体条件不允许他继续干下去。

根据我的理解，张居正以健康原因提出辞呈，实际上是为了说服皇帝的一个借口。万历在情感上应该有同意张先生退休的想法，但他的母亲李太后很快制止了他这种念头。李太后说，张先生要辅佐你到30岁才行。

照太后的意思，张居正还要干12年，到68岁退休，身体也没问题。

朱东润先生的《张居正大传》说，张居正归政乞休是一种谋定而动的办法。明代的内阁，自张居正以上，从夏言到严嵩，再到徐阶、高拱，凡是掌握过国家大权的最后都付出了巨大的代价。矛盾的心理，惧祸的心理，最后驱使张居正走上归政乞休的道路。

然而，这种说法，其实是小看了张居正。

2

张居正绝非平庸之辈。他的字典里，绝对找不到"明哲保身"这个词。

官场险恶，不在他考量进退的范畴之内。在他30岁的时候，严嵩当权，他人微言轻，没有干预政局的能量，于是决定离开官场。他以养病为由向吏部请假，回到老家江陵，一住就是三年。对他来说，这不是归隐或逃避，而是对抗污浊政局的表达方式，抒发怀才不遇的表达方式。

在那段闲居的日子，他写过两句诗："江湖此日空愁病，独望宸居思渺然。"

宸居，是皇帝的住所，代指权力中心。可以看出，年轻的张居正其实人在江湖，心在庙堂。他心心念念的，从来不是隐居退避，而是寻找机会复出，实现匡时救国的抱负。

当内阁混斗，自己的政治生命岌岌可危之时，他给自己写过一句从政格言："愿以深心奉尘刹，不予自身求利益。"同样意思的话，他还说过很多："得失毁誉关头若打不破，天下事无一可为者。""苟利社稷，生死以之。""知我罪我，在所不计。"

明朝政坛从不缺乏清流，他们以道德洁癖相标榜，以洁身自好相砥砺。这样的人，如果不进入官场，留在社会上批判当局，监督权力，淳化风俗，不失为一种有感召力的精英模范。然而，这样的人，偏偏扎堆官场，变成了一群满口仁义道德、无裨社稷民生的庸官。用今天的话说，清流就是精致的利己主义者，他们爱惜个人羽毛，甚于天下苍生死活。

任何一个实干的政治家，都最痛恨政坛上的清流。

张居正当政的时候，他的用人标准总结起来就只有一条：重用循吏，慎用清流。

循吏，指的是不计个人得失，不计个人毁誉，只希望把事情做好的官员。张居正自己就是这样的人。

3

张居正是一个典型的理想主义者，为了达到一个高尚的目的，不惜使用卑鄙的手段。

这些道德瑕疵，充满了张居正仕途上升的整个过程。

在隆庆、万历政权交替之时，他坚定地与秉笔太监冯保结成同盟，假装站队支持首辅高拱打击冯保，结果，以出其不意的反转，排挤掉了高拱，自己上位。在高拱去职后，仍然想通过制造雇凶谋刺皇帝的冤案，置其于死地。

而在表面上，当皇帝颁旨免掉高拱的首辅职位时，张居正声情并茂地上疏，为高拱求情。抵达权力巅峰的张居正，后来曾顺道到高拱的老家看望过他，两人感慨时光，动情处还互相擦了眼泪。

然而，在政治家眼里，情绪的调动与展示，不过是手腕罢了。

高拱也是老狐狸，在失势的日子里，深深懂得配合政治表演的必要性。实际上，他至死未曾原谅张居正。临终前，高拱留了一手，回忆自己参与的政事写成《病榻遗言》，其中对张居正的人品、阴谋多有指摘。

这部回忆录在张居正死后，适时地出版了，成了万历皇帝决心清算张居正的导火索。

实际上，哪怕在张居正推进改革最有实绩，力挽本朝危局最得力，权力把控最给力的时候，针对他的攻击也从未停止过。这些攻击来自他的政敌、清流派以及被改革触动的既得利益者。他们深知张居正的改革成绩斐然，无可指摘，所以只能试探性地在他的道德上做文章，以此离间他与皇帝的亲密关系。

这波道德攻击，声势最大的一次出现在万历五年（1577）九月。

当时，张居正父亲逝世的丧报传到京城，给张居正出了个大难题。按照规定，张居正应该离职回家守制27个月。此时，改革逐渐进入深水区，朝廷上下都离不开总设计师把舵。张居正一走，整个帝国找不出第二个像他这样的强者，可以继续推进改革。

万历皇帝还未成年，正是对张先生的依赖最强烈的时候，于是下旨"夺情"，要求张居正留任。

根据惯例，张居正需要三次恳请皇帝放他回乡尽孝思，皇帝也连下三旨加以慰留。在给皇帝的疏中，张居正一再强调这个事情"非常理所能拘"，暴露了他不想在此时回乡守制的真实想法。这为攻击者提供了最大的把柄。

舆情汹汹，弹劾张居正的人结队而来。在皇帝的支持下，弹劾者均受到了廷杖、流放等处置。张居正铁石心肠地留了下来，没有退让。事关改革成败，他从未畏惧清议，也从未畏惧权斗。可以说赢得很漂亮。

4

与恶龙缠斗过久，自身亦成为恶龙；凝视深渊过久，深渊将回以凝视。

任何时代，在染缸里做大事的人，都要主动或被动地给自己先染上颜色。干干净净的人，只会站在染缸外指指点点，还生怕被溅到了，绝不可能在染缸里做成大事。张居正的悲剧，说白了不是他个人的悲剧，而是民族文化特性的悲剧。

张居正的"死党"冯保，并非善类，至少在以权谋私这一点上相当在行。张居正为了换取他对改革事业的支持，一定程度上默许了他的贪污行径。当冯保利用贪贿之财营建生圹的时候，张居正应邀为其预撰"墓志铭"，为他高唱赞歌。在张居正笔下，冯保被塑造成一个清廉守法且有所作为的宦官政治家。

身处染缸之中，张居正自己也越染越深。

他曾给一个地方大吏写过信，解释他为什么拒收贿赂。他说，这么贵重的礼品，无一不是从百姓身上盘剥而来的，我要是昧着良心收了这些礼品，那就是"以肉驱蝇，蝇愈至"。他还曾拒绝过名将李成梁的行贿，说你有血战之功，我要收了，对得起开国皇帝吗？总体而言，张居正虽然在作风和私生活上饱受诟病，但他的底线意识还是很清晰的。他说过，做官做到这个位置，不用贪污，拿拿官场的常例钱，也能做富家翁。

张居正死后，在反攻倒算的浪潮中，很多落井下石的揭发文字四处流传。这些为了证明他是罪臣的文字，极尽诋毁之能事，把他写成乘坐32人豪华大轿回乡葬父的暴发户，把他写成四处收受海狗鞭以满足壮阳需求的淫相……如果罗织罪状，只要想象力就可以，那还要证据干什么？

张居正的财富来源，很大一部分应该是来自皇帝和太后的赏赐。据统计，张居正当首辅期间，接受赏赐达208次，赏银一次最多1000两，少的也有数十两，赏物则从彩缎、蟒衣到玉带、貂鼠皮等，应有尽有。

最大的赏赐，给了他的儿子，一个被赐为状元，一个被赐为榜眼。万历皇帝对他说："先生大功，朕说不尽，只看顾先生的子孙。"张先生的功劳唱不完，照顾一下你的子孙，也是理所应当的。

张居正的堕落其实就表现在这里。他是有资格教导皇帝的帝师，他也正在带头推进国家的改革事业，而他面对皇帝和太后的功名利禄诱惑，明知破坏了规矩，糟蹋了科举的公平本质，他仍然得意扬扬地接受了。

朱东润以同情又带批评的笔调，对张居正做了这样的评价："明朝的政治，充满无数腐化的因素。现代认为不应存在的事实，在当时只是一种习惯。最痛苦的是在未经指摘的时候，尽管认为习惯，但是一经指摘后，立刻又成为贪污。因此从事政治生活的人，随时随地都受着物质的诱惑，也就随时随地会蒙到仇敌的指摘。他固然不是禽兽，但也志不在圣人。他只是张居正，一个受时代陶镕而同时又想陶镕时代底（的）人物。"

5

黄仁宇在《万历十五年》中说，万历即位以后的第一个10年，即从1572年到1582年，为本朝百事转苏、欣欣向荣的10年。北方的"虏患"已不再发生，东南的"倭患"也已绝迹。承平日久，国家的府库随之而日见充实。这些超出预计的成就，自不能不归功于张居正的改革。

皇帝和太后对他的信任、恩眷也到了无以复加的地步。整个国家到了离不开张居正的程度，在他被恩准短暂还乡葬父的过程中，朝廷大事的定夺还要快马加鞭送到江陵，"听张先生处分"。

内阁制度名存实亡，国家的命运系于张居正一人。

在江陵期间，最高峰的时候，张居正一天之内收到皇帝的三道诏书，地方官拍马屁，要为他建造"三诏亭"以资纪念。张居正拒绝了，颇有忧虑地说，自己现在是骑虎难下之势。

"骑虎之势"，意味深长，说明他已经感觉到危机的逼近了。

从万历五年顶着舆论压力不肯离职丁忧，到万历八年突然以年老精力不济请求退休，三年之间，张居正对权位的态度出现了180度的大转变。然而，这个转变恰恰可以证明，张居正不是贪恋权柄之人。他也有深刻的危机感，知道身在高位，难得善终。所以他的进退之间，是以改革事业为参照的。在那三年里，他注重的考成法、一条鞭法以及南倭北虏问题，有的已解决，有的初见成效。

乞休而退，正是时候。他自己估计也想不到，万历皇帝和李太后不放人，还要他辅佐到皇帝三十而立。

老天最终以最粗暴的方式，及时制止了这项漫长的计划。

第二年，即万历九年（1581）五月，张居正病倒了。病情来势汹汹，但无论张居正如何乞求，皇帝就是不放他退休。

在张居正去世前九天，皇帝加封他以太师衔。这是文臣中至高无上的官衔，在明朝200年的历史中从未有人在生前得到这项荣誉。但疾病很快夺去他的生命，他无法，也不想利用这项新的荣誉来增加自己的权威。万历十年（1582）六月，张居正走完一生。

6

当皇帝意识到"张先生终究是会死的"时候，针对张居正的反攻倒算已经开始了。年轻的皇帝从一开始的顾念旧情，到后来的逆反报复，用了两年时间，清除了张先生在他少年时期刻下的印记。

张居正被定的罪名很多，但说起来就一条：威权震主。

也只有这一条，才能戳到皇权的核心与痛处。尽管张居正得意之时也不忘小心谨慎，但只要皇帝听信了流言，就会把当年对他的隆遇与慰留，当作是被张居正情感洗脑的结果，通通不认账。

万历皇帝的最后一丝皇恩，体现在顾念张居正效劳多年，恩准免于开棺戮尸的说辞里。

政治何其冰冷无情！22岁的万历皇帝已经"出师"了。

悲剧的是，正如黄仁宇所说："张居正的不在人间，使我们这个庞大的帝国失去重心，步伐不稳，最终失足而坠入深渊。"

张居正当国十年的家底，只够万历皇帝及其继任者糟蹋半个世纪。到崇祯十三年（1640），明亡前四年，张居正家族才获得全面平反。江河日下，国破家亡，崇祯皇帝无限感慨："得庸相百，不若得救时之相一也。"

世间已无张居正。只有庸人还在指摘张居正的道德瑕疵。

最后，谨以鲁迅先生的一句话，送给那些诋毁张居正的人："有缺点的战士终竟是战士，完美的苍蝇也终竟不过是苍蝇。"

最后一夜：大明第一家族覆灭史

1

1644年三月十八日夜晚，这是大明王朝灭亡前的最后一夜，同时也是崇祯皇帝朱由检（1611—1644）生命中的最后一个夜晚。

这天晚上大概9点来钟，已经做了17年皇帝（1628—1644）的崇祯，将自己的三个孩子——16岁的太子朱慈烺、13岁的永王朱慈炤、9岁的定王朱慈炯叫到自己跟前，他想着要见孩子们最后一面。

可看到三个皇子仍然穿着光鲜的冠带袍服出现在他眼前时，崇祯心里猛地一惊，因为就在当天夜晚，李自成的农民军已经攻破了北京外城，并正在朝着北京内城和紫禁城快速推进。就像天底下所有充满爱的父亲一样，崇祯又是吃惊、又是责备地对孩子们说："都什么时候了，你们还穿成这样？赶紧换衣服！"

说完，这位34岁的父亲、大明朝的皇帝亲自动手，帮着三个孩子换上普通老百姓的衣服，然后给他们一一系好腰带，他语带凄楚地说："今天你们还是皇帝的儿子，明天可就是老百姓了……在这种乱世里，要隐姓埋名，看见老人家要叫老翁，看见年轻一点的长辈，要叫伯伯或者叔叔！"

他接着嘱咐说："社稷倾覆，使天地、祖宗震怒，这些都是你们父亲的罪责。但是朕也已经竭尽心力了，怎奈文武各个大臣，各为私心，不肯先国后家，以致国家败坏如此。如今，没必要再问祸福与否，只是合理去做就行了。朕没什么好担心的了。"

2

看着眼前的三个孩子，周皇后在一边也是悲痛欲绝。尽管已经到了国家和人生的穷途末路，但是崇祯和周皇后这对夫妻，却仍然在尽着作为皇帝和皇后最后的职责。

在这生命的最后一天，在获悉李自成的军队已经攻进北京外城后，33岁的周皇后"持节"，绕着整座紫禁城，一边流着眼泪，一边挨个宫殿、挨个宫殿地劝告，对在惶恐中不知如何是好的宫人和太监们说："天灾已降，大祸临头，你们有门路的，快点逃生去吧！"

担心有的宫人仍然迟疑不肯离去，尽职的周皇后，整整绕着紫禁城走了两圈，到处劝告宫人们快点逃命离开，或许在她看来，作为一个母仪天下的皇后，她要用生命站好这最后一班岗。

周皇后，原本出身贫寒人家。15岁那年，她嫁给了当时还是信王的朱由检。1627年，信王朱由检的哥哥明熹宗朱由校驾崩，临死前，朱由校遗诏传位弟弟信王朱由检。

当时，魏忠贤把持朝政、一手遮天，由于担心丈夫入宫遇害，周皇后亲自下厨给信王朱由检做干粮，以防止别人下毒。在跟丈夫从信王到皇帝的18年婚姻岁月中，她勤勤恳恳、处事谨慎，时时为崇祯着想，做到了母仪风范。

李自成兵临城下，危急之际，周皇后有心劝崇祯南迁避难，但又不便直说，于是周皇后便跟崇祯说："我在南方有个家。"

向来严禁后宫干政的崇祯立马追问她是什么意思，周皇后就不敢再说什么了。

结婚18年，周皇后给崇祯生下了三个儿子，分别是太子朱慈烺、怀王朱慈烜（早夭）以及定王朱慈炯。眼下，看着自己的亲生儿子太子朱慈烺、定王朱慈炯以及田贵妃所生的儿子永王朱慈炤，周皇后泪如雨下。

临死前，她含着眼泪对崇祯说："我侍奉皇帝18年了，你从来不肯听别人一句话，才会有今天。"

崇祯默然无语。

说完这些话后，周皇后悬梁自尽。

崇祯黯然，默默走开。

3

在这生命的最后一夜，他在紫禁城中，大开杀戒。

眼下，大明朝忽喇喇似大厦倾，昏惨惨似灯将尽，在绝望中，崇祯提着剑，来到袁贵妃的住处。

在和袁贵妃同饮几杯绝命酒后，崇祯命令袁贵妃上吊自杀，袁贵妃只好应命上吊，没想到绳子断了，袁贵妃倒落在地，站起来后，她开始逃跑，崇祯追了上去，一剑刺在了袁贵妃肩上。

随后，崇祯又挥剑刺伤了几位妃嫔。在他看来，国家要亡了，作为他的女人，为了保全名节，可不能落在逆贼们手中。紧接着，他又来到了寿宁宫，在这里，他见到了15岁的大女儿长平公主。当时，长平公主拉着崇祯的衣襟痛哭。崇祯一边流着眼泪，一边说："孩子，你怎么就偏偏生在我们帝王家呢！"

然后，崇祯用左袖掩着脸，右手挥剑想杀死女儿，可砍偏了，他只砍下了长平公主的左臂，看着倒在血泊中的女儿，崇祯浑身颤抖得厉害，再也下不了手了。他转身离开，在昭仁殿，他又亲自动手，将自己年仅6岁的女儿昭仁公主杀死了。

尽管生命已到了最后的时刻，但他仍然涌动着求生的欲望。

在杀死女儿昭仁公主后，崇祯让宦官王承恩坐在他的面前，陪他一起喝了几杯酒。半夜三更时分，他让人给自己换上便服，然后带着几十个宦官一起出到朝阳门，假称说是王太监奉命要出城。

此时，北京城内早已乱成一片，守城的人要求必须等到天亮才能出城，崇祯手下的太监们开始群起夺门，守门部队以为发生了内乱，于是开炮还击，由于人少，崇祯只能退了回来。

这时，崇祯猛然想起来，朝阳门是成国公朱纯臣负责守卫的防区，于是崇祯带着一帮太监，绕路到了朱家，想请朱纯臣开门放行，结果朱家看门的人回答说："成国公赴宴去了。"是的，在这北京即将城破、大明即将亡国的前一夜，担有京师守卫重任的成国公朱纯臣，"赴宴"吃饭去了。

本来想做困兽一斗、最后突围的崇祯，于是只能又跑到安定门，想夺门而出，结果才发现门闸太结实了，根本打不开。

天已放亮，突围却仍然无望。折腾了一整夜，他累了，他放弃了。

这是1644年三月十九日清晨，大明即将亡国的当天。

崇祯转身返回紫禁城中，在前殿，他命令内官们敲钟召集百官，钟声响了一遍又一遍，前殿却始终空荡荡：臣子们，没有一人前来。

4

此时，李自成的农民军已攻破了北京内城，并迎着黎明的清辉，开始向紫禁城迅速挺进。

仓皇之中，崇祯带着太监王承恩跑到紫禁城后面的万岁山（煤山）寿皇亭，由于跑得太急，他左脚的鞋子也跑丢了。此时，他不知道是否还会再次想起，皇兄明熹宗朱由校临死前对他的期望和嘱咐："吾弟，当为尧舜！"

眼下，他仓皇辞庙。万岁山寿皇亭这里，曾经是他号令、操练大内士兵的地方，但眼下，他狼狈至此，生命，也即将走到尽头。在一棵树下，他最终选择了上吊自尽，和自己18年的帝王生涯，和34岁的生命说了再见。

陪伴他的，是太监王承恩。在崇祯死后，王承恩也以自杀的方式，选择了为崇祯殉死。

这位最后的殉葬者，是一个让大明朝的皇帝们又爱又恨的太监。

人们在崇祯身上发现了他的遗诏："朕凉德藐躬，上干天咎，致逆贼直逼京师，皆诸臣误朕。朕死，无面目见祖宗，自去冠冕，以发覆面，任贼分裂，无伤百姓一人。"

至死，他都不忘埋怨臣子们误国，此前刚愎自用的他曾跟太监说："臣皆亡国之臣……文臣个个可杀。"然而对于北京城内的黎民百姓，他却表达了深切的同情，并在遗书中恳求李自成不要屠城报复，希望他能给老百姓们一条活路。

5

崇祯死后整整两天，正为到处找不到崇祯发愁的李自成，才终于得到确切消息：崇祯，死了。

李自成随后下令，将崇祯的尸体从万岁山中抬出，停放在北京东华门旁边。在李自成的指示下，崇祯和周皇后的尸体，才得以被装殓，放进了柳木棺材。

皇帝死了，除了太监王承恩，明朝工部尚书范景文、户部尚书倪元璐等40多人，也纷纷跟随崇祯皇帝一起自杀；但是对于这些"不识时务"的老臣，急着想要投靠大顺政权的人们，根本无暇理会。

就在崇祯皇帝和周皇后停灵期间，翰林院庶吉士周钟在经过灵柩时，直接策马而过，连去祭拜一下做做样子，都不愿意了。当初那些被崇祯提拔擢用的大臣，也纷纷跪在了紫禁城门外，一个个等待着新主子、大顺皇帝李自成的接见。

几乎没有人前往吊唁崇祯皇帝，反倒是一些过往的路人，纷纷觉得这位大明朝的末代皇帝，此刻是多么孤独和可怜。

昌平州官吏赵一桂在《状中州》中，讲述了他参与埋葬崇祯皇帝和周皇后的经过。

赵一桂说，李自成虽然下令埋葬崇祯，但却完全没有拨给经费。

由于崇祯生前没有陵墓，在此情况下，赵一桂和士子、村民们一起好不容易凑了"三百四十千钱"，最后"督工四昼夜"，至1644年四月初四，在崇祯皇帝上吊自杀半个月后，他们最终将崇祯皇帝和周皇后的尸骨，草草葬入了当时已经先逝世的崇祯的爱妃——田贵妃墓中。

崇祯、周皇后、田贵妃，三个人被潦草合葬一处，这就是明十三陵中的思陵。

6

崇祯自尽后，他的儿女们也饱经了颠沛和苦难。

当时兵荒马乱，为了保护崇祯皇帝的血脉，宦官们急忙将16岁的太子朱慈烺、9岁的定王朱慈炯，送到周皇后的父亲嘉定侯周奎府外。然而，由于担心揽祸，周奎却将自己的两个亲外孙拒之门外。

崇祯走投无路的三个儿子，最终被宦官们一起献出，落入李自成之手。

李自成亲自审讯太子朱慈烺，并命令他下跪，没想到这位16岁的亡国太子却倔强地说："我是绝对不会向你屈服的！"

李自成于是严厉叱问朱慈烺说："你知道你家为什么失去天下吗？"

朱慈烺回答说："我哪里知道！百官们自然很清楚。"他接着反过来问李自成说："为什么不杀我？"

对这个问题，李自成也显示出了气量，他回答说："你本无罪之人，我不杀你！"

于是，太子朱慈烺当即向李自成提了三条建议："第一是不可惊扰我祖宗陵墓；第二是礼葬我的父母；第三是不可杀我百姓。"

李自成一一答应，随后，崇祯三个儿子被收押监管。

然而，在1644年农历四月底的山海关大战失败后，崇祯的三个儿子——太子朱慈烺、永王朱慈炤、定王朱慈炯在乱军之中全部失踪，太子朱慈烺、定王朱慈炯两个人，更是从此彻底消失在历史的迷云之中。

两年后，被斩断手臂后侥幸逃生的长平公主，最终在思念父母和故国的忧郁中病逝。她死后，在后世人的武侠小说中，她化身成为一个武功高强的独臂神尼，终身为反清复明的大业而不懈奋斗。但在真实的历史中，她只是一个17岁就芳华永逝的末代公主，褪去小说里高强武功的浪漫传奇，在真实的历史中，伴随她的，却是血腥和永恒的梦魇。

康熙四十七年（1708），在山海关大战后失踪的崇祯的儿子永王朱慈焕，最终在76岁时，被人发现并举报后被捕，康熙于是下诏将朱慈焕凌迟处死，朱慈焕的几个儿子也全部被判斩立决。

至此，大明朝的末代皇帝崇祯一家，最终彻底消失在了历史的烟云之中，一切归于尘埃，冷落无声。

最后一条硬汉:他死了,明朝才算亡了

张煌言(号苍水)最后一次回到家乡宁波,是以一名被俘罪犯的身份。父老乡亲听到消息,纷纷出城观看,希望目睹这名坚持抗清近20年的孤胆英雄最后的模样。

脑袋后面已经拖着长辫的民众,看见他头戴方巾,身穿葛布长衫,一身明朝衣冠,恍如隔世。大家不禁潸然泪下。

浙江提督张杰,此前为了抓捕张煌言费尽心机,此刻他在衙署里"接见"张煌言,第一句话就是"等你等得很久了"。张煌言神色从容,立马接话说:"父死不能葬,国亡不能救,死有余罪。今日之事,速死而已!"

从1645年参加浙东的抗清运动开始,近20年里,他从未怕过死,他一直在等待死亡,等一个恰当的时候。

现在,是时候了。

1

张煌言被捕,根子在五年前就埋下了。

那是1659年的夏天,他与郑成功联合北征,逆长江而上,一直打一直打,打下了芜湖。这是多年来张煌言数次攻打长江最大的一次胜利。他后来回忆这一仗的凶险,说是"两岸炮声如雷,弹如雨……骨飞而肉舞"。

血腥的场面,因为胜利,而被他写出了音乐般的欢快。

这一刻的张煌言,一度以为光复故国有望。邻近的州府,一看他的势头,也纷纷改旗易帜,最高峰时,长江两岸有30余座城池处在他的掌控之下。

然而,胜利来得快,去得更快。张煌言的3000水军能够拿下这么多城池,得益于郑成功的主力部队在南京城外牵制住了清军主力。郑成功被胜利冲昏了头脑,认为

打下南京如囊中探物,因此迟迟不发兵攻城,一次次延误战机。等到清军援兵赶到,郑成功却打不过了,不得已仓促退兵。留下张煌言孤悬长江中游,没有进路,也没有退路。

此时清军重占长江,上下游音信断绝。张煌言请一僧人密藏书信,经小路急送郑成功大营,信中苦劝郑成功千万别撤退,天下事尚可图。信还未送到,郑成功已将沿岸数百里舟师以及驻军撤了,全军逃返福建。

深感绝望的张煌言在清军的夹击下,退入崇山峻岭间打游击。经过残酷的搏斗,他的军队牺牲的牺牲,溃散的溃散,最终仅剩一个随从携印陪着他突围,在善良民众的掩护下,一路往东,徒步2000余里,退回了海上。

这次失败之后,张煌言再难发起有力的进攻。他的被捕,只是时间问题了。

2

不过,先于张煌言被抓的,是他的至亲。得知张煌言生还浙东的消息后,总督郎廷佐忍无可忍,派兵抄没了他在宁波的老家,拘禁了他的妻子董氏和唯一的儿子张万祺,企图用人质逼迫张煌言投降。

张煌言不为所动。十几年的抗清生涯,早练就了他的"铁石心肠":至亲可以怀念,但不可以成为谈判的条件。

他的妻子董氏,知道自己嫁给一个英雄,知道聚少离多,但没想到会聚得这么少。他们的第一个儿子出生后,张煌言就离家抗清去了。直到三年后,他终于满身风尘出现在家门口。来不及诉说思念,丈夫就说他是来辞别的,钱塘江防线已破,他要随鲁王到海上征战了。

为了缓解妻子的不安,张煌言和董氏打了个赌:投掷骰子,让老天决定他是走是留。也或许只有这样,才能缓解张煌言的愧疚,是天意要他走的,不是他自己想走的。

总之,那天之后,他终生再未与妻儿见面。

1652年,他的父亲张圭章去世。

张煌言幼年丧母,少年时代就随父亲出外,他的人生观基本是父亲影响和塑造的结果。得知父亲离世的消息,他悲痛万分,但是,仍然没有回家奔丧。

张煌言被捕前两年,隐居在舟山附近一座荒岛上。一个部将要他纳妾,并把战死的将领陈木叔的女儿"献"给他，张煌言严词拒绝："小姑娘是忠臣之后，怎么可以遭受如此对待？何况我的妻子为我身陷大牢，怎么可以如此对待她？"

在民族大义面前，他能做的就是独自面对漫漫长夜，以此弥补对妻子的亏欠。

清廷官员在与张煌言交战的近 20 年间，无数次对他进行诱降或劝降。但不难理解，一个抛妻弃子在所不惜的硬汉，又怎会对敌人许诺的荣华富贵动心呢？他对各种劝降信都不屑一顾，回信也总说自己是"明室孤臣，有死无贰"。

但事实上，1644 年清军入关时，25 岁的张煌言仅是一个举人，而非明朝的官员。

明亡之后，一些士人精英选择了投奔新主，一些选择了抗争，一些选择了隐居。每个人都经受了生死的道德拷问，而张煌言则成了最有道德洁癖的那个人。他一定要选择抗清，不抗争就毋宁死。

到底是什么塑造了他如此孤高的道德感呢？

最根本的一点，是他在历史上找到了他的精神原型，一个他希望对标的灵魂偶像——文天祥。他后来的临难诗中，有这么两句："叠山迟死文山早，青史他年任是非。"

谢枋得（号叠山）当年未在元灭宋之日即死，尽管他在元朝建立之后不应征召绝食而死，张煌言也要拿他与文天祥（号文山）互较高下，叹其死得迟了。那些投降的，如留梦炎之流，更要被他骂祖宗十八代了。

一个清廷官员给他写信劝降，张煌言毫不客气地回信："不孝未便以文文山自况，执事正不必以留梦炎辈自居耳！"意思是，我自己不方便说我想做文天祥，但你也不用让天下人都知道你想做留梦炎吧？一句话，怼得这名劝降者羞愧不已。

南明先后存在好几个政权，但每个政权都藏污纳垢，内部争正统、争权力的劲头，比打清军大多了。各种互相出卖，内讧诋毁，投降变节，几乎每天都在轮番上演，底线越来越低。

张煌言与那些醉心利禄、腐败透顶的南明官吏有天壤之别，他纯粹得几乎完美，眼里只有忠义，没有其他。很难想象，这么一个完美的道德主义者，如果没有对于偶像的死心模仿，没有对于抗清的高度紧张，他一定会对他卖命的小朝廷感到崩溃的。

所以，张煌言的后半生，都在自我暗示中度过。他在给友人、给敌人、给自己的话语或诗歌中，无处不在强化一个感觉——我是文天祥。哪怕在最郁闷的日子里，他也会通过一次次的战斗，来转移自己焦灼的心绪。

文天祥最后从容就义，实现了青史留名。张煌言肯定也会走上这条路，只是迟早的问题。

3

1661年至1662年，顺治、康熙两任皇帝接替的这两年间，南明反清阵营厄运连连：永历帝朱由榔被绞杀，郑成功在台湾去世，鲁王朱以海病逝……郑成功之子郑经全线撤退到台湾本岛，东南的抗清武装，仅张煌言一支独存。

清朝统治者不断调整对汉人的政策，变得越来越汉化，举目望去，天下早已不是1645年的那个天下。心力交瘁的张煌言，知道抗争下去已无意义，他最终遣散了部队，仅留几个死忠在身边，避隐舟山一座海岛上。

从此时起，他已经预想了无数遍被捕就义的情景。

这一天，终于来了。两名伪装的僧人，抓到了出岛换米的随从，浙江提督张杰因而获悉张煌言藏身的小岛。

康熙三年（1664）七月二十日，趁着夜色，一队清军从山后突入张煌言的住处。当时去逮捕张煌言的一个士兵后来回忆说，张煌言的床下都是书，旁边有一副棺材，床头悬着一柄利剑，张煌言想去取剑，不幸被床帐绊倒了，所以来不及自杀。

三天后，他被带到宁波城，一生中最后一次返回故乡，以一个被俘罪犯的身份。

又十天，劝降失败的张杰，派人把张煌言押送杭州。在杭州的监狱内，张煌言绝食相抗，仍旧不降。后来体恤狱卒会被上头处罚，勉强以水果维持生命。

杭州市民跟追星一样，追到监狱里。他们买通狱卒，以一见张煌言为荣，或请张题诗留念，那些日子里，张煌言从一个带剑的诗人，变成了一个写书法的囚徒，在监狱里恣情挥毫，忙得不亦乐乎。

写的什么？一张一张，都是文天祥的《正气歌》！

九月初七，张煌言被押赴刑场，看到太阳照在凤凰山头，他吼了一声：好山色！

行刑官问他还有什么遗言。他随口吟出了早已打好腹稿的四句短诗："我年适五九（指45岁），复逢九月七。大厦已不支，成仁万事毕。"

现场文书当即用笔记录了下来。

行刑的时刻到了。张煌言拒绝下跪，昂首挺胸，就义于刀下。对他而言，一个张煌言死了，又一个"文天祥"活了。

此前数日,他的妻儿已在镇江被害。没有人告诉他这个悲伤的消息。

数年后,一个没有留下名字的史家,一字一字地写下:"煌言死而明亡。"

一个朝代,从它被宣布灭亡起,整整残喘了20年。张煌言,是这20年最后的孤胆英雄,最后那个坚毅而悲伤的句号。

中国最后的英雄皇帝：成也乾隆，败也乾隆

1

乾隆十九年（1754）十一月，44岁的乾隆皇帝做出了一个让满朝文武大臣错愕惊呆的决定——大清将在两个月后征发大军，进攻当时的中亚霸主准噶尔汗国，以争夺新疆。

这是一个改写中国近现代历史的惊天决策。

这个决定来得如此突然，满朝文武大臣无不议论纷纷、急切上疏反对，因为就在23年前的雍正九年（1731），清朝在和通泊之战惨败给了属于漠西蒙古部落的准噶尔大军，几万清军几乎全军覆没，这一惨败给大清王朝的震撼极其深刻，因此当乾隆皇帝提出，将在两个月内闪电出击准噶尔汗国时，文武大臣们内心之焦虑可想而知。

大臣们的忧虑不无道理，从康熙大帝三次亲征准噶尔以来，历经雍正，如今再到乾隆，大清王朝前后三任皇帝与准噶尔汗国征战攻伐，互有胜负，而最近一次大战更是以清军的惨败告终，眼下乾隆猝然决定进兵，并且时机选在早春这一"天寒马瘦"的时节，实在犯了兵家大忌。

但乾隆皇帝有他自己的考虑。

在乾隆看来，大清与准噶尔汗国争夺新疆和中亚，已历经数十年，至今胜负未分。尽管此前一次大战清军惨败，但历经23年的休养，大清王朝眼下兵强马盛，而此前一年的1753年，准噶尔汗国开始出现内讧，先是蒙古"三车凌"部来降；紧接着，1754年十一月，准噶尔内部的头领之一阿睦尔撒纳又率领2万军民来降，并且带来了准噶尔汗国的机密情报。

天赐良机，失不再来。

在此情况下，乾隆决定听取阿睦尔撒纳的建议，改变秋季用兵的传统，选在两个月后的春季，趁着准噶尔汗国也是"彼马不肥"且内乱交接的时机，出其不意地进行进攻。

果不其然，满朝文武几乎全部反对乾隆皇帝的决策，在此情况下，乾隆毅然决断说："西师之役，在廷诸臣，皆有鉴于康熙、雍正年间，未获蒇事，莫不畏难沮议。朕以达瓦齐（准噶尔汗国当时首领）篡夺频仍，诸部瓦解，接踵内屑，机有可乘，且无以妄来者。爰命将兴师，分路致讨。斯时力排众议，竭尽心力。"

历史将证明，乾隆皇帝的乾纲独断，对中国的历史和版图，将产生何其重大且深刻的影响。

两个月后的乾隆二十年（1755）正月，大清的雄师分兵两路进攻准噶尔，尽管战事历经反复，但两年后的 1757 年，大清最终彻底击败了准噶尔汗国，盘踞新疆和中亚近 80 年之久的准噶尔汗国最终土崩瓦解。此后清军又先后平定了南疆区域的大小和卓叛乱，最终在耗时四年之久后，于 1759 年彻底平定了整个新疆地区，将新疆正式纳入了大清的版图。

至此，历经康熙、雍正、乾隆祖孙三代近百年努力，在乾隆的力排众议和毅然决断下，新疆，终于被纳入到了中华民族的版图之中。

2

乾隆，是一个矛盾且复杂的人物。可以说他是中国历史上最后一位配得上"英雄"称号的皇帝：当满朝文武反对出兵时，他毅然决定出征新疆；当廓尔喀（尼泊尔）出兵入侵西藏，满朝文武又认为西藏"路途遥远，军行困难，粮饷不继，不能出兵征讨"时，他又毅然出兵稳住了西藏。

他一生自诩"十全武功"，其中既有平定新疆和西藏等丰功伟绩，也有侵扰缅甸和安南（越南）等劳民伤财的无聊战争。他自诩文雅，甚至为晋朝大书法家王羲之的《快雪时晴帖》、王献之的《中秋帖》和王珣的《伯远帖》，在紫禁城中开辟专门的储藏间"三希堂"；他主持编纂《四库全书》，为中华文化传续经典。并且，他还是一位勤奋的诗人：据统计，他个人仅仅可查的诗歌作品，就达到了 42613 首之多；而《全唐诗》所收集的整个唐代 2200 多位诗人的作品，一共也不过 48000 多首。

但他又如此多面。

与此形成强烈对比的是，他借编纂《四库全书》，下令毁掉他认为不利于清朝统治的"禁书"达 3000 多种、近 7 万部，堪称中国文化史上的一次浩劫；另外在乾隆朝，他还一手制造了 130 多起文字狱，其数量比他之前中国历史上所有文字狱的总和，还要多一倍多。

乾隆掀起的文字狱，很多都是无厘头的、令人发指的冤案，如杭州诗人卓长龄出了一本诗集《忆鸣诗集》，仅仅因为标题中的"鸣"与"明"谐音，乾隆就认为他借机怀念明朝、图谋不轨，乾隆亲自指称卓氏一家"丧尽天良，灭绝天理"，并下令将已经去世的卓长龄"凌迟剁尸，枭首示众"，另外卓长龄在世的孙子等三人被斩首，妻子儿女全部被罚没为奴——仅仅因为一个谐音字，乾隆就将卓氏一家几乎斩尽杀绝。

他名义上自诩风雅，却将臣子一律当作狗奴才看待，即使是对他的近臣、大清才子纪晓岚，乾隆也是破口大骂，说："我只不过是把你当妓女豢养，你哪来的狗胆，竟敢妄谈国事？！"

对于历经康雍乾三朝且是雍正临终前指定的顾命大臣张廷玉，雍正去世前，曾经以遗诏形式许诺，将张廷玉"配享太庙"；张廷玉退休前，就跟乾隆请示能否把雍正的许诺落实一下，没想到乾隆对于这位忠心耿耿、辅佐三朝皇帝的老臣也是震怒地破口大骂，说："我只不过是把你当作毫无用处的老古董进行陈设罢了，你竟然还敢提先皇（雍正）的指示？"

如此种种都说明，乾隆从骨子里透露出的独裁、霸道和虚伪、狂妄、无礼。

他一生特别喜欢写诗，89 岁而终，一生写诗至少达 42613 首，作为皇帝近臣的清代史学家赵翼曾经在《檐曝杂记》中回忆说，万岁爷（乾隆）有一次上厕所，拉一泡屎的时间就写出了四首诗。

尽管写诗超快，而且数量超多，但很遗憾，乾隆的诗几乎没一首能脍炙人口，可能是意识到了自己的诗歌质量太过平庸，所以乾隆身边专门养了一帮才子，例如沈德潜、汪由敦、刘统勋、刘纶等人，一起帮他写诗、改诗。

对此，乾隆也不讳言，说很多他名义上的诗，其实都是"或出词臣之手，真赝各半"。

有一年冬天，乾隆跟大臣们在湖边游玩，刚好大雪飞舞，"天才纵横"的乾隆马上开口吟诗："一片一片又一片，三片四片五六片。七片八片九十片……"然后，乾隆突然卡壳了，不知道怎么接下去，幸好，旁边的大才子沈德潜赶紧给乾隆下了个台阶说："皇上这诗写得太好了，老臣斗胆，狗尾续貂一句——飞入梅花都不见。"一下子将诗的意境提升了一个档次，惹得乾隆连说"好好好"！

然而，沈德潜退休后，老来昏聩，竟然将自己给乾隆代笔写的诗歌，也编入了自己的文集之中，立马暴露了乾隆很多"写诗"的真相，名义上对此表示并不忌讳的乾隆，事后却大发雷霆，宣布将已经老死的沈德潜"封衔、仆碑、罢祠、磨平碑文"，对此，乾隆曾经恨恨地说："朕与德潜，以诗始，以诗终。"可谓耐人寻味。

3

乾隆一生身体康健，非常热爱骑马、射箭和秋狝围猎等活动，长期跟随乾隆左右的名臣赵翼回忆说，乾隆箭术不错："射以三番为率，番必三矢，每发辄中圆的，九矢率中六七，此余所常见者。"由于经常习武，他一生精力过人，很少生病，乾隆五十五年（1790），朝鲜使者洪仁点觐见80岁的乾隆皇帝后，说他"尚如六十余岁人，筋力则耳目聪明，步履便捷矣"。

年轻的时候，乾隆更是勤政：每天早上5点来钟就起床，天还没亮，他就已经开始在紫禁城办公处理政务，对此赵翼回忆说，他们十几个大臣每人每隔五六天，就轮一次早班，"已觉劳苦，孰知上（乾隆）日日如此"。

在乾隆的勤奋治理下，大清王朝也在乾隆时期达到了顶峰，而当时的人口，更是从乾隆六年（1741）的1.4亿人，增长到了乾隆六十年（1795）的2.97亿人，与此前各个朝代做纵向比较，整个乾隆时代的政治、经济和人口数量，都达到了中国封建王朝史上的最高峰，堪称巅峰"盛世"。

然而从世界范围的横向比较而言，从1735年继位，到1796年退位，乾隆在位的60年间，大清王朝表面上的兴盛发达，却与世界范围内其他各国的蓬勃发展形成了鲜明对比：

乾隆四十一年（1776），美国正式成立；乾隆五十年（1785），英国人瓦特改良并发明蒸汽机，使人类进入了"蒸汽时代"，掀起了工业革命的超级浪潮；乾隆五十四年（1789），华盛顿就任美国第一任总统，同年，法国大革命爆发；乾隆五十八年（1793），法国国王路易十六被处死。

在第一次工业革命、美国成立、法国大革命的时代浪潮面前，仍然做着天朝上国美梦的乾隆，也迎来了大清朝的日趋衰落。

乾隆晚年时，朝政日趋紊乱：先是乾隆三十九年（1774），山东临清爆发王伦起义，打破了中原地区近百年无战争的和平局面；乾隆四十六年（1781）、四十八年（1783），甘肃发生了苏四十三和田五领导的回民起义；乾隆五十二年（1787），台湾爆发了林爽文起义；乾隆六十年（1795），贵州、湖南又相继爆发了苗民起义。

面对国家日趋风雨飘摇的形势，乾隆企图力挽狂澜，对此也将鄂善、富德、高恒、高朴等贪赃枉法的前朝老臣和皇亲国戚，或处决，或关押，或遣戍，然而，对于和珅等公开贿赂贪污的大臣，他却始终包庇纵容。

当看到承平日久的满族人不断退化，甚至连骑马、射箭等基础训练都荒废时，乾隆也表现得非常忧虑，他说："马步箭乃满洲旧业，向以此为要务，无不留心学习。今国家升平日久，率多求安，将紧要技艺，全行废弃不习，因循懦弱，竟与汉人无异，朕痛恨之。"

但那位曾经英明神武的乾隆大帝，终究还是老了。

嘉庆元年（1796）正月初一，86岁的乾隆皇帝宣布将皇位正式禅让给皇十五子嘉亲王颙琰，是为嘉庆皇帝，然而名义上虽然叫禅位，乾隆却仍然以太上皇的名义，训政了3年零3天，整个国家的实际最高统治者仍然是他。

乾隆在1796年退位，当年白莲教起义正式爆发。有一次，嘉庆跟和珅一起觐见太上皇，没想到乾隆坐着闭着眼睛，好像已经睡着，但口里却念念有词，也不知道在念什么。

不久，乾隆突然睁开眼睛问了一句："这些人叫什么名字？"嘉庆觉得很是莫名其妙，不知道怎么回答，这时和珅却应声说了一句："高天德、苟文明（两人是当时白莲教起义的著名领袖）。"对此，嘉庆百思不得其解，于是便私下询问和珅说太上皇究竟在干什么，向来善于揣度乾隆心意的和珅回答说："上皇（乾隆）所诵为西域秘密咒。诵之则所恶之人虽在数千里外，亦当无疾而死，或有奇祸。奴才闻上皇持此咒，知所欲咒者必为（白莲教）教匪悍酋，故以此二人名对也。"

这位曾经叱咤风云的英明大帝，眼下却对起义闹事的白莲教教众感到束手无策，而国家内部早已烽烟四起，使得乾隆皇帝心焦不已；对此，已经80多岁的乾隆皇帝毫无办法，只好寄希望于通过诅咒的形式，来让"匪徒"们都死光光。

4

大清风光正好，却也即将进入盛世穷途。

但他仍然抗拒。就在他禅位前两年，乾隆五十八年（1793），英国公使马戛尔尼以向清廷"进贡"和补祝乾隆皇帝八十大寿的名义，带着当时全世界最先进、武装有64门大炮的军舰"狮子"号，当时世界范围内最顶尖的军事、化学、医学、天文、历算、制图、航海专家和士兵等共800多人以及600多箱礼物，专程来到北京觐见乾隆，希望与清朝展开通商谈判。

然而，对于马戛尔尼带来的当时全世界范围内最先进的科技成就和展示当时英国工业实力的仪器、机械、工业制品，乾隆却不屑一顾，并且非常鄙视，他还特地吩咐接待马戛尔尼一行的官员说，要装作"无意之中向彼闲谈：尔国所贡之物，天朝原亦有之，庶该使臣等不敢居奇自炫"。

在乾隆看来，马戛尔尼一行带来的当时在全世界范围内最为优秀的专家和各项工业成就、科技制品，不过是雕虫小技、奇技淫巧，而英国人竟然敢来"炫耀"；但他所料想不到的是，吃了闭门羹的英国人，则将在此次中国之行47年后的1840年，通过一场鸦片战争，狠狠地教训了大清王朝。

曾经英明神武的乾隆，老了，不要说看懂世界，甚至连过往国内他所蔑视的起义"匪徒"，也都手足无措、不知如何处理是好了。

嘉庆四年正月初三（1799年2月7日），89岁的乾隆大帝最终在紫禁城"龙驭上宾"，随手也带走了中国古代史上最后一个号称巅峰的"盛世"。

只是这个"盛世"的尾声，却即将掀开中国近现代史上最为惨痛的一页。

紫禁城悬案：嘉庆帝遇刺之后

这天早上，陈德带着 15 岁的大儿子陈禄儿出门，说要给他重新找个雇主。

路上，陈德在一家酒铺要了半碗绍兴黄酒，喝完，不过瘾，再要了半碗木瓜酒，又喝完。随后领着儿子来到东华门——紫禁城东门。

似乎并未受到阻拦，他们轻轻松松进了皇家禁地。

陈德熟门熟路，混在人群中，绕到了神武门——紫禁城北门内。他拉着儿子躲到一处建筑后面，说："我马上就要死了，你不要来认尸！"

陈禄儿惊呆了，惶恐地问为什么。

陈德说："不要问了，一会儿你就看见了。"

隔了没多久，陈禄儿望见一顶黄轿子抬了进来，父亲突然往前冲，手里拿着刀。

陈禄儿不知道父亲的刀是从哪儿来的，更不知道轿子里坐的是谁。

1

嘉庆八年（1803）闰二月二十日，嘉庆皇帝从圆明园返回紫禁城。

在神武门外换了轿子，即将进入顺贞门（御花园北门）时，一条大汉突然窜出，手持尖刃，直奔嘉庆的轿子。

守卫神武门、顺贞门之间的上百名侍卫，一个个吓得呆若木鸡，毫无反应。

只有御前大臣绵恩、固伦额驸拉旺多尔济、乾清门侍卫丹巴多尔济、御前侍卫扎克塔尔等六人挺身而出，围住刺客。

此时，嘉庆已进入顺贞门内。在轿子里，他看不到外面发生了什么事，但听得到嘈杂的搏斗声。

嘉庆差遣了一个太监，重新走到顺贞门外，去看看怎么回事儿。

刺客应该很强悍，以一敌六，凭一把随身小刀，竟然刺破了绵恩的褂袖，还在丹巴多尔济的身上扎了三刀。最后寡不敌众，力气用尽才被拿住了。

陈禄儿被人拥挤，摔倒在地，爬了起来，趁乱跑回住处。回去看到弟弟陈对儿在门前玩耍，就说："别玩了，父亲出事了。"

2

紫禁城是帝后妃嫔的生活重地，也是国家中央机构所在地。尽管每天出入紫禁城的，上自王公大臣，下至工匠厨役，人员繁杂，但按理说，事关国家的核心，禁卫应该是十分森严才对。

事实上，也是如此。

明清两代权力核心便在紫禁城。将近500年，把皇帝暴露在刺客的眼皮底下，使其几欲谋刺成功，这是头一遭。

此前，发生过两次突发事件，但谋刺对象、事件性质都不及这次严重。

万历四十三年（1615），一个叫张差的人，手持木棒闯入太子朱常洛的居所——慈庆宫，并打伤了守门太监。史上称为"梃击案"。

乾隆二十三年（1758），有个僧人手持腰刀，只身闯入东华门。值班护军数十人，竟被僧人的气势镇住，任其一路前行。直到协和门，几个护军才把僧人擒住。

惊魂甫定的嘉庆，肯定会想起这两起历史旧案。

3

刺客陈德落网后，嘉庆亲自指示军机大臣会同刑部介入严审。

当天，就把陈德的个人历史和社会关系摸得差不多了。

陈德，47岁，北京人。其父母为镶黄旗人松年的家奴。陈德自幼与父母随主人一家迁往山东，成年后，基本上也是在富贵人家当差为生。

父母死后，陈德于乾隆末年带着老婆孩子回到北京，投靠亲戚，辗转在五户人家当差为奴。

干得最久的一次是在孟明家。陈德在孟家做厨子，做了五年。不幸，其妻突然病死，留下年逾八十的瘫痪岳母以及两个未成年的儿子。

日子艰难，陈德开始纵酒，在院子里歌唱哭笑。孟家担心陈德酒后闹事，索性把他辞掉了。

一家人生活没了着落。活着，对于中年男子陈德来说，除了痛苦，还是痛苦。

但对于行刺皇帝的动机，陈德的供词让审讯大臣和嘉庆都感到不合情理。

4

陈德坚持供称，行刺皇帝，系他一人所为。

为什么要行刺皇帝？

回答说，因生活走投无路，一家老少无可依靠，实在情急，要走死路。但转念一想，自寻短见，无人知道，岂不枉自死了？

想死，又想死得"轰轰烈烈"，引起社会轰动，陈德一下子就想到了皇帝。

但他辩解，他只是要"惊驾"，并无谋刺皇帝的意思。

他说，他当天看到皇帝的轿子，手持身佩小刀往前跑，原想犯了惊驾的罪，皇帝一定会当场下令，叫侍卫大臣们把他乱刀砍死，好让他图个爽快，也死个明白。仅此而已。

嘉庆对陈德的供词表示严重怀疑。于是，下令加派满汉大学士、六部尚书会审。

经过再次会审，陈德的供词仍"与昨日无异"。

5

然而，一个社会上的闲杂人等，怎么会对宫禁之内的路线如此熟悉，并自由出入呢？

在连日审讯陈德的同时，他的社会关系，包括雇佣过他的人，认识他的人以及他的亲人，一切与他哪怕稍微有点交集的人，最少都被审问过一遍。

在提审内务府包衣达常索和太监杨进喜时，审讯人员找到了答案。

从乾隆六十年（1795）到嘉庆二年（1797），陈德曾跟随达常索在内务府服役，经常给诚妃刘佳氏配送锅碗瓢盆等日常生活物件，因而得以出入宫禁，熟悉各门路线以及皇帝的护卫情况。这为陈德后来入宫行刺提供了条件。

案发后第四天，嘉庆又下令加派九卿科道会同审理。

此前经过轮番审讯，刑部官员还轮班"彻夜熬审"，上了一切刑讯逼供的手段，陈德就是嘴硬，仍然咬定"实在无人主使，实在供不出来"。

嘉庆不相信，一定要揪出幕后主使。所以两次加派部门、官员会审。

陈德始终供称，我就是要求死，所以被抓时逢人乱砍，并无别的意思。

最终，经受不住刑讯逼供，陈德又说，早在五六年前，他就做过自己身穿蟒袍的梦，为此他专门求过几次签，都说自己有富贵命，所以这几年经常胡思乱想。

这些供词表明，陈德已经神思恍惚，不正常了。

6

刑讯逼供至此，陈德从一个无端报复社会的底层人，变成了蓄谋已久想做皇帝的野心家。

这几天内，嘉庆也一直在衡量，怎样为这起引起轰动的行刺未遂案定性，才能取得最好的社会效果。

嘉庆最想知道的是，陈德行刺的背后，有没有指使者或者秘密社会组织。也就是说，嘉庆朝初期的两件大事，究竟与此案有没有瓜葛？

一是嘉庆亲政后，迅速扳倒了在乾隆朝权倾朝野的和珅。和珅党羽众多，据称嘉庆赐死和珅后，多次险遭暗算。陈德案发生前，社会上已有和珅党羽谋害皇帝的传言。那么，陈德是否也是他们派来的杀手呢？

二是从嘉庆初年起，清廷几乎动用了全国所能动用的全部兵力强势镇压白莲教起义。陈德案发生时，白莲教起义基本上被打得七零八落了。陈德行刺，是不是白莲教余党的报复呢？

但不管如何用刑，陈德都把责任揽到自己身上。

嘉庆认为，再审下去已经没有意义，反而会引起朝廷内外的猜疑、攻击，使得人心惶惶。

闰二月二十四日，陈德案发生后第五天。嘉庆最终颁发谕旨，停止刑讯陈德。

7

用不到五天的时间，就结束了一桩谋刺皇帝案的审讯侦查，表面看来，嘉庆未免太过草率了，但实际上，他已经过深思熟虑。

嘉庆帝在谕旨里说："陈德一案，诸大臣尽心尽力，穷究其主使、同谋及党羽，忠君为国，必应如此。但朕即位八年以来，仁政虽不多，却也从不妄行杀戮，朝野上下,都是朕的臣工及兄弟子侄,不忍心无端猜忌任何一人。"

他给此案的最终定性是,陈德行凶,有如狂犬伤人、鸱枭食母,不一定必有主使或同谋。

如果一味用刑逼供,陈德真的像疯狗一样随便说出几个人的名字,到底要不要追查下去呢?嘉庆说,真是这样的话,恐怕追究也不是,不追究也不是。

赶紧结束陈德案,让官员们尤其是此前被网开一面、不予追究的和珅余党们放心,才是最明智的做法。

实际上,在嘉庆颁发这道谕旨之前,他已经接到密报,有人投了匿名信,举报笔帖式兴德保父子曾与陈德有密切往来,现在尚有陈德的同党在外勾结行事。

嘉庆密令官员两头追查,一边查兴德保父子是否与陈德案有牵连,另一边查匿名信是谁写的。

追查结果是,一个叫兆昌的人,因为与兴德保父子有私怨,挟仇诬陷。

阴险的兆昌未能得逞,自己反被处死。但人性的险恶,由此可见一斑。

8

而嘉庆最纠结的,其实还是紫禁城的护卫松懈问题。

陈德案发生时,在场一百多名侍卫人员,竟然只有绵恩等六人奋力救驾,其余人员呆若木鸡,就像看戏的。

疲惫松懈,无责任心,无警戒意识,宫禁之内,皇帝身边的人,竟然迟钝至此!嘉庆感到十分后怕。

事发当天,他颁发谕旨,对绵恩等护驾有功的六人分别进行了奖赏。同时,以门禁废弛为由,对护军统领副都统、护军章京等一批人进行了降罚。

随后,他多次提及禁卫问题,并指出那些无动于衷的侍卫,实际上是没心没肺。

他在谕旨中说得很尖刻:"绵恩、拉旺多尔济等六人受恩固厚,然百余袖手旁观之人,竟无一受恩厚者乎?绵恩系朕之侄,拉旺多尔济系朕之额驸,固应休戚相关,朕怀深慰;然百余袖手旁观者,岂无朕之至亲,岂非世受国恩之臣仆乎?见此等事,尚如此漠不关心,安望其平日尽心国事耶?"

他最后说:"朕之所深惧者,在此而不在彼。"

意思是,让他最感害怕的,根本不是陈德案背后有无主使或同谋,而是松懈的禁卫、漠不关心皇帝安危的侍卫。这些才是陈德真正的"同谋"。

9

依照法律，陈德最后被凌迟处死，他的两个儿子一并绞决。其岳母年已八十，免议。

陈德案，从事发到终结，不过五六天时间。

嘉庆本想以快刀斩乱麻，消弭这一恶性个案的影响，但各种传言以及后续事件，让他的这一意愿屡屡落空。

人们始终不相信一个寻死的人会想到去行刺皇帝，也不相信一个社会底层的人这么容易就持刀站到了皇帝面前，更不相信一个打杂的厨子以一敌六竟然还没让大内侍卫占到太多的便宜。

于是，陈德在民间传说里，变成了武艺高强的刺客，勇猛异常，能够横扫地上短柱，一脚扫去，12根柱子都被拔起。他的口气也变得更大，面对王公大臣的审讯，他曾说："我的事如果成功了，你们现在坐的地方，就是我坐的。"

嘉庆真是倒了血霉。陈德案发十年后的嘉庆十八年（1813），林清领导的天理教教徒竟然攻入了紫禁城。

这些松散的天理教教徒虽然最终落败，但紫禁城的神话再次被打破。

于是，人们又想起了陈德，附会说他是天理教教徒，编派他当年的行刺，正是天理教的谋划。

总之，陈德成了民间反抗皇权的一个象征性人物，一个不怕死的英雄。

反倒是嘉庆最在意的那些东西，无论怎么申饬，怎么三令五申都管不好。

紫禁城的门禁松懈问题，看来也是清朝走向没落的一个表征。

陈德案发生40多年后的咸丰年间，京城里一个卖馒头的小贩，偶然在路上捡到一块出入紫禁城用的腰牌。凭着这块腰牌，小贩把馒头卖到皇宫里。两年多后才被发现。

那时，清朝已经日薄西山。

"四亿人中,最苦的是皇上"

1

1908年11月14日,慈禧死亡前一天。

由于慈禧(1835—1908)已进入病危状态,此时,负责礼仪、祭祀等事宜的大清国礼部尚书溥良跟一干王公大臣一起,已经守候在慈禧下榻的紫禁城乐寿堂外几天几夜了。后来溥良跟他的子孙们回忆说:"大臣们……都惶惶不可终日,就等着屋里一哭,外边好举哀发丧。"

突然,乐寿堂里出来了一个太监,他手里端着一个盖碗。出于职责,溥良急忙拦住这位太监,责问这是什么东西,只听太监回答说:"这是老佛爷赏给万岁爷(光绪皇帝)的塌拉。"

塌拉,是满语酸奶的意思。

已经进入病危状态的慈禧,竟然还惦记着那个她恨之入骨、一度想废掉的光绪皇帝?而且要送他一碗酸奶喝?溥良心中疑惑,但也不好阻拦,只好继续在乐寿堂外等候慈禧的临终嘱咐。

溥良正在疑惑的时候,没过多久,1908年11月14日晚间6时30分左右,突然传来一个震惊紫禁城的消息,说这几天身体康健的光绪皇帝突然"驾崩"了。

溥良心中震骇。

而乐寿堂里,在听到光绪(1871—1908)终于死掉的消息后,一直硬撑着的慈禧才终于在第二天,也就是1908年11月15日未时(下午1时至3时)咽下了最后一口气。

慈禧的死亡时间,距离光绪去世,还不到20个小时。

短短 24 小时之内，光绪皇帝和慈禧先后去世，对于这个清宫最高秘闻，溥良一直对子孙们口授相传。后来，溥良的曾孙、当代著名书法家启功在《启功口述历史》中，引用溥良在家族内部的口授说："这显然是一碗毒药。"

对于光绪之死，记录光绪帝生前生活起居的《清德宗实录》，完整记载了光绪帝在临死前几天的身体状况。根据实录，光绪皇帝直到临死前两天都身体康健，没有什么特别异常，一直到临死前一天，才突然在档案中被记了三个字"上不豫"。

没有什么特别问题，光绪为何会突然死亡？

2008 年，就在光绪和慈禧死亡 100 周年之际，由中国人民大学历史学教授戴逸与 13 位专家领衔的国家清史编纂委员会，在聘请清西陵文物管理处、中国原子能科学研究院、北京市公安局法医检验鉴定中心等单位，联合对光绪皇帝的遗骸进行尸检后得出结论："光绪帝系三氧化二砷，即砒霜中毒死亡。"

尽管后来有多位专家对光绪皇帝的尸检报告结论"砒霜中毒死亡"持怀疑态度，但尸检报告毫无疑问地指出，光绪帝的遗骨、头发以及入殓衣物中检验出来的砷（砒霜），明显是光绪帝的"含毒尸体腐败后直接侵蚀遗留所致……并非来自环境污染"。因此，北京市公安局法医检验鉴定中心和中国原子能科学研究院的专家们明确指出，光绪帝就是死于"砒霜中毒"。

对于光绪帝的这种厄运，光绪帝的亲生父亲、醇亲王奕谭（1840—1891）或许早有预感。

1875 年 1 月，就在同治皇帝驾崩后，慈禧宣布选中皇室旁支、当时实际年龄只有 3 岁半的爱新觉罗·载湉（光绪）继承大统时，出乎所有王公大臣意料的是，载湉的亲生父亲醇亲王奕谭不仅没有喜出望外，相反却"碰头痛哭，昏迷伏地，掖之不能起"。

随后，回到家中"身战心摇，如痴如梦"，经常告诫子孙"满招损，骄招祸"的奕谭，深感祸福未知。为了避免慈禧猜忌，奕谭向慈禧恳请免去自己的所有职务，以避嫌自保。在上奏慈禧的奏折中，奕谭说："惟有哀恳矜全，许乞骸骨，为天地容一虚糜爵位之人……留一庸钝无才之子。"

奕谭显然是个聪明人，知道自己作为新任皇帝的亲生父亲，对于志在"垂帘听政"控制朝政的慈禧来说，显然是个潜在的祸害。为求自保，奕谭很识相地跟慈禧请求了辞职回家养老。

只是奕谭能自保，却无法保住冥冥之中被命运选中的儿子载湉，即后来的光绪帝。

2

说起来，光绪与皇位，其实原本离得很远。

光绪的父亲奕谭，是道光皇帝的第七个儿子，并非嫡长子；而奕谭本人又生有七个儿子，光绪（载湉）排行老二。在庞大复杂的皇族系统中，原本皇位是轮不到光绪的，但偏偏光绪的生母是慈禧的亲妹妹叶赫那拉氏，也就是说，光绪是慈禧的亲外甥。

1875年，慈禧的独子同治皇帝因为天花发作致死（也有人怀疑是梅毒致死）。由于咸丰皇帝膝下只有同治帝一个儿子存活，如今同治皇帝也死了，国家的传承无法延续。在此情况下，独揽大权的慈禧为了保住皇权，决定肥水不流外人田，扶持自己的亲外甥载湉来当皇帝，消息一出，舆论大哗，因为在道光—咸丰—同治一系的帝制传承中，载湉（光绪）只是皇族旁系子孙而已，但在独裁专断的慈禧倾力扶持下，事情，就这么定了。

1875年1月，实际年龄只有3岁半的载湉被从睡梦中叫醒，这个孩子根本不知道，他已经被命运之神选中，成了大清国的九五至尊。载湉起初拼命哭喊，后来在从醇亲王府进入紫禁城的路上，他哭得累了，睡着了，当他被接入养心殿后，人们揭开轿帘才发现，3岁半的小载湉在"舆中犹酣睡矣"。

离开亲生父母、搬入陌生的紫禁城后，由于环绕在身边的都是一些面容呆板的老太监，加上慈禧对还只是孩子的光绪动辄厉声训斥和"罚令长跪"，这就使得光绪逐渐形成了自卑、懦弱的性格。由于长期被训斥和罚跪，光绪明显缺乏自信，并患上了口吃的毛病。

曾经作为光绪皇帝英语老师的德龄在《清宫二年记》中回忆说：光绪帝"一至太后（慈禧）前，则立严肃，若甚惧其将死者然。有时似甚愚蒙"。

慈禧粗暴地禁止光绪跟亲生父母有任何联系，并"嘱咐那一班服侍他（光绪）的人，像灌输什么军事知识一样的天天跟他说，使他明白了自己已经不是醇亲王福晋的儿子了，他应该永远承认太后（慈禧）是他的母亲，除这个母亲外，便没有旁的母亲了"。

对于这位从小就被养在深宫、永远失去父母关爱的光绪帝，看着他长大的老太监寇连材后来回忆说："中国四百兆人中境遇最苦者，莫如我皇上（光绪帝）。"

令人难以置信的是，从进宫后的孩童时代到成人后，光绪帝竟然长期处于吃不饱、吃不好的营养不良状态。

据《戊戌变法资料》记载，由于光绪帝每日的饭菜都是要提前几个小时做好，等到吃饭时，饭菜早已干冷变味，还是孩子的光绪想要叫人做个热菜，太监们就回答说必须要西后（慈禧）批准才行，不通情理的慈禧对此经常训斥光绪帝，说他有这么多菜吃，竟然还要加菜。

于是，经常吃不饱的小皇帝光绪，只能偷偷跑到太监房间去找吃的，信修明在《老太监回忆录》中写道：光绪帝"十岁上下，每至太监房中，先翻吃食，拿起就跑。及至太监追上，跪地哀求，小皇帝之馍馍，已入肚一半矣。小皇帝如此饥饿，实为祖法的约束，真令人无法"。

即使是在成年后，光绪也长期处于吃不饱的状态，曾在紫禁城担任护卫的苏勋丞就在《我所见到的慈禧和光绪》中回忆道：

光绪……那时约30多岁，中等身材，瘦长脸，面色苍白，体质羸弱。我们从未见他笑过。说实在的，他过的是囚犯生活，怎么能乐起来呀！慈禧每日三宴，每宴108样菜，光绪却没有这个排场。慈禧每餐拣自己不喜欢吃的三四样菜，命人给光绪送去，以示慈爱。有时，三四样菜要分三四次"赏"，每送一次，光绪都得起立叩头谢恩，连一顿安生饭也吃不成。隆裕（皇后）是慈禧的亲侄女，她可以就着慈禧的桌子吃。我们那时都私下猜疑，光绪瘦弱，多半是差了点饭食。

对于自己的伙食，光绪也曾经提出想增添喜欢的饭菜，但就是这种细微的要求，慈禧也经常蛮横地加以拒绝，后来光绪便不再提起，所以终光绪一生，"吃不饱、吃不好"，竟然成了这位囚徒皇帝的真实写照。

3

由于缺乏母爱，日常生活也没有人关怀照料，这就使得作为"儿皇帝"的光绪长期处于忧郁状态，在此情况下，光绪皇帝的老师、咸丰朝状元出身的翁同龢

（1830—1904）就成了光绪身边最为亲近的人。

由于老太监们经常仗着慈禧的威权欺负小皇帝，加上光绪长期处于吃不饱的状态，这就使得光绪经常血糖太低、体力不支，对此翁同龢总是出面与刁蛮的太监们反复理论，为光绪帝撑腰，随着时间的推移，光绪逐渐养成了对翁同龢形如父亲般的依恋。

光绪三年七月（1877年8月），翁同龢请假回乡处理家事，当两个月后翁同龢回到宫中时，6岁的小皇帝光绪流着眼泪，拉着47岁的老师翁同龢的手说："吾思汝久矣！"

在状元帝师翁同龢的指导下，性格自卑内向的光绪帝开始勤学苦练，以至于连慈禧都感慨地说："（皇帝）实在好学，坐、立、卧皆诵书及诗。"

在鸦片战争后清朝严峻的社会形势中，在儒家经典的教育下，日渐成长的光绪开始思考，他说："为人上者，必先有爱民之心，而后有忧民之意。爱之深，故忧之切。忧之切，故一民饥，曰我饥之；一民寒，曰我寒之。"

光绪七年（1881），原本与慈禧一起垂帘听政的慈安皇太后突然离奇暴毙，此后慈禧更加大权独揽，眼看光绪日渐成长，于是光绪十三年（1887），慈禧假装在太和殿举行仪式，允许光绪开始亲政，实则仍由慈禧独自把揽大权。

在此情况下，清朝朝廷内部逐渐形成了"帝党"与"后党"两股政治势力："帝党"以光绪帝为首，主要成员为大学士兼帝师翁同龢、文廷式、张謇等人；"后党"则以慈禧为首，主要成员有大学士、兵部尚书兼步军统领荣禄，军机大臣孙毓汶、徐用仪等人。

与"后党"成员在慈禧撑腰下，普遍执掌军事、财政、行政大权相比，"帝党"成员显得形单影只，缺乏实权，但面对民族危亡和朝政危机，"帝党"成员大多挺身而出。

1894年，朝鲜爆发东学党起义，日本随后出兵朝鲜，鉴于"保朝鲜就是保大清"的战略高度，以光绪帝为首的"帝党"力主与日本决一死战，而"后党"成员则主张应该将军费拿来庆祝慈禧太后的六十大寿，并斥责"帝党"成员们要坏了皇太后的"好事"。

对此，军机大臣孙毓汶仗着慈禧的撑腰，甚至直接指斥光绪帝说，皇帝你这个小少年，就喜欢挑衅多事（原话是："皇上为少年喜事者"）。

甲午战争落败后，1895年，希望少点事端、安度晚年的慈禧，最终逼迫光绪下令签署了丧权辱国的《马关条约》，随后清廷被迫割让台湾给日本，并赔偿军费两亿两白银。面对国家危亡形势，光绪帝在康有为等人建议下，最终决定进行维新变法。

面对百般阻挠变法的慈禧，光绪帝甚至通过庆亲王奕劻向慈禧示意说："太后若仍不给以事权，我愿退让此位，不甘作亡国之君！"

为防止光绪帝"谋变"，1898年9月21日，慈禧最终发动戊戌政变，并下令斩杀谭嗣同、林旭、刘光第、杨锐、杨深秀、康广仁等"戊戌六君子"，还罢免了维新派官员陈宝箴、江标、黄遵宪等数十人职务，除了京师大学堂外，戊戌变法新政全部被废除。

戊戌政变当晚，慈禧直接指着光绪的鼻子骂说："痴儿，今日无我，明日安有汝乎？"

随后，光绪帝被轮流幽禁于中南海瀛台或颐和园玉澜堂。

4

戊戌政变的发生，也使得慈禧与光绪的"母子情谊"几近决裂。

看到光绪已经不听使唤，慈禧于是开始图谋废掉光绪另立新帝。戊戌政变后两天，即1898年9月23日，慈禧随即命令御医"捏造脉案"，放风说："皇上病势沉重，恐致不起。"随后，慈禧又宣称"帝（光绪）久病不能君天下"，并密电南方各省的总督巡抚，表示将废掉光绪帝。

没想到的是，以两江总督刘坤一为首的地方实力派，竟然公开复电慈禧说："君臣之分已定，中外之口宜防。"公开反对慈禧的"废帝"计划。

为了保护光绪帝，流亡海外的康有为则鼓动保皇党华侨们纷纷致电国内"请皇帝圣安"，各国驻清朝的使节也纷纷告诫清朝官员和慈禧说，不可危害光绪性命，如此，才使光绪帝得以在戊戌政变后暂时逃过一劫。

为了废掉光绪，1899年，在"后党"亲信荣禄的建议下，慈禧最终决定，以为膝下无子的光绪立皇太子的名义，立端王载漪的儿子溥儁为"大阿哥"（皇储），并决定在光绪二十六年正月初一即1900年1月31日举行光绪帝让位典礼。

没想到的是，对于慈禧的这一"废帝"计划，在华列强竟然群起反对，由于担心慈禧的废帝复旧活动会使清朝重新排斥外国势力，在华列强仍然倾向于支持光绪帝继续在位,并建立一个较为开明的政府,因此,对于慈禧对外公布的"废帝"和新帝登基计划,在华列强一致抵制反对。同时,上海各界以绅商经元善为首,竟然联合了1231人公开上书反对,维新派蔡元培以及海外的保皇党人,也号称联合数十万华侨发来电报,公开反对慈禧的"废帝"计划。

但在华列强和国内各界人士越是拥护光绪,慈禧就越觉得光绪是个威胁。

恰在此时,义和团势力在北京、天津一带也开始蓬勃兴起。由于自己的亲生儿子"大阿哥"溥儁遭遇洋人阻挠无法继位登基,因此对洋人恨之入骨的慈禧宠臣端王载漪等人纷纷劝说慈禧,说应该借助义和团"刀枪不入"的"神兵天将"们,将国内的洋鬼子们赶出去。

为了撺掇慈禧下定与洋人开战的决心,端王载漪还让人制作了一份虚假的洋人照会,其主要内容是:"第一,指明一地,令中国皇帝居住;第二,代收各省钱粮;第三,代掌天下兵权;第四,勒令皇太后归政。"

当听到"勒令皇太后归政"的假条款后,一生视权力如性命的慈禧最终勃然大怒,并决定不惜与洋人"一战"。为此,慈禧还"义正词严"地说:"现在洋人已决计与我宣战。明知众寡不敌,但战亦亡,不战亦亡。同一灭亡,若不战而亡,未免太对不起列祖列宗。"

慈禧还当场派出曾担任外国使节的许景澄,去向在华各国使节宣战,这时,作为傀儡、知道即将生灵涂炭的光绪帝,突然从座位上站起身走下来,他走到许景澄面前,拉着他的手问:"还有回旋的余地吗?"

许景澄不说话,只是默默流着眼泪,他看到光绪帝眼里也是满眶的泪水。

5

1900年6月21日,慈禧正式以光绪帝的名义向列强发出宣战书。但10万清军和无数宣称"刀枪不入"的义和团,在2万八国联军的攻击下,不到两个月的时间就败下阵来,当年8月14日,八国联军攻入北京城,第二天,慈禧裹挟光绪帝仓皇西逃。

此前,慈禧为光绪选定有"一后二妃","一后"指的是由慈禧钦定的光绪的皇后隆裕,隆裕是都统桂祥的女儿、慈禧的亲侄女,她和光绪也属于表亲关系;"二妃"指的是瑾妃和珍妃。

由于光绪与慈禧的矛盾，光绪帝对于慈禧指定的隆裕皇后并无好感，相反，光绪比较喜欢年轻活泼的珍妃。长期得不到光绪宠幸的隆裕皇后，也因此对珍妃由妒生恨，并不断在姑母慈禧面前告珍妃的状。

为了帮自己的侄女撑腰，同时对光绪和后宫诸妃"杀鸡儆猴"，慈禧下令将珍妃剥去衣服进行廷杖，对于清朝皇妃来说，这是闻所未闻的奇耻大辱。

对于光绪来说，在孤独、傀儡般的帝王生涯中，师傅翁同龢和珍妃是他生命中最为亲近的人，但戊戌变法期间，翁同龢被免职贬斥离京，珍妃也被慈禧下令软禁在紫禁城北三所的一个院落中，而光绪身边亲近的太监，也纷纷被慈禧下令"杖杀"或是流放，1898年戊戌变法失败后，他的身边已经再无亲近之人。

然而慈禧并不满足，就在1900年仓皇离京之际，慈禧甚至亲自带人，命令太监将珍妃推入井中溺毙。对于这段往事，慈禧的随侍宫女荣儿在回忆录《宫女谈往录》中，讲述了崔玉贵等人奉命杀害珍妃的过程：

珍妃说：我没有应死的罪。
老太后说：不管你有罪没罪，也得死！
珍妃说：我要见皇上一面，皇上没让我死！
太后说：皇上也救不了你。把她扔到井头去。来人哪！
就这样，我（崔玉贵）和王德环一起连揪带推，把珍妃推到贞顺门内的井里。珍妃自始至终嚷着要见皇上！最后大声喊：皇上，来世再报恩啦！

作为皇帝，却无法保护自己心爱的女人，在获悉珍妃为慈禧所害后，被慈禧裹挟西逃的光绪帝，精神也几近崩溃，当时协同西逃的宫女们回忆说，知晓珍妃死讯后，光绪眼神呆滞，一路上形同行尸走肉。

当时，由于出逃仓促，加上担心太过招摇引来八国联军的追击，因此慈禧只带了数百随从出逃，逃亡到半路时，慈禧指着光绪鼻子痛骂说，多亏了忠心耿耿的太监们护卫，否则这次可是在劫难逃，慈禧还要光绪向太监们"行礼"，宫女们回忆说，作为皇帝，当时已经"形同死人，眼神空洞"的光绪，竟然真的向太监们作揖打拱起来。

大太监李莲英则用一种带着鄙夷的态度和语气对光绪说话，有一次，李莲英甚至直接呼叫光绪帝的名字"载湉"，私底下，李莲英甚至仗着慈禧的威权对别人说："载滑不过是个形同虚设、五谷不分的呆子而已！"

6

但即使是遭受如此的痛苦和耻辱，光绪帝仍然不甘堕落。

在签订丧权辱国的《辛丑条约》、西逃一年多后的1901年年底，慈禧裹挟光绪回到北京，此前，慈禧对负责与列强谈判的李鸿章指示说，要"量中华之物力，结与国之欢心"。

回到北京后，对于大清已处于亡国边缘的境遇，光绪帝心中也有着自己的认知。除了每天像傀儡一样跟随慈禧上朝外，在被幽禁于中南海瀛台的其他时间里，光绪帝每天能做的只有三件事：吃饭、读书跟睡觉。

根据清宫档案发现，就在"离奇暴毙"的半年前，光绪帝还向内务府开出了一份购书名单，这其中就有官印的《日本宪法说明书》《日本宪政略论》以及商务印书馆当时新印的各种书籍：《孟德斯鸠法意》《宪政论》《万国国力比较》《国债论》《欧洲最近政治史》《欧洲财政史》《经济通论》《日俄战纪》《最新战法学》《德国学校制度》《各国宪法大纲》《英国宪法论》《万国舆图》《欧美政教纪原》等。

尽管身为傀儡皇帝，但他仍然期待着有朝一日能够改革大清国，因此即使在"暴毙"的半年前，他仍然在发奋读书，没有自甘堕落。

光绪的英文老师德龄回忆说：

我每天早上碰见光绪皇帝，他常常趁我空闲的时候，问我些英文字。我很惊奇他知道的字这样多，我觉得他非常有趣，两眼奕奕有神。他实在是一个又聪明又有见识的人，他是一个出色的外交人才，有极丰富的脑力，可惜没有机会让他发挥他的才能。

他告诉我他书读的不多，但是他生来喜欢读书，他也很信任我，常常把他的困难和痛苦告诉我。我们常常谈到西方文明，我很惊异他对每一件事物都懂得那样透彻。他屡次告诉我他对自己国家的抱负，希望中国幸福。

就在光绪死亡前三年，也就是1905年，德龄由于父亲病重要离开宫廷，临行前她与光绪帝告别，光绪用英语祝她幸福的同时，又充满遗憾地对德龄说：

我没有机会把我的意思宣布于外，或有所作为，所以外间都不大知道我，我不过是替人作（做）样子的。后来再有外人问你，只告诉他我现在所处地位实在的情形。我有意振兴中国，但你知道我不能作（做）主，不能如我的志。

在对德龄说完这番话三年后，1908 年，光绪最终在慈禧去世前一天，离奇暴毙。

对此，负责记载光绪帝生前生活起居、曾经担任光绪帝日讲起居注官长达 19 年之久的恽毓鼎在《崇陵传信录》中写道：慈禧临死前，"有谮上者，谓帝（光绪）闻太后（慈禧）病，有喜色。太后怒曰：'我不能先尔死！'"

随后，礼部尚书溥良在无意中，拦截看到了慈禧要太监传送给光绪帝的塌拉（酸奶），当天，光绪离奇暴死。

不知道他临死前，是否会想起南朝刘宋末代皇帝宋顺帝刘准的话："愿生生世世，永不再生帝王家！"

他没有机会了，大清国，也没有机会了。

晚清三个苦命的外交官：湖南人、广东人和浙江人

历史像一条河，决定流向的不是事实，而是事件。

1875年，英国驻华使馆派遣使馆翻译马嘉理前往云南，迎接从印度经缅甸来华的探路队。出发前，英国驻华公使威妥玛精心为马嘉理准备了护照、各种公函。马嘉理一路获得云南官员的热情招待，可谓宾主尽欢。但随后马嘉理和他的几名中国随从被打死在云南边境，首级悬挂于城墙之上。

真相扑朔迷离，很快沿着两条解释路线发展：英国咬定清廷是幕后指使，清政府则认定马嘉理遭遇了盗匪劫杀。双方各执一端，事实已不重要。重要的是，这个事件成为英国扩张在华利益的由头。

隔年，李鸿章奉命到山东烟台，与威妥玛进行谈判。这次谈判前后，有三个人物的命运发生转变，不管有无征兆。

一个是广东南海人张荫桓。他作为当地官员，协助李鸿章谈判，拒绝了英国人在烟台租界收码头捐的要求。李鸿章由此很欣赏他。另一个是湖南湘阴人郭嵩焘。双方经过交涉，清政府决定派遣钦差大臣，赴英国就马嘉理事件进行正式道歉。这项任务，最终交给了郭嵩焘。第三个是浙江嘉兴人许景澄。郭嵩焘准备组建出洋团队，第一个就想到了许景澄，认为他是出使之才。许景澄最终没有接受郭嵩焘的邀请，继续在翰林院担任清官，但他对郭的知遇之情铭记于心。

史学家唐德刚讲晚清史，挂在嘴边的一句话是"形势比人强"。这三个人的命运，在晚清形势下将如何展开呢？

1

得知自己将要成为破天荒的首任驻外公使时，郭嵩焘已经年近六旬。这个年纪，

很多人已经入土为安了，但郭嵩焘才迎来人生最大的转折。

郭嵩焘生于 1818 年，年少时在著名的岳麓书院读书，结识了曾国藩、刘蓉等人，成为志同道合的挚友。

1837 年，也就是他考中举人那年，张荫桓出生。

此后的科举道路，郭嵩焘走得并不算顺利。1838 年北京会试，曾国藩考中进士，郭嵩焘名落孙山。

两年后的再次落榜比鸦片战争对郭嵩焘的震撼更大。失意之下，郭嵩焘去了杭州，给浙江学政当幕僚。一下子跑到鸦片战争前线，他这才被战争震撼到，"岛夷"的船坚炮利给他留下深刻印象。

执着的郭嵩焘，终于在第五次赴京参加会试时考中进士，这一年是 1847 年。他与曾国藩的学生李鸿章成为同榜进士。两人成了一生知己，无论别人怎么抨击郭嵩焘，李鸿章始终站在他这边。

在此两年前，即 1845 年，许景澄出生了。

2

倒霉的郭嵩焘，正式踏入仕途不久，他的双亲就相继去世，他只能回乡居丧。没有人能预料到，传统的丁忧制度不仅改变了个体，也将改变大历史。

形势比人强。当郭嵩焘在湘阴老家守丧时，他的同乡好友左宗棠也在乡居，而曾国藩亦因母丧在家丁忧。此时，太平天国运动由桂入湘，席卷而来。

郭嵩焘一家与左宗棠一起躲避战乱。危难之中，新任湖南巡抚张亮基在赶赴长沙途中，派人携带重金，力邀左宗棠出山守卫长沙。

向来心高气傲的左宗棠，当时只想做名士，不肯出山。郭嵩焘极力苦劝，才说动了左宗棠。

左宗棠不负众望，经过两个月的苦战，最终解除了长沙城之围。左氏一生建功立业，由此发端。

曾国藩开始兴办团练，同样是郭嵩焘劝说的结果。他一个人劝不动，就发动曾父一起劝，要曾国藩把握住机会，实现报国理想与个人抱负。

此后三年，郭嵩焘随军行动，成为曾国藩的重要幕僚。他曾受曾国藩派遣，四处筹饷，顺道去了趟上海。在上海，他拜会了英、法、葡等国的领事，并参观了洋行和火轮船。电光火花，终生难忘。

郭嵩焘与曾、左、李交情匪浅，在三人事业起步时都曾起过关键性作用。晚年闲居田园，郭嵩焘看到曾、左、李个个飞黄腾达，声名显赫，不无自豪地说，三位中兴元辅，"其出任将相，一由嵩焘为之枢纽"。而他自己，最后却成了时人眼中的"零余人"。时也命也，谁说得清？

1856年年末，郭嵩焘离湘北上，到京城任翰林院编修。由于肃顺的推举，郭嵩焘得到咸丰帝数次召见。咸丰帝命他入值南书房，并对他说："南斋司笔墨事却无多，然所以命汝入南斋，却不在办笔墨，多读有用书，勉力为有用人，他日仍当出办军务。"这位皇帝看不到，郭嵩焘最终不以军务扬名，却因洋务而名闻天下。

大约在此前后两年，张荫桓参加了一次县试，没考上秀才，便决定从此不走科举道路。他被当作无恒心、无毅力的反面典型，但家里人也看出他富有冒险精神。张荫桓从此埋头学习外语，研究洋务。

1858年，张荫桓21岁时，父亲给他捐钱买了个候补知县。在舅舅的引荐下，到了山东巡抚幕府中掌管文秘，很快就以识力过人、才大心细晋升为道员。

说回郭嵩焘。咸丰帝曾派郭嵩焘到天津随僧格林沁帮办防务。僧格林沁不仅对他十分冷淡，还在他赴山东整顿沿海税收问题时把他弹劾了一顿，这让郭嵩焘十分郁闷。郭嵩焘律己甚严，在山东查案不住公馆，不收礼品。但在关键时刻，僧格林沁的弹劾，迫使他离开山东，他只能悲叹功亏一篑，两个月来"忍苦耐劳，尽成一梦"。

郁闷中，郭嵩焘告病回乡。

进退之间，自有坚守。郭嵩焘再次复出，是应李鸿章的推荐。这次，郭嵩焘干得不错，1863年署理广东巡抚，第一次担任封疆大吏。

但郭嵩焘并不开心。他有官场洁癖，与两广总督瑞麟形同水火，督抚矛盾不可调和。加上这时期，多年好友左宗棠也与他在清剿太平军的军事部署、战功划分等问题上相互攻击，几乎反目。

早在郭嵩焘任翰林院编修时，左宗棠被人告状，命悬一线，郭嵩焘恳请大理寺卿潘祖荫出面营救，潘祖荫在奏折中说："天下不可一日无湖南，而湖南不可一日无左宗棠。"

这次，左宗棠担任钦差大臣，却给朝廷连上四封奏疏，批评广东军务失误，并归因于郭嵩焘"迹近负气"。左宗棠还暗示郭嵩焘有贪污行为，素来以廉洁自诩的郭嵩焘哪里受得了如此指控？

那时候，左宗棠屡立军功，是当朝红人。他的这波操作下来，郭嵩焘只得黯然离职。多年后，左宗棠病逝，郭嵩焘闻讯，挥笔写了一副挽联："世须才，才亦须世；公负我，我不负公。"亲友们觉得太意气了，他才重新写了一副。这是后话。

1866年，郭嵩焘理想幻灭，回湖南教书，著书立说。这次蛰居，长达八年。在这八年中，政界翻天覆地，很多事已经跟郭嵩焘无关，但有些事值得记上一笔。

1867年至1870年，清廷向西方世界派出第一个外交使团，但带队的是美国人蒲安臣。这成为中国外交史上的奇景。即便如此，使团出发前仍旧阻力重重，士林领袖、帝师倭仁说起西方文明："彼等之风俗习惯不过淫乱与机诈，而彼等之所尚不过魔道与恶毒。"这代表了当时东方人普遍的傲慢与偏见。

不过，年青一代开始崭露头角。许景澄少年家贫，却勤奋过人，始终没有中断学业，1868年考中进士，时年仅23岁，可谓少年成名，光耀门楣。同科状元是苏州人洪钧，日后亦驰骋于晚清外交界。

3

赋闲八年后，重获起用担任福建按察使的郭嵩焘，看待世界的眼光已经远超同时代人。当时，政要掀起一场如何兴办洋务的大讨论。讨论范围基本围绕练兵、造船、筹饷等层面进行，丁日昌说，我们要建一支近代化海军，沿江沿海督抚大员纷纷点赞。

郭嵩焘却递交了一个立场不太一样的条陈："西洋立国有本有末。其本在朝廷政教，其末在商贾、造船、制器，相辅以益其强……"意思是，我们不仅要从器物层面学习西方，还要从根本的制度层面看到西方的优点。郭嵩焘因此名噪朝野。

这可惹毛了势力强大的保守派，从此以后，郭嵩焘因为洋务五次被人弹劾，他的思想问题始终是罪状之一。

日后的外交人才张荫桓和许景澄，此时并未达到前辈郭嵩焘的认识高度，但他们两个各有特点。

张荫桓在实践中操练与洋人打交道的技艺，得到山东巡抚丁宝桢的极力推举，说他"生长海隅，熟悉洋务"。

后来，在济南处理一起涉外纠纷时，张荫桓对态度倨傲的传教士拍案而起，指出美国无权在中国指指点点，还借美国总统加菲尔德被刺一事调侃，说你们连自己国内的刺客都搞不定，好意思到中国唧唧歪歪？

张荫桓因此被控告轻蔑无礼，清政府被迫妥协，将他调任到安徽平息争端。加上此前协助李鸿章对英谈判赢得赏识，张荫桓树立起了对付洋人有一套的口碑。

在翰林院清闲的日子里，许景澄不满足于做一个传统的翰林词臣。他恶补知识体系，靠勤奋读书为自己打开了另一扇窗户。有次，为了买一本介绍新疆的书，许景澄从微薄的薪俸中每月存一两吊钱，存了几个月才终于买到手。这时，他已经明白，今后国家大势，必重邦交。

思想超越时代的人，终将被时代吞噬。他们慢慢会体会到这一悲剧性的论断。

4

1876 年十二月，郭嵩焘一行人在大雨中上船，向着茫茫大海进发。目的地，伦敦。

当保守派知道清政府决定派郭嵩焘为出使英国的大臣时，他们心怀不满，却又巧妙地将这种不满转移到了郭嵩焘身上。

有人编了一副对联讽刺郭嵩焘："出乎其类，拔乎其萃，不容于尧舜之世；未能事人，焉能事鬼，何必去父母之邦。"在郭嵩焘的湖南老家，声讨之声尤为猛烈，愤怒的学生甚至发起游行抗议。"汉奸""贰臣"的骂声，不绝于耳。

面对滔滔舆论恶浪，郭嵩焘身心俱疲，几次以身体有病为由向朝廷告假，请求不予出使。慈禧太后先后两次召见他，对他多方慰藉。李鸿章也给他撑腰，说："当世所识英豪，与洋务相近而知政体者，以筠仙（郭嵩焘号）为最。"

郭嵩焘这才重燃出使信心。在日记中，他袒露心扉：时局艰难，不忍坐视不管，加之"出使西洋为今日创举，而关系中外大局，以立国家久远之基"，因此毅然决定不顾个人荣辱，勇敢面对这条注定凶险的出使之路。

到了英国，郭嵩焘以六十高龄，苦学英语，还马不停蹄地参观、访问，了解英国的政治制度、教育和科技状况。

人家日盛一日，祖国却踟蹰不前，郭嵩焘内心焦急又烦闷。当看到日本人成群结队在英国学习修造铁甲船，而且个个精通英语时，他不得不发出"中国不如远矣"的哀叹，似乎已经早早预见了甲午之战的结局。他真心礼赞西方文明，认为中国必须全方位向西方学习。军事武器30年可以学有成果，工业制造50年基本可以学会，而普及教育，却需要100年，培养新人才，又需要100年，真正使国家振兴，更需要100年。他的思想已经超越清朝所有人，把李鸿章、丁日昌、沈葆桢等洋务名臣远远甩在身后。

同僚都劝郭嵩焘装睡，以明哲保身。但他还是决定飞蛾扑火，他说："生世不过百年，百年以后，此身与言者之口俱尽，功名无显于时，道德无闻于身，谁复能举其姓名者？区区一时之毁誉，其犹飘风，须臾变灭，良亦无足计耳。"

在那个年代，思想超前是有罪的，他很快被架到火上烤。

5

郭嵩焘把他的出使见闻，用日记的形式通通记录下来，写成《使西纪程》寄回国内。清朝虚骄的官员群体，没有被他叙述的真相刺痛，却被他的真话激怒了。

一时间，朝野保守派对郭嵩焘进行了一浪高过一浪的不在场审判。有人骂他已中"洋毒"，有人说他"有贰心于英国"。

恰在此时，郭嵩焘的副手刘锡鸿，也在偷偷搜集他的"罪证"，向朝廷打小报告。最终，关于郭嵩焘的"十宗罪"传回国内，连学洋人用洋伞、披洋服、捧戏单、以指击案，都成了罪证。真是欲加之罪，何患无辞！

刘锡鸿原本是郭嵩焘署理广东巡抚时认识的得力助手，现在却成了郭嵩焘终生最为痛恨的人，没有之一。

刘锡鸿并非看不到英国的先进，他曾感受过火车的神速，连连慨叹英国这么富强，真不是盖的。但他做人做官，都相当滑头，深谙迎合之术。明知火车的厉害，他仍然洋洋洒洒写了数千字的奏折，反对发展铁路，让清廷修筑铁路的计划推迟了好几年。

从当时的大环境来看，刘锡鸿的做派并非孤例。这是大变动时代思想繁杂的一个侧面。

清政府考虑到郭嵩焘与刘锡鸿的矛盾公开化，内耗日甚一日，最终下令将二人同时调回。本来还打算将郭嵩焘治罪，在李鸿章、曾纪泽等人的反对下，才不了了之。

1879年，郭嵩焘黯然回国，称病还乡，从此远离政坛。

历史如果容许假设，当初许景澄要是答应郭嵩焘的邀约，一同出使英国，那就没有刘锡鸿什么事了。如此，郭嵩焘的命运是否会好转呢？

我们只知道，在大变革时代，每个有抱负的人，命运总是笼罩一层悲剧色彩。

郭嵩焘被召回国次年，即 1880 年，35 岁的许景澄开始外交生涯。清政府确定他作为出使日本的人选，尚未动身，他的三个孩子在十日内先后夭折，强忍悲痛赶赴上海，准备坐船，又接到父亲的死讯。许景澄只得速速返乡守孝。

人生苦痛，一朝尝遍。

许景澄重返政坛，已是三年后。

1884 年，许景澄出使法、德、意、荷、奥等国。后来又兼任驻比（利时）、驻俄公使，成为晚清著名的"七国公使"。他驻外期间，中法、中日相继开战。险恶的外交局势导致他使途坎坷，片刻不得清闲。

中日甲午战前以及战时，他开展游说，以争取欧洲舆论的同情与支持，并秘密采购大批军舰、快船、枪械、弹药。北洋舰队的镇远、定远、来远等战舰，都是他负责订造的。

虽然北洋舰队最终全军覆灭，但许景澄为晚清海军建设所做出的努力，还是值得历史铭记的。

甲午战败时，许景澄身在俄国。为了减轻《马关条约》给中国造成的损失，他邀请俄国联合法、德胁迫日本归还辽东半岛。在给表弟的信中，他曾说："俄国约法、德二邦胁劝日本归还辽地，皆兄所商量接洽。"尽管如此，他深知"联俄拒日"是不得已而为之，他曾因俄国侵占帕米尔地区，与俄国人展开漫长而艰苦的谈判，完全明白俄国的狼子野心。他的学生陆徵祥后来说："百年来中国对俄外交历史最久、知彼最深者，要以许（景澄）为第一。"

还是那句话：形势比人强。

俄、德如其所料，充当了瓜分中国的先锋，许景澄据理力争，却徒劳无功。

早年"外交强国"的理想犹未忘却，许景澄曾给自己一个"许国强"的名字。如今，国强不知何年何月，景澄早已鬓发全白。

"时事日非，一身将老，每一念之，凄然泣下。"

1898 年，痛苦的许景澄请病假离职回国。这一年，张荫桓则坐上了人生的过山车。

6

在晚清的大臣中，张荫桓是一个绝对的异类。他既不是郭嵩焘、许景澄一类的科举正途出身，也没有左宗棠等湘淮军名将的军功赫赫，而是从捐钱买了个知县起家，一步步升至二品朝臣。史书上称其为"一时异才"。

在许景澄初出国门担任公使的1884年，由于李鸿章等人的大力举荐，张荫桓与张富年、薛福成一同作为出使候选人才获得召见。

三人中，仅有张荫桓得到慈禧的赏识，一下子获授三品卿衔，进入总理衙门，身居要职。关于这次召见，晚清海关总税务司赫德曾说，慈禧问张荫桓大清究竟该如何应对形势，张荫桓回答应该如何如何向外国学习。就在众人猜测张的回答难称圣心的时候，结果却出人意料，慈禧点头微笑。

不过，张荫桓以"杂流"跻身政界高层，他的出身难免受到轻视，很快就招来弹劾。

1885年，还是在李鸿章的保荐下，张荫桓受命为出使美、日（即西班牙，时称日斯巴弥亚）、秘（秘鲁）三国的钦差大臣，总算暂离是非之地。出使前，他两次受到慈禧召见训话。慈禧专门针对弹劾一事下谕旨安抚："尔向来办事认真，能办事人往往招忌。"

张荫桓随后侨居华盛顿三年，办理华工被害案获得赔偿，对西方社会进行全面考察。美国自由女神像举行落成典礼之时，各国政要云集，张荫桓是唯一受邀的中国人。

在这期间，许景澄给张荫桓发了封电报，用洪钧苦学英语的例子激励张荫桓。据说，张荫桓勤学苦练，终于成为继曾纪泽之后，晚清高官中最精通外语的人。

1898年，戊戌年。这年的前四个月，光绪帝13次单独召见张荫桓。召见频率之高，让朝中其他大臣怀疑，张荫桓必有耸动圣听之言。

史学界认为，素有"绝域使才"之称的张荫桓，向皇帝讲的都是欧美的富强之理。历史学家何炳棣说，如果没有张荫桓先给光绪帝"启蒙"，戊戌变法就不可能发生。不仅如此，张荫桓还向光绪帝引荐了他的南海小老乡康有为，并代康有为呈递奏折，由此开启了闻名中外的戊戌变法。

在后来的历史叙述中，康、梁等人为了突显自己在戊戌变法中的主导地位，极力淡化张荫桓在其中的作用和影响。但事实上，张荫桓才是戊戌变法的幕后推手。

戊戌变法开始后，光绪帝最倚重的人，并非康有为或后来的戊戌六君子，而是张荫桓。光绪帝多次单独召见张荫桓，张跪着作答，经常在一个小时左右，时间太久以致头晕目眩，站不起身。

此时，针对张荫桓专擅营私的弹劾，也如雪片般飞来，引起了慈禧的注意。慈禧曾与光绪一同召见庆亲王奕劻，军机大臣廖寿恒、刚毅等人，亲自过问此事。

廖寿恒居然回答道："总理衙门所称能办事者，惟张荫桓一人，实亦非伊不可。"

气得慈禧破口大骂："若张荫桓死了，则将如何？"

话说回来，廖寿恒讲的倒是大实话。传教士李提摩太曾讲过，一天，他应约到张荫桓的家里，张亲口对他说，晚清政府中"仅有他及李鸿章明了外国事情，总理衙门的事务皆系他亲自办理，其他的人仅是些傀儡而已"。

在变法的高潮期，张荫桓带领日本前首相伊藤博文觐见光绪帝。张荫桓后来自己猜测，他接待伊藤博文过于亲密，加上保守派传言光绪帝要立伊藤博文为变法顾问，这些都触怒了慈禧。

等到康、梁等人要把变法变成夺权，慈禧的政变一触即发。

不明就里的张荫桓，差点成了康、梁"围园劫后"密谋的牺牲品。他是唯一被先逮捕后降旨流放的人，自以为必死而惴惴不安，谁知道最后捡回一条命，被流放新疆。

原来，是洋人对他的好感救了他一命。

英国驻华公使窦纳乐曾评价张荫桓是"目下北京唯一懂得洋务的政治家"。因此，在关键时刻，英、日两国公使最早出面干涉，后来英国首相、德国皇帝皆致电赞同保张，这样张荫桓才侥幸免死。

慈禧以一个含糊其词的罪名——"居心巧诈，行踪诡秘，趋炎附势，反复无常"，将张荫桓发往新疆了事。

据说，张荫桓被押往新疆途中，内心是轻松的，因为他觉得自己已经死过一回了。而一场更大的风暴，正在酝酿中，无论生死，在劫难逃。

7

1900年，庚子年，世纪之交的疯狂年份。许许多多无辜的中国人，在这一年丧命,包括许景澄,包括张荫桓。

朝堂上一大批王族、高官,都为义和团唱赞歌,纷纷进言"拳民忠贞,神术可用"。主战大臣的叫嚷,让慈禧下定了与洋人"一决雌雄"的决心。

在御前会议上,端王载漪正式提出攻打外国使馆的动议,没人有异议。许景澄独自站出来反对。他说,攻杀使臣,中外皆无成案。在危急时刻,仍表现出一个职业外交家的素养。他与好友太常寺卿袁昶联名上《请速谋保护使馆维护大局疏》:"兹若令该匪攻毁使馆,尽杀使臣,各国引为大耻,联合一气,致使报复,在京之洋兵有限,续来之洋兵无穷,以一国而敌各国,臣愚以为不独胜负攸关,实存亡攸关也。"

又一次御前会议。慈禧拍板,对外宣战。这时光绪帝心急如焚,走下御座,上前拉着许景澄的手说道:"许景澄,你是出过洋的,在总理衙门办事多年,外间情势,你当知道,这能战与否,你须明白告我。"

慈禧赶紧斥骂光绪说:"皇帝放手,勿误事。"许景澄仍坚持含泪陈奏,烧使馆,杀使臣,后患无穷。

举国癫狂,许景澄、袁昶犯颜直谏,很快就被"汉奸""卖国贼"的骂声吞噬。慈禧下了一道懿旨,说他们声名恶劣,勾结洋人,莠言乱政,着行正法。

当许景澄、袁昶被押赴刑场途中,围观群众欢呼雀跃。临刑前,许景澄对身边人说:"吾以身许国,无复他顾。"

行刑时,刽子手索贿不成,故意把刀砍在许景澄脊椎上,颈椎断裂而气管犹存,让许痛苦而死。

许景澄原本可以不死的。

当年,许景澄驻俄国的时候,收陆徵祥为徒,教徒弟的第一课就是要他独善其身:"不要依恋正在没落的体制,更不要去追随它,也不要指责它,而是要尽己责……为此,要学会缄默,不管遭遇怎样的侮辱和欺凌。"可是,当国家到了危急关头,许景澄还是以逆耳忠言打破沉默,轻掷头颅,时年55岁。

在决定处死许景澄之前,慈禧想起了3000公里之外的张荫桓。张荫桓背负"汉奸"骂名多年,要不是洋人多事,戊戌年就该死了。

慈禧降旨:"已革户部侍郎张荫桓,着即行正法,将此由600里加紧谕令饶应祺知之。"

饶应祺,新疆巡抚,张荫桓的门生。有私家笔记记载,懿旨传到迪化(今新疆乌鲁木齐）时，饶应祺正陪张荫桓吃午饭。张荫桓看到后，面不改色，谈笑自若。

饭后，张荫桓为陪伴在身边的子侄画了两幅扇面，接着穿戴整齐，引颈就戮，时年 63 岁。这一天是许景澄死后第三天。

就连死去九年的郭嵩焘，也未能逃离最后的"审判"。

1891 年，郭嵩焘潦倒离世，终年 73 岁。没有人惦记他的生死，只有李鸿章不忘这个老友，上奏请求为他立传、赐谥号，但都被朝廷否决了。

自 1879 年从驻英公使任上被召回后，郭嵩焘就心灰意冷。他甚至未按惯例赴京报到，而是直接告病返乡。

湖南人已经准备了攻击他勾结洋人、当卖国贼的标语，来迎接郭嵩焘。到处是喊打之声，郭嵩焘成了过街老鼠，连他乘坐的木船都被拒绝靠岸。就这样，他背着骂名出使西欧，又在骂声中黯然归来，仿佛时间停滞。

在郭嵩焘生命的最后十几年，无论他做什么，说什么，都会被贴上"通洋卖国"的标签进行检视与挞伐。他只能关起门来，把自己关于洋务的思想和实践汇编成《罪言存略》。"罪言"二字，说明了他的愤恨与无奈。他晚年写过一首诗自况："眼前万事随云变，镜里衰颜借酒温。身世苍茫成感喟，盛衰反复与谁论？"

当年他以凄凉心酸的心境告别这个世界，死得无声无息。而到了庚子年，义和团狂潮中的京城高官们又想起了他。有人上书"请戮郭嵩焘之尸以谢天下"，仍旧把他当成崇洋媚外罪有应得的惩戒。

谁曾料到，本文的三个主人公，会以如此悲剧的形式，在一个极端的年代产生了最后的交集。

人生有落幕，而历史没有。

1911年的敢死队：写完遗书，他们背上炸弹

前几天，我去见了个老同事。闲聊中，他说起前些天带着刚上中学的儿子，去了趟黄花岗公园，瞻仰黄花岗七十二烈士墓。父子俩对着墓碑，一个个读出上面的名字。

他说，他和儿子一样，只有在那一刻，才知道这些烈士的名字，以往，他只知道一个烈士的名字：写下《与妻书》的林觉民。其他烈士的名字，湮灭在72这个数字里面。

都说在大历史的洪流中，人民群众总是悲情地化作战争与灾难伤亡统计里一个个冰冷的数据。谁曾料到，即便是英雄烈士，经过时间的淘洗，也只能以群体形象让人记住。72，何尝不是一个冰冷的数据？

这个数据的背后，是一些怎样的人？他们各自有着怎样的人生与选择？

1

1911年4月27日（农历三月廿九日），下午5点半。喧嚣的广州城冒出了一队年轻的人马，每个人臂缠白布，脚踩黑面树胶鞋，腰缠炸药，手持枪刀，直奔两广总督府。

接下来的战斗中，这120余名英勇的起义者，有的当场战死，有的被捕就义，大多化作了黄花岗墓园内的一抔黄土。

喻培伦，四川内江人，出生在一个富商家庭，曾自称"世界恶少年"，表示对封建制度的挑战。他的特长是制造炸弹，留学期间，因研究炸弹不慎引发爆炸，引来了日本警察，并"牺牲"了右手三根手指。

喻培伦曾与汪精卫等人进京，谋刺摄政王载沣，计划暴露后，他侥幸逃脱，化名

王光明、尤国楠，分别寓意"望光明""忧国难"，在香港继续研发炸弹，被革命党人称为"炸弹大王"。

黄花岗起义之前，起义的计划已经泄露，清军在广州城内做了严密的戒备。要不要延期？革命党内出现了不同的声音。喻培伦十分气愤，向起义领导者黄兴慷慨陈词："这次起义，倾国内外同胞的人力财力。如中途延期，万一不能再举，岂不断送了革命？革命总是要冒险的，何况还有成功的希望……"

黄兴也非常痛苦，以往多次起义失败，已经使革命党人在海外募款越来越难，这次起义前后已用掉募款10多万元，如果无疾而终，如何面对资助革命的海外华侨？

黄兴决定拼个人一死，来挽救革命信誉。他本可以坐镇香港指挥起义，但却冲到了第一线："我既入五羊城，不能再出去。"

起义前夕，革命党人阻止喻培伦参加战斗。革命还需要他继续制造炸弹，为革命储备有用之才。喻培伦自己站出来反对说："党人都是有用之才，如人人都留为后用，谁与谋今日之事？当革命需要流血时，我应为前驱！"

起义时，他胸前挂着满筐炸弹，勇往直前。退出总督府后，辗转巷战，他始终战斗在最前列。终因弹尽力竭，浑身受伤被俘。

面对审讯，他担心连累家人，至死都说自己叫"王光明"。

三天后，"王光明"遇害，年仅26岁。

2

在此次起义中，喻培伦的真实身份是一名"选锋"，即敢死队队员。

黄兴、赵声作为黄花岗起义的直接领导，吸取了此前历次革命失败的教训——依靠起义中临时运动起来的军队、会党，他们纪律性不强，常常不听从指挥。

所以，革命必须精选一支由起义领导机构直接掌握的队伍，作为起义发难的先锋，这就是"选锋"。最初计划的选锋是500人，后来增加到800人。

参加选锋的很多年轻人都是海外华侨。黄花岗起义遇难者中，有姓名可考者计86人，其中至少30人有华侨身份。年龄最小的才18岁，最大的52岁，大多是二三十岁的青年，都是风华正茂的年纪。

据说，当时想回国革命的年轻人太多，只能以抽签的形式决定谁能回国参加起义。越南侨胞组织了一个30多人的敢死队，因搭乘船只中途遇到大雾，没能赶上黄花岗起义。

选锋李炳辉是一名马来西亚华侨,起义前夕回国。他母亲得知儿子回国了,想让他回家见一面。他也很想念母亲,但含泪给母亲写信,说有重要任务在身,现在还不能回去看您。在信里,他附了自己写的一首诗:

> 回头二十年前事,此日呱呱坠地时。
> 惭愧劬劳恩未报,只缘报国误乌私。

他牺牲的时候,年仅20岁,连母亲的最后一面都未见上。

华侨郭继牧和余东雄是黄花岗起义遇难者中年纪最小的两位,一个19岁,一个18岁。

郭继牧是"侨二代",生在南洋,长在南洋。他曾回到祖国,立志为祖国战斗。父亲欲为他订婚,他对父亲说:"男儿志行未遂,何以家为?"父亲一再坚持,他只能勉强成婚,婚后不久,他对妻子说:"我要到广州参加革命,这一去,成败不一定,假如不幸失败,切不可过于挂念我,还要请你替我孝养老父!"随即和余东雄一起回到中国,双双战死。

余东雄15岁加入同盟会,牺牲时年仅18岁。当初因他年龄小,同盟会未准他回国参加起义,他再三恳求,才被批准。

罗仲霍,原是广东惠东人,只身到南洋谋生,与妻儿阔别十年。起义前,妻子杨氏知道丈夫人到了香港,于是带着儿子远途跋涉去看他。

罗仲霍没有时间陪他们,仅用一点钱就把十年未见的妻儿打发走了,连一个晚上都未共同度过。妻儿走后,他心里很难受,但说不出来。数日后,他默默来到广州参加起义,在战斗中左脚受伤被俘。

临刑前,罗仲霍还对清朝官兵讲说革命宗旨,官兵们惊叹不已。

回国前,他已写过一首诗,表达了必死的信念:

> 公等健儿好身手,愧余一介弱书生。
> 愿将热血造世界,亚陆风云倩汝平。

在他殉难后，他的妻儿仅靠同盟会每月12元的抚恤金艰难度日。

3

黄花岗起义殉难烈士的平均年龄只有29岁。他们中的很多人，是19世纪的"八〇后"。看看这份名单——

罗仲霍生于1881年，秦炳生于1882年，徐松根生于1883年，方声洞生于1886年，喻培伦生于1886年，林文生于1887年，林觉民生于1887年，饶国梁生于1888年……

他们中的很多人，家境都算不错，还有好几个人出身富商家庭，是典型的"富二代"。这些年轻人，自己所从事的职业，也还不错，有教师，有记者，有医生，有做生意的……可以说，他们是那个时代的既得利益者，在一个动荡的年代，有条件在国内或国外谋得一条不赖的生路，比底层民众的生活好太多。

但是，偏偏是这一批未被逼入绝境的知识青年，成了清末最早、最坚定的革命者。他们用力地生活，只是想努力地改变这个社会，为它做一点点事情，让它变得好一点点，哪怕付出生命的代价，在所不惜。

那个年代的知识青年，都有胸怀国家天下的热情，每个人都有如此坚定的信念。在一个相对安逸的环境里，目睹国家民族的灾难，他们深感不安和愧疚，于是每每提醒和鞭策自己：我实在没有理由不向前走；我实在没有理由仅为自己而向前走。

严确廷，生于1887年，广东惠州人。他曾在广州当医生，加入同盟会后，回到老家，在水东街开西药房，作为革命党人的联络站。黄花岗起义前，他负责搜购贮运枪支弹药，事泄被捕。

入狱后，一个革命党人买通监狱看守，入狱探望。两人见面时，严确廷低声对他说："我已自认是革命党人，只用杀我一人的头。你们可以继续为起义运送枪支，我决不供出一人。如不相信，可去我药房，取那蓝瓶装的毒药送来，我定含笑吞下，绝不皱眉，以明吾志。"

严确廷后来被押解到广州，黄花岗起义后第二天，被斩首于总督署前，并暴尸三日。

三天后，尚未暴露身份的革命党人潘达微以慈善为名，收殓了攻打总督府牺牲的同志以及严确廷等人的尸身72具，同葬于广州红花岗（后改名"黄花岗"）。

革命青年方声洞，出生于福州一个富商之家，家中兄弟姐妹有六人加入同盟会。虽然家境优渥，但他生活节俭到没有人看得出他是"富二代"。

当初，在日本讨论回国参加起义的名单上并没有他。但他经过深思熟虑，毅然告别妻子，离日回国。那时，他的儿子才两周岁。

黄花岗起义前一天，他在广州写下致父亲与侄儿的两封绝命书。

在给父亲的绝命书中，他写道："祖国之存亡在此一举，事败则中国不免于亡，四万万人皆死，不特儿一人；如事成则四万万人皆生，儿虽死亦乐也。只以大人爱儿切，故临死不敢不为禀告。但望大人以国事归心，勿伤儿之死，则幸甚矣。夫男儿在世，不能建功立业，以强祖国，使同胞享幸福，然奋斗而死，亦大乐也。且为祖国而死，亦义所应尔也。儿刻已廿有六岁（26岁）矣，对于家庭本有应尽之责任，只以国家不能保，则身家亦不能保，即为身家计，亦不得不于死中求生也……他日革命成功，我家之人，皆为中华新国民，而子孙万世亦可以长保无虞，则儿虽死亦瞑目于地下矣。"

写完绝命书次日，他在起义中身中数弹而死。事后，黄兴向党内报告起义经过时说，方声洞以"如花之年，勇于赴战"。

4

以"如花之年，勇于赴战"的青年，太多了。那是一个不缺热血青年的时代。

就算是这场起义的两名领导者——黄兴37岁，赵声30岁，也都早将生死置之度外。

革命是理想主义与功利主义的混合物，有人参加革命是出于报国理想，有人参加革命是为了蹭成功臣。因为有利可图，阿Q也会革命，但因为风险奇高，先驱也会叛变革命。

黄花岗起义是一次必死的起义，因为起义计划已被泄露，因为准备并不充分。所有的参加者，从主帅黄兴到各个选锋，都深知这一点。他们没有选择退却，在原本可以退却的时候；他们没有逃避牺牲，在原本可以不牺牲的时候。

黄兴身先士卒，在起义中被击断两根手指，忍住剧痛，一路奋勇冲杀，最后捡回一条命，却常常为已经牺牲的年轻精英痛悔不已。坐镇香港的赵声，听到起义失败的消息，抑郁悲愤，病重而死。对他们来说，这是一场纯粹的理想主义革命。

参加起义的选锋，知道自己并不能见到民国的曙光，但他们愿意用自己的生命，去唤醒这个古老的国家。他们中的很多人，在起义前夜，写下了绝命书，都很理性地意识到，之所以参加这次必死的起义，不是为了微乎其微的胜利希望，而是为了唤起所有人的斗志，仅此而已。

如果这是一群利己的年轻人，他们早就盘算出这场起义是赔本的买卖。如果这是一群精致的革命者，他们就不会冒死溜进血雨腥风的广州城。

1911年4月24日，深夜。人在香港的林觉民，在其他同伴睡下之后，开始写他的遗书。他一共写了三封绝命书：《致父老书》《禀父书》以及《与妻书》。

在写《与妻书》时，他忍着极大的悲痛，边写边哭。他和妻子陈意映的感情很深，过去一直没把革命的事告诉她，如今要为革命捐躯、与至亲至爱之人永诀，而妻子还怀有身孕，这巨大的打击她能承受吗？

最终，理智战胜情感，林觉民试图说服妻子接受这个他选定的残酷的结局。

他在信中写下了这些流传百年的句子："吾至爱汝！即此爱汝一念，使吾勇于就死也！吾自遇汝以来，常愿天下有情人都成眷属，然遍地腥云，满街狼犬，称心快意，几家能够？……吾充吾爱汝之心，助天下人爱其所爱，所以敢先汝而死，不顾汝也。汝体吾此心，于悲啼之余，亦以天下人为念，当亦乐牺牲吾身与汝身之福利，为天下人谋永福也。"

他流着泪，一次次在信中安慰妻子：你不要悲伤！你不要悲伤！

写完了，天已破晓。他把绝命书托付友人，在自己牺牲后代为转交。随后，他乘船前往广州，义无反顾。

4月27日，林觉民出现在起义的队伍中。当他们扑入两广总督府时，等待他们的，却是一座早有准备、撤退一空的衙门。

选锋们赶紧撤出督府，在随后与清军展开的巷战中，林觉民腰部中弹倒地被俘。被囚禁的数日里，他以绝食相抗，最终被杀。

一条25岁的生命，化作黄花岗墓碑上一个凄冷的名字。在他的身边，躺着同样年轻的71条生命。他们是我们这个民族不能忘却的名字。

第五章
局部中国：地域密码

为什么大半个中国的人，都说自己的祖先来自洪洞大槐树？

辛亥革命爆发后，清军北洋精锐第三镇协统卢永祥，率兵五六千，进入山西，残酷镇压革命军。当部队浩浩荡荡开过来，准备血洗洪洞城时，士兵们看到城外的大槐树，纷纷放下武器，跑到树下，折槐枝为香，下跪参拜。无论长官如何发号施令，士兵们就是不愿进攻洪洞城。

原来，卢永祥的这支部队，士兵多来自河北、河南和山东，他们坚信自己的祖先来自洪洞大槐树，都感觉回到老家了，所以不忍抢劫，不忍杀戮。洪洞县百姓因与士兵"五百年前是一家"，从而躲过了一场血光之灾。

这件事在民国初年被当地士绅津津乐道。

这些冀豫鲁士兵虔诚膜拜的大槐树背后，其实是一段改变了中国人口分布的大移民历史。

1

元朝末年，出身贫苦的胡大海曾在河南乞讨，因他长相丑陋，屡屡遭到当地人的侮辱。

胡大海深感这个地方的人太坏，立誓要报此奇耻大辱。

后来胡大海投身朱元璋的军队，屡建奇功。朱元璋称帝后，大赏功臣，唯独胡大海不接受赏赐。朱元璋问他到底想要什么，胡大海说，他只想去河南报仇雪恨。朱元璋念他功勋卓著，特许他在河南只杀一箭之地。

可是，胡大海一箭射在雁尾上，大雁一飞千里，胡大海也统兵一路杀去。那雁飞过河南，又飞向山东，造成河南、山东尸积如山。朱元璋后来只好下令从山西洪洞往没人的地方迁民。

这个关于胡大海复仇的传说在北方民间口耳相传。正史里说，胡大海勇武过人，是一位仁义之士，他常对人说，我一介武夫，不懂得书上的大道理，只知道三件事：不乱杀人，不抢妇女，不烧房屋。不知怎么到了民间传说里，他却成了杀人狂魔。

传说当然是假的，但它反映的时代背景却是真的：元末明初，经过残酷战争，河南、山东等地鲜有人烟。这是明初官方启动移民政策的根本原因。

当时，中原地区的大战乱就有四次：红巾军起义、元朝统治集团内乱、朱元璋崛起以及朱棣夺位之战。每一次战争，都让数以万计的人口从地球上消失。比如红巾军起义遭元军镇压后，元军对起义军占领过的地方实行屠城政策，所过之地，百姓"十亡七八"，连名城扬州城都被杀得仅剩18户人家。

乱世之中，山西成为唯一的"福地"。那里由元将扩廓帖木儿镇守，此人骁勇善战，加上山西四周都是崇山峻岭，易守难攻，从而避免了长期战乱之祸。那些年，老天对山西也特别眷顾，风调雨顺，连年丰收，与邻省兵荒马乱、灾疫丛生的局面形成了鲜明的对比。

洪武十四年（1381）的人口统计数据显示，河南总人口是189.1万人，河北总人口是189.3万人，而山西总人口多达403.4万人，比河南、河北两省总和还多。

一边是人丁兴旺，田地有限，另一边是土地荒芜，百里无人烟。为了平衡区域间的人口分布不均，从朱元璋开始，到朱棣统治时期，一项历时50年的人口迁移政策拉开了序幕。

2

数百年来，移民后代之中流传着一句暗语：谁是古槐迁来人，脱履小趾验甲形。河南、山东、河北、陕西、皖北、苏北等地普遍传说，凡是从洪洞迁来之民及其后裔，脚小趾甲有一裂缝，好像是两个指甲。不是洪洞迁民，则无此特征。

如果可以选择，没有人愿意背井离乡。明初大移民，除了极少数的自愿迁徙之外，绝大多数都是强迫性迁徙。当时，官方的移民原则是，把农民从人多田少的"窄乡"移到人少地广的"宽乡"。移民条例还规定：四口之家留一，六口之家留二，八口之家留三。这又造成了亲情的割裂与人为的生离死别。

民间有很多传说，都在折射明初大移民的残酷血泪。官兵强迫登记移民，发给川资凭照，赶着队伍就上路了。为了防止逃跑，每登记一个，就让脱鞋，用刀子在小脚趾上划一刀作为记号。据说这就是这些移民及其后裔的脚小趾甲都有一条缝的缘故。

山西移民的迁入地，主要是河南、山东等中原和两淮地区。朱元璋在开国之初，把其出生地凤阳当作根据地重点经营，所以也多次向凤阳移民。定都南京后，又数次向南京移民，充实京都。到永乐年间，朱棣把他的封地北京及京畿地区作为移民充实的重点区域。此外，还有多次充实边疆的军事性移民，也都是从山西要人。

一些倒霉的移民，刚被迁到一个地方，安顿下来。没过几年，又要响应国家的政策，再次动身，迁往更僻远之地。明初提出"兴国之本在于强兵足食"，鼓励移民实边开荒，以防边患，朝廷把屯垦特别是军屯作为强兵富国的一项重要措施。

洪武年间，全国直接参与屯种的军士就达120万人之多，主要分布在辽东西部、漠南南部以及云南一带。

为解决众多军政人员的粮饷，政府组织从江苏、安徽、湖南、四川、河北、山西等省大规模移民戍边屯田，其中不乏举族西迁。各省移民中，山西移民遭遇二次乃至三次迁徙的概率最大。

在最恶劣的情况下，官方强迫移民的手段几乎没有下限，甚至直接派人摧毁你的房子，让你无家可归，只好老老实实离开故土。

大量的族谱、碑文都在诉说这段血泪史，山西移民，几乎人人都有一部抛家别里的痛史，家家都有一部艰苦创业的远征史。

3

根据学者统计，明初有组织地从山西迁出人口的次数高达18次，移民人数逾百万。

迁出人口的地区，几乎覆盖全省，尤其是地处晋南的平阳府，成为人口输出的集中地。平阳府下辖的洪洞县，地处交通要道，北达幽燕，东接豫鲁，南通秦蜀，西临河陇，自然成为迁民的重点县。

问我祖先来何处，山西洪洞大槐树。这几乎是北方民间妇孺皆知的一句歌谣，洪洞被无数人认定为故乡。

我们已经知道，在明初大移民的洪流中，人口输出覆盖山西全省，但为什么到最后，各地家族后人认祖归宗，只认洪洞大槐树呢？

民国时期，就有人发出如此感慨："山西输出人口，远远不只洪洞一地，但这些迁民世代都称自洪洞大槐树迁来，仅知有洪洞，不知有他处，仅知大槐树，不知生大槐树之村庄，以一县为发祥地，以一树作遗爱品，入人心之深，千古不移，奇矣！"

《洪洞县志》记载，这里原是座寺院，名广济寺，始建于唐贞观二年（628）。寺院宏大，寺旁有一株树身围、荫遮数亩的汉槐，有官道从树下通过。冬季树叶凋落，喜鹊窝（一说"老鸹窝"）在大树枝上星罗棋布，甚为壮观。明初迁民时，便在广济寺大槐树下设局驻员，集中移民，编排队伍。所迁之民依依不舍，起程走了很远，还频频回首，最后只能看见大槐树和它上面的老鸹窝。

大槐树和喜鹊窝，成为第一代移民最后的记忆。

由于被迁之民绝大多数为贫贱之民，辗转移居他乡之后，终生创业，以至于二代、三代也绝少有读书识字之人，迁民的祖籍、迁徙之经过无法用文字记载，几百年来只能靠祖辈口口相传，大部分移民就把大槐树和老鸹窝误认为是自己祖籍的村庄了。

在中国移民史上，类似洪洞大槐树这样被移民世代记忆为故乡的地点，还有南雄珠玑巷、山东枣林庄、苏州阊门外、南京杨柳巷、江西瓦屑坝等。但没有一个地方像洪洞大槐树影响这么大，覆盖的移民省份这么广。

随着明初大移民之后，数百年来的社会变革，这些移民中原的山西人后裔，又辗转迁往川、广、云、贵、东北、西北乃至全国各地，从而形成了"洪洞移民遍神州"的局面。

4

其实，中国许多家族的族谱在追溯先世来源的时候，虽不排除正牌后裔的可能性，但或多或少都带有"虚构自己祖先"的成分。当大批山西移民迁入北方其他地区时，基于生存竞争的需要，选择合适的身份无疑是明智选择。大槐树移民作为具有共同乡土情结的移民集群，易于形成社会竞争的团体优势。这种实在的利益，驱使移民后代集体虚构祖先的出处。

历史学家葛剑雄曾提出移民"从众心理"说。在洪洞大槐树移民的故事中，不排除有很多非洪洞大槐树移民，其家族史在传承过程中失忆而不知祖先的具体家乡，看到其他家族自称是大槐树移民，便称自己也是。也不排除一些山西移民虽知祖先来自何处，但是为了从众而认同并不存在的"大槐树"这个虚构的象征性故乡。究其实质,大槐树移民不仅是一个移民的从众心理过程,更是一个对家乡文化认同的过程。

然而,许多人想不到的是,洪洞大槐树这一"历史悠久"的家园认同传统,其实历史一点儿也不悠久。

简单来说,洪洞大槐树是民国初年才被指定出来的一个具体的地点。曾在山东做一个小官的洪洞贾村人景大启,回乡后向当地商人士绅募捐了390多两银子,然后在他认为是古大槐树的地方树碑建坊,历经百年宣传,如今成了全球自称洪洞大槐树后裔者的朝圣地。但据景大启说,大槐树和广济寺早已不存,无从稽考。

现在被认定的"那棵大槐树",并非原来"那棵大槐树",当地方志记载,这是"第三代"大槐树,前面两代大槐树已枯死。中国人慎终追远,寻找精神家园的内心需求从未停止,"古大槐树处"纪念碑坊的出现,正好给了国人一个缅怀先祖的实物。迄今,每年都有许多人返回这个被建构起来的地点,寻根祭祖。

虽说历史如烟无形,但有形的历史更容易被接受。人们需要面对一个具体的东西,才能更好地理解:自己从哪来,将要往哪去!

湖广填四川：你能占多少地，就给你多少地

1

康熙二十一年（1682），当新任四川荣昌知县张懋带着七名随从抵达荣昌县城时，他万万没想到，一场猛兽之祸由此开始。

当张懋进入荣昌县城后，让他目瞪口呆的是，全城死寂空无一人，"蒿草满地"。正当大伙感觉纳闷时，突然一群老虎猛地蹿了出来，张懋主仆八人惊恐之下慌忙逃命，怎奈虎口凶猛，转眼间，张懋的七个随从就有五人丧生虎口之下。

张懋从虎口下侥幸逃生的这一年，清廷刚刚平定三藩之乱中吴三桂进入四川的军队。此时从明朝末年的张献忠屠川，到清军与明军的厮杀，再加上历时八年之久的三藩之乱（1673—1681），历经40多年的战乱、厮杀、虎害和瘟疫等天灾人祸，四川全省人口已经从明朝万历六年（1578）的600万人，锐减至不足50万人。全省90%的人口丧亡，"合全蜀数千里内之人民，不及他省一县之众"。

人退则虎进。

早在张懋虎口逃生之前，顺治年间，四川南充知县黄梦卜就向上级汇报说，他原来在南充招徕了户口人丁506人，没想到这批人被老虎吃掉了228人，病死55人，"现存223人"。黄梦卜不死心，又招徕了74人到南充落户，没想到这74人中，又有42人被老虎吃掉了。

据《南充县志》记载，当时的县衙门、学宫全部成了老虎的洞窟，以致南充知县黄梦卜无比感慨地说："夫南充之民，距府城未远，尚不免于虎毒，而别属其何以堪哉？"

老虎横行四川的时候，康熙皇帝也非常烦恼。

其实早在康熙的父亲顺治时的顺治十六年（1659），清兵攻占了整个四川，但统

计人口发现，整个四川，官方所能掌握的人口竟然只剩下 16096 丁（户）、共 92000 多人。正当清廷开始招徕国内各地人口到四川开垦时，不料三藩之乱又起，随后吴三桂的军队进占四川。好不容易恢复起来的几万人口，转眼就在为时八年之久的三藩之乱中死伤或逃亡殆尽。

曾经的天府之国，此时已经化为老虎纵横的人间炼狱。四川残破，则国家内陆不稳，于是康熙决定，通过大批量人口移民来填实四川，以此来挽救、振兴天府之国。

也就是从这个时候开始，一场历时 100 多年、浩浩荡荡的"湖广填四川"运动开始了。

就在荣昌知县张懋汇报从虎口逃生的第二年，即康熙二十二年（1683），康熙帝下发了一道圣旨，号召大清国的子民积极前往四川垦荒，并表示四川境内土地，不管原来是有主还是无主，在没人耕种和缴纳粮税的情况下，新移民只要愿意去开垦，垦荒土地就全部归属新移民。

土地是农业时代人民的命根。只要愿意开垦，就可以免费拥有梦想中的土地，这简直是天上掉下来的大馅饼，而且，这是由皇帝颁发圣旨保护、真实存在的"馅饼"，于是在临近四川的湖北、湖南、陕西、广东、广西、江西、福建、云南、贵州等地，在人民的口耳相传中，一支支奔赴四川的移民大军开始陆续出发了。

2

关于源流，有一个永恒的命题：你从哪里来？要到哪里去？

在康熙年间，无数涌动在移民路上的人们会告诉你：我从湖广来，要到四川去。

在这场"湖广填四川"的大移民中，抢先进入四川的人，捡到了大便宜。

康熙二十四年（1685），移民到四川广汉的平民张连义，意外发现他抢先抵达的四川广汉凉水井一带竟然荒无人烟，张连义拿着竹签和木片到处"插占"，没多久就圈了 2000 多亩地。在当时，由于长期战乱，许多土地荒无人烟，因此抢先回川的部分四川人和抢先入川的移民们，只要随便拿个东西"插占"，就可以圈个几百亩乃至上千亩地。

在四川中江，从湖广一带移民来此的刘廷齐，在康熙三十九年（1700）所占的田地"地界旷远"，有时竟然一个多月都不能巡查完："月余不能履其地。"而在一些偏僻的荒山地区，当时的新移民甚至"由人手指某处至某处，即自行营业"。

手指到处比画比画，你能看到的土地就是你的了，这种在今天听来近乎天方夜谭的奇闻，却是康熙中期大清朝真实存在的四川移民圈地景象。

这种任由移民在四川随意"插占"土地的奇观，一度存在数十年之久，即使到了雍正六年（1728），迁徙到四川的移民，还可以由清廷官方以一夫一妻为一户，"给水田三十亩或旱地五十亩"。

平定三藩之乱后，在清政府的鼓励和支持下，由湖广等各地迁徙进入四川的移民，每年为8000户左右。整个康熙年间（1662—1722），湖广等地进入四川的移民大概为155万人。当时，四川部分官员急于丈量土地以征缴钱粮。对此，康熙反而不着急。有一次，康熙就对四川巡抚年羹尧说："为巡抚者，若一到任，即欲清丈田亩，增加钱粮，即不得民心矣！"

康熙的意思是，四川久经战乱，土地空旷，所以先要给移民甜头，等到以后条件成熟了，再来清丈土地、征缴钱粮也不迟。

到了雍正六年（1728），雍正皇帝开始在整个四川推行清丈土地，并实行按亩载粮、按粮征银的税制改革，这也是"摊丁入亩"改革的一部分。

由于占了土地要缴税，于是一些在康熙年间"插占"了大量土地却又无力耕种开发的暴发户，不得不将大量土地贱价甩卖。雍正时期的四川，只要一两银子就"可购十亩之地"，甚至还有"鸡一头、布一匹而买田数十亩者""有旷田不耕，无人佃种而馈赠他人者"。

虽然历经明末清初的大规模战乱，但实际上到了康熙、雍正年间，中国实际人口已突破一亿大关。在湖广等人多地窄区域，从四川传来的土地几乎是不要钱，或贱如白菜的消息，震撼了整个湖广地区的人民，于是人们扶老携幼，目标只有一个：上四川。

3

以时间来区分，湖广填四川大概可分为三个阶段。

移民入川的初期阶段，大体是顺治十六年（1659）至康熙二十一年（1682），此时期清廷虽然占领四川，但不久就发生三藩之乱，以致移民填川的效果很差。

移民入川的第二阶段，大体是康熙二十二年（1683）至乾隆六十年（1795），长达112年。这期间，由于清廷官方颁布"开荒即有其田"等土地政策，由此带来了大规模的移民四川热潮。

移民入川的第三阶段,则是从嘉庆元年(1796)算起,到大概同治年间(1862—1874)终止。此时期,四川爆发白莲教起义,再度发生内乱,加上土地已基本被早期移民瓜分殆尽,所以仅有少量移民入川。

有研究表明,明清鼎革之际,中国进入了第四个灾害群发期,由于自然灾害频发,加上地少人多,于是号称"八山一水一分田"的福建,在整个清朝时期共有20多万人选择了移民四川。

当时,世居福建漳州府南靖县隐溪的陈氏,在康熙五十五年(1716)后,整个家族就有2000多口人集体移民四川,并落户在四川金堂。

乾隆十七年(1752),原籍福建漳州府龙岩州溪口县万安里、时年40岁的徐美周,带着28岁的妻子韩氏,用一个箩兜,一头挑着6岁的儿子,一头挑着仅有6个月大的女儿,就这样靠着步行和肩挑,硬是走到了四川,并落户在了今天的重庆市大足区。

当时湖广填四川的道路主要有三条:第一条是由长江水路入蜀,第二条是由川北的川陕周边旱路入蜀,第三条是由贵州旱路入蜀。

由湖北、湖南入川的移民,最常走的是第一条水路;由陕西一带入川的移民,则喜欢走第二条;由贵州本省以及广东、湖南等相对靠近贵州地区的移民,则喜欢走第三条。

远离故乡的路,并不好走。

康熙四十七年(1708),来自湖南零陵的王氏兄弟,就记载了他们"阅巫山,渡巫峡,历夔关,两岸猿声啼,酸他乡之客,轻舟万重波,惊失路之人,早行夜宿,一步一趋,经月余",最终从湖南零陵经长江水路,抵达四川简阳的过程。

4

最早移民四川的路,也是冒险者和苦难者开拓的。

康熙年间,已经50多岁的广东连平人谢子越,听说四川经过长期战乱后"土旷人稀",毅然认定这是"豪杰可乘之机会",于是"挈眷西迁",最终落籍成都华阳。

原籍广东长乐(五华)的教书先生范端雅,则因为饥荒走到了四川。雍正年间,粤东地区连续多年旱灾饥荒,面对当时家乡"凋敝未复"的窘困局面,这位私塾先生愤然而起说:"丈夫志四方,奚必株守桑梓。吾闻西蜀天府之国也,沃野千里,人民殷富,天将启吾以行乎?"于是,在饥荒和冒险主义的驱动下,范端雅最终带着五个儿子一起移民到了四川,并落户在四川叙永。

以当时的交通条件,从湖北、湖南邻近一带入川,最快也要一个来月。更远的如广东、福建等地,则最快也要三个多月。由于路途遥远,很多人为了移民四川,不惜变卖家产、倾尽家财出行。

雍正四年(1726),来自广东兴宁的廖奕珍,就将全部家产变卖后,取得现金120多两银子"入川"。当时,廖奕珍带着妻子彭氏和年龄分别为16岁、12岁和8岁的三个儿子随行,当他们一家五口历经千辛万苦,来到四川荣昌县西街歇息时,已经用光了全部盘缠。"斯时也,盘费既尽,家无斗筲,举目无亲,借贷无门,拮据瘁瘆,固所难言。"

为了冒险到四川寻找幸福生活,来自广东长乐(五华)的钟宏予,于康熙五十九年(1720),带着三个儿子一起启程入川,当走到湖南浏阳时,钟宏予已经是身无分文。钟宏予只得带着三个儿子留居在湖南浏阳,靠着砍柴卖柴为生,经过"奋力斩棘披荆,樵采三年,珠积寸累",才终于攒了100多两银子。于是,在雍正元年(1723),钟宏予带着三个儿子再次出发,最终历时40多天,步行到了四川简阳县踏水桥,并在当地安家落户。

来自广东的曾廷槐,也在康熙年间带着弟弟们从粤东出发入川,当步行到半路时,他们的路费已全部用光。当时,曾廷槐的六弟和七弟都还小,于是二弟主张将两个年幼的弟弟都卖掉来换路费,曾廷槐坚决反对。他说:"兄弟同气也,忍割同气以自生乎?亲灵必难相容也!"

于是,曾廷槐将自己穿的衣服和妻子陈氏的首饰全部卖掉"以资前行",最终才得以步行到了四川金堂,后来,他们落户在四川简阳,并以租田耕耘谋生。

蜀道难行,蜿蜒崎岖,却也彰显情义。

康熙年间,来自湖南安化的谌安仕,靠着一根扁担和两个箩兜,将两个年幼的弟弟谌安忠、谌安位,一路挑到了四川三台县景福镇。20多年后,弟弟谌安忠娶妻生子,他的后裔为了纪念伯祖谌安仕疼爱弟弟们的情义,特地在景福镇建了一所"笃祜祠"来纪念谌安仕,这座祠堂有一副对联,联文写的是:

友爱笃前人，三千里外双肩弟；
贤劳感后辈，二十年来一报功。

5

入川路上，虎患也是严峻的考验。

康熙十年（1671），四川广安邓氏家族的祖先之一邓绍祖，就在从广东返回四川广安的途中，"为虎所食"。

清朝初年的四川地区，在顺庆府和保宁府，甚至发生老虎成群游荡吃人的现象。清初文人沈荀蔚就在《蜀难叙略》中记载，顺治八年（1651）春："川南虎豹大为民害，殆无虚日。乃闻川东下南尤甚。自戊子（顺治五年）已然，民数十家聚于高楼，外列大木栅，极其坚厚，而虎亦入之，或自屋顶穿重楼而下，啮人以尽为度，亦不食。"

沈荀蔚记载说，由于虎患太过严重，当时在四川省内的移民如果要去河边取水，甚至要组织一帮人马，敲锣打鼓持火把、拿着武器才敢出门，以此来恐吓老虎，但即使是这样，在清朝初年的四川，还经常听说某某州县的人，全部被老虎吃光了："如某州县民已食尽之报，往往见之。遗民之得免于刀兵饥馑疫疠者，又尽于虎矣。"

四川广安文人欧阳直在《蜀乱》中记载说，当时移民入川的风险非常大："四川遍地皆虎，或七八，或一二十，升楼上屋，浮水登船。此古所未闻，闻亦不信。"

欧阳直记载道，有一年夏天，他乘船从宜宾去泸州，竟然见到长江两岸的沙滩上，有许多又肥又壮的老虎在晒太阳。船靠泸州时，又见数十只老虎"逍遥江边，鱼贯而行"。欧阳直有一天晚上夜行，竟然在月光下见到4只老虎，幸亏藏匿在草间，才得以幸免于难。

比残酷的虎患更恶劣的，是移民环境的恶化。在清廷的政策鼓励下，整个康熙年间（1662—1722），来自湖北、湖南、陕西、广东、广西、福建、贵州、云南等地的移民前后达155万人之多。到了雍正时期（1723—1735），四川开始丈量土地，限制人口流入，此时移民潮有所降低。但到了乾隆、嘉庆年间（1736—1820），清政府再次放开限制，前往四川的移民又增加了420万人。

由于移民剧烈增加，后来的移民已经错过了早期通过"插占"即可大量占有，或廉价购买土地的黄金时机。在乾隆、嘉庆年间，经历千辛万苦抵达四川的移民们尴尬地发现，四川早已并非先祖们传说中的天堂。无奈之下，他们只得靠着帮人做佣工，或者租田佃种的方式谋生。

到了乾隆时期，整个四川的土地已经是"开垦殆遍，几于野无旷土了"。

乾隆八年（1743），四川巡抚纪山在奏疏中说："查湖广等省外来之人，皆因误听从前川省地广人稀之说，群思赴川报垦，不知川省已无荒可辟。"

与康熙年间抵达四川、许多能当上地主的农民不同，到了乾隆年间，四川即使是荒山野岭，也几乎已开垦殆尽。

定居于四川成都龙泉十陵的卢氏入川始祖卢仁彦，当初就是在乾隆二十三年（1758），从粤东历经三个多月的艰苦跋涉，才抵达四川华阳。满以为是到了黄金天堂的卢仁彦，此时才发现四川已是无地可占。无奈之下，为了养家糊口，卢仁彦在抵达四川华阳的第三天，就开始帮别人耕田。他的二儿子帮人做佣工，三儿子则帮人放牛来谋生。

原籍广东兴宁的14岁的客家少年刘秀标，在入川抵达重庆江津县油溪镇后，以帮人放牛谋生。所幸这家女主人很有同情心，把他当作儿子一样照顾，到了晚上还帮刘秀标缝补衣服。由于刘秀标的衣服长期没有洗涤，不仅又脏又破，而且长满跳蚤，为此女主人还将他的衣服拿去"蒸湔"。

此前，刘秀标的兄长刘秀桂先行入川，当刘秀标找到哥哥时，才发现兄长由于帮别人当石匠，不小心被石头砸伤了脚，"成脓疮"。于是刘秀标到处为哥哥求医问诊，好不容易把哥哥的脚治好了，兄弟俩却花光了所有的钱财。无依无靠的两兄弟，最终在重庆街头被迫沦为乞丐。

而刘秀标、刘秀桂兄弟的遭遇，也是湖广填四川期间，部分赤贫移民艰辛生活的一个缩影。

6

进入嘉庆年间（1796—1820），随着四川的土地开垦殆尽，湖广填四川的移民潮最终逐渐减弱，并在同治年间（1862—1874）彻底消失。

历经断断续续的移民潮，在湖广填四川近600万移民的补充下，四川的人口从康熙二十年（1681）的大约50万人，逐渐恢复至康熙六十一年（1722）的231.6万人，到了乾隆四十一年（1776），四川实际人口突破了1000万。

嘉庆十七年（1812），四川人口已达到2071万。宣统二年（1910），四川人口更是达到了4800万。而四川庞大的人口基数也为抗战期间，国民政府依托四川、最终取得抗战胜利奠定了伟大的根基。

可以说，今天的四川人，融合激荡着整个中华民族的血脉，我们唇齿相依、自古一系。

而故乡，始终是难以忘却的存在。

在先祖移居四川100多年后的光绪二十一年（1895），后来成为"戊戌六君子"之一的进士、刑部主事刘光第（1861—1898）回到了福建武平的先祖故乡。

刘光第的先祖在康熙五十一年（1712），从福建武平县湘坑湖村移居四川富顺县杜快铺卢家嘴。作为四川刘姓族宗返回原乡第一人，当刘光第返回福建武平时，宗亲们特别为他在祠堂举行了接风宴会，并引领他祭拜祖先灵位。此后，刘光第还脚穿麻布草鞋，跟随宗亲祭扫祖墓。为此，刘光第特地写了一副对联，联文曰：

数千里闽蜀一派源流；
十几世祖孙同年乡会。

为了寻宗认祖，民国军阀杨森（1884—1977）和他的祖先们用了200多年的时间。

当初，杨森的先祖杨兴阶，于康熙年间（1662—1722）从湖南衡阳县草塘村移居到四川广安，到了民国初年，杨家在四川已繁衍九代，杨森是第七代孙。杨兴阶在临死前曾经嘱咐子孙们说："我的老家在湖南衡阳草塘，你们有机会时，要去寻宗认祖，切莫忘记。"

杨兴阶的这个口头遗嘱在四川广安杨家世代相传，但子孙们传到后来，却把"衡阳"两个字给传漏了，成了"湖南草塘"，但湖南有70多个县，"草塘"究竟是在湖南哪里呢？

一直到1937年，杨森带领军队出川抗日，入湖南设防时，几经周折，终于获悉草塘村是在衡阳。为了迎接杨森回乡认亲，1941年夏天，湖南衡阳草塘村杨氏宗亲们为他举行了盛大的返乡认亲仪式。杨森则为草塘村的杨氏宗祠题写了对联：

> 数传自巴蜀归来，得拜祖宗，欢腾一族；
> 千载冀衡湘子弟，共矢忠勇，捍卫中华。

返乡认祖后，杨森特地在草塘村住了四天，以此感念乡情。

记载祖先于乾隆时期从广东兴宁移居四川奉节的《刘氏考订族谱》，则有一副联诗写道：

> 骏马骑行各出疆，任从随地立纲常。
> 年深外境皆吾境，日久他乡即故乡。

他乡吾乡，从湖广到四川，作为中国人，我们始终血脉相连。

湖南是怎样成为"第一强省"的?

湖南岳麓书院来了新掌门人,叫袁名曜。袁名曜是本省宁乡人,嘉庆六年(1801)进士,11年后获聘任岳麓书院山长。一到任,门人就请袁名曜题写书院大门联。袁名曜说,我出个上联,你们对出来就是大门联。"惟楚有材!"他说。

大家都在使劲想。这时,湖南贡生张中阶进来了,大家告诉他有这么回事。听完,张中阶应声对曰:"于斯为盛!"

哇,张中阶这个对法很高阶。袁名曜出的上联典出《左传》,张中阶对的下联出自《论语》,都很有文化,意思也很美好,先把湖南人狠狠夸了一下,再把岳麓书院往死里夸。

"惟楚有材,于斯为盛",这副天下闻名的门联至今还是岳麓书院的门面担当,谁都可以到现场瞻仰一番。

历史上有许多事,说起来很玄。在这副门联出现之前的漫长的两三千年时间里,湖南人才不仅不盛,还惨淡得很。

那个时候,袁名曜的朋友、湖南安化人陶澍在国史馆参与编纂《嘉庆一统志》,一边编书,一边感慨,说我现在正在编辑儒林、文苑列传,湖南除王夫之,"得入者寥寥"。家乡历史名人不争气,搞得陶澍很没面子。

但是,在这副门联出现后的50年内,湖南人开始冒头,且一发不可收拾。整整100年里(约1850—1950),湖南人才辈出,权势之重,功业之盛,影响之深,全国无出其右。用大师冯友兰的话说,湖南是中国近现代历史上影响力最大的三个地区之一,不仅如此,湖南出的人才还都是大才,是"经纶治世之才"。

在全国各地"抢人大战"激战正酣的当下,我们有必要好好了解一下:湖南人到底是怎样在近现代实现人才逆袭的?

1

陶澍感慨湖南历史上没人，戳到了湖南人的痛点。

胡适的朋友丁文江，民国时期曾对"二十四史"列传中的人物进行籍贯考订，统计出有籍可考的人物共5780多名，属于湖南籍的只有50多名，占比不到1%。比起雄霸前五位的省份——河南（912人）、河北（619人）、浙江（528人）、陕西（505人）、江苏（505人），湖南的人才历史简直惨不忍睹。

湖南自古不出人才，其实也不能怪湖南人，要怪只能怪地理环境。"地理决定论"在交通越不发达的时代，越能成立。

湖南地处内陆，不靠长江文明核心区，更远离黄河文明核心区，连运河文明的末班车也没搭上。这个地方三面环山，一面临湖，全省形成一个朝北开口的马蹄形。自古便有"四塞之国"之称，因而民性倔强，风气不开。

钱锺书的父亲钱基博曾经这样评价湖南的地理氛围："重山迭岭，滩河峻激，而舟车不易为交通；顽石赭土，地质刚坚，而民性多流于倔强。以故风气锢塞，常不为中原人文所沾被。"

也就是说，很长时间内，湖南人根本就是游离在中原文明之外。无论是贵族荫庇，抑或科举取士，哪一种人才选取模式，都轮不到又远又穷又落后的湖南。

2

湖南无人才，怎么办？总得有人来带头，悲伤的陶澍站了出来。他是按下湖南近代人才爆发按钮的第一人，虽然影响不及曾国藩，但是，他影响了曾国藩（这一点很重要）。

陶澍是安化人，历任安徽、江苏巡抚，官至两江总督。他一生大力提倡实学，认为"有实学，斯有实行，斯有实用"，主张"研经究史为致用之具"，强调读经的目的是经世济时，为现实所用。在他周围，团结着一拨湖南籍人才。他自己则是嘉道年间湘系经世派的首领，带头大哥。

长沙人贺长龄，在江苏布政使任上辅佐陶澍推行改革，主持编订《皇朝经世文编》，后任云贵总督。《皇朝经世文编》是经世派的"圣经"，推动晚清士人从务虚向务实的方向发展。

在袁名曜出任岳麓书院山长的第二年，即嘉庆十八年（1813），书院来了个学生。这名学生是邵阳人，之前参加县试、府试，都考取了头名，前途看好。他在岳麓书院待的时间很短，但这段岁月影响了他一辈子。他就是后来编写《海国图志》，主张"师夷长技以制夷"的魏源。魏源曾被陶澍、贺长龄延聘为幕僚，并代贺长龄编辑《皇朝经世文编》，可以看出，他的思想能领先同时代人好几个身位，是因为有经世派学风打底。

湖南这一拨人才，还有贺长龄的弟弟贺熙龄，曾任湖北学政，晚年任长沙城南书院山长；贺长龄的女婿、长沙人劳崇光，曾任广东巡抚、云贵总督等职；陶澍的好友、善化人（现属长沙）唐鉴，理学大师，曾代理两江总督；陶澍的幕僚、湘阴人李星沅，官至云贵总督、两江总督兼河道总督，等等。这拨人，是近代以来湖南人才崛起的先声。

陶澍对湖南的意义很大，在他影响下的湘系经世派人才群给湖南留下了两件"法宝"。这两件"法宝"在此后湖南历次人才爆发中，均发挥了相当重要的作用。

一件"法宝"就是陶澍他们倡导的经世致用之学，影响所及，"三湘学人，诵习成风，士皆有经世之志"。直白点说，这种学风影响下的湖南人，读书一般，但实践能力强，动起手来就能改造社会，改变国家。曾国藩、谭嗣同等不同时期的湖南人才代表，都是经世致用思想的信奉者与践行者。

另一件"法宝"则是，用实践告诉湖南人一个真理：湖南人要走出去才能有出息。陶澍他们的主要活动，基本都不在湖南省内，而在省外。窝在省内，视野受限，空间狭隘，是没有什么大前途的。

一方面，湖南人要吸纳更新自己的知识体系，必须到京津、江浙等经济文化发达地区去，比如魏源中举后在江浙一带任职，接触了较多的外国文化，这才有了他那些警醒世人的进步主张。另一方面，湖南人要影响全国，在国家层面有话事权、话语权，也必定要走出去才行。太平天国时期，湘军成批走出湖南，造就了湖南人在国家军政系统无可替代的地位。

3

湘乡人曾国藩的科举之路并不顺畅。他第一次会试落第后，特意转道金陵，去拜见前辈陶澍。他对陶澍极其佩服，曾细心研读过陶澍全集。这套《陶文毅公全集》，是益阳人胡林翼送给他的。

胡林翼是陶澍亲选的女婿，陶澍一度把他带在身边着力培养。在湘军高级将领中，胡林翼与曾国藩渊源最深、私交最厚，也是对曾帮助最大的人。

湘阴人左宗棠和胡林翼同一年进京赶考。胡考上了进士，左名落孙山。不过，胡极力向老丈人推荐左，左宗棠得以与陶澍相识。陶澍大左宗棠33岁，但他同样很欣赏这名晚辈，认定左宗棠将来必成气候。陶、左两人于是成为忘年交，发展到结成儿女亲家。

这样，在鸦片战争爆发前夜，围绕在陶澍身边，近代湖南真正意义上的人才爆发式群体——湘军的主将，已经完成了聚集。

道光二十四年（1844），举人出身的新宁人江忠源，通过湘阴人郭嵩焘的介绍，认识了在京城翰林院工作的曾国藩。曾国藩此时已经中了进士。

告别时，曾国藩出门目送江忠源，紧接着回头对郭嵩焘说：此人"必立功名于天下，然当以节义死"。时人听了都很诧异，不知道曾老师说得准不准。

这一晃，就过了七年。没有人想到一帮来自广西的造反者，最终吞噬了大清半壁江山。当时，曾任河南巡抚的李僡跟咸丰皇帝报告说，他在河南怀庆战役期间，亲眼看到黑龙江旗军见了太平军撒腿就跑。

清政府的主力部队八旗、绿营都不顶用，挽救大清危亡，只能靠新力量。新力量是什么？当时人心里也没谱，这时候，江忠源在老家已经募集了一批新宁勇搞团练，战斗力不赖。丁忧在籍的曾国藩于是请求清政府同意他在湖南办理团练。最初的士兵来源，正是曾的老家湘乡和江的老家新宁，这就是湘军的雏形。

咸丰三年十二月（1854年1月），已经官至安徽巡抚的江忠源，眼看着庐州城被太平军攻破，投水自杀，应验了十年前曾国藩对他的预言。

一年后，湘军在湖口、九江被太平军虐得溃不成军，曾国藩气得投水自尽。不过，他的命比江忠源硬，被部下救起来了。

郭嵩焘说，曾国藩之所以预言到江忠源的结局，不是因为他相人相得准，纯粹因为两人是同类人，都是湖南人，都有相当激烈的性格。

大难不死，遂有转机。在与太平军激烈对抗的十年中，湘军的权势如日中天。因军功而获保举上位的湖南人，成为晚清各省中最具影响力的一群人。

整个晚清70年，一共有375名总督、巡抚。这些封疆大吏，八旗占了97人，占比超过 1/4，这是清政府的统治根基，不可动摇。除此之外，诞生封疆大吏最多的省份，就是湖南了。湖南以 40 人高居各省榜首，占全国的 10.67%。有句话说"中兴将相，什九湖湘"，确非虚言。

在湖南省内，湘乡县尤其扎眼，一个县就产生了 9 名督抚，比大多数省份一个省的督抚还多。湘乡是曾国藩的老家，湘军用人，喜欢用同乡人，所谓"同县之人，易于合心"（曾国藩语）。

还有一点必须指出，这一时期（包括后来的民国时期也不例外），湖南人才大爆发的主体在湘军军功，也就是在武力层面，跟文化层面关系不大。这从晚清湖南的进士人数，可以看得很清楚。

晚清全国考中进士的人数大约是 7900 人，按省份划分，浙江、江苏、山东名列前三，湖南考中 313 人，人数大约仅为浙江的一半，排到了第 14 位，只比人才存在感相当弱的广西多了十几人。

总结一下，湘军人才群体主要有以下几个特点：第一，曾国藩是公认的领袖，地位无可撼动。第二，地域相当集中，主要集中在湘乡、长沙、宁乡、湘阴、新宁等地区。第三，高官居多，都是凭借军功坐上晋升直升机。

4

湘军集团的崛起，对湖南的意义怎么形容都不为过。最重要的一点，是改变了湖南过去那种"未尝一为轻重于大局"的状况。

湘军兴起之前，在两三千年的历史中，湖南在中国的版图中存在感极弱，可有可无。但湘军兴起之后，整个湖南对中国的价值立马跃升了好几个档次。

长沙人杨毓麟说："咸同以前，我湖南人碌碌无所轻重于天下，亦几不知有所谓对于天下之责任。知有所谓对于天下之责任者，当自洪杨之难（即太平天国运动）始。"

湘军将才的发迹，顺应了"乱世出英雄"的需求。杨毓麟的话，绝非溢美、自夸之词。顺带说一句，1911 年，杨毓麟在英国听闻黄花岗起义失败，赴利物浦海边，蹈海自尽，死在了民国前夜。湖南人那种卓厉敢死的个性，十分强烈地表露出来。

湘军走出湖南，使得湖湘子弟满天下，同时也表明国家不可一日无湖南。

一个最明显的变化，是湖南人心态和心气的变化。陶澍当年感慨湖南无人时，那种胸闷气短，到了谭嗣同、蔡锷、杨度这群人这里，是难以体会的。这时，湖南人的心态和心气彻底变了，骨子里有一股睥睨天下的傲气，有一种拯救中国的使命感。

邵阳人蔡锷曾经提出"湖南民族主义"的构想，即湖南自立以对内带领中国走向现代化，对外抵抗外国侵略者。湘潭人杨度的话，知名度更高："中国如今是希腊，湖南当作斯巴达。中国将为德意志，湖南当作普鲁士……凭兹百战英雄气，先救湖南后中国……若道中华国果亡，除非湖南人尽死。"

这种地域自信，是其他省份的人所无法企及的。

尽管湘军后来衰落了，但湖南这个人才库，依然源源不断地走出一流的人物。紧接着湘军人才群，湖南先后出现两拨人才：一是光绪年间，以谭嗣同、唐才常、熊希龄为代表的湖南维新志士。他们是全国变法维新运动的左翼激进派，在湖南建学堂、办报刊、设学会、倡办近代工矿企业，使湖南成为"全国最富朝气的一省"。二是辛亥革命时期，以黄兴、宋教仁、蔡锷为代表的资产阶级革命派。他们是同盟会的核心，多次武装起义的组织者、领导者。湖南是武昌起义后的首应之省，湖南人又是反袁护国战争的主要发起者和领导人。

5

一直到民国时期，湘军集团对湖南人才密度和人才结构的影响，还在继续。

湖南民众自古以来习惯于农耕，较少外出经商和从军。但湘军兴起后，许多普通家庭以军功兴旺发达，因此，不仅一些无业游民乐于习武从军，就是许多农民也纷纷放下犁耙，走出田园，拿起刀枪，走上战场。

杨度说，咸同之际，湘军战胜，湘人侥幸之心因而大盛，出现了人人乐于从军的景观。"农夫释耒只操戈，独子辞亲去流血。父死无尸儿更往，弟魂无返兄逾烈……只今海内水陆军，无营无队无湘人。独从中国四民外，结此军人社会群。"

从此，湖南人和军队结下了不解之缘，有"无湘不成军"的谚语，湖南人才也多为军事人才。

黄埔军校办在广州，但它的早期毕业生中，不是广东人最多，而是湖南人最多。在蒋介石当年北伐统一全国的国民革命军中，高级将领也是湖南人最多。这两个数据，很能说明问题。

在中国范围内，跟湖南形成最大反差或最互补关系的是江苏。江苏在文教科技领域，全国遥遥领先，但在军事领域，却跌入谷底。尚文与尚武，两种民性的差异，恰好代表了中国的两极。

湘军人才群体对湖南的影响深远绵长,而且形成了伟人影响伟人、一流人物影响一流人物的格局。曾国藩之后,湖南总能出大人物,绝非偶然。湖南人的国民性受曾国藩影响很深,他们的较真、有韧劲、不畏死、尚武等性格特征,都可说是曾国藩的"遗产"。

晚清150年来最失落的省份，为什么是它？

建文帝在位的时候，举行过一次科举殿试，那是他当政的第三个年头（1400）。

这一场科举结果一公布，整个国家惊呆了：一甲三人，胡广、王艮和李贯，都是江西人，而且还都是江西吉安人。不仅如此，二甲头名和第二名，依然是江西人。也就是说，这场科举全国前五名，被江西人包了。

然而，这还不算是江西人最高光的时刻。四年后的永乐二年（1404），朱棣在位的第一场科举考试，前七名，无一不是江西人。

连皇帝都没辙，想换个状元，换个榜眼，岂料换来换去，都是江西人。

明朝的官僚养成与晋升途径，基本就是科举。江西人考试厉害，以至于当时有"朝士半江西"的说法。整个国家，江西人撑起了半边天。

可怕的江西人！

江西人表现太抢眼，所以有人看不过眼。正德年间，内阁大学士、河南人焦芳就向皇帝建议停止授予江西人京官职位，为什么？"王安石祸宋，吴澄仕元，皆宜榜其罪，戒他日勿滥用江西人。"

哦，因为在焦大人眼里，历史上的王安石、吴澄两个江西人都是"祸害"，所以所有江西人就都是"祸害"？

这么粗鄙的推论，根本包藏不住焦大人的报复与嫉妒心理。

其实，从宋代开始，江西就开始崛起，经济、文化双繁荣。著名的唐宋八大家，有三个是江西人。宋、明两代，江西籍进士人数都是全国老二老三的地位。尤其是明朝前期，江西的光芒极为耀眼。

即便到了清代，江西在科举上发挥有所失常，但进士人数依然排全国第五，属于第一方阵成员。南昌、吉安、抚州、建昌，这几个地方，哪一个不是全国盛产进士城市榜单的常客?

然而,只有经历过巅峰岁月的人,才知道跌落的时候有多痛。一个省份,亦是如此。江西,一个曾经如此人才辈出的省份,在近代以来的100多年里,却失落成一个毫无存在感的省份。江西,究竟怎么了?

1

江西的衰落,是从一场拉锯了十几年的战争开始的。1857年,率军在江西抵御太平军的湖南人曾国藩,因为父亲去世需要回去奔丧,这期间他给弟弟曾国荃写了封家书。

在这封家书里,曾国藩说,自己在外数年,吃的亏、受的气,着实不少,对人对事,全然没有愧疚感,唯独愧对江西士绅。

为什么自感愧对江西呢?曾国藩讲了两个理由:第一,我打太平军的军饷,都是从江西劝捐来的。第二,江西人出了钱,把钱都投到战争上了,但我未能为江西除贼安民。

这两个理由,不能算是曾国藩的错,但确确实实拉开了江西在近代衰落的序幕。

先说第二个,持续了十几年的太平天国战争,对江西的破坏实在太大了。自1853年二月,太平军从武汉沿江东下,占领九江、湖口、彭泽开始,到1865年十月,其余部最后退入广东为止,在接近13年的时间里,太平军多次进出江西。江西成为主要战区之一。

在曾国藩深感愧对江西的前两年,他才在九江吃了大败仗,几乎跳湖自杀。

残酷的战争,使往昔富庶的赣江西岸人烟寥落,不闻鸡犬之声。江忠源为了抵抗太平军,曾在南昌城外实施焦土作战策略,把城外民居烧个精光,连滕王阁都未能幸免。

根据历史学家曹树基的测算,1851年,太平天国战争刚爆发,尚未波及江西,江西人口达到2400多万;1865年,太平天国战争结束,江西人口锐减为1200多万。

也就是说,十余年间,江西人口大约损失了一半。

在人口即是生产力的年代,一半人口说没就没,对这个省的影响绝对是致命的。

当然,太平天国战争对整个中国南方的破坏,尤其是对江浙两省的破坏,一点儿不比江西逊色。江苏、浙江的人口损失率,也比江西大。不过战后,这两省凭借区域优势，通过外来移民和人口自然增长，元气恢复比江西快得多。

江西迟迟未能从这一波人口创伤中缓过气来。直到1953年，整整100年过去，中间又历经两次国内革命战争和抗日战争的巨大消耗，江西人口离太平天国战争前的峰值还有近800万的差距。

一个地方，千万不要成为兵家必争之地，一定要成为商家必争之地。整个江西，地理位置号称"吴头楚尾，粤户闽庭"，说白了就是中间地带。这种"中间省份"，要发展成商货的必经之地，那就稳赚不赔；要碰上乱世，那就是"公地"悲剧。

2

再说曾国藩自觉愧对江西的第一个理由：江西变成军饷提款机。

曾国藩在江西打太平军时，江西士绅捐了八九十万两军费。但如果算上整个太平天国战争时期，江西在军费上的募款（实际上是摊派），则高达1.3亿两，排在全国前列。

可怕的是，晚清的劝捐，就跟财政鸦片一样，一抽就上瘾，停不下来。平定太平天国后，地方士绅的捐输仍是清廷筹集各种军饷的主要来源之一。

国内哪个省有战事，他们首先想到的，就是到江西弄点钱，最高峰时甚至出现了几省同时在江西设局劝捐的局面。时任江西巡抚刘坤一实在看不过眼，多次向朝廷上书，说江西历经太平天国战争，实际上已经全省糜烂，民力难支，但浙江、安徽刚来刮过一轮了，陕甘云贵四省又来，"凡属殷实之家，早已精疲力竭，目下可捐之户，殊觉无多"。再这样捐下去，地主家也没有余粮了。

不仅有摊派式的劝捐，还有强制性的厘金。

厘金最早也是因应军费开支而起，一旦征收就停不下来。江西是全国较早征收厘金的地方之一，征收税率远远高于临近的安徽、湖南、湖北等省份。

清政府对厘金税率的规定是"逢百抽一"，即1%。但江西起初是征收2%，后来一路加码，加到了10%。时人说，"江西厘金之重，尤甲于天下"。最高的年份，江西一省所征收的厘金，占到了全国的11%。

最要命的是，针对江西士绅的捐输，针对江西商货的厘金，搞得当地各阶层苦哈哈，但最终没有一毛钱用在本省的经济建设上。

江西平均每年的厘金收入是100万两左右，这笔收入的分配是这样的：上交中央占掉35万两左右，军费开支占掉30多万两，其他费用占掉30多万两，剩下用于本省的比例不到1%。

有历史学者因此认为，战后的江西疲于应付朝廷的各种财政需求，无法集中人力和财力进行地方社会重建工作，导致社会经济恢复缓慢，终于奠定了江西在近代衰落的格局。

对江西来说，如果说上述原因是制度性悲剧，那么，还有一个原因基本决定了本省的衰落不可逆转。那就是近代中国的商路与贸易重心转移，堪称江西没落的历史性悲剧。这个趋势与战争、摊派、重税对江西的敲骨吸髓几乎同步进行，简直是雪上加霜。

具体来说，鸦片战争以前，江西南面依托广东，北面连接内地，是内地商货集结南运广州的一大干道。赣江上形成一些繁盛的商埠，经济总体比较发达。

鸦片战争后，随着上海开埠与商路变迁，中外贸易重心逐渐由广州转移到上海，加上后来外国轮船获许在长江上通航，全国的内外商货流通改道，赣江的重要性一去不返，传统由江西至广东的商业运输路线完全衰落。江西一下子从经济干道变成商路死角，地位陡然下降。

被抛离了地缘优势的江西，近代以来眼睁睁看着东南沿海一圈省份的崛起，自己却遭遇了前所未有的没落。

3

当然，正如江西在宋、明两代的辉煌，其在近代的黯淡，归根结底，问题还是出在人身上。

我们常说，近代中国经历"数千年未有之变局"。这几个字说起来轻松，对当时人而言，真是血淋淋的转变。

最明显的转变，至少有两个：一是军功时代的来临。乱世之中，动不动就跟外国人宣战，还有国内此起彼伏的造反叛乱，军事人才显得尤其耀眼。众所周知，湖南就是凭借湘军崛起，军政人才辈出，几乎左右了近代中国的国运。江西恰好相反，军政人才奇缺，用曾国藩的话来说，太平军之所以能够在江西所向披靡，正是因为江西"既无用兵之材，更无带兵之人"。二是洋务时代的来临。用费正清的"冲击—回应"

模式来解释，中国的近代化进程就是不断受到西方冲击，从而做出回应的过程。这种回应，就是向西方学习，从机器、实业到制度、文化，哪个地方出的洋务、实业人才多，哪个地方就能获得更大的发展。基本上，中国最早的洋务派都是军功人才转型而来的，江西没有什么"中兴大臣"，在这方面相应也落后了。

在这样一个靠军功和洋务说话的新时代，江西的精英到底在干吗呢？忙科举啊。

美国学者有一个观点，近代中国不行，恰恰是因为近代以前，中国太牛了。这叫文明的包袱，也叫传统的禁锢。江西就是这样的一个典型。

宋、明两代的科举之盛，造就了江西发达的文教传统。科举越是成为江西的优势项目，他们就越不愿意放弃。19世纪后半期，江西的兴学读书传统，比以往任何时候都盛。可惜的是，当时江西人所兴之学、所读之书，仍是传统的那一套，四书五经、之乎者也，与时代发展的要求基本背离。

太平天国战争那十几年，科举考试中断了，这对江西人来说，那种痛苦简直难以名状。所以，战乱一过，江西人口虽然锐减一半，但科举人数却呈现一个空前罕见的高潮，成为全国唯一科举生员人数不降反升的省份。

还有一个数据，能够说明江西人对传统科举的趋之若鹜：太平天国后，全国捐监（花钱买监生资格）人数约为53.3万，其中江西就达5.8万，占全国总数的10.8%。除了八旗子弟，江西位居全国第一。

你看，当时代潮流已经转向军功与实业的时候，江西人的兴奋点仍旧停留在传统的科举功名上，这还怎么与时俱进？

江苏、浙江这两大科举强省，在晚清的科举成绩也很炫目，但这两个地方地处沿海，受到西方冲击的力度更大，不管主动还是被动，科举出身者更善于自我调整，更乐于接受新事物，因而产生了状元实业家张謇、进士出版家张元济等牛人。相比之下，江西传统精英的泥古不化，还是挺可怕的。

整个洋务运动、维新变法期间，江西境内既无传播新思想的报纸，也无介绍、研究西学的书籍。难得出了几个新式人才，也基本在本省无所作为。比如瑞金人陈炽，他的《庸书》《续富国策》等宣扬维新思想的书，在外省反响巨大，多次重版，但在本省却不能出版。

再比如修水人陈宝箴，是晚清少见的开明督抚，但他的主要贡献是在湖南，把湖南的维新事业打造得有声有色。相比之下，近代江西历任大员中，多为顽固守旧、庸碌无能之辈，对洋务、维新事业不仅不予扶持，反而严加抵制。其间虽也有沈葆桢、刘坤一这样的洋务官员主政江西，但因其主要致力于镇压太平军和奔波于防军救灾，并未把江西带上维新的道路。

中国出宰相最多的家族，藏在山西一个小村子里

1

你知道在中国历史上，出宰相最多的是哪个地方，哪个家族吗？

告诉你吧，中国出宰相最多的，是山西闻喜县的裴氏家族。

裴氏家族发源于山西省闻喜县裴柏村。这一带位处山西境内黄河之东，故古代称之为河东。在这片土地上繁衍生息的裴氏家族，也以"河东裴氏"闻名于世，是中古时代的世家大族之一。

中国的历史很长，出一流人物的家族不少。但像裴氏家族这样，绵延2000年，兴盛800年，可谓绝无仅有。

别看裴柏村现在所在的地方，一副典型内陆农村的样子。但在汉唐时期，这里属于中国政治、经济中心的范围，是典型的中原之地。

据记载，河东裴氏最早是一支由西北地区进入中原地区以放牧为业的氏族，经过好几个世纪的熏陶，到春秋时期才完全融入中原文化。

类似这样的氏族迁徙与交融，在中华文明早期，每时每刻都在发生。裴氏家族的经历，在当时那叫一个平淡无奇。

神奇的是，到了汉末魏晋之际，裴氏突然爆发，像烟花在中国历史舞台上绽放，然后进入长时段的辉煌展示，一直到唐朝末年，方才渐渐黯淡下来。也就是说，裴氏家族这场豪华密集的烟花表演，延续了整整800年。此后进入零星绽放阶段。

用史书上的话说，这叫"自秦汉以来，历六朝而盛，至隋唐而盛极，五代以后，余芳犹存"。

2

裴氏家族的辉煌史，肇始于裴潜。此人名字听着很"赔钱"，实际上为裴氏赚足了崛起的本钱。在他之前，裴氏陆续出过一些人物，但正史不曾为他们单独作传，可见其影响力还是相对有限。

裴潜超越先辈的地方，正在于他是正史为之立传的第一个裴氏族人。《三国志》记载，裴潜曾做曹操的军事参谋，才智卓越，曹魏立国后，官至尚书令，封清阳亭侯，是裴氏家族的第一个宰相。

对裴家来说，从零到一，很难；但从一到多，极易。

怎么个容易法？裴潜的儿子裴秀、侄子裴楷，并列晋朝公侯，同为宰相，一时荣耀无比。之后，裴秀之子裴頠、裴楷之子裴宪，先后官至晋室侍中，亦均为宰相。

看到没，从裴潜开始，祖孙三代，五人入相，其间不过四五十年时间。这个家族就像开了挂一样，冲往巅峰。

随便哪个家族，要是有河东裴氏此时的成才纪录，那就足够他们包装宣传两三千年了。但河东裴氏的厉害之处在于，这点成绩，只能算是这个家族开始崛起的一个热身。

真正的巅峰时期是在唐朝。有唐一代289年，河东裴氏出了17个宰相，宋代欧阳修在《新唐书·宰相世系表》中，将河东裴氏列在了第一位。

不仅如此，节度使、将军、都督、尚书、刺史等高官要职，更是一茬一茬，连驸马都出了10个。毫不夸张地说，哪里有官做，哪里就有裴家族人。

有学者统计，李唐一朝，史籍上有名字可查的裴氏族人，高达600余人。唐朝不愧是河东裴氏最辉煌的时代。

五代以后，裴氏逐渐衰落，不过偶尔还有大人物冒头。

纵观河东裴氏家族史，从汉末到五代，整整兴盛了800年。

3

论人才之高密度、高质量，无出其右，裴氏家族到底做对了什么？古往今来，许多人试图探求其中的秘密，有些人还专门跑到裴柏村，希望找到答案。

明末大儒顾炎武就曾访问裴柏村，拜晋公祠（裴氏宗祠，因裴度封晋公，故名），说在村里登垄而望，十里之内丘墓相连，连着100多个墓主，都是有名字、官爵可考的历史人物，很是震撼。

这次访问后，顾炎武总结，联姻、世袭、自强这三个因素是裴氏家族兴旺的主要原因。

这种归纳当然没错，河东裴氏的起落与门阀制度的兴衰轨迹基本是一致的。裴氏作为衣冠望族，尤其是裴寂——大唐开国功臣第一，奠定了整个家族此后200多年兴旺的基调。

然而，正所谓"君子之泽，五世而斩"，中古时代，世家大族起起落落，并非一成不变。旧时王谢堂前燕，飞入寻常百姓家，那是常有的事。像河东裴氏这样，长盛不衰，除了时代与制度的因素，肯定还有更深层的原因。

答案也许不复杂，就在这16个字里面：重教守训，崇文尚武，德业并举，廉洁自律。

这16个字是裴氏家训的核心，久而久之，成为裴家的家风。欧阳修曾指出，良好的家风是裴氏兴盛的主要原因。这话不是虚的，它实打实地在历史中发挥作用。

我们今天也在热议家风，懂得良好家风对于子女成才的重要性，但很多人可能忽略了说和做的关系：在家庭内部推一个能说的当新闻发言人，对着稿子念我们家有多高尚，尽量用上一些好词、大词，提几点希望，这就是我们家的家风了。

是这样吗？

绝对不是。裴氏家训是根据这个家族牛人的所作所为，逐步提炼出来，进而作为整个家族行为规范的指导，反过来影响和重塑家族的历史。也就是说，这16个字，是人家已经做出来的事实，不是提出来的希望。

家训，落实了才叫家风，写在纸上、停在嘴上，只能叫"家封"，封起来落灰尘而已。

4

裴氏家训的16个字，仔细琢磨，每个字都很有分量。

开头就提"重教"。重视教育，是一个家族长盛不衰的基础。作为世家大族，河东裴氏其实并非依靠武力，或者依靠门第来保持家族势力，而是通过教育，形成家学门风，确保人才辈出，不被时代淘汰。

我们读《晋书》《南史》《北史》或新旧《唐书》，经常会发现，无论讲到哪个裴氏人物，都会用"博学稽古""博识多闻""博涉群书"以及"自幼强学""少好学""世以儒学为业"等记述。

可见，许多裴氏族人是凭真才实学走上仕途的。武则天时的著名宰相裴炎，早年在弘文馆就读时，每逢休假，其他同学都出去疯玩，只有他读书不废。人事部门要举荐他出来做官，被他拒绝了，理由是"我的学业还没完成"。他就这样勤奋苦读了十年，最后自己通过科举之路入仕。

唐宣宗朝名相裴休，少时和两个兄弟一起读书，"经年不出墅门，昼讲经籍，夜课诗赋"，相当刻苦。最后，兄弟三人皆进士及第。

裴氏家族非常推崇"自立求功者荣，因袭获爵者耻"的精神，不管富贵贫穷，都把教育作为唯一出路。

古往今来，"重教"都是一个真理。

接着，裴氏家训中提到"守训"，就是要子孙遵守规则，严守祖训。没有一个"守"字，说再多都是空文。

然后循序渐进，讲到裴氏子孙要做什么样的人才，叫"崇文尚武"。就是鼓励子孙做全才，不偏废一科。据不完全统计，河东裴氏历史上出了59位宰相，59位大将军，这两个偶然一样的数字，背后其实是"崇文尚武"的家训在发挥作用。

历史上，很多家族出得了文臣，出不了武将，或者相反。裴氏家族则把家族人才的成功之路拓展得相当宽泛，随手举下例子：裴氏中，政治家有裴度、裴寂、裴楷等，军事家有裴行俭、裴骏等，治国能臣有裴光庭，法学家有裴政、裴耀卿等，外交家有裴矩、裴世清等，史学家有裴松之、裴子野等，地图学家有裴秀，小说家有裴启，书法家有裴休，画家有裴宽……

这些优秀的裴家人物代表，"从政者行惠民之法，习文者出不朽之作，研习者留济民之术"，成就都是杠杠的。

再然后，裴氏家训继续提到"德业并举"。意思很明白，建功立业很重要，道德修养也很重要，要两条腿走路，不可偏废其一。有德的能人，利国利民；无德的能人，祸国殃民。

一个人如果不讲道德底线，能力越大，危害越大。因此，裴氏家族最后把家训的落脚点放在道德上，千头万绪，拎出四个字——"廉洁自律"。这是对成才后的子孙的训诫，可谓抓住了预防人性堕落的要点。

一个人的堕落，要么起于贪念，要么缘于失去自我反省的能力。廉洁＋自律，是防堕落的不二良方。

裴昭明是裴松之的孙子，名门之后，但他不贪暴利，为官清廉，靠微薄的俸禄持家生活。连齐武帝都赞叹说：我读的书少，不知道有哪个古人能跟裴昭明一样清廉。

裴昭明经常对人说："人生何事须聚蓄，一身之外，亦复何须？子孙若不才，我聚彼散；若能自立，则不如一经。"因此，他终生不治产业，连房子都没有。如此通透的人生观，确实是裴氏族人的典范，家训的践行者。

北周官员裴侠，爱民如子，身为地方最高长官，一天没一顿能吃点好的，当时就有歌辞称赞他："肥鲜不食，丁庸不取。裴公贞惠，为世规矩。"

有一次，皇帝让裴侠单独站在一边，对其他牧守说："裴侠清正廉明，谨慎奉公，在这方面他是天下第一。你们中间如果有人自认和裴侠一样，可以过去和他站在一起。"众人面面相觑，无人敢为。自此，满朝文武称裴侠为"独立使君"。有同僚讽劝他说："人身仕进，须身名并裕，清苦若此，竟欲何为？"做官不就是图名图利吗？你日子过得苦哈哈的，图啥呢？

裴侠答道："清廉是作官本分，节俭是立身基础。我清廉自守，并非猎取美名，意在修身自重，唯恐辱没祖先啊！"

良好的家风，让裴氏族人为了营造和保持这个小环境，都心有忌惮，故而能够在浊世中保住操守。尽管这样做很不容易，碰到不好的时代，像裴侠一样，可能同僚们都以贪贿为常事，他自己反而被孤立，如同独行侠。这个时候，裴侠内心的笃定以及坚守的力量，就是来自家风祖训中对道德的追求。

除了正向激励，裴氏家规中还有反向震慑：凡贪官污吏，死后均不得葬入祖坟。这条红线，严禁族人子孙触碰。

我们不能说裴氏不出贪官污吏，但确实极少极少，大奸大恶之人，更是几乎没有。历代正史中，被立传的裴氏族人大约105人，除了北朝的裴景颜、唐朝的裴延龄等四五人之外，都可用"廉洁自律"来形容。

5

俗话说，常在河边走，哪能不湿鞋。一个家族出这么多高官，却能大抵保住

"不湿鞋"的门风，真的很不容易。

历史上还有个传统：富贵不还乡，如锦衣夜行。一个人发迹了，不管做官经商，都要回老家盖大房子，不撒币心里难受。但我们看裴柏村，虽然有这么辉煌的家族史，可整个村子自古以来就没出现过什么恢宏的建筑，以至于现在除了古柏和石碑，几乎没有古迹可寻。这种深入骨髓的低调，跟裴氏的家风教养密切相关。

唐僖宗的宰相裴坦，其子娶了同朝为官的杨收之女，陪嫁物品中有许多金玉首饰。裴坦看到了，立刻命人撤去，厉声说道："乱我家法！"

家法，即是家风。据说裴柏村全村常住人口历代未曾超过1000人，但裴氏家族却出过59个宰相和59个大将军以及各行各业的顶级人才，这是一个奇迹，又是一种必然。

古谚说："道德传家，十代以上；耕读传家，次之；诗书传家，又次之；富贵传家，不过三代。"

河东裴氏没有为子孙后代留下深宅大院，也未曾留下万贯家财，而是留下了自强不息的精神力量以及修身自重的道德规范。

在一个人精当道、如鱼得水的年代，谁曾想到，正是这些"天下最笨"的传统，把一个小小的家族推上了历史的巅峰，让如今多少大富大贵之家望尘莫及呢？

下篇 个体抗争：如果改变不了大环境，就改造你的小宇宙

第六章
文人活法：很多人想学李白，
活得却像杜甫，最后成了高适

很多人想学李白，活得却像杜甫，最后成了高适

1

唐天宝三载（744），诗仙李白与诗圣杜甫在东都洛阳初次相遇，留给后世无限遐想。闻一多将其比喻为日月相会，在中国数千年的历史中，唯有孔子见老子可与之媲美："譬如说，青天里太阳和月亮走碰了头，那么，尘世上不知要焚起多少香案，不知有多少人要望天遥拜，说是皇天的祥瑞。如今李白和杜甫——诗中的两曜，劈面走来了，我们看去，不比那天空的异瑞一样的神奇，一样的有重大的意义吗？"

当时，李白刚被唐玄宗赐金放还。

两年前，他接到玄宗诏书，还曾高唱"仰天大笑出门去，我辈岂是蓬蒿人"，心怀"愿一佐明主，功成还旧林"的抱负，进京供奉翰林。

可来到长安，李白才知自己不过是专供帝王娱乐的文学侍臣，偶尔写几首《清平调》，用"云想衣裳花想容，春风拂槛露华浓"这样的诗句来满足玄宗的虚荣心，与自己所追求的帝师卿相大相径庭。他壮志难酬，狂放不羁，耍起大牌，要宦官高力士为其脱靴，得罪朝中权贵，只好再次仗剑远游。

杜甫比李白小11岁，那时的他不过是初出茅庐的文学青年，出身书香门第，热衷于科举考试，一心想"致君尧舜上，再使风俗淳"。可杜甫考砸了，尽管已在翰墨场崭露头角，但仍是一介布衣，只好四处旅游，排解忧闷。

年轻的杜甫"性豪业嗜酒，嫉恶怀刚肠""放荡齐赵间，裘马颇轻狂"，和后来那个忧郁的老杜截然相反，自然和李白意气相投。

李、杜相逢，一见如故，相约同去梁宋之地游玩，携来诗酒相伴，求仙访道，寄情山水，"醉眠秋共被，携手日同行"。

第六章 文人活法：很多人想学李白，活得却像杜甫，最后成了高适

世人多记得李、杜初遇，却忘了他们此次旅行，还有一个"驴友"，那便是高适。

明明是三个人的电影，高适怎能没有姓名？

高适，出生于败落的官宦世家，和李、杜一样，他一向志在官场。20岁时进京，写下："二十解书剑，西游长安城。举头望君门，屈指取公卿。"

高适豪言，哥要当官，就该名列公卿。

然而理想很丰满，现实很骨感，在长安，没人看得上这个热血青年。他在科举之路上也屡次碰壁，考一次挂一次，考到怀疑人生。

高适一怒之下去了燕赵，投身边疆建设，还跟胡人打过仗，后来写下"战士军前半死生，美人帐下犹歌舞""相看白刃血纷纷，死节从来岂顾勋"等边塞诗名句，成为大唐最负盛名的边塞诗人之一。

尤其是《别董大》中那句"莫愁前路无知己，天下谁人不识君"，更是送别诗中的千古名句。名不见经传的董大和汪伦一样，都靠着朋友写给他们的诗而存在感飙升。

李、杜结伴旅游时，高适已经返回中原，旅居宋地数年，躬耕于野，读书不辍，算是半个"河南人"。由高适做东，三位大诗人不期而遇，开始了一次别开生面的三人行，成就唐朝文化史上一件盛事。

天宝三载（744）秋天，李、杜、高畅游梁宋之地，"饮酒观妓，射猎论诗，相得甚欢"。他们开派对，逛夜总会，在孟诸野泽狩猎，在吹台、梁园赋诗，品味陈年佳酿，笑谈天下大势，何等快意潇洒。

据传，三人一路来到王屋山。

这座曾出现在《愚公移山》故事中的名山，在唐代时道教兴盛。道士司马承祯曾受唐玄宗召见，奉诏在山上阳台观修行，他与李白曾有交情。

李白想起他的这位道士朋友，当即带着杜甫和高适前往拜访。

到阳台观一问，才知司马承祯早在几年前就已驾鹤西去。

李白得知与友人已天人永隔，怅然若失，请道童取来司马承祯所作山水画观赏，只见画中山涧丘壑，高耸峻拔，极为壮观。

李白一看这画，心潮澎湃，拿出纸笔，思绪飘荡于大好河山，乘醉写下25字草书："山高水长，物象千万，非有老笔，清壮可穷。十八日，上阳台书，太白。"

李白草书师其好友张旭，这25字豪气雄健，气势飘逸，即便历经千年沧桑，我

们仍能从中窥见诗仙昔日的风采。

这幅作品，正是李白唯一的传世墨宝《上阳台帖》。这是李白留给后世的"国宝"级遗产，也是李、杜、高三人旅行的一个见证。

从此以后，他们各自为前程奔波，可万万没想到，等待他们的竟是迥然不同的结局。

2

梁宋之旅结束后，杜甫继续求取功名，于天宝六载（747）进京赶考，偏偏遇上奸相李林甫上贺表，对玄宗进言"野无遗贤"，人才都已在朝中，民间没有遗漏的贤人。

李林甫明显是在吹牛，可唐玄宗为顾及面子，竟然真当回事。结果，应考士子全部落榜，杜甫又没考上。

在长安，杜甫开始了长达十年的"京漂"生涯，四处投简历，穷得叮当响，饭都吃不饱。

在《奉赠韦左丞丈二十二韵》一诗中，他对自己这段穷困生活如此描述："朝扣富儿门，暮随肥马尘。残杯与冷炙，到处潜悲辛。"

杜甫在京城混了十年，才当上右卫率府兵曹参军这么一个小官，这一职位主要负责看管兵甲器杖，就是高级别的门卫大爷，他也无可奈何。

杜甫赶紧到奉先县，探望寄住在此的妻儿，将这一消息告诉家人。一到家中，"入门闻号啕，幼子饥已卒"，原来小儿子已经饿死了。

"朱门酒肉臭，路有冻死骨。"在长安十年，这就是杜甫眼中的大唐。

可是，高适所见与杜甫不同。

在李林甫"野无遗贤"闹剧的三年后，高适受宋州刺史推荐，参加专为隐士开设的"有道科"，终于取得人生第一个正式官职——封丘尉，那一年，他已经年近半百。得到这份工作后，高适写了一首《留上李右相》，为奸相李林甫歌功颂德。

诗中说："傅说明殷道，萧何律汉刑。钧衡持国柄，柱石总朝经。"李相可比傅说、萧何，实在是一位治国能臣。

"恩荣初就列，含育忝宵形。有窃丘山惠，无时枕席宁。"我高适何德何能，竟然有幸得到李相的恩惠，感激涕零，一夜难眠啊！

但是，写完这首诗没多久，天宝十一载（752），高适就把这份工作辞了，前往河西，做了哥舒翰的入幕之宾，辟为幕中掌书记。那几年是哥舒翰的事业巅峰，高适抱住这一大腿，由此步入权力游戏的中心。

第二年，李林甫去世，死后被杨国忠诬告谋反，子孙抄家、流放。

高适的政治嗅觉可见一斑。

杜甫与高适，一人心想"致君尧舜上"，另一人念叨"屈指取公卿"，都曾是不甘雌伏的白衣秀士。

可是，十年过去了，在险恶的官场中，杜甫只看到了大唐的危机，而高适却学会了如何在黑暗的朝堂生存。

3

天宝十四载（755），"渔阳鼙鼓动地来，惊破《霓裳羽衣曲》"。

安史之乱，终结了大唐盛世，也拨动着李白、杜甫和高适的命运之轮。

安史之乱第二年，高适辅佐哥舒翰守潼关。

潼关被叛军攻陷后，哥舒翰投降，守城官员四散逃命。唐玄宗听说这一消息，仓皇西逃，跑得比兔子还快。

唯有高适，临危不惧，他也跑了，却是抄小路跑去觐见唐玄宗。唐玄宗心急如焚，得知高适自前线而来，便问他战况如何。

高适先为其解释潼关失守的原因，然后话锋一转，为玄宗逃跑开脱，称此举可以避叛军锋芒，是社稷之幸，不足以为耻。

高适嘴甜，唐玄宗听着高兴，到了成都，封高适为谏议大夫。

入蜀途中，唐玄宗采纳宰相房琯的建议，命诸王分镇，其中，太子李亨为天下兵马元帅，永王李璘则为江陵大都督。高适一眼就看出这一安排的缺陷，极力反对："所谓分镇，不过是效仿西周初期封建诸侯以藩屏周的伎俩，必然会导致南北各自拥兵对立。"高适一语中的。

纵观唐朝历史，皇权的争夺总是伴随着阴谋与杀戮。提心吊胆做了近20年太子的李亨，早就迫不及待地想要上位，于是他遥尊玄宗为太上皇，自己登上皇位，是为唐肃宗。

新君一即位，老迈的唐玄宗就成了吉祥物，高适一转身就跑去投靠唐肃宗。

杜甫显然没有高适那样的政治远见，不仅求仕经历一路坎坷，还在安史之乱中身陷长安，被叛军俘虏。

某夜，绝望中的他见明月高悬，想起分隔异地的妻儿，不知自己还能不能活着见到他们，心如刀割，写下这首《月夜》："今夜鄜州月，闺中只独看。遥怜小儿女，未解忆长安。香雾云鬟湿，清辉玉臂寒。何时倚虚幌，双照泪痕干。"

估计是杜甫的官职实在太小，人微言轻，安史叛军根本不把他放在眼里，困在孤城一年后，杜甫趁乱逃出，前往唐肃宗所在的凤翔。

一路上险象环生，生死难料，正是"今夏草木长，脱身得西走。麻鞋见天子，衣袖露两肘"，终于在至德二载（757）见到唐肃宗。

唐肃宗一见杜甫前来，心里颇为感动，甫管认不认识，先封个左拾遗，以资鼓励。

照理说，杜甫在此时选择唐肃宗，一点儿毛病都没有，前途一片光明，可惜他认识了一个肃宗欲除之而后快的人。

这个人就是随唐玄宗入蜀、提议诸王分镇的宰相房琯。

房琯和杜甫是布衣之交，喜好文学，两人相交淡如水，本来无关政治。

然而，唐肃宗灵武即位，备受争议。不甘心就此退出政治舞台的唐玄宗为牵制肃宗，派房琯前往灵武，传授国宝玉册。唐肃宗刚刚在乱中即位，不敢轻易换掉老爹安排的人，于是留房琯继续为相，心里却想着早点儿把他从相位上撤下来。

此时，有人告发房琯门客收受贿赂。唐肃宗抓住机会，以此为由，将其贬为太子少师。

房琯罢相本来只是皇位交接的一个政治事件，不过是唐肃宗嫌弃玄宗系老臣碍事，找个机会"请"他退休。

杜甫却看不懂其中玄机，他身为左拾遗，职责就是举荐贤良、劝谏皇帝。房琯既是贤良，又无重罪，杜甫当机立断，上疏直陈："罪细，不宜免大臣。"

唐肃宗勃然大怒。

谁？杜甫？刚来那个？就你话多！贬！

为杀鸡儆猴，唐肃宗将敢做出头鸟的杜甫贬为参军，放回鄜州探望家人，实际上就是跟他说，不用再回来了。

乾元二年（759），屡遭打击的杜甫弃官，入蜀避乱，开始了客居草堂、漂泊西南的穷苦生活。他再一次成为政治的牺牲品，这一次毁掉他仕途的不是奸相，而是皇帝。

4

高适向唐玄宗陈述的忧虑很快成为现实,永王李璘是唐肃宗的第一个隐患,而高适的好友李白牵扯其中。

杜甫、高适都在求取功名时,李白在干吗呢?他整日借酒消愁,自赐金放还,离开长安后,在仕途上一蹶不振。

备受排挤的李白也想放弃,他大声疾呼:"安能摧眉折腰事权贵,使我不得开心颜!"

安史之乱爆发后,李白携家人在庐山隐居,躲避战乱,若能就此归隐山中,不问世事,倒真应了谪仙人之名。

偏偏在这个时候,永王给李白抛出了橄榄枝。他多次派人上庐山,恳请李白出山相助。

生性浪漫的李白以为,出镇江陵的永王只是为平定安史之乱而组建幕府、壮大队伍,根本没意识到永王早已成为唐肃宗皇位的威胁,他准备进攻金陵,有另立朝廷之嫌。

在永王的再三邀请下,李白怀着"终与安社稷,功成去五湖"的理想重出江湖,加入永王帐下。

那两个月里,诗仙迸发出久违的工作热情,创作一系列诗歌为永王加油助威。他高唱:"永王正月东出师,天子遥分龙虎旗。楼船一举风波静,江汉翻为燕鹜池。"在他笔下,永王的军队军纪严明,浩浩荡荡,奔赴战场,似乎跟着这支王师,就能实现济国安邦的人生抱负。

可是,唐肃宗早已把这支队伍定义为"伪军",宣布永王为叛逆,身在其中的李白不经意间成了反贼。

唐肃宗命永王觐见,永王死活不肯奉诏,偏要跟朝廷对着干。

攘外必先安内,至德二载(757)二月,忍无可忍的唐肃宗派兵镇压永王,安史之乱还未平定,兄弟俩先开战了。

率军而来的正是飞黄腾达的高适,这一年,他官拜淮南节度使。

永王的杂牌军一击即溃,毫无反抗之力,唐朝大军一来,立刻作鸟兽散。永王被杀后,"宾御如浮云,从风各消散"。

李白虽然侥幸不死,却在回庐山的途中被捕,投入浔阳狱中,罪名"附逆作乱",命悬一线。

李白听说老友高适现在发达了,认为自己还可以抢救一下,写了首诗给高适,请他高抬贵手,帮自己一把。

在这首《送张秀才谒高中丞并序》中,一向桀骜不驯的李白,难得谦虚一回,盛赞作为讨伐永王军的指挥官高适,称其"智勇冠终古,萧陈难与群""英谋信奇绝,夫子扬清芬"。

然后,就没有然后了。

想当年,三人游梁宋、高歌畅饮,如今高适对李白视而不见。

只因高适选择了唐肃宗,李白加入了永王集团,昔日好友,形同陌路。

从此之后,李白、高适互相拉黑,似乎刻意删去诗文中关于对方的记录,史书留下两人相识相知的痕迹,可李白的诗中不再有高适,高适的诗中也不再会有李白。

乾元元年(758),李白被判流放夜郎,尽管大难不死,却已心灰意冷。

第二年,关中大旱,唐肃宗大赦天下。在前往流放地路上的李白终于重获自由,他泛舟长江,顺流而下,在绝处逢生的喜悦中写下了千古名篇《早发白帝城》:"朝辞白帝彩云间,千里江陵一日还。两岸猿声啼不住,轻舟已过万重山。"

在生命的最后三年里,李白四处寄人篱下,最终在当涂的同族家中病逝。

谪仙人魂归明月,结束失意而潇洒的一生,留下千年不朽的诗篇。

5

杜甫在成都,他不会很忙,但是日子过得很苦。

当自己所住茅屋破败,一家人饥寒交迫时,他仍心忧天下:"安得广厦千万间,大庇天下寒士俱欢颜。"

当得知李白下狱,流放夜郎,他时时担心这位已经14年未见的故人,写下《梦李白二首》,诗中说"死别已吞声,生别常恻恻",开篇便写生离死别,语调悲怆,又说"应共冤魂语,投诗赠汨罗",为李白鸣冤叫屈。

"出门搔白首,若负平生志。冠盖满京华,斯人独憔悴。"这说的是李白一生壮志终成空,也是在说二人同病相怜。

所幸,高适和杜甫的友谊没有在政治的旋涡中改变。早在高适入哥舒翰幕府,前

第六章 文人活法：很多人想学李白，活得却像杜甫，最后成了高适

往河西闯荡时，还在长安漂泊的杜甫就常常寄诗问候。

杜甫生性耿直，诗中满满都是对高适事业有成的欣慰和鼓励，没有一丝妒忌，如"主将收才子，崆峒足凯歌。闻君已朱绂，且得慰蹉跎"。

虽然我过得很失败，但你成功了，我为你感到高兴，这便足矣。

在有些人眼中，官场上从来只有利益，可在杜甫心中，还有一生不变的友谊。

乾元二年（759），高适入蜀，出任彭州刺史。

当杜甫与高适久别重逢，忧郁的他难得写了一首《奉简高三十五使君》表达欣喜之情："行色秋将晚，交情老更亲。天涯喜相见，披豁对吾真。"

高适晚年诗作不多，但在见了杜甫后也写诗唱和，同时对友人怀才不遇感到遗憾，诗中说："身在远藩无所预，心怀百忧复千虑。今年人日空相忆，明年人日知何处？"

当杜甫生活窘迫时，高适多次给予资助，杜甫甚是感激，在诗中写道："故人供禄米，邻舍与园蔬。"

当高适被调回京时，杜甫恰好没在成都，未能相送，只能寄书以述别情，"天涯春色催迟暮，别泪遥添锦水波"。

从此，二人再未相见。

当年，李白挥毫，手书《上阳台帖》，在场的杜甫、高适一样壮志凌云。

可是，时光匆匆催人老，命运，最终让昔日同游梁宋的三人天各一方。有一人，泛舟浩荡江湖，酒入豪肠，仗剑长啸，那是李白。有一人，徘徊山间小路，忧国忧民，蹒跚前行，那是杜甫。有一人，驰骋塞上边关，金戈铁马，乘风而上，那是高适。

千百年后，我们仍记得狂放的李白、愁苦的杜甫和得意的高适。

人生无法重来，很多人想做李白，有的人活得像杜甫，还有一些人，最后成了高适。

杜牧：十年一觉扬州梦，赢得青楼薄幸名

"落魄江湖载酒行，楚腰纤细掌中轻。十年一觉扬州梦，赢得青楼薄幸名。"写出这首诗的人，一定是情场的高手，风月场的老手。千百年来，这首诗也被当作淫言媟语的典型，喜欢这首诗的人，都不好意思公开喜欢。

实际上，诗人写出这首诗的时候，一生中最纵情放肆的日子已成追忆。他写这首诗，只是想告诉世人，他现在正在经历最郁闷、最不顺的时刻。而这种郁闷与不顺，可能与别人给他打上冶荡放浪、生活不检点的标签有关。诗人写下这首诗，是为了自辩，为了忏悔，而不是为了显摆。

1

杜牧的家世，那叫一个显赫。怎么个显赫法？当时有个说法："城南韦杜，去天尺五。"长安城南，姓韦的、姓杜的，这两家的政治地位相当高，离皇帝、皇权相当近。

在做官讲究门第的唐代，出身高门士族的杜牧，理应有着先天的政治优势，但事实又有所偏差。

杜牧的爷爷杜佑，学问相当棒，官也做得很大，是三朝宰相。但杜牧的爸爸杜从郁，做官和做学问，两样都不太在行。现在我们讲到杜从郁，只能这样介绍他：杜佑之子，杜牧之父。

后来，杜家在官场的荣光，都被杜牧的堂兄杜惊占尽了。杜惊也官至宰相，官位不输乃祖，但官品不太行。

杜牧大约10岁的时候，爷爷去世。不久，他的爸爸也去世了。很快地，杜牧这一房的生活就垮掉了。

杜牧后来说，他祖父分给他这一房的 30 间房子，因还债都归了别人。他和弟弟杜顗居无定所，八年间搬家十次，奴婢或死或逃，甚至有时到了要吃野菜的地步。寒冬长夜，连蜡烛都点不起，兄弟俩只好在黑暗中默默背书，长达三年。

一个官三代的没落，总是带有抗拒情绪的。杜牧此时的不如意，与童年时的显贵生活形成了强烈的反差。他有官三代的名，而无官三代的命。中年以后，不管对家中子侄，还是对外人，他都时常夸耀他的祖父，说"家风不坠"。但我们知道，这些东西越是强调，越是说明失掉了。

杜牧的出头，走的是科举的路子。他 23 岁就写出《阿房宫赋》，借历史讽喻当朝，无论是文采还是文中的情绪，都击中了当时读书人的内心。

《阿房宫赋》立即成为爆文。太学博士吴武陵读了这篇爆文后，赞不绝口，当即去找主持科举的考官崔郾。崔郾读罢，也说很好很好。

怎么样，今年的状元就给杜牧吧？吴武陵开门见山。崔郾摇头说，不行啊，状元已有人选了。

不仅状元有人选，前几名也都被人抢先打招呼了。两人争执不下，吴武陵最后说，反正不能低于第五名，你看着办。崔郾咬咬牙总算答应了。

吴武陵一走，崔郾的其他宾客就说，杜牧这个人"不拘细行"，生活作风很有问题呀。崔郾说，已经答应下来了，就算杜牧是杀猪卖肉的，也没法改了。

唐朝的科举，跟明清大不一样，搞的是推荐制。考试前，如果没有大咖替你推荐，考得再好也白搭。

过了科举，要授官，需要通过制策考试。杜牧也考得很棒，貌似是第四名。一颗科举新星冉冉升起。一时间，想与他结交的人排起了长队。

结果，杜牧最意气风发的时候，一个和尚给他泼了一桶冷水。当时，他与同年出游城南文公寺，寺内的和尚竟然不知道他尊姓大名，小杜很受伤，当场题了一首诗："家在城南杜曲旁，两枝仙桂一时芳。禅师都未知名姓，始觉空门意味长。"

这首诗有自夸，但更多的是自嘲：你以为自己多么牛的时候，在别人眼里，不过是空气。

2

一个关中高门士族的子弟，挟着科举新贵的头衔，开始了官场生涯。

官场水深，只有当杜牧踩进这条河流后才真切地感受到。他初入官场的前十年，从 828 年到 839 年，除了有一年多在两京任职外，其余时间都在地方幕府当幕宾。用他自己的话说，是"十年为幕府吏，每促束于簿书宴游间"。除了日常公务，就是宴饮游乐，征逐歌舞声色。他在淮南节度使牛僧孺的府中当了三个年头的幕宾，驻地正是扬州。

牛僧孺是唐朝中后期政坛的两位大佬之一，另一位是李德裕。围绕在这两人身边的一大帮官员，站队互掐整整达 40 年，形成历史上著名的"牛李党争"。

杜牧入牛僧孺幕府的时候，牛僧孺此前已在朝廷当过宰相，因处理边疆事务不当，外放出京。

在扬州，杜牧与大佬牛僧孺结下了深厚的私人情谊。

那三年，也是杜牧最风流浪荡的三年。当时的扬州，是国内最繁华的城市。时人说"扬一益二"，论繁华，扬州第一，成都第二。扬州的发达，使青楼妓馆林立，一到晚上，灯火通明，照亮夜空。年富力强的杜牧，时常在公务之余，流连于声色粉黛之间。

据说，牛僧孺不以为意，反倒暗中派人保护杜牧，怕他遇到是非，或者吃亏。

等到杜牧离任，要回京任监察御史时，牛僧孺才在送别仪式上提醒说，老弟才华横溢，前途可期，只是要注意身体呀！

杜牧装傻，大人什么意思？我向来谨言慎行，不曾涉足秦楼楚馆，身体倍儿棒，不必担心。

牛大佬哈哈大笑，让人取来一个竹筐子。杜牧打开一看，赶紧收回刚才的话。那里面详细记录了这三年间，杜牧吃喝玩乐的时间、地点以及便衣保镖暗中摆平他遇到的纠纷等。杜牧于是一辈子感恩牛僧孺。

但杜牧是有政治理想的人。他的理想，从来不是安安静静地做一个诗人，或者做一个情场老手，那只是他的副业。

在晚唐，国家的颓势让人痛心疾首。杜牧从少年时代起，就有为唐朝的复兴大业奉献终生的伟大志向。这种心情，被称为"济世补天"心态。他年轻时读书，尤其注意"治乱兴亡之迹，财赋兵甲之事，地形险易远近，古人之长短得失"，希望有朝一日能够得到重用，担起振兴天下的重任。

最年轻气盛的时候，杜牧给昭义节度使刘悟写信，义正词严，警告他不要叛乱。

仅仅因为，他凭直觉看出了刘悟称霸一方的野心。尽管那时候他什么都不是，只能以个人的名义写了那封警告信。

在扬州偎红依翠的同时，他也在文字中刀光剑影。那个时期，他不满朝廷对藩镇的姑息政策，写了一系列重磅的政论文，包括《罪言》《原十六卫》《战论》《守论》等，从形势、政策、调兵遣将等方面，论证了制伏藩镇的方略，非常有见地。后来司马光编《资治通鉴》的时候，不忍心割舍，把这些极好的政论文都收进去了。

这才是他扬州三年的主旋律。

你以为他是个情圣、风流才子，其实他骨子里是个忧国忧民的战略家。

即便是他的诗，绝大部分也是感时伤世之作，讽刺当局的意图十分明显。包括著名的"商女不知亡国恨，隔江犹唱后庭花""一骑红尘妃子笑，无人知是荔枝来""南朝四百八十寺，多少楼台烟雨中"等，都是借古讽今，表达对当朝政治的不满，甚至直接批评皇帝本人。

他的艳情诗，所占比例很少。写杜秋娘，写张好好，写豆蔻年华，也不像元白诗派的末流那么赤裸裸，那么低俗，而是寄寓了他个人的悲情及遭遇在里面。读来，令人动容。

只有一流的诗评家才能一眼洞穿杜牧风流的本质是悲伤，说"樊川（杜牧）忧国之心与少陵（杜甫）同"。

3

杜牧一生英雄，几无用武之地。只因为他从政的时期恰是牛李党争最激烈之时，而他在其中，做了一个矛盾的超然派，非牛非李，亦牛亦李。

前面说了，杜牧与牛党首领牛僧孺私谊很铁，但也仅限于私谊而已。论政见，杜牧是看不起牛僧孺的，反倒与牛僧孺的死对头李德裕相当契合。

这里简单介绍一下牛李两党的政见区别。唐自安史之乱后，存在三大严重的问题，即藩镇割据，西北少数民族回鹘、党项等的入侵骚扰以及宦官专权。

在前两个问题上，李德裕力主进取，主张主动出击。唐武宗时期，李德裕执政，内平泽潞之叛，外镇回鹘用兵，取得中晚唐难得一见的辉煌胜利。

相比之下，牛僧孺则务求苟且，姑息纵容，毫无进取之心。唐文宗曾问牛僧孺，怎样才能使天下太平？牛僧孺对当时内忧外患的现实置之不顾，粉饰太平说："太平无象。今四夷不至交侵，百姓不至流散，虽非至理，亦谓小康。陛下若别求太平，非臣等所及。"

对待宦官专权，李党排拒，牛党则投靠。

以杜牧"济世补天"的情怀，他的政见显然是李德裕一党的。杜牧深知这一点，要实现平生抱负，只能通过李党，而不是牛党。

他写了那么多政论文，提了很多治国方略，这些东西都是在李德裕当政时提交的。一旦牛党当政，杜牧一句话也不提，他知道牛党不可恃。

李德裕对杜牧的才干也表示欣赏。史载，李德裕平泽潞之叛，用的是杜牧的策略。对付少数民族入侵，李德裕对杜牧的建议也称赞不已。然而，终其一生，杜牧始终不为李德裕所用，搞得他郁郁寡欢。

对李德裕而言，杜牧可能是这样的存在：我认同你的观点，但我不认同你的为人。这就相当于把杜牧打入了另册。

李德裕出身山东豪族世家，不同于科举入仕的新贵，他是以门荫入仕而官至台阁。山东的高门士族，比起杜牧出身的关中高门士族，更加保守，更坚持传统的礼法观念。

史载，李德裕"不喜饮酒，后房无声色之娱"。按照他的行为标准，杜牧不拘细行、纵情声色的做派，显然不能容忍。

李德裕虽是中晚唐难得一见的贤相，但门户之见还是免不了。在他看来，杜牧与牛僧孺私交甚好，自然就是牛党的人了。

杜牧不认为自己是牛党中人，没用。当时的党争，争的是门户，而不是政见。从杜牧投入牛僧孺幕府的那一刻起，他就被站队成牛党一员。

牛党认不认他不重要，重要的是李党铁定不会认他了。全祖望说，杜牧"不幸以牛僧孺之知，遂为李卫公所不喜"，说得对极了。

政治的残酷是，永远必须站队。你说我站中间行不行？行啊，你已经出列了，没你什么事了。

杜牧只能独自吞咽他矛盾的苦果。在情感上，他倾向牛僧孺；在理智上，他又偏向李德裕。在作风上，他是牛党无疑；在政见上，他又是李党大咖。

4

可怜的杜牧，纵有经天纬地之才，却永远走不进权力的核心圈层。

第六章 文人活法：很多人想学李白，活得却像杜甫，最后成了高适

唐武宗会昌二年（842），杜牧39岁的时候，被李德裕逐出京城，贬作黄州刺史。此后，一直在国家的边缘之地做地方官。

"十年一觉扬州梦，赢得青楼薄幸名。"这样绮丽的痛悟，正是作于他人生中最失意的时候。

所以，你说你读出了风流倜傥，我只能说，我读出了痛彻痛悟。

唐武宗死后，唐宣宗上位，牛李两党权势大转移。李党失势，李德裕被贬得远远的，最后死于贬所。牛党得势，牛僧孺复原官太子少师，第二年也老死了。朝中是牛党的白敏中扛大旗。

白敏中是白居易的堂弟，胸襟与能力都相当普通。他唯一的用人原则是，凡是遭到李德裕贬斥的，都重用。

杜牧认为自己有希望再起，于是给白敏中写了很多信，结果却如石沉大海。或许在白敏中眼里，杜牧在唐武宗时期给李德裕上了很多治国方略，还是蛮刺眼的。

最终，是牛党的另一重要成员周墀，把杜牧调回京城任司勋员外郎。周墀跟杜牧关系很铁，所以把他调回来，仅此而已。在朋党关系上，牛党从来不认杜牧这个"党员"。

有意思的是，杜牧入朝不到一年，却一再上书要求外放杭州或湖州做地方官。他的理由是，京官收入微薄，无法养活弟、妹等一大家子。然而更深层次的意思，他恐怕难以说出口。他对执政的牛党人物粉饰太平、竞为豪奢，大失所望。

48岁那年，杜牧登上乐游原，写了一首诗："清时有味是无能，闲爱孤云静爱僧。欲把一麾江海去，乐游原上望昭陵。"

一个胸怀大志的人，如今已是心冷气短。怀念唐太宗这个死去的皇帝，恰是对活着的皇帝与朝政的失望透顶。

最后一次回京，杜牧被拜为中书舍人，五品官员。但这已经不重要，对杜牧来说，他是想着落叶归根，回故乡而已。他重新收拾了爷爷留下来的宅子，起名"樊川别墅"，与三五亲友优游其间，度过生命中最后一年。

大约唐宣宗大中七年（853），杜牧病逝，享年51岁。

范仲淹：文能写红一座楼，武能镇住一个国

北宋诗人梅尧臣写过一首《啄木》诗以及一篇《灵乌赋》，写的是两种鸟类：啄木鸟和乌鸦。写完了，他把这两首（篇）奇怪的诗文寄给了范仲淹。

此时大约是宋仁宗景祐三年（1036），范仲淹刚刚被贬谪，从帝都开封贬到了鄱阳湖畔的饶州。境遇十分凄苦，据说一路经过十几个州，都没人出来接待他。

梅尧臣的诗文，是出于朋友的叮咛和劝慰。在《啄木》诗中，他劝范仲淹不要像啄木鸟一样，啄了林中虫，却招来杀身之祸，面对贪官污吏不要过于耿直。

在《灵乌赋》中，寓意范仲淹在朝中屡次直言，都被当作乌鸦不祥的叫声，劝他应学报喜之鸟，而不要像乌鸦那样报凶讯而"招唾骂于邑闾"，希望他从此拴紧舌头，锁住嘴唇，除了随意吃喝外，不要多事。

读到梅尧臣的文字，范仲淹内心暖暖的，但对他的劝告却不以为然。他很快回了一篇同题的《灵乌赋》给梅尧臣，在赋中，他斩钉截铁地说，不管人们如何厌恶乌鸦的哑哑之声，我将始终坚持一生的信条：宁鸣而死，不默而生。

胡适后来说，范仲淹写下这八个字，比美国人帕特里克·亨利说出那句经典的"不自由，毋宁死"早了740年，是中国争自由史上一段值得铭记的佳话。

1

勇气，是范仲淹生命的底色。可以说，他的一生，都被体内一股热气推着往前走，不管刀山火海，宁死都不回头。

27岁中进士之后，范仲淹有十几年的时间在地方上任小官，积攒口碑。他在地方做了很多实事，但视野并不局限于一县一州，时常就全国性的时政问题发表观点。他对当时的国家政策深感不满。绝大部分人，纵然心有不满，私底下发发牢骚就算

了，公开场合还是配合着称颂大宋威武。

范仲淹是个另类，他不会私下妄议朝政，有问题直接公开讨论。在母丧丁忧期间，他向朝廷上了万言书，奏请改革吏治，裁汰冗员，安抚将帅。

朝中两位大佬晏殊和王曾，看到范仲淹的万言书针砭时弊，字字见血，于是极力向宋仁宗推荐这个奇人。

不过，从范仲淹后来惹祸，晏殊急于与之切割的做法来看，这些朝中大佬推举范仲淹，可能并非出于真心赞赏，而是想利用这个"愣头青"向皇上劝谏。他们身居高位，看到的问题肯定比范仲淹多而深刻，但他们不说，反而称赞一个久在地方的小官抓问题抓得准，为什么？

官场油腻，缺乏勇气呗。

范仲淹随后应诏入京，任秘阁校理，大概相当于国家图书馆管理员的一个闲职。这并不重要，重要的是，朝中从此多了一个"刺头"：专挑敏感问题，职业怒怼大人物，谁有实权就怼谁。

入京次年，范仲淹就敏锐地提出，宋仁宗早已成年，垂帘听政的刘太后应该还大权于皇帝。

没有勇气打底，谁敢提这种问题？实权人物刘太后有没有做武则天第二的野心，没人知道，但还不还政的问题一旦公开化，就相当于把太后放到权力的火炉上烤。

刘太后怒不可遏，一个字：贬！

刘太后死后，宋仁宗亲政，怀念范仲淹当初为自己"仗义执言"，觉得他是自己人，遂下诏调他回京。

然而，皇帝想错了。范仲淹根本不是谁的人，在他的字典里，没有"站队"，只有"站对"，站在对的一边。

这一次，宋仁宗要废掉郭皇后，范仲淹站出来上疏反对，皇后没什么大错，为什么说废就废呢？

然后，他又得到了一个字：贬！

三年后，范仲淹又回来了，知开封府。这一次，他怒怼权势的矛头，对准了宰相吕夷简。他向宋仁宗进献百官图，指名道姓，直斥吕夷简任人唯私，升迁不公。

吕夷简老谋深算：要让范仲淹消停，除非让他消失。

于是，范仲淹第三次被贬，从首都消失，来到了鄱阳湖畔的饶州。

一个人在一生中，哪怕有一次鼓起勇气，都不是一件容易的事。范仲淹一而再，再而三，越挫越勇，七八年间，竟遭三次贬逐，没有坚定的信仰是坚持不下来的。

所以，面对梅尧臣的劝慰，他说出了自己的人生信条：宁鸣而死，不默而生。

绝大部分读书人，初入官场总有一股锐不可当的勇气以及一颗辅佐君王的事业心，但在渐渐熟悉官场规则后，就会慢慢磨平棱角，变得圆滑世故。

范仲淹的可贵之处在于，他在官场沉浮数十载，逆境多于顺境，贬谪盖过升迁，但他始终保持初心，保持锐气，保持勇气。

即便年龄增长，他也未曾变得油腻世故。40岁的他，仍然有20岁的勇气；50岁的他，同样如此；60岁的他，还是如此。人会老，勇气不曾衰竭。

后来，范仲淹重回朝廷，宋仁宗让他主动跟吕夷简道歉，消除隔阂。他说："臣向论盖国家事，于夷简无憾也。"

我怼人向来对公不对私，没有错，不道歉。

就是这么霸气外露，就是这么锋芒毕露，连皇帝都没辙。

范仲淹曾说，做官"公罪不可无，私罪不可有"。用现在的话说，必须坚持原则，不怕得罪上级和皇帝，不怕受罪，而个人操守，则务求清白，决不能贪赃枉法，授人把柄。

做到这两点，俯仰无愧，勇气自然就来了。

2

理想，是范仲淹人生的底牌。无论身处迷茫、黑暗或痛苦之中，他都能保持前行的姿态，因为他留了最大的一张底牌。

范仲淹的命并不好。用时髦的话来说，命运给了他一手烂牌，他却打得比所有人都好。他2岁丧父，母亲带着他改嫁朱家。很长一段时间内，他并不知道自己的身世。在中举做官之前，他的名字一直叫朱说。

某次，他劝朱家兄弟不要挥霍浪费，结果人家怼了他：我自用朱家钱，关你什么事？他一脸惊愕，终于了解到自己是苏州人，不是山东人。

他发奋读书，想通过科举改变命运，而历史也给了他这样的贫寒儒生一个机会。宋代的科举制度打破了阶层限制，不再由贵族把持，有一句诗描写当时的现实，叫"满朝朱紫贵，尽是读书人"。读书，给了庶民向上流动的机遇，这种光荣与梦想，也不断刺激着他们的进取之心。

范仲淹曾搬到寺庙中苦读，后来又到应天府（今河南商丘）求学。这期间，许多人从他身上看到了颜回的影子。他生活清苦，却不改其乐。每天煮粥，待粥凝固后，用刀划成四块，早晚伴着腌菜，各吃两块，就算填饱肚子了。他昼夜苦读，夜里上下眼皮打架打得厉害，于是用冷水洗脸，提神，接着读。

当地官员听说了他的事迹，特地派人给他送吃送喝，以示鼓励。范仲淹一概谢绝，说今天尝到美食，以后对着白粥腌菜就吃不下了。

贫穷并未限制他的想象力。他在做人生规划时，早早就敲定了两条路子：第一志愿当良相，第二志愿做良医。这两种人生设想，都是以忧国忧民为出发点。不是治国家之病，就是治人民之病。

据说宋真宗有一次路过应天府，观者如堵，唯有范仲淹不为所动，继续躲在书院里看书。有一个同学很疑惑地问他，大家都去看皇帝本尊，指望着能跟皇帝握握手，这辈子都不用洗手了，你怎么不去呢？

范仲淹头也不抬，回了一句：今后见皇帝的机会多着呢！

别人说这话，可能是吹牛，但范仲淹说这话，是真牛。27岁那年，他考中进士，在殿试环节，见到了皇帝。

富贵触手可及，一介寒儒就此改运。多少人走到这一步，难免沾沾自喜，开始收割胜利果实，拼命敛财谋位，疯狂补贴年轻时的苦命付出。但范仲淹却感觉更苦了，以前是身苦心乐，如今是身心俱苦。

放眼望去，整个国家在范仲淹眼里，病得不轻。内有官僚阶层利益板结，因循守旧，人人在做好好先生；外有少数民族厉兵秣马，不时寇边侵扰，而朝廷只会花钱买平安。

这样的国家，让他担忧，无时不在想着如何改革图强。尽管他只是官僚体系中一个小小的地方官，但从未扑灭他心中以天下为己任的光辉理想。

他执地地上疏，针砭时弊，力陈改革。迎接他的，是一次次的贬黜，一次比一次惨。

在现实中碰壁，哪怕头破血流，对理想的执着，至死不曾后悔。就是这样一个人，政敌多于朋友，朋友多于知己，却在日复一日的自我砥砺中，赢得了历史的尊重。

有理想的人自带光芒。《宋史》评价范仲淹，说他"每感激论天下事，奋不顾身，一时士大夫矫厉尚风节，自仲淹倡之"。

一个能影响时代风气的人，尽管在当时失败了，但在后人眼里，又何尝不是成功了？

3

能力，是范仲淹一生的底气。能力越大，责任越大——范仲淹不是蜘蛛侠，但终其一生，都在践行这句话。

范仲淹早年是一个沉默寡言的人，给人的印象是踏实内向。没有人会料到，步入仕途后，他的人生完全转向，动不动就怼人，成了国家最出名的"话痨"。

如果仅仅是一个只会提出问题不会解决问题的"话痨"，那么，范仲淹被贬一两次，就没有机会东山再起了。

连皇帝都知道范仲淹"嘴欠"，但禁不住要不时重新起用他，为什么？

能力太强，无可替代呗。

金末元初一代文宗元好问这样评价范仲淹："在布衣为名士，在州县为能吏，在边境为名将，在朝廷则又孔子所谓大臣者，求之千百年之间，盖不一二见。"

无论什么身份职位，范仲淹都能做到极致。如此全才，千年一遇。

康定元年（1040）前后，西夏进犯北宋边境，消息传至京师，朝野震惊。宋仁宗无奈，遂起用众望所归的范仲淹，升为龙图阁直学士，与韩琦一起任陕西经略安抚副使。

范仲淹到位后，兼任延州（今陕西延安）一把手，军政打理得相当到位。西夏人原本集兵延州城下，见此都不敢打延州的主意了，说："今小范老子腹中自有数万兵甲，不比大范老子可欺也。"

小范指范仲淹，大范指镇守延州的前任、吃了败仗的范雍。

范仲淹在防守边塞的战争中，"号令明白，爱抚士卒"，采取正确的策略，经常取胜，军威大振，连宋仁宗都不得不称赞说："若仲淹出援，吾无忧矣。"

对手认可，老板认可，能力摆在那里，政敌无话可说。

史学家评论历史人物，许多时候会表现得很刻薄。比如一个人平时好议论军事，到了战场却不堪一击，落荒而逃，这样的人会被史学家讥讽为"带汁诸葛亮"。

然而，迄今似乎还没有哪一个史学家敢否认范仲淹作为一个杰出军事家的地位。

庆历三年（1043），宋仁宗决心改革，第一个人事任命，正是把范仲淹调回中央，授官参知政事（副宰相）。在皇帝心中，范仲淹是非常合适的改革领袖。

范仲淹一生的理想，担当良相的追求，此刻得以实现。他抓住机遇，提出了十项改革方针。拿既得利益者开刀，澄清吏治，首当其冲。

此时，范仲淹的周围聚拢了一批牛人，韩琦、富弼、欧阳修等，史称"同官尽才俊"。范仲淹则是由这些才俊之士组成的政治集团领袖。

范仲淹对贪污腐败、尸位素餐的官员，毫不客气，每次看到针对这些官员的调查报告，大笔一挥就把这些官员拿下。富弼说，一笔勾了他容易，可你知道他的全家都在哭吗？范仲淹毫不心软，回答说，一家哭总比一路（路，宋代地方行政单位，相当于现在的省）哭要好。

一旦动真格，重新分配利益，称范仲淹为圣人的人就越来越少，这就是人性。结果是相当一批大官僚、地方官和皇室权贵开始暗中串通，组织力量策划铲除范仲淹。

"庆历新政"不到一年，就以范仲淹等改革者被逐出京城而宣告夭折。一代人的理想，自此失落。这是范仲淹一生中最郁闷的时刻。

改革失败后两年，也就是庆历六年（1046），58岁的范仲淹在贬所邓州，写下闻名天下的《岳阳楼记》，表达了"不以物喜，不以己悲""先天下之忧而忧，后天下之乐而乐"的毕生追求。

然而自始至终，没有人因为改革失败而质疑范仲淹的能力。人们只是惋惜，如果"庆历新政"成功了，就不会有后来的"靖康之耻"，可惜啊！

朱熹说，范仲淹"自做秀才时便以天下为己任，无一事不理会过。一旦仁宗大用之，便做出许多事业"。

这一评价，代表了历代对范仲淹能力的肯定。范仲淹称得上是宋代第一位有远见卓识的改革家。

4

道德，是范仲淹做人的底线。他追求功业，追求政绩，追求名声，但凡是需要出卖道德做交易的成功，他一概不取。

一个改革者，特别是一个失败了的改革者，在他生前身后，非议肯定少不了。因为，历史上的改革者，总有或多或少的瑕疵，不是为了目的不择手段，就是在改革的同时为个人揽权敛财。

范仲淹却是极其罕见的例外。

同是改革者，王安石、张居正等人身后毁誉参半，而范仲淹则是"名节无疵"，堪称完人，为什么？

范仲淹的搭档韩琦对他的评价很能说明问题："大忠伟节，充塞宇宙，照耀日月。前不愧于古人，后可师于来哲。"

是的，范仲淹不仅是一个有能力的改革者，更是一个烛照古今的贤者、圣人。他的政敌，即便想诋毁他，也不知道从何下手。

在"庆历新政"推进期间，政敌们联手说范仲淹在朝中结党。这一指责不得了，直接触碰到北宋建立以来最敏感的政治痛点。

宋太祖赵匡胤以唐朝牛李党争造成许多后患为鉴，曾下诏书说：凡是及第的举人，严禁称主考官为恩师、老师，也不许自称为门生。宋代最高统治者最害怕的，不是官员搞贪污、不作为，而是大臣之间结合成派系或朋党，发展成皇权的一个离心力量。宋仁宗也多次下诏指示朝官"戒朋党"。这实际上成了宋初以来的一条家法，一道底线。

朋党的指控，用心之险恶，可见一斑。

连宋仁宗都不忍直接定罪，而是给范仲淹一个澄清和解释的机会，他想听范仲淹怎么说，就故意问："过去小人多为朋党，君子难道也结党吗？"

面对这个问题，精明的改革者，为了改革事业继续推进，抑或为了保住个人的权位，肯定会斩钉截铁地回答"君子不党"。

那么，范仲淹是怎么回答的？

他回答说："我在边防的时候，见到能打仗、会打仗的人聚在一起，自称一党，怯懦的人也自为一党。在朝廷上，正、邪两党也是一样。陛下只要用心体察，就可以分辨忠奸。假如结党做好事，那对国家有什么害处呢？"

没错，范仲淹心胸坦荡到这种程度，竟然当着皇帝的面，承认了结党的事实。他的道德感，强烈到宁可死，也不愿说谎。

代价当然是惨重的。范仲淹结党，成了压垮改革的那根稻草。

他没办法，也从未想过以突破道德底线的手段去挽救这一切。难怪朱熹说，范仲淹是天地间的一股浩然正气，是第一流的人物。

范仲淹一生见贤思齐，不断以往哲先贤的思想、品德和功绩勉励自己。他曾说："学默默以存志，将乾乾而希圣，庶几进退之间，保君子之中正。"表达了要像先圣一样，在得失进退间，不失其高尚的情操。所以他始终以洁身自好和为国建功来要求自己，企望在现实世界中成就最高的道德理想。

在个人生活方面，他做了高官以后，家里生活依然如贫贱时一般俭朴，史书说他的家人"不识富贵之乐"。但对他人急难却竭尽全力给予帮助，从不考虑自己有无家用。他还在苏州办义庄，兴义学，影响了宋代士大夫热衷义庄、义学的风气。

范仲淹将要退休时，他的门徒建议他在洛阳修建住宅，以安度晚年。他听后，语重心长地对弟子们说："每晚就寝时，我都要合计自己一天的俸禄和一天所做的事。如果二者相当，就能够打着鼾声熟睡。如果不是这样，心里就会不安，闭目也睡不着。第二天一定要做事补回来，使所作所为对得起朝廷的俸禄。"

他接着说："如今我之所以打算退休，就是因我年老体衰，精力有限，能为他人做事一天比一天少，对不起百姓，对不起俸禄。这时营造安乐窝，又岂能安乐？"

这番话，不是圣人说不出来。

道德，在许多人眼里，是做人的标杆。有道德，说明我已经到了很高的境界；无道德，只要不触碰法律，那也不要紧。

然而，我们要记住，道德，在范仲淹那里，只是做人的底线。他一辈子都不会逾越底线，去做任何无德之事。

范仲淹注定是孤独的，但一个诞生出范仲淹的民族是伟大的。任何时候，珍惜范仲淹，就是珍惜这个民族的过往与未来。

解缙：大明第一才子的非正常死亡

有的人命里带墨，黑起来要命。

明永乐十三年（1415），正月十三。锦衣卫指挥使纪纲，给朱棣呈上一份准备赦免的囚徒名单。

朱棣从密密麻麻的名字里，一眼瞥见一个人的名字，就问了一句："缙犹在耶？"解缙还活着吗？

仅凭文字记载，我们无法揣度朱棣口吐这几个字时的语气：是轻声感慨，还是重语责问？

但纪纲没有这个疑惑，他当时就在皇帝面前，对于朱棣的语气乃至意图的理解，毫无障碍。

纪纲回到监狱里，用酒把解缙灌醉，随后命人将他埋在积雪当中。

1

如果以长度来衡量生命的价值，那么解缙不可能在历史上留名。但以厚度来标识生命的意义，解缙短短的一生，就是厚厚的一本大书。

解缙出生在江西吉安府一个世宦家庭。少年时，就被人称为"才子"。后世将他与杨慎、徐渭合称"明朝三大才子"，这三人除了才气爆棚，命运也都颠沛流离，曲折离奇，恐吓着你。

唐伯虎：我为啥没入选"明朝三大才子"？

这哥仁：你还不够惨！

在解缙死后很多年，他当年的同僚好友杨士奇为他写墓志铭，追忆往事，说他7岁就能赋诗，还写得相当不赖；10岁日诵数千言，能终身不忘。

宋明时期，江西是科举强省。

洪武二十年（1387），18岁的解缙参加乡试，轻而易举拿下全省头名——解元。历史上有名的解元不多，唐伯虎算一个，解解元也算一个。

第二年，解缙一鼓作气，高中进士，是同榜中年龄最小的一个。

才气逼人加运气爆棚，人生的路太顺当，年少疏狂，奠定了解缙的生命底色。

20岁不到就步入仕途，而且是随侍皇帝左右。

老皇帝朱元璋一生杀伐无数，突然对青春的后备官僚力量颇多好感。一日把解缙召到身边，谈论时政，还鼓励他说："朕与尔义则君臣，恩犹父子，当知无不言。"

解缙也就不把自己当外人，当天写成万言书，上呈朱元璋。

这篇著名的《大庖西封事》，大到朝廷用刑太苛、用人不当、聚敛无度，小到朱元璋应该读什么书，不该读什么书，洋洋洒洒都写到了。

后世史家大多认为，一个青年见习官员捡了皇帝一句话，就当真知无不言言无不尽，是典型的官场幼稚病。后来解缙的命运沉浮，似乎在此时就写好了结局。

不过，史学家商传则认为，万言书中所述的建议，很多都是朱元璋正在做，或者考虑做的事情，很难想象这篇万言书不是出于朱元璋本人的意图。

事实可能是，朱元璋选择了一个初涉官场、不谙世故的青年官员，作为政策推动的一个切入口，针砭时弊的一个典型。

解缙当然被蒙在鼓里。他毕生的人格理想，就是做帝王师，因而热情高涨，完全凭借才气推动文章的写作，当天就交了差。

朱元璋很满意，夸他有才。

人一旦受到正向激励，就会大着胆子一直往前冲，全然忘记评估前路的安危。此后不久，解缙又呈上精雕细琢的《太平十策》。

解缙的疏狂之气，是在此时才逐渐激发出来的。指点江山，运筹帷幄，仿佛就在自己的尺寸纸笔之间。他把帝国的治理和官场的应付，想得太简单了。

这位大名鼎鼎的才子，显然没有重温本朝政界往事。十多年前，一个叫叶伯巨的官员，上了《万言书》，提及"封藩太侈"，朱元璋大怒，说他居心不良，故意离间皇家亲情。结果，叶伯巨被逮捕下狱，活活饿死。

解缙在《太平十策》里，也提到明初分封诸王的隐患。从历史上看，这是一个正确的预言；但从政治上看，这又是一个禁忌的话题。

这次算他命大。《太平十策》遇冷，帝王无情，朱元璋陡然不满，但蕴于心，还未表现出来。

官场中人也都把解缙看成一个狂妄的书生。

2

真正让朱元璋对解缙失去耐心的是，老皇帝突然意识到，规规矩矩、模式化的官僚群体中，出现了一个爱管闲事、刺头式的官员。他仗义疏狂，以笔为剑，硬是把官场变成江湖。

此人正是解缙。

解缙凭借自己过硬的笔头和一腔热血，在朝廷中代人写辩词诉状，俨然是一个侠客。

洪武十三年（1380），丞相胡惟庸案发，被杀。这个案子牵连达1.5万人，是洪武朝的重大案件。洪武二十三年（1390），韩国公李善长被迫自杀。

解缙站出来，替虞部郎中王国用起草为李善长辩冤的奏疏。文章恣意汪洋，精彩绝伦，不愧为大明第一才子的手笔。据说连怒火中烧的朱元璋，都不自觉地重读一遍。

"窃见太师善长，与陛下同一心，出万死，以得天下，为勋臣第一。生封公，死封王，男尚公主，亲戚皆被宠荣，人臣之分极矣，志愿亦已足矣。天下之富贵无以复加矣。若谓其自图不轨，尚未可知，而今谓其欲佐胡惟庸者，揆之事理，大谬不然矣……使善长佐胡惟庸，成事亦不过勋臣第一而已矣，太师国公封王而已矣，尚主纳妃而已矣，岂复有加于今日之富贵者乎？且善长岂不知天命之不可幸求，取天下于百战而难危也哉！"

道理说得再明白不过，位极人臣的李善长，除非篡位自立，否则绝无可能辅佐胡惟庸谋乱。

奏疏接着说，李善长已经死了，只希望陛下警戒于将来。现在天下人都说"功如李善长，尚且如此"，我怕四方人心因此瓦解啊！

这样直白而直戳痛点的警告，简直大胆。

解缙说，我也知道"言出而祸必随之，然耻立于一圣明之朝，而无谏诤之士"。表达了赴汤蹈火、死而无憾的决心。

尽管措辞猛烈，解缙并不忌讳别人知道自己代笔的事，所以朱元璋很快知道，这把"匕首"是解缙递出去的。

紧接着，又发生了解缙撰文弹劾都御史袁泰的事。

袁泰倚仗权势，多行不法，大家心怀愤恨，但各有畏惧，敢怒不敢言。只有解缙嫉恶如仇，大义凛然，挥笔而就，把袁泰的罪与罚写得入木三分，"天地不容，人神共怒"。

朱元璋显然已对朝廷上出现的这名"侠士"非常不满，他全然不理会解缙的奏疏，不仅宽宥了袁泰，而且指责解缙缺乏涵养。

不久，解缙的父亲解开入京觐见朱元璋。朱元璋说，把你儿子带回家，让他继续读书，十年后，大用未晚也。

换句话说，皇帝用一种体面的方式，把耿直硬气的解缙解雇了。

这是洪武二十四年（1391），离解缙入仕不过三年多。

解缙后来反思他第一次入仕，从高点到低谷，都是因为自己不懂得屈膝，太狂太傲，导致诽谤污蔑不断。

3

22岁，意气风发、睥睨一切的年纪。一肚子学问的有为青年解缙，却只能遵照最高指示，跟着父亲返乡回炉，接受再教育。

乡居生活唯有诗书相伴，胸中郁闷无处言说。

时间一晃就是七八年。解缙再次回到历史的聚光灯下，是在洪武三十一年（1398）闰五月，朱元璋病逝。

听闻消息，解缙立即赶往南京。他的悲伤，或许不在于朱元璋的去世，而在于朱元璋应许的十年后大用的诺言，如今一同被埋葬了。

解缙此次入朝的结果，十分不幸。

朝廷上，大家都记着朱元璋打发解缙返乡的时限是十年。现在十年未到，解缙冠带来朝，于是有人弹劾他违背遗诏。不仅如此，还把他的家庭情况摸得一清二楚，说他母亲死了没下葬，父亲九十高龄，他竟然跑到京城来要官？

蛰居八年的解缙，当当当当，甫一亮相，灯就全灭了，一下子被树立为不忠不孝的反面典型。

这心情，真是丧到家了。

建文帝对他的处分传达下来了，将他贬到陕西临洮的河州卫，充当普通吏员。这么远的贬谪，几乎跟充军无异。

年近三十，解缙更感人生悲戚。他再次反思自己，觉得平生为自己的名声所累，为自己的骄傲埋单，遂在诗中感叹道：

> 早岁攀龙客天府，浪得声名满寰宇。
> 归来自分闭门过，岂料更为名所苦。

八年之间，连栽两次大跟头，解缙对人生信条有所怀疑。

西北苦寒，郁闷的他很快就病倒了。无奈之中，他终于低下了孤傲的头颅，向礼部侍郎董伦写信求助。

这封信言辞凄苦，足以感动朝野。特别是在信的开头，解缙结合建文帝削藩的时事热点，说他当年就数次上万言书，提出分封诸王可能重演汉初七国之乱，但没人听，现在不幸真被言中了。

解缙提起这事儿，等于向朝廷表态，他不仅是新皇帝削藩政策的坚定支持者，而且早就发出过预警。很多人说，才子往往命途多舛，是因为他们不谙世事，不懂官场潜规则，实际上并非如此。不是他们不懂，是他们不屑罢了。只要他们愿意折尽傲骨，洗却傲气，他们不会混得比人精差。

解缙的信，打动了董伦。董伦向建文帝推荐了解缙，解缙随即被召回京城。

但解缙并不受重用，在建文朝几年，始终是一个品级最低的小官。很大一部分原因是，他身上还有太多的士气与侠气，尽管在家八年，尽管被贬边区，尽管人到中年，仍未改造彻底。这导致他与当时整个官场的氛围格格不入。

因此终建文一朝，解缙郁闷地失声了，成为历史中的静默者。

4

直到朱棣夺了侄子的帝位，政治变革，解缙才避免了被历史红尘埋没的命运。

靖难之变是明初政治最大的一轮洗牌。站队，是国家每个官员必须做出的抉择，而站队的结果往往关乎生死。

最典型的是株连十族都不惧的方孝孺。

朱棣要建文朝的文胆方孝孺替他草拟《登极诏》，方孝孺誓死不从，杀身成仁，成为建文朝尽忠的典范。

相比之下，在建文朝颇受冷遇的解缙，则跟着一些翰林院官员，主动迎附新主。

很多人以方、解的抉择作对比，来观照当时最著名的两个才子的人品高低。一些史料甚至说，解缙在决定投奔朱棣的前一天晚上，还在友人家中慷慨陈词，誓与旧主共存亡。

这些极有可能是为了印证解缙是一条可恶的变色龙而编排出来的故事，未必可信。

变局之中，解缙没有选择方孝孺的道路，显然难逃中年油腻的苛责。但应该注意到，一生孤傲清高的解缙，为何突然变得油腻了呢？这与他在建文朝长期坐冷板凳不无关系。

方孝孺死忠是有理由的，因为他本就是建文帝的近臣。而解缙却明显不甘心，如果让他以死去蹭建文帝落难的热点，估计他自己都会看不起自己——你算哪根葱，也配死忠吗？

在大明第一家族内部的权力转移中，解缙毫无负罪感地完成了自己的身份转换。他唯一需要掩饰的是，在洪武朝、建文朝极力鼓吹的"分封肇祸"的预言，到永乐朝已然变成政治不正确的言论。这时，他闭口不再提当初预言的先验性。

朱棣嗜杀，在历史上是出了名的。在其以追究奸党之名大肆屠戮旧朝官员的时候，解缙却一路升迁，走到了人生的巅峰。

若活在这个年代，估计人生得意的解缙，忍不住要唱一句"野百合也有春天"吧?

5

根据史学家商传的考证，当时与解缙一起组团欢迎朱棣入主南京的官员们，地位大都在解缙之上，但都未能得到解缙一般神速的升迁。

其他官员基本只官升一级，只有解缙像是坐了直升机，一下子由从九品的翰林待诏，超升为正六品侍读。

解缙到底对朱棣施了什么魔法，以至于这名杀人不眨眼的新帝，非要为其官升八级才能表达他的宠爱？

史书没有明确记载。

商传认为，很有可能是因为解缙为朱棣草拟了《登极诏》。

对，就是方孝孺宁死不从的《登极诏》。

解缙的友人后来在追忆时，都说朱棣入嗣大位之初，所有朝廷的重大公告和重要讲话，都出自解缙的手笔。

虽然没直接提及《登极诏》（想来是因为方孝孺的抵抗事迹，使得后继者草拟《登极诏》成为一件不光彩的事），但这份奠定朱棣上位正当性的重要文献，举朝望去，恐怕唯有解缙有能力执笔驾驭了。

《登极诏》如此解释朱棣取代朱允炆的位置：朱棣援引"祖训"，起兵靖难清君侧，欲效仿周公辅成王的故事，哪知道攻到南京，建文君已自焚而死。无奈之下，迫于众议，推辞再三，只好勉强即位。

朱棣对这个解释，相当满意。此后整整五年，都把才气逼人的解缙当成宝，宠上天。

解缙"阴差阳错"地成为明朝第一个阁臣，是最受朱棣信任的近臣。

有一个事例可以说明解缙的受信任程度：继位之初，朱棣找来解缙等人，让他们检阅建文朝时臣僚所上的上千件奏疏，并明确指示，除涉及国家经济数据有用的留下，其他有关靖难、削藩等事的一概焚毁。

其中，应该就有解缙当年所上的削藩建议书。朱棣此举，表明了他对解缙的绝对信任，不算旧账。

6

才子能获得重用，终归还是因为有才。

解缙在永乐朝的主要工作，一个是重修《太祖实录》，这套建文朝修撰的官方文献，涉及靖难之变的全部内容，需要重新删削美化，你懂的。这其中，解缙的"生花妙笔"不能少。另一个是主持编纂《永乐大典》。盛世修史编书，这事是解缙的长项，他也愿意做。

从当时的历史看，解缙避免不了成为皇权宣传文治、粉饰太平的工具的文人宿命。他要是这么老老实实地藏起性格的棱角，余生平平稳稳做个油腻官员，等着光荣退休，也是一种现实的活法。

然而，解缙偏不。

性格决定命运，这句话时常让人不得不信。一直以来，解缙是有帝王师情结的。

立储，是王朝政治的头等大事，历史上有许多立不好储君导致权力内斗乃至颠覆的教训。解缙作为皇帝身边的红人，不可能让悲剧重演。因此，他主动介入并干预立储之争。

恰恰在这件事上，再次暴露了文人才子的傻白甜。

历来储位之争是最敏感的政治议题，哪怕是皇帝再亲近的大臣，都唯恐避之不及，纷纷以皇帝家事为由，避免牵涉其中。

解缙不可能不知道触及这类政治议题的危险性，但他不能坐视皇帝在这个问题上犹豫不决，导致政局生变，于是果断扑了上去。

朱棣喜欢在靖难之变中征战有功的二子朱高煦，不喜欢身体肥胖、性格柔仁的长子朱高炽。解缙在多个场合向朱棣委婉进言，说服其早立长子为太子。

一次，朱棣私下问他对储君之事怎么看。解缙没有回避，也没有玩文字游戏，直接答："皇长子仁孝，天下归心。"他看出朱棣对这个答案并不满意，接着说："好圣孙。"意思是，虽然您认为朱高炽一般般，但他有个好儿子，也就是您的长孙朱瞻基，将来让朱高炽继位，朱瞻基才能接棒当皇帝。

据说朱棣因此才定下储君。

但多嘴多舌的解缙，显然也因此得罪了储位旁落的朱高煦。

朱高煦屡次在朱棣面前说解缙的坏话。或许是出于补偿心理，朱棣明知是朱高煦的构陷之辞，还是逐渐疏远了解缙。

解缙劝谏，要朱棣注意约束朱高煦。朱棣怒喝，说解缙是"离间骨肉"。最终，朱高煦造谣解缙将储位之争泄露到了外廷，朱棣遂将解缙贬谪到了广西。

这是永乐五年（1407）春天的事。解缙的好日子，自此到头。

7

厄运却仅仅开了头。

随后，解缙又从广西被贬到了更远的交趾（今越南北部）。

到永乐八年（1410），解缙入京奏事，朱棣恰好带兵北征，不在京师。解缙就谒见了太子朱高炽，然后返回交趾。

朱高煦得知此事，告解缙故意在皇帝外出的时候私自见太子。言外之意，太子和解缙或有不轨图谋。

朱高煦这招够阴狠，想一箭双雕。

结果，解缙因此莫须有之罪，在次年被逮捕入狱。

需要留意的是，在解缙遭遇贬谪、下狱的时候，朝中没有人站出来替他说话。

一个原因可能是，永乐朝的嗜杀氛围吓坏了官员们，他们都没有解缙的胆气，自然也不敢出来多管闲事。另一个原因则是，解缙平时放荡不羁，喜欢臧否朝中同僚，无所顾忌，从而得罪了很多重臣，这些人不仅不会帮他说话，还在关键时刻对他落井下石。

在杨士奇笔下，解缙却是一个人缘颇佳的侠义书生："平生重义轻利，遇人忧患疾苦，辄隐于心，尽意为之。笃于旧故及名贤世家后裔，而襟宇阔略，不屑细故，表里洞达，绝无崖岸，虽野夫稚子，皆乐亲之。"

或许解缙这种人的性格就是这样，跟他交集不多的人会很喜欢他，但与他同朝为官的人，难免对他的才华与疏狂产生忌恨。

没有任何一种性格，可以避免得罪任何人。解缙才不会为了落难时有一双手伸出来，去强迫自己变成另一个人。他视李白为偶像，在为人、作诗等方面，处处从李白身上找到了精神的自我：

我非寻常流宕人，等闲不遇闲悲辛。

读书学得万人敌，直将富贵轻埃尘。

看，这样一股粪土荣华富贵的气魄，不失为李白附体。

可惜，解缙所处的时代，对士人个性的扼杀，要比李白身处的唐代猛烈得多。李白在唐代很容易找到朋友拼酒，解缙在明代却知音难觅。他在一片整肃的官僚中，那么特立独行，那么凤毛麟角。

李白式的名士风度，压根儿就不是明初政治的产物。只能说，有些人天生就不是凡鸟，但也为自由和天空付出了惨痛的代价。

从永乐九年（1411）六月起，解缙开始了长达三年半的狱中生活。直到永乐十三年（1415）正月，朱棣最后一次提起他的名字，全然不顾旧时恩宠，或许还满含恨意。

第六章 文人活法：很多人想学李白，活得却像杜甫，最后成了高适

最是无情帝王心。

锦衣卫指挥使纪纲心领神会，回到监狱里，用酒把解缙灌醉，随后命人将他埋在积雪当中。

当天，北京城大雪。

解缙，卒。时年47岁。离重获自由，仅隔着皇帝的匆匆一瞥与随口一问。他原本是作为准备赦免的囚犯被提名上去的。可堪造化弄人。

解缙或许已无数次在脑海中构想了自己的死亡，对于这样一个"李白式"的结局，他一定觉得死得其所：学士不须笑我俦，磊落与尔同千秋。（解缙《采石吊李太白》）

杨慎：滚滚长江东逝水，浪花淘尽英雄

18岁的嘉靖皇帝不上朝了，一个人在文华殿吃斋。他要尊称自己的父亲为"皇帝"，但遭到朝臣们的集体抗议。他只能以罢朝实行反抗议。

吏部高官何孟春于是号召百官"哭谏"。大家情绪激动，跃跃欲试。翰林修撰、经筵讲官杨慎这时站出来，大声疾呼："国家养士百五十年，仗节死义，正在今日。"

杨慎，一个愤青，完全忘记了此前刚刚退休的父亲、内阁大学士杨廷和对他的告诫：朝廷现在情况险恶，一定要三缄其口，做个闲官就好！

此后，他的命运急转直下，一手好牌都被收回。

1

口号喊出去之后，朝臣中的"刺头"带领大家一起到左顺门请愿。左顺门跪倒一大片高官，集体高呼："高皇帝，孝宗皇帝！"这是拿明太祖和明孝宗向年轻的嘉靖皇帝施压，要他守祖宗之成法，不要因为年少冲动乱了大明皇帝的世系。

正德十六年（1521），一生叛逆的明武宗朱厚照驾崩，没有留下子嗣。他的堂弟、年仅15岁的朱厚熜，以藩王身份继皇帝位。

白白捡了个皇帝当，但嘉靖皇帝朱厚熜并不高兴。朝中以杨廷和为首的高官，咬死了要他认他的伯父、武宗之父——孝宗朱祐樘为"皇考"，而只能称自己的生父——兴献王为"皇叔考"。

伯父变成父亲，父亲变成叔父。这让朱厚熜在情感上接受不了。

这场关于新皇帝生父的尊号之争，持续了三年。以杨廷和为首的高官，最终与嘉靖皇帝闹得极不愉快。

在最激烈的时候，杨廷和以辞职要挟。没想到，正中嘉靖皇帝下怀，他直接批

第六章 文人活法：很多人想学李白，活得却像杜甫，最后成了高适

准了。

此后，支持新皇帝的张璁、桂萼等少数派占据上风。

杨慎与父亲杨廷和的立场一致。他把嘉靖尊谁为"皇考"的问题当作国本问题，认为不能动摇国本，甚至上升到了"仗节死义"的地步。

明朝的宫廷政治向来是很残酷的。

朝廷高官都很有"血性"。当年，明英宗在宦官王振的教唆下率军亲征，导致被蒙古人俘虏。群臣激愤，在继位的明代宗面前，直接就把王振的死党马顺打死了。

嘉靖一开始召张璁、桂萼进京，一些激进的官员也扬言要在朝廷上扑杀二人，吓得二人不敢露面。

现在张璁、桂萼等人得势，他们的后台老板嘉靖皇帝，面对左顺门的请愿队伍极其愤怒，两次好言劝大家回去都没有效果。

嘉靖决定暴力镇压。他命令锦衣卫把参加请愿的官员姓名登记在册，一共有229号人。这些被列入"黑名单"的官员，绝大部分都很惨。其中，100多人被逮下诏狱，并施以廷杖，当场就打死了16人。

杨慎等几个"刺头"被廷杖一次后，嘉靖还不解恨，命令再将这几人廷杖。

所幸命大。遍体鳞伤的杨慎，还留着一口气。

2

如果杨慎在这个时候被打死了，历史可能会记得这么一个人，但肯定不会给他太多的笔墨。哪怕他是一个状元。

杨慎，字用修，号升庵，四川新都人，1488年出生于一个科举官宦世家。杨家有"一门七进士，科第甲全川"之称，可见这家人考试一流。

杨慎很小的时候就才气逼人，很受当时的文坛盟主、大学士李东阳的欣赏。24岁那年，他更是一举考中状元，名满天下。

四川有句民谚称："相如赋，太白诗，东坡文，升庵科第。"这是四川人认为历史上最牛的四个本土文化人，把他们排在一起了。

人一红，就容易惹来是非。当时有人说杨慎是"关节状元"，靠老师李东阳、父亲杨廷和的关系才点中状元。杨慎任职翰林院后，表现出让人叹为观止的博学以及无与伦比的记忆力。流言这才不攻自破。然后，又有了新的谣言，说他利用职务之便，

窃取了内库藏书，才能对别人不知道的冷门知识信手拈来。

总之，这些谣言的产生或因杨慎出身相门，卷入党争；或因他年少高第，引起时人猜测和妒忌，都不足为信。但凡公认的才子，总有几分桀骜和孤高。杨慎的问题，还出在他的胆气，敢于劝谏皇帝，批逆鳞。

做官没多久，杨慎看明武宗整天游玩嬉戏、亲近佞臣，心里压抑不住愤怒，于是上书劝谏。武宗没拿他怎么样，但也没有听劝收敛的意思。

杨慎很无奈，干脆弃官回家了。他虽然年纪轻轻，但很有那种辅政贤臣的思想，要是遇到一个有道之君，那就跟着干，遇不到就规劝，劝不动就归隐。很传统的士大夫思想。

武宗临死之前，把他召回来了。

这次回来，他遇上了嘉靖为生父争尊号这件明代中期最重大的政治事件，史称"大礼议"。

这件事放现在看，其实挺无聊的。明代的舆论普遍认为，杨慎他们是对的，而张璁、桂萼是小人，为了博取皇帝信任，不惜火中取栗。但到清代，舆论彻底反转，很多人赞成张璁等人，认为他们才是"存天理，灭人欲"这一理学禁锢最早的反叛者。

从权力争斗的角度看，"大礼议"则是皇权与相权的一次角力。明朝废相，但到中后期出现了内阁代相的趋势，内阁无相名有相权，实际上对皇权形成了制约。杨廷和等阁臣反对嘉靖尊封生父的诉求，固然有很多理由，但给新来的皇帝一个下马威是肯定的。

问题是，嘉靖皇帝也是个很有政治天赋的人物。他或许看出了这些旧臣的用意，知道一旦示弱，以后就要彻底受制于阁臣了。所以他硬要把这件事办成，外倚新进，内纵宦官，让他们形成抗衡，自己坐收渔利。

左顺门事件后，嘉靖宣告了他的胜利。终其在位40多年，哪怕20年不上朝，都不会大权旁落，仍然是明代能独揽乾坤的几个皇帝之一。

杨慎站在了皇帝的对立面。敢于对抗皇权，自然有一身铮铮铁骨，代价是断送了后半生的前途。

3

37岁那年，杨慎拖着半死的身躯，出发前往云南永昌卫（今云南保山），嘉靖眼中的极远烟瘴之地。

作为左顺门事件的挑头者之一，作为前内阁首辅的儿子，杨慎受到的惩罚是"永远充军"。在明代官员的惩罚体系里，这是仅次于死刑的处罚。可见嘉靖对杨廷和、杨慎父子的痛恨之情。

很多人把杨慎的流放，当成是官员的贬谪，其实完全不是这么回事儿。遭贬谪的官员，尽管也把你贬得远远的，但好歹还给你个小官继续当着，比如白居易的江州司马、苏东坡的黄州团练副使。

但流放充军不一样。你已经是个罪犯，而不是官员了。杨慎受到的打击，可比历史上许许多多遭贬谪的著名文人大多了。

就算在这种情况下，嘉靖仍没打算轻饶他。在后来对"大礼议"诸臣的清算中，他的父亲杨廷和也遭波及，被削籍为民，很快郁郁而终。

那几年，嘉靖会时不时地向阁臣打听杨慎的情况。只有阁臣回答杨慎病了、废了，嘉靖才会感到满意。面对偏执暴戾的皇帝，杨慎不得不伪装自己，敷粉簪花，怀拥歌妓，招摇过市，醉生梦死。

晚清文人谢章铤堪称杨慎的隔代知音，他看出杨慎的这些非正常举动其实是佯狂避祸而已，"胸中实不知有几斗热血，眼中实不知有几升热泪"。

杨慎的人缘算相当不错。尽管他远在万里之外，尽管嘉靖对杨家的恨意举国皆知，但仍然有一些故旧知交愿意替杨慎求情。

结果是统统没用。

嘉靖在位每逢喜事都会大赦天下，一共大赦了六七次，每次都把杨慎排除在外。

最最悲催的是，倒霉的杨慎遇上的嘉靖，偏偏是明朝史上在位时间第二长的皇帝。这意味着，杨慎要熬过嘉靖的任期，等到新帝上位才能有获得平反的机会。

杨慎终究没能熬过嘉靖朝。嘉靖三十八年（1559），他卒于瘴雨蛮烟之地，享年72岁。

4

一个正直博学之人，后半生困顿于流放地，岁月蹉跎，前程无望，这是明朝历史上少有的悲剧。但这正是我最尊崇杨慎的地方。

如果他死于左顺门事件，我不会对他有特别的好感。虽然可以看出他的骨气，但毕竟所争之事，随着时代变化，已经全无意义。

杨慎的伟大，在于他的诗意和尊严。

这两样东西，在正常人中已经够稀缺了，何况一个终生的流放者？

从被流放的第一天起，他就在盼归。但他仍然保持了他的硬气，不向皇帝乞饶。

古今许多人，在丢失了名望与地位之后，主动把尊严也让出去了。一脸真诚地扇起自己的嘴巴，就像大粪浇到自己头上还以为在洗热水澡，舒服得不得了。

杨慎是与尊严共生死的人，他甚至没有把自己当成罪犯。云南当地土司叛乱，他不顾自己的身份，带着人就去战斗。完了，还写诗词揭露官吏们在事变时畏畏缩缩的丑态，表达自己怒发冲冠的悲痛之情。

当地一些官吏以修工程的名义来剥削民脂民膏，但没有人敢站出来揭露、声讨，又是他，一个"罪犯"，给巡按上书讲出真相。他的正义感，就是他死死守住的尊严。一个人可以被剥夺身体的自由，但内心的高贵，没有人可以夺走，只要他愿意守住。

在被放逐的30多年中，他无数次表达他的痛苦感受，但都是通过怀念屈原、李白、杜甫、苏轼等诗人的形式，使得他的感受表现得不那么哀怨，而是有了一种含蓄的诗意。

这层诗意，无疑也是他自我保护的涂层。

前些日子，我看到北大退休教授钱理群的一个演讲，他说："我们对大环境无能为力，但我们是可以自己创造小环境的。我一直相信梭罗的话：人类无疑是有力量来有意识地提高自己生命质量的，人是可以使自己生活得诗意而又神圣的。"

如果不幸身处黑暗，请永远活出诗意和尊严。

杨慎正是这样的人。所以他最终在极其艰苦的条件下，活成了明代的文化种子，被誉为"明朝第一博学才子"。

阁臣们都跟嘉靖报告说，杨慎这个人彻底废掉了。没有人想到，一个"废人"在文化的园地上浇灌出了最绚烂的花朵。

他的博学是公认的。《明史》本传记载："明世记诵之博，著作之富，推（杨）慎第一。"陈寅恪也说，杨慎才高学博，有明一代，罕有其匹。他擅长的研究领域覆盖了经学、史学、哲学、语言学、音韵学、金石学、书法绘画、戏曲音乐和民俗文艺等，据说平生著作有400余种，存诗约2300首。关键是，这些著述往往有独到主见，或可补史阙，或提供线索，有相当大的学术价值。

明朝的文化人想过一个问题，如果本朝出一个文化人和其他朝代相比，要能不逊色，至少不被比下去，应该选谁呢？

很多人的答案是杨慎。

著名的心学大师李贽就把杨慎当作自己的精神偶像之一。他不仅极力称赞杨慎的人品、学问，还说"岷江不出人则已，一出人则为李谪仙、苏坡仙、杨戍仙，为唐宋并我朝特出，可怪也哉"。

意思是，李白、苏轼和杨慎分别是唐宋明文化界的扛把子，而这三人恰好都是四川人。四川要么不出人才，一出就出大牛人，此地真奇怪！

杨慎写过一首词，因被毛宗岗父子誊录为《三国演义》的卷首而天下皆知：

滚滚长江东逝水，浪花淘尽英雄。是非成败转头空。青山依旧在，几度夕阳红。
白发渔樵江渚上，惯看秋月春风。一壶浊酒喜相逢。古今多少事，都付笑谈中。

每一个人都可以从这首词中读出不同的味道。而我想到的是，也许只有像杨慎这样洞穿世俗成败的人，才能在半辈子的逆境中活出了一个人该有的尊严和诗意。

致敬，杨升庵！

徐渭：厄运会迟到，但永远不会缺席

我一直想写这个人。

尽管早已有人对他"盖棺论定"——一生坎坷，二兄早亡，三次结婚，四处帮闲，五车学富，六亲皆散，七年冤狱，八试不售，九番自杀，实堪嗟叹。

40个字写完他的一生，历史对他何曾公平过？

但你若真的懂得他的一生是怎样熬过来的，你或许会心疼他多一秒。

他自己写诗说："天下事苦无尽头，到苦处休言苦极。"他一生的霉运，比别人几辈子还多。死，是别人眼中最大的不幸；而他，最大的不幸是：想死，死不了。

如果可以，我甚至愿意分一点好运，给这个终生潦倒苦痛的晚明人。

他的名字叫徐渭（1521—1593），字文长。

1

徐渭的霉气是从娘胎里带来的。他是父亲徐鏓与继室的婢女私通的"结晶"。因为有了他，肚子藏不住，婢女才被徐鏓纳为侍妾。

他出生后三个月，父亲去世。他由继室苗夫人抚养。

10岁那年，徐家吃老本吃到头了。

家道彻底没落，连他的生母都被遣散出去。小小年纪的他竟要与逃跑的仆人对簿公堂。

四年后，苗夫人也去世了。徐渭依靠年长他20多岁的长兄过活。他孤僻敏感的性情，在变故频繁的家境中一点点养成。

在最该快乐的少年时期，他都未曾尝过一点生活的甜头。除了老天赋予他天才般的学习能力，他一无所有。

第六章 文人活法：很多人想学李白，活得却像杜甫，最后成了高适

徐渭是个天才。6岁时就有过目不忘的本领，8岁写文章被比作刘晏、杨修，到了十几岁，写出万字长文，易如反掌。

按理说，既然老天爷赏饭吃，这么有才的人考个科举，应该只是走个程序的问题，如囊中探物，不在话下。

但是，我们的主人公很背。终其一生，除了20岁勉强考个秀才，其后21年，参加乡试达八次，从未遇上一个欣赏得了他的考官。拿到他试卷的考官，要么说他的答案"不合规寸"，有异端思想，要么说他"句句鬼话，李长吉（即李贺）之流"。

才华爆棚的徐渭注定要错失安逸的体制，而僵化的体制也注定配不上徐渭的才华。这么惨淡的科举成果，估计也就后世的蒲松龄能与他一争最惨的宝座了。

勤勤恳恳地参加完大半生科举，他才痛苦地悟出血泪教训："不愿文章中天下，只愿文章中试官。"

天下人看得上你的文章，没用；考官看上了，才顶用。

上帝为你关上一扇门，同时会把窗户钉死。徐渭"完美"地诠释了什么叫倒了血霉。

长期仰食于长兄徐淮，科举又屡战屡败，自尊心极强的徐渭抬不起头。他曾在信里说起兄弟间的关系，用了"骨肉煎逼，萁豆相燃"的表述。看来，长兄给他的痛苦远远多于对他的照顾。

为了摆脱这种冷血的家庭关系，徐渭做了一个"丢脸"的决定：当一名上门女婿。

岳父潘克敬是广东阳江典史，一个不入流的佐杂官。他欣赏徐渭的才华，不要一分聘礼，把14岁的女儿许给徐渭。这样，20岁的徐渭离开江南，跟着岳父远赴岭南。

幸运的是，妻子潘氏是个好女孩，与他琴瑟和谐。不幸的是，婚后仅五年，潘氏就患肺病去世，给徐渭的内心又添了一道深刻的抓痕。

在此期间，徐渭的两个兄长先后逝世，家产被市井无赖霸占。

徐渭的人生跌入了谷底。他想抓住科举的绳子往上爬，却发现这绳子一直向下坠。

最终，是一个炙手可热的人物把他捞了上来。

2

进入浙闽总督胡宗宪的幕府之前，徐渭靠开私塾糊口。尽管干着最卑微的工作，

但他的才气与名声并未完全湮没，好友沈炼曾夸赞他："关起（绍兴）城门，只有这一个（人才）。"

胡宗宪是明朝最有争议的"名臣"，抗倭有功，而依附严党，毁誉参半。但他礼贤下士，折节相待，在幕府中笼络了一批才俊。

徐渭半辈子穷困潦倒，毫无功名，胡宗宪却对他颇多好感，多次邀请他充当自己的幕僚。徐渭数次推辞，甚至开出严苛的条件，比如允许他随意衣着、随意来去。胡宗宪竟都应承了下来。

老天从未对他温柔以待，胡总督却能对他另眼相看。这让徐渭心生出许多感动，尽管他讨厌并讽刺过严嵩及其党羽，但还是入了胡宗宪的幕府，开始他一生中最辉煌又最纠结的五年戎幕生涯。

据说，徐渭为胡宗宪抗倭出谋划策，立过汗马功劳。但他在幕府中的主要工作，其实是胡宗宪的代笔，替胡写作拍上级马屁的华丽文章。

自主意识极强的徐渭，在写作违背内心的文字时，痛苦难当。所以我们不难看到一个落寞的文士，在现实与文字里，扮演人格分裂的两种角色。

他可以睥睨宠待他的胡总督，常常大醉而怠慢领导分给他的任务，但在文字里，他必须肉麻地为严嵩唱赞歌。他可以头顶芭蕉叶在大雨中吟诗，鬓角插着梅花，出城赏雪，可以不拘礼法，怎么高兴怎么来，但在文字里，他只能是没有思想的躯壳。

胡宗宪为他出手阔绰，为他购置房产，为他续娶妻子，所有人都说徐渭跟对了"老板"。

然而，徐渭并不开心，他说自己"深以为危"。果然，厄运会迟到，却永远不会缺席。他还没等到机会离开幕府，严嵩倒台了，胡宗宪跟着倒霉。而他，一个原本痛恨严嵩的人，鬼使神差地成了严嵩一党。

怀着惴惴不安的心情，徐渭从杭州返回家乡绍兴。此时，他已42岁。此时，他以为自己抓住了另一根救命稻草。

胡宗宪下狱的第二年，礼部尚书李春芳听说徐渭的才名，托人带了60两聘银，邀请他进京担任幕僚。

抵京后，他才发现李春芳不像胡宗宪，并没有容忍异类的肚量，不仅门下规矩严苛，还要徐渭代他写青词。

徐渭干了三个月，忍无可忍，决定辞职。

一般人，辞职就好聚好散。但倒霉催的徐渭遇上的李春芳是个"霸道总裁"。李春芳认为自己丢了面子，派人到绍兴威胁并责令徐渭回京。

无奈，徐渭只好变卖房产，凑了60两银子，托中间人退还李春芳。但徐渭想错了，对于当朝政治红人而言，这压根儿不是钱的问题。

李春芳再次要求他进京。不得已，1564年秋天，徐渭返回李春芳府上，尴尬地面对他的前雇主。所幸，在两位绍兴老乡的调停下，李春芳终于松口，允许徐渭脱身。

这样，身心备受摧残的徐渭才算平安回到了家乡。

3

第二年，传来消息，胡宗宪在狱中自杀身亡。在巨大的心理压力下，徐渭精神崩溃。世间再无胡宗宪，而徐渭，将永远活在受严嵩案牵连的恐惧里。

徐渭想到了自戕。在自杀前，他写了《自为墓志铭》，说自己"贱而懒且直"，平生孤傲，最怕结交权贵。

他开始实施自杀行为，先用斧子劈头，血流满面，未死；再用铁钉贯入耳中，鲜血狂喷，还未死；又用锥子敲击肾囊，剧痛难忍，仍死不了。

老天留着他遍体鳞伤苟活人间，当然不是贪恋他的才华，而是有更大的罪让他去受。

有人如此评价徐渭的自杀："自杀，是与命运搏杀后的逃离。"

徐渭屡次逃离而不成，一回头，总是看见命运在嘲笑他。

前后自杀九次未成功，杀人却一次致命。46岁那年，徐渭怀疑妻子张氏出轨，将她杀死。

徐渭杀妻案真相扑朔迷离。他自己的说法是，癔症发作，控制不了。

结果，徐渭下狱论死。

因为同乡好友张元忭、诸大绶营救，徐渭免于一死，后又减刑。他在狱中心态反倒自得自适，当被允许解除枷锁时，竟然写了《前破械赋》和《后破械赋》。随后，他开始大量作画，狱中无颜料，遂泼墨为之，一不小心成了泼墨写意画的鼻祖。

七年后，万历皇帝即位，大赦天下。徐渭出狱，年已53岁。不管别人怎么看，一个凡·高式的天才疯子，重返人间。他曾自撰对联："乐难顿段，得乐时零碎乐些；

苦无尽头，到苦处休言苦极。"

对自己的倒霉劲儿，他倒有十二分的清醒认识，别人的人生可能苦乐参半，他的人生是苦苦苦苦苦苦里参个乐。

出狱后，日子惨兮兮，但他已能更无忌惮地怼天怼地怼空气。

他游走在友人的幕府中，甚至去到塞外，一旦心生不爽就拍拍屁股走人。60岁那年，因为救命恩人张元忭的召唤，他再度启程到了北京。

在京期间，徐渭仍然狂放不羁。张元忭要他遵守礼法，他极度愤怒，说我就是杀了人该死，也不过脖子上挨一刀而已，现在老张竟要对我千刀万剐。

从此与张元忭不相往来，直到张死后，徐渭独自去凭吊，抚棺恸哭，然后离开。

4

徐渭生命的最后十年，乡居绍兴老家，越发厌恶富贵与礼法之士。

他的文名很盛，却不借此变现，刻意逃离上层圈子，遇到不愿见的权贵人士来访，他手推柴门大叫："我不在！"

若有他嫌恶之人来求字画，花再多钱，他也不愿执笔。

他与儿子们的关系恶劣，常年处于独居状态，他贫病交加，将一生藏书变卖殆尽，仍时常断炊。

像个真正的精神病一样，他过得极其凄惨，但他猖傲愈甚。在"疯了"的世俗骂声中，他总算活出了自己想要的模样。

作为个体，他有意识地冒犯传统和多数，并且执拗地坚持自己的初衷，注定得承受数倍于常人的痛苦。但他已经全不在乎，他也完全经受得住任何霉运。

天才的另一面永远是狂傲，狂傲的另一面永远是苦难。中晚明的才子狂士那么多，似乎没有人有他这么倒霉，他活得比唐伯虎惨，比金圣叹狂，像同时代的李贽一样孤独。

1593年，徐渭终于走完他的一生，终年73岁。死时身边唯有一狗相伴，床上连一铺席子都没有。

一个社会秩序的叛逆者和零余人，死了也就死了，没有多少人在乎。直到五年后的一天，"公安三袁"的领袖袁宏道夜宿友人陶望龄家，随手在书房中抽出一本纸张拙劣的书。那是徐渭生前自编的文集，袁宏道惊呆了，他曾和徐渭这样的大师生活在

第六章　文人活法：很多人想学李白，活得却像杜甫，最后成了高适

同一时代，而他竟连大师的名字都未曾耳闻。他和陶望龄一起，边读边叫，把睡觉的用人都惊醒了。

袁宏道说，徐渭"眼空千古，独立一时"。

因为袁宏道的"发掘"，徐渭自此青史留名，没有人可以抹掉他的名字。

据说，清代郑板桥曾刻印一枚，自称"青藤门下牛马走"。徐渭自号"青藤居士"，这枚印章相当于现在人说自己是"王小波门下走狗"。

生前不幸，死后不朽。徐文长的倒霉人生，终于迎来逆转。但若不是老天太过残酷，谁人愿意如此赢得生前身后名？

黄宗羲：少年刺客，中年带兵，晚年大师

多年以后，黄宗羲回想起自己波澜壮阔的人生，将其总结为："初锢之为党人，继指之为游侠，终厕之于儒林。"

这位亲眼见证明亡清兴的旷世大儒，在其85年的人生中，进则斗志昂扬，奋起抗争，退则隐居山野，著书立说。一生壮志未酬，却留下不朽之思想，供后世景仰。

1

黄宗羲于万历三十八年（1610）八月初八出生在浙江余姚的一个书香门第。

那时候，大明可有些不太平。

那一年，京畿、晋、陕、豫、鲁发生饥荒，河南爆发大规模农民起义。

而皇帝怠政多年，官员贪腐成性，缺官长期不补，以致"职业尽弛，上下解体"。

各地土地兼并愈演愈烈，万历皇帝的儿子福王朱常洵就藩洛阳时，还被赏赐河南良田两万顷，不足的挪用他省土地充数。

万历派遣到地方的矿监税使，鱼肉百姓，敲诈勒索，所到之处，"孤人之子，寡人之妻，拆人之产，掘人之墓"。

同时，努尔哈赤和他的建州女真军，在统一女真各部的征途中势如破竹，不出几年就建国称汗。

就在黄宗羲出生的那年年底，一个叫朱由检的皇孙在宫中诞生。

大明王朝，已悄然进入倒计时。

到了天启年间（1621—1627），木匠皇帝明熹宗不理朝政，魏忠贤得势。"阉党"与所谓的"正派"——东林党相互对立。

黄宗羲的父亲黄尊素正是东林党人。他为人正气凛然，在京担任监察御史时，多

第六章 文人活法：很多人想学李白，活得却像杜甫，最后成了高适

次弹劾魏忠贤，是阉党的眼中钉，因此惹祸上身。

天启六年（1626），阉党诬陷黄尊素贪污受贿，将他逮捕入狱，同年被捕的还有高攀龙、周顺昌等六人，他们被称为东林七君子。

作为长子，17岁的黄宗羲陪父亲赴狱。看着父亲含冤受苦，黄宗羲不忍，为救父一命，他四处奔走，向在京的同乡商贾和父亲的同年求救。

然而，黄尊素还是在当年六月不幸被害。死前，他在狱中赋诗一首：

> 正气长留海岳愁，浩然一往复何求？
> 十年世路无工拙，一片刚肠总祸尤。
> 麟凤途穷悲此际，燕莺声杂值今秋。
> 钱塘有浪骨门泪，惟取忠魂泣镯镂。

噩耗传到家中，举家哀恸。黄宗羲的祖父黄曰中当时还健在，白发人送黑发人，心中悲痛万分，在墙上写下："尔忘勾践杀尔父乎？"

春秋时期，吴王阖闾带兵与越王勾践交战，在战场上负伤。回吴国后，阖闾伤重不治，临死前，他对儿子夫差说了这句话。夫差继位后，再次攻越，几乎灭了越国。

祖父这是在告诫黄宗羲，一定要为父申冤，报仇雪恨。

黄宗羲没有等太久。父亲遇害第二年，明熹宗病逝，其弟朱由检即位，次年改年号为崇祯。

崇祯一上台，就为含冤而死的东林党人平反，对阉党进行了大清算，魏忠贤畏罪自杀，阉党作鸟兽散。涉及黄尊素一案的元凶，锦衣卫许显纯、崔应元和宦官李实等都在清算之列。

崇祯元年（1628），19岁的黄宗羲带上申冤状，行李中暗藏铁锥，入京讼冤。彼时的他，血气方刚正年少。

五月，刑部提审许、崔等人，黄宗羲出庭对证。杀父仇人就在眼前，黄宗羲义愤填膺，按捺不住，趁旁人不备，抽出藏于袖中的铁锥，快步上前，往许显纯身上猛刺。主审官员惊呆了，一时都忘了叫人阻拦。

昔日威风八面的锦衣卫金事许显纯被刺得浑身流血，连连求饶，还狡辩说，自己是孝定皇后的外甥，应该从宽处理。

黄宗羲当即驳斥道："许显纯和魏忠贤狼狈为奸，残害忠良，已经是谋反之罪。即使是朱高煦、朱宸濠这样的亲王，造反了照样要受刑，何况许显纯不过是个外戚！"

随后黄宗羲又把崔应元拉过来狠狠揍了一顿，拔了他的胡须带到父亲灵前祭奠。

几日后，刑部审讯李实。一旁的黄宗羲又掏出铁锥，正想故技重施，吓得李实赶紧招供。

最终，许、崔、李等人都依法伏诛，黄尊素沉冤昭雪，大仇得报。

黄宗羲大闹刑部衙门的壮举传遍天下，一时成为人们交口称赞的大孝子。

2

父亲的惨死让年少的黄宗羲了解到大明王朝的腐朽。他一心想继承父亲遗志，上报国家，下安黎庶。

黄尊素在世时曾对黄宗羲说："你太粗心，没必要看时文，但历史不可不读，把家中那套《国朝献征录》涉猎便可。"

结果，黄宗羲非但是个潜力股，还很用功，他潜心修学，博览群书，并拜浙江当地的大儒刘宗周为师。不出几年，就誉满江南。

这位刘宗周也是个性十足的人物，一生都想着报效朝廷，却频频被贬。

崇祯年间，年老的刘宗周再次被起用，可崇祯想安邦治国，刘宗周说要先治心；崇祯求才心切，刘宗周偏说操守为重；崇祯想命传教士汤若望制造火器，刘宗周却说那是异端邪说。

崇祯说，得，您老回家歇会儿。刘宗周再次被革职。

明末，文人结社大行其道，党争不断。实际上就是瞎折腾，于国于民，并无益处。

黄宗羲也未能免俗，19岁进京讼冤时，他就认识了复社的首领张溥和张采。

崇祯三年（1630），21岁的黄宗羲到南京应试，有"小东林"之称的复社风头正盛，正在举办金陵大会。

机缘巧合下，黄宗羲加入了复社。

文人聚在一块当然要搞事情了。在复社期间，黄宗羲干的最大一件事，就是声讨阉党余孽阮大铖。

阉党失势后，本是魏忠贤走狗的阮大铖被削为民，逃到南京，利用文人结社的风气拉帮结派，平日里一副正人君子的模样，仿佛此前助纣为虐的劣迹早已一笔勾销。

崇祯十一年（1638），复社成员148人，以黄宗羲、吴应箕和顾杲等为首，发表《南都防乱公揭》，声讨阮大铖，揭露其伪君子的面目。

阮大铖一看形势不妙，担心被这群愤青揪出来清算旧账，只好逃到南京城外的牛首山上，继续暗中活动。

身在复社十余年，文人们除了组织集会、讨论文章和抨击时弊外，对于救亡图存并没有采取什么实际性的行动。

黄宗羲深知，复社成员"本领脆薄，学术庞杂，终不能有所成就"。何况，坐而论道，相互攻讦，这样一盘散沙救不了大明。

崇祯十五年（1642），黄宗羲再次进京，内阁首辅周延儒有意提拔他为官。黄宗羲谢绝了，不久就返回家乡，或许他已隐约感觉到，山雨欲来风满楼。

回到家乡不到两年，李自成的起义军就杀到了北京。大明，亡了。

3

在南京，阮大铖的哥们儿马士英拥立福王朱由崧为监国，建立了南明的第一个政权——弘光朝廷。把持弘光朝廷的马士英，让阮大铖担任兵部尚书。

阮大铖前几年才被复社整得抱头鼠窜，如今重新掌权，当然要好好报复，于是编了一份《蝗蝻录》，公开抓捕以黄宗羲等为首的签署《南都防乱公揭》的文人。

黄宗羲听说福王监国，便迅速赶到南京，希望为光复大明效犬马之劳。

谁知，他一来到南京，竟是自投罗网，直接让阮大铖给关了起来。

从17岁起，黄宗羲就誓与阉党势不两立，与其进行了近20年的抗争。可为何，如今国难当头，仍是豺狼当道，小人得志？

清军已经入关，很快就打到南京城下，弘光朝廷覆灭，黄宗羲趁乱逃出监牢，回到家乡余姚。

这时候，恩师刘宗周的死深深触动了黄宗羲。

清顺治二年（1645）五月，清军攻占杭州。清廷仰慕刘宗周名望，想请他出山。刘宗周不仅断然拒绝，还效仿商末伯夷、叔齐旧事，绝食而死。

黄宗羲知道，大明根基已经腐朽殆尽，无论是阉党上台，还是东林党执政，都挽救不了其覆灭的命运。但是，一身浩然正气还在，要实现心中抱负，就得靠自己。

杭州失守后，钱肃乐、张煌言等在浙东兴义兵，拥护鲁王朱以海，在绍兴建立新的南明政府。正在家乡的黄宗羲大受鼓动,和弟弟黄宗炎一起,变卖家产,招募数百义兵,建立"世忠营",投靠鲁王政权。

这是黄宗羲最后一次寄希望于南明朝廷。

一开始,浙东义军众志成城,凭借士气和地利,让清军占不到便宜。

可惜好景不长,适逢钱塘江大旱,清军趁机进攻,浩浩荡荡渡江,浙东失守,鲁王逃到闽浙沿海。

顺治三年(1646),黄宗羲率领残兵进入四明山,安营扎寨。四明山位于宁波与绍兴之间,与天台山相连,方圆800余里,山高险峻。黄宗羲手下不过几百人,可他仍然坚信,星火终将燎原。

顺治六年(1649),黄宗羲打听到鲁王的消息,前去朝见,向他建议,舟山、崇明可"相为首尾,窥伺长江,断其南北之援"。

鲁王流亡闽浙之间,长期在海上漂流,吃着海鲜喝着小酒,哪里还有心思反攻清军。黄宗羲的计划自然只是纸上空谈。

传言,黄宗羲还曾出使日本,想向他们借兵,但是无功而返。

斗争了大半辈子的黄宗羲,彻底心灰意冷。

不出两年,鲁王政权瓦解,黄宗羲被清廷追捕,只好隐匿于浙江一带,"无年不避,避不一地"。

一家人流离失所,日子并不好过,仅顺治十二年、十三年两年间,他的爱子、二儿媳和孙子就相继离世,黄宗羲哀叹:"八口旅人将去半,十年乱世尚无央。"

顺治十五年(1658),他听闻当年在复社时结交的挚友沈寿民还健在,不禁喜极而泣。

想起这些年来,战火纷飞,自己为抗清四处奔波,九死一生,竟然还有机会与友人重逢,作诗感慨道:

> 二十四年相隔绝,风霜吹老别时身。
> 君从樵猎埋名姓,吾夺头颅向剑唇。
> 落月梦中曾痛哭,山岚类处自逡巡。
> 骤闻消息反垂泪,两地犹然未死人。

4

顺治十八年（1661），各地抗清运动进入尾声，南明最后一个皇帝永历帝朱由榔被缅甸人擒获，献给清廷，次年被杀。

年过半百的黄宗羲也结束了他的"游侠"生涯，留在家乡的化安山龙虎草堂读书论道。

满怀抗清大志的文人们，当年同仇敌忾，如今劳燕分飞。

有的人归附清廷，如钱谦益。

有的人抗争到底，如张煌言。

黄宗羲走的道路，与他们都不相同。

黄宗羲一生著述等身，共写书60余种，达1400余卷。除了少数是在早年流亡时于"古松流水"间所作，其余都是在晚年时写就，其中就包括《明夷待访录》《明儒学案》等代表作。

生活磨平了黄宗羲的棱角，那个在大堂之上锥刺阉党的热血少年早已不再。隐居在化安山上的是超然物外，坐看云卷云舒的智者。

康熙六年（1667），黄宗羲重办证人书院，20多年前，他的老师刘宗周就是在这里设坛讲学。包括后来的知名大儒万斯大、万斯同兄弟在内，各地学子纷纷慕名投身于黄宗羲门下。

晚年的黄宗羲潜心治学，勤奋著述，其建立的续钞堂是远近闻名的藏书楼，但他仍觉得资料不足，于是到各地访书。

康熙十二年（1673），黄宗羲来到宁波范氏天一阁阅书，整理馆藏书目，写下《天一阁藏书记》。

康熙二十二年（1683），已经74岁高龄的黄宗羲还在江苏昆山徐乾学家的传是楼，查阅文集多达300余种。

老当益壮的黄宗羲，自己也不由得感叹，"年少鸡鸣方就枕，老年枕上待鸡鸣""一生将计数千载，百里还看九十行"。

在黄宗羲退隐著述期间，清廷也在不断调整统治政策。

康熙即位后，停止圈地，实行更名田，对汉族士人执行宽松的文化政策。汉族士大夫与清朝统治者的对立在康熙年间逐渐趋于缓和。

康熙十七年（1678），康熙决定在次年开博学鸿儒科，网罗各地士人。

浙江官员推荐了黄宗羲，康熙特地下旨礼聘，想尽办法拉拢。

黄宗羲拒不应召，自称"老母年登九十，子妇死丧略尽，家近山海，兵声不时撼动，尘起镝鸣则扶持遁命，二十年以来不敢妄渡钱江，渡亦不敢一月留也"。

黄宗羲以老母在家，不宜远游作为不应召的理由，未免有些牵强。其实，他对崇儒尚文的康熙颇有好感，也开始在文章中使用"康熙"年号，只是出于明朝遗民的立场，至死不愿在清朝为官。

康熙二十八年（1689），年近八旬的黄宗羲为坚守遗民底线，又拒绝了绍兴府的"乡饮酒礼"之邀。

乡饮酒礼是历朝礼制，地方长官需在乡学内设宴款待60岁以上的退休老官员，请他们参加射礼和饮酒礼。乡饮酒礼期间，当地士人都可到场。

黄宗羲接到邀请，立马就以年老体弱拒绝了。他要是去参加，就成了清朝的退休官员，自然是万万不可。

第二年，康熙又想起征召黄宗羲。他问刑部尚书徐乾学："海内可还有博学洽闻、文章尔雅两者兼顾的大儒呀？"

徐乾学答："据臣所知，只有浙江黄宗羲。他学问渊博，行年八十，仍手不释卷。"

康熙再次听到黄宗羲大名，立刻变成小粉丝，说："快把他召进京。"

然而，高冷的黄宗羲再次拒绝。黄宗羲承认康熙是当今天子，但始终不承认他是自己的"老板"。

此时，亲身经历家国之变的黄宗羲早已不再拘泥于明清鼎革、异族入主的界限，而是将关注重心放在制度和文化上。

他不仅要做大明的遗民，更要保存文脉薪火，传播自己的政治理念。

在其传世名著《明夷待访录》中，黄宗羲对君主专制进行了彻底批判，提出"设相分权""君臣共治""地方自治"等极具先进性的政治主张。他还提出"工商皆本"，反对重农抑商。

他的民本思想，甚至影响到200年后晚清的维新派。

康熙三十四年（1695），85岁的黄宗羲病逝。在此之前，他的长子和次子，还有无数志同道合的友人早已离世。

风云激荡的人生旅途，到最后越发孤独。

家人们按照黄宗羲的遗嘱，于其逝世后次日早晨，将遗体安放在石床上，白衣散发，不用棺椁，不加被褥，纸幡、纸钱等一概不用，就这样封闭墓室。

墓前立有两柱，上书："不事王侯，持子陵之风节；诏钞著述，同虞喜之传文。"

子陵，即严光，是汉光武帝刘秀的同学，早年曾帮助刘秀起兵。刘秀称帝后，却退居富春山，多次拒绝老同学的邀请，至死不愿做官。

虞喜，东晋隐士，注释《孝经》《毛诗》，研究自然科学，拒绝三任皇帝征召，留下著作数万言。

对于黄宗羲为何要用这样奇特的方式安葬，无人知晓。他的孙婿万承勋曾做出猜测，并作诗："恨非伍尚从亲日，痛异三忠殉国时。投骨荒山求速朽，此心不与一人知。"

春秋时，楚平王要杀大臣伍奢，命令他的两个儿子觐见，长子伍尚从命，和父亲一同遇害，次子伍子胥逃离楚国。

"三忠"是指浙东抗清义士中的王翊、董志宁和冯京第，他们都曾是黄宗羲的同僚，都在抗清战争中死难。

万承勋此诗的大意是：黄宗羲既没有在天启年间，和父亲一同在与阉党的斗争中慷慨赴死，也没能和"三忠"一样，为前朝壮烈殉国，心中有此遗憾，无人能解，只能裸葬，以求尸骨速朽，来表达内心伤痛。

与黄宗羲同时代的英国哲学家约翰·洛克曾说："我刚在世界上察觉到自己存在的时候，就发现已经置身于暴风雨中。"

黄宗羲的人生经历也是如此，几十年风雨飘摇，让他不只看到了明亡之鉴，更看清了整个专制制度的弊端。

在人生的最后几十年，他退居乡野，讲学著书。他想留给后世的，是足以启蒙国人的精神财富。

宋代大儒张横渠有言："为天地立心，为生民立命，为往圣继绝学，为万世开太平。"

黄宗羲，绝对是一位当得起"横渠四句"的超世之才。

第七章
将臣风雨：
苟利国家生死以,岂因祸福避趋之

诸葛亮生命的最后一年,都在忙什么?

蜀汉建兴十二年(234)八月,五丈原,萧瑟秋风起,一代名相陨落,徒留千古叹息。他前半生躬耕陇亩,韬光养晦;后半生鞠躬尽瘁,死而后已。他是一国的栋梁,智慧的化身,劳模的最佳代言人,任劳任怨的工作狂。他就是诸葛亮。

我们不妨来回顾一下,诸葛亮生命中的最后一年,到底是如何度过的。

1

在进行最后一次北伐前,诸葛亮处死了一名朝中大臣,且原因有些另类。

那年正月,车骑将军刘琰的妻子胡氏,进宫为太后拜年。谁知,太后竟特意留下胡氏,直到一个月后才放她回家。

刘琰这人能说会道,年轻时仪表出众,又与刘备是同宗,早在刘备做豫州牧时便被征为宾客,跟随刘备交际应酬,他自然以蜀汉元老自居。

而胡氏年轻貌美,进宫后失联长达一个月,刘琰便怀疑她与刘禅私通。刘琰越想越气,竟然拿鞋子狠狠抽打胡氏的脸,一番家暴后将她休弃,逐出家门。

胡氏心里委屈,离开家后即向有关部门控诉刘琰。那时候虽无女权运动,但事关皇室颜面,刘琰遂因此事被捕入狱。正当人们以为这只是一桩普通的家庭纠纷时,刘琰等来了意外的判决结果——处死,弃市,一时举国哗然。从此以后,大臣家眷入朝庆贺的惯例也取消了。

掌握此事话语权的,当然是诸葛亮,而他这么做,与其说是为了匡正风气,倒不如说是为了刘禅的声誉。

这也不是诸葛亮第一次擅自处置朝中大臣了,自开府治事以来,诸葛亮曾多次贬黜官员,如李严、来敏、廖立等。

武陵人廖立，曾被诸葛亮称赞为"楚之良才"。但此人恃才傲物，自认为可以担任诸葛亮的副手，却屈居于李严等人之下，整日怏怏不乐。

刘禅即位后，廖立被授为将军，还不满意，亲自去找诸葛亮发牢骚，诸葛亮也拿他没办法。

从此以后，廖立成了蜀汉政府有名的刺头，上至皇帝，下至群臣，没有一个他不吐槽的，他骂刘备，不该顾着荆南三郡，而迟迟不取汉中；他骂关羽，治军无方，大意失荆州；他骂向朗只会随大流，骂郭演长毫无主见。总之，在他眼里朝中就没有一个能人。

这些愤青言论传遍朝野，诸葛亮感到问题严重，便上表弹劾廖立，将他免官，废为平民，流放汶山。

就是与诸葛亮同为托孤大臣的李严，一旦有过失，也免不了被贬。

建兴九年（231），诸葛亮第四次北伐，六月，因连降大雨，粮草不继，负责后勤的李严向诸葛亮汇报情况，大军只好退回蜀中。

没想到李严失职在先，却恶人先告状，回朝之后，上奏诸葛亮擅自退兵，贻误战机。

李严这人很不厚道，此前曾多次要挟诸葛亮，如"求以五郡为巴州刺史""开府辟召"等，诸葛亮都做了妥协，并以李严之子李丰为江州都督督军，以"隆崇其遇"，北伐时，李严到汉中，诸葛亮命他以中都护的身份署丞相府事，总领大局。

虽然李严为一己私利步步紧逼，但诸葛亮对他的器重丝毫不减，如今李严血口喷人，诸葛亮立刻查明真相，上表弹劾，一点儿都不含糊。最终，李严被削职为民，流放梓潼。

有意思的是，在弹劾李严公文署名的诸臣中，名列第一的就是在诸葛亮最后一次北伐前夕被处死的刘琰。

李严被贬后，李丰仍官居原职，未受影响。因此，李严一直心存幻想，愿有朝一日能得到诸葛亮的原谅，让他再次起用自己。直到他得知诸葛亮病逝五丈原的消息后，才觉得再也没有机会东山再起，同年，忧愤而死。

为了稳定朝中政局，诸葛亮不惜展现自己独断专权的一面，采用钢铁手腕，消除不稳定因素，更不必说因罪被杀的马谡、张休和李盛等。

2

处理完朝中政事，才能放手一搏。234年二月，诸葛亮率10万大军从斜谷出兵北伐。

从史料中可以得知，蜀汉的调兵情况一向不容乐观，可说是倾全国之力，与残酷的命运抗争。

据统计，当时曹魏管辖九州，总户数66万，人口440余万，孙吴占据三州，总户数52万，人口约230万，而蜀汉所辖之地不过一个益州，总户数38万，人口不过94万。

诸葛亮征调各郡兵员、钱粮时，不少地方无法及时如数凑齐。史载，巴西太守吕乂曾为北伐招募士兵5000人交给诸葛亮，幸亏他"慰喻检制"，手下士卒才无人逃窜，这也说明，此前一直都有逃兵。

兵源不足一直都是困扰蜀汉的一大难题，为了缓和军中的消极情绪，诸葛亮想尽办法。他规定，出征时，士兵中每十人可有两人轮流回国休息，劳逸结合，但是10万人中，始终有8万人坚持在前线。

231年，诸葛亮与司马懿初次对阵时，蜀汉军中有人认为两军正激战，坚持轮休制不妥，可诸葛亮不以为然，严肃地说："我自统兵以来，从未失信。昔日晋文公出征，声称三日内攻陷城池，后来期限已到，城池将陷，他仍撤围退兵。古人尚且如此守信用，我们岂能失信于将士。下一批将士已束装待发，家中妻儿翘首以待，我们不能取消轮休。"

正是因诸葛亮治军严明，困乏的蜀汉将士方能同仇敌忾，与远强于自己的魏军拼死相搏。

234年，在诸葛亮出兵的同时，曹魏大将军司马懿率领军队渡过渭水，背水为营。司马懿对部下们说："诸葛亮如果胆子够大，从武功出兵，沿着秦岭往东，确实很有威胁；但他要是向西前往五丈原，则诸军无事。"

司马懿确实有先见之明，四月，诸葛亮果然率军驻扎在五丈原。正如司马懿所言，若诸葛亮东进武功，剑锋直指长安，蜀魏两军必将正面交战，一战定胜负，这不是司马懿想看到的。若蜀军以五丈原为根据地，则是为了借此攻略南北，切割曹魏防线，打消耗战，将魏军一一击溃。

擅长防守的司马懿不怕持久战，就怕大决战，诸葛亮稳扎稳打的谨慎战略正中其下怀。司马懿打算再次以持久战消耗蜀军粮草，逼其退兵。

魏军中也有其他将领看出门路，郭淮对司马懿说："若亮跨渭登原，连兵北山，隔绝陇道，摇荡民、夷，此非国之利也。"司马懿深知其中利害，派郭淮率精兵屯于北原，诸葛亮进军受阻，原定战略受挫，只得退回五丈原。

此时，诸葛亮并未慌张，因为他还有另一步棋，于是重操旧业，率军在五丈原开垦荒地，多少屯点儿粮草。五月，好消息终于传来，孙吴发兵10余万，分三路攻魏，配合蜀军作战。

曹魏举国震荡，魏明帝曹叡不得已率军亲征，与吴军交战。蜀吴两军合作默契，眼看就要成功，不承想才过了两个月，孙权又一次折戟合肥城下，掉头撤兵。这个小城，孙权从年轻打到老，愣是没啃下来，心里应该也很憋屈。

更憋屈的是诸葛亮，不怕神一样的对手，就怕猪一样的队友，孙吴这纸老虎，10万大军居然只打了两个月，这下蜀军还能靠谁，估计诸葛亮没少被孙权气着。

七月，吴军正式退兵。曹魏群臣认为，司马懿还在西边和蜀兵对峙，曹叡车驾可西幸长安，为其鼓舞士气。曹叡却很有自信，说："孙吴大军已撤，诸葛亮孤军无援，难成气候，司马懿足以抵挡，没有什么可以忧虑的了。"

3

这个时候，诸葛亮有些慌了。司马懿按"坚壁拒守，以逸待劳"的指示，继续与蜀军相持，转眼已过百日。

诸葛亮多次挑战，司马懿均坚守不出。诸葛亮急了，以至于连无厘头的手段都使出来，给司马懿送去女人衣物，嘲笑他太疣，毫无男子气概。奈何人家司马懿脸皮就是厚，不为所动。

为了平息部下的不满情绪，司马懿还得佯装动怒，上表请战。曹叡心照不宣，自然不许，并派老臣辛毗持节来到军中，"节制"司马懿的行动。

此后，诸葛亮又来挑战，司马懿就假装带兵出击，辛毗杖节立于营门，如同魏帝亲至，将士们无人敢动。

蜀军看对面这出好戏演得真出彩。姜维对诸葛亮说："辛毗执持旄节而来，看来司马懿是不会出战了。"还是诸葛亮了解对手，他对姜维说："小姜啊，司马懿本就无心出战，之所以故意请战，只是为了平息众怒。将在军，君命有所不受，他若要出战，岂用千里而请战呢？"

八月，诸葛亮再度遣使求战，司马懿见了使者不谈军事，倒唠起家常："诸葛公饮食起居如何，一顿能吃多少米？"使者如实说："三四升。"之后，司马懿又问营中政事，使者答："二十军棍以上的处罚，丞相都要自己阅批。"这使者还真是老实人，什么事都往外说。

经过这一番询问，司马懿回头对部下们说："诸葛亮死期不远了。"

事必躬亲，这是诸葛亮平生最让人可敬的地方，也是他的一大"缺点"。

曾经有一次，诸葛亮亲自核对文书簿册，丞相府主簿杨颙见了，径直入内，进谏说："治理国家应该有一定体制，上下级工作不可相互混淆。请允许我用治家之道打个比方。现在有个主人，手下男仆耕田，女仆烧饭，雄鸡司晨，狗看家防盗，牛负重载货，马奔驰远途。这样，一家工作都没荒废，各方要求也都能得到满足，主人从容无忧。突然有一天，主人想亲自去完成所有的活儿，劳累体力，为那些琐碎的事情，累得精疲神乏，到头来一事无成。难道他的能力连奴婢、鸡犬都不如吗？其实是违背了一家之主的原则。古语云：'坐而论道谓之三公，作而行之谓之士大夫。'当初，邴吉不去理会路上尸体，而担心牛因热而喘气，陈平不会过问国家赋税的问题，他说：'自然会有人负责。'他们都尽到了自己的职责。现在您治理国政，竟亲自核对文书，整天忙得满头大汗，这不是太劳累了吗？"

诸葛亮听完杨颙的长篇大论，由衷表示感谢，却没有改掉这个坏习惯。孟子曰："劳心者治人，劳力者治于人。"身为超世之杰的诸葛亮，大半生都在劳心劳力，直至身染重病，值得尊敬，也引人深思。

身体长期超负荷，自然吃不消，234年八月底，诸葛亮实在撑不住了，他巡视军营，检阅三军，安排好后事，心中依旧放不下未竟的事业，只能遥望长安，仰天长叹。之后，不幸病逝于军中，享年54岁。

出师未捷身先死，长使英雄泪满襟！

4

司马懿得知诸葛亮的死讯，急忙带兵来追。蜀将姜维摇旗鸣鼓，装作要反戈一击的样子，司马懿恐有埋伏，不得不率军后撤。

老百姓知道这件事后，特地作了一句谚语"死诸葛吓走生仲达"来嘲讽司马懿。司马懿自己倒是丝毫不放在心上，笑说："这是因为，我虽擅长预料活人的事，却不善于预测人的生死啊。"

魏军行至蜀军安营扎寨处，司马懿亲眼见到对手营寨，不禁叹曰："天下奇才也！"虽然骨子里是完全不同的人，但司马懿仍由衷地赞赏诸葛亮，能够得到对手至高的评价，足见孔明的超凡之处。

诸葛亮之死，还牵扯到一桩公案，即魏延之死。

《三国演义》对这一段进行改编，写诸葛亮授意马岱，趁机斩杀魏延。这可说是对诸葛亮的污蔑，其实他并未亲身卷入魏延的冤案。

诸葛亮临终前忽视魏延，确有其事。在关于撤军问题的会议上，诸葛亮竟一时撇下军中拥有最高军事地位的征西大将军魏延，而只与丞相府的僚属杨仪、费祎、姜维等商议，并由丞相府长史杨仪主持退军事宜，让魏延断后的确不公，但人之将死，托付亲信，实乃常情。

可若说诸葛亮意图杀魏延以维稳，那就有待商榷了。

魏延为蜀汉立下汗马功劳，是刘备在世时最器重的大将之一，追随刘备从荆州到益州，升迁速度鲜有人可比，可他为人孤傲，又善养士卒，着实让人头疼。诸葛亮很爱惜这一人才，在诸葛亮去世前两年，魏延曾与刘琰在军中争吵，诸葛亮还以刘琰说话狂妄荒诞为由，对其进行责备，遣送回成都，果断站在了魏延一边。

魏延与负责后勤的杨仪早有矛盾。杨仪也有性格缺陷，他不但与魏延有隙，还与刘巴、蒋琬等同属后勤派同僚不和，诸葛亮本人也知他"性狷狭"，可管理后勤的才能确实出类拔萃。诸葛亮爱惜二人之才，不忍有所偏废，这在一定程度上也决定了这两个蜀汉英杰的悲剧结局。

诸葛亮死后，杨仪和魏延的内斗迅速升温，两人都互相上表刘禅说对方谋反，刘禅一时也不知道该相信谁，而朝中的文臣都偏向杨仪。最终魏延失势，杨仪派遣马岱追杀，并夷其三族。值得一提的是，今五丈原诸葛亮庙，守山门的两尊塑像，就是"魏延"和"马岱"，想必当初的设计者有几分黑色幽默。

魏延与杨仪内斗时，蒋琬还率领"宿卫诸营"要赶去现场做做样子，走到途中听说魏延已死,就返回成都去了。

鹬蚌相争,渔翁得利,杨仪很快被蒋琬、费祎等实权派架空,受到冷落的杨仪竟发怨言说,悔不当初没有叛逃到曹魏,这种话可是大逆不道。费祎趁机"密表其言",杨仪被废为民并判流徙,之后又因过激言论下狱自杀。

5

按照诸葛亮的遗嘱,他的遗体归葬于汉中定军山,身着寻常服饰,无须其他陪葬物,坟墓依山势修建,墓穴大小能容纳下棺木即可,所谓"生为兴刘尊汉室,死犹护蜀葬军山",现在汉中市勉县定军山脚下的武侯墓便是由此发展而来。

现在,从汉中到西安,只需要两个小时,可是在当时,诸葛亮用了一辈子也没走完。

诸葛亮死时,家无余财,其住所在成都城南郊外,仅有薄田15顷,桑800株,他忙碌了大半辈子,从来没有为子孙谋取私利。

在最后一次北伐期间,诸葛亮曾写信给远在孙吴的哥哥诸葛瑾,心中满满的是对儿子诸葛瞻的期待与关怀,信中称:"瞻今已八岁,聪慧可爱,嫌其早成,恐不为重器耳。"那一年,诸葛亮又作《诫子书》与年幼的诸葛瞻,愿他时时勤读,牢记教诲,这篇文章亦是千古名篇:

"夫君子之行,静以修身,俭以养德。非澹泊无以明志,非宁静无以致远。夫学须静也,才须学也,非学无以广才,非志无以成学。淫慢则不能励精,险躁则不能治性。年与时驰,意与日去,遂成枯落,多不接世,悲守穷庐,将复何及!"

这是作为父亲的诸葛亮,温情而严厉的一面。

诸葛亮去世的消息传回蜀中,蜀汉各地都上书请立诸葛亮庙,此举因违背礼制而未被采纳,于是百姓只能在特定的节日于道路上私祭孔明。一直到景耀六年(263),刘禅才在沔阳为诸葛亮立庙。在此之后,中华儿女对孔明的崇拜,延续1000多年。

从某种意义上说,诸葛亮其实是一个失败者,却在历朝历代得到了远胜于无数成功者的礼赞,诚如钱穆先生在《国史新论》中对他的评价:"有一诸葛,已可使三国照耀后世,一如两汉。"

如今,很多年轻人面对未来有种深深的无力感,可这种感觉哪里比得上诸葛亮最后一次北伐时感受到的压抑和焦虑。

大多数庸碌无为者早已习惯了朝三暮四、一曝十寒,殊不知,漫漫长路缺的恰恰是那几分承君一诺、必守一生的执着,而这正是后世怀念孔明的一大原因。

诸葛亮的继承者们，都是些什么人？

1

对蜀汉而言，建兴十二年（234）的秋天显得格外萧瑟。此前，从五丈原传来噩耗，率军北伐的丞相诸葛亮病重，危在旦夕。尚书仆射李福奉刘禅之命，星夜兼程，赶来探望。

嘘寒问暖一番后，李福辞别诸葛亮。可没过几天，又折返回来，只因他此行还有另一个目的，就是询问孔明本人，在其百年之后，谁可继承大任。

诸葛亮了然，说出早已想好的两个名字：蒋公琰、费文伟，这两个人可相继接任。蒋公琰，即蒋琬，费文伟，即费祎。李福又问，费祎之后，谁可继之。诸葛亮闭口不答。

八月，诸葛亮病情恶化撒手人寰，蜀汉的一个时代结束。他走了，留下"汉贼不两立，王业不偏安"的政治路线，还有"北定中原，兴复汉室"的未竟事业。

诸葛亮治蜀12年，续结吴好，平定内乱，务农殖谷，峻刑重法，给蜀汉留下了宝贵的财富，而他临终时的人事安排，更使国家得以维持稳定，在随后30年仍旧称雄一方。

蒋琬、费祎以及他们的得力助手董允，都是诸葛亮常年培养的得力干将，这三人为延续蜀汉国祚通力合作。蜀中百姓感念他们为蜀地繁荣作出的贡献，将诸葛亮和蒋、费、董三人称为"四相"（四英）。

蒋琬是蜀汉集团荆州系的老官员。赤壁之战，一把火烧却了曹操一统天下的梦，也造就了战后曹、刘、孙三分荆州的格局，刘备先后夺取武陵、零陵、长沙、桂阳等荆南四郡。

就在这时，零陵郡湘乡（今湖南湘乡）人蒋琬慕名来投，他从年轻时就是乡里有名的知识青年。

建安十九年（214），刘备平定蜀地，任命刚来不久的蒋琬为广都县令。

某天，刘备出巡到广都，见这蒋县令新官上任，非但不理政务，还喝得烂醉如泥，顿时怒火中烧。我给你发工资，你居然吃白饭，一想就来气，要把蒋琬下狱处死。同行的诸葛亮一看刘备发火了，赶紧劝谏："主公啊，蒋琬是社稷之器，非百里之才。他主政是以安民为本，不搞面子工程那些虚的，望您明察。"

冲动是魔鬼，又有诸葛亮做担保，刘备冷静不少。蒋琬保住一命，仅被免官，不久，调任什邡县令。

因为这茬儿，刘备记住这个人了，我看你小蒋骨骼清奇，将来必成大器。几年后，刘备进位汉中王，将蒋琬调到了中央。

诸葛亮执政时，蒋琬备受重用，官至丞相长史，负责北伐期间的后勤任务。诸葛亮曾称赞道："蒋公琰忠心报国，宽宏雅量，应当是能与我共同兴复汉室的人啊。"同时密表刘禅："如果臣遇不幸，军国大事可以全权交给蒋琬。"诸葛亮对蒋琬的信任可见一斑。

2

蒋琬和诸葛亮同为蜀汉官员荆州系的代表，而费祎、董允则是益州系"东州士"的代表。

所谓"东州士"，就是东汉末年由荆襄、中原等地逃到蜀地避难的一个士人群体，据常璩《华阳国志》载："时南阳、三辅民数万家避地入蜀，焉恣饶之，引为党与，号东州士。"这些人才，很多在刘备入蜀前后来归附。

费祎，江夏人，年少丧父，跟着叔父费伯仁过日子。费伯仁和益州牧刘璋攀上亲戚，于是带着小费祎由荆州入蜀。

董允，出生于荆州南郡，祖籍江州，时值天下大乱，其父董和举家西迁，回到蜀中，得到刘璋重用。

这两人是发小，年轻时共同闻名于蜀中，难分伯仲，人们也常将此二人做比较。

有一回，客居蜀地的名士许靖丧子，董允与费祎想出席葬礼。于是，董允向父亲董和请求车驾，董和家里没有"劳斯莱斯"，只给董允和费祎派了一辆鹿车。鹿车是一种轻便简陋的小车,可由一人推行。董允见状,面露难色,费祎却不以为意,从容上车。

到了许靖府上,董允见来宾坐的都是豪车,相比之下自己真寒碜,脸上一个大写的"穷"字,心情更不好了,费祎呢,依旧泰然自若,光彩照人。

回来后,乘车人把所见所闻告诉董和。董和也不护短,对儿子说:"我以前一直觉得你和费文伟难分优劣,现在,我知道你的不足之处了。"言外之意就是说,董允德行不如费祎。

刘备入蜀后,费祎、董允俱被起用。章武元年(221),刘备称帝,立刘禅为太子,董允与费祎同为太子舍人,此后长期在中枢,为诸葛亮所重用。建兴三年(225),诸葛亮平定南中,班师路上,朝中众臣数十里外夹道欢迎,而诸葛亮唯独请费祎上来同坐一车,众人不禁对费祎刮目相看。

诸葛亮初次北伐时,上《出师表》,特别强调:"侍中、侍郎郭攸之、费祎、董允等……愚以为宫中之事,事无大小,悉以咨之,然后施行,必能裨补阙漏,有所广益。"他恳请刘禅要亲贤臣,远小人,如果董允、费祎等不能建言献策,没有"兴德之言",应将他们治罪。

3

蜀汉后主刘禅在位期间,大致可以分为三个时期:223—234年,由诸葛亮辅政;234—253年,蒋琬、费祎执政;253—263年,奸臣陈祗与黄皓得势。其中,蒋琬与费祎连续执政长达19年,几乎占了蜀汉历史的一半,他们治蜀的功绩不逊于孔明。

诸葛亮病逝后,刘禅采纳他临终的建议。蒋琬被任命为尚书令,领益州刺史,后又迁大将军、大司马,开府治事。

所谓开府,就是建立府署,自选僚属,这是少数高官享有的特权。钱穆先生曾在其名著《国史大纲》中提出一个"二重君主观念"的概念,是指东汉末年以后形成的政治格局,皇帝与臣民是第一层君臣关系;有权开府的官员与所征辟士人则形成第二层君臣关系。

宰相开府意味着可以培育自己的政治势力,可见,此时蒋琬的权势不亚于当年的诸葛亮,而且他明察善断,虚怀若谷,有孔明之遗风。

针对军事,蒋琬主张守边为主,以静制动。为此,他将北伐大本营由汉中移至涪县，这里水陆通达，利于进攻退守，并大胆提出沿汉水、沔水东下，攻取魏兴、上庸的计划。

针对内政，蒋琬重视农田水利，与民休息。他不再发动大规模的军事行动，大大减轻民众负担。

对于人才，蒋琬看重部下能力，不拘小节。

东曹掾杨戏是个直肠子，为人直爽，不喜欢溜须拍马，从不无缘无故讲别人好话。蒋琬有时与他谈话，也被无视。有好事者意欲从中挑拨，对蒋琬说："府中的杨戏官不大，架子却不小，竟然对您都爱答不理。对上司如此傲慢无礼，难道不应该治罪吗？"

蒋琬却说："人心不同，各如其面，表面上顺从，背后捅刀子，这才是我们要引以为戒的。杨戏若是无端赞赏我，肯定不是出于他的本意，若是有理反对我，那说明我确实不对。他这样默然不答，说明他真是个爽快人啊！"

另一个官员，督农杨敏，曾恶意中伤蒋琬，公开说："蒋公琰办事糊涂，实在不如前人。"有人将此话告诉蒋琬，觉得应该以此治杨敏的罪，可是蒋琬说："我确实不如前人，杨敏说得好啊。"后来杨敏犯罪入狱，大家都以为杨敏必死，但是蒋琬依法处置，没有借此机会报复，其宽宏雅量如此。

在蒋琬的执政下，蜀汉君臣和谐，国力逐渐恢复，很快就从诸葛亮逝世后远近危悚、人心惶惶的困境中走出来。

此番成就离不开费祎的辅佐，蒋琬以稳重严整见长，费祎则以敏捷干练著称，两人性格迥异，出自不同派系，却同是诸葛亮钦定的继承者，能够优势互补，和衷共济，每遇大事，一定要在一块细心协商。

蒋琬任大将军时，费祎代蒋琬为尚书令。延熙二年（239），蒋琬进位为大司马，四年后，费祎升迁大将军，录尚书事，二人相辅相成。

延熙九年（246），蒋琬去世后，费祎全盘接手，延续休养生息的政策，对坚持北伐的姜维予以牵制，以至于让姜维所统帅的军队常兵不满万，在北伐战场上难以施展拳脚。这样的安排利大于弊，毕竟蜀汉国力有限，实在难以与曹魏抗衡。

仅从人口上分析，有学者估算，魏蜀两国初建的黄初二年（221），魏国人口103万户，682万人，约占三国总人口的60%；蜀汉人口20万户，132万人，占三国总人口的12%。两者相差悬殊。费祎死后，姜维兴兵北伐，依旧徒劳无功。

费祎"识悟过人"，应付军国大事效率极高，看文件时只要用眼睛扫一遍就能很快知道文章大意，事半功倍，且过目不忘。他平时只有早晨和傍晚上班，其余时间用来接见来宾，吃喝玩乐，业余时间还喜欢和友人下棋。休闲娱乐时心无旁骛，工作之时全身心投入。

董允担任费祎副手时，也想过学老朋友的样子，轻松处理政务，但不到十天就全乱套了。董允对此十分感叹："人与人的才能有时候竟相差如此悬殊。我用一整天来处理政事都觉得时间不够，远远不及费文伟那么轻松啊！"

4

与蒋琬、费祎齐名的董允长期担任他们二人的助手，官至侍中、尚书令。不同于蒋、费二人独当一面，总领一国，董允的职责主要还是劝谏蜀主刘禅，继承了诸葛亮"家庭教师"的职务。

董允在时，每每弹劾刘禅身边小人，义正词严，很有威慑力，深受刘禅宠爱的宦官黄皓不敢为非作歹，见了董允只得唯唯诺诺。

而刘禅好的不学，就爱拈花惹草，曾想要广采民间美女以充后宫。众臣皆不敢多言，只有董允仗义执言："自古以来，天子的后妃之数不过十二，如今您已是嫔嫱满室，不宜再选民女进宫。"刘禅不得已放下架子，请董允通融一下。董允丝毫不退让，就是不给刘禅面子。刘禅执拗不过这个老顽固，只好放弃选美。

延熙九年（246），董允病逝，代替他为侍中的陈祗为人奸佞，与宦官黄皓互为表里，祸乱朝政，没有了董允的监督，刘禅也彻底放飞自我了。

就在刘禅只顾着花天酒地，宫廷内部乌烟瘴气时，国家支柱也轰然倒塌。董允去世七年后，热衷于娱乐活动的费祎太过放纵，在与僚属举行岁首大会，庆祝新年时喝得酩酊大醉，被一个叫郭循的官员拔剑刺死。

这个郭循，本是魏人，投降蜀汉不久，人心未附，甚至可能本身就是间谍。"宽济而博爱"的费祎肯定没有想到自己身边居然隐藏着这么大的祸患。

一代名臣，就这样死得不明不白。

费祎遇刺身亡后，蜀汉再无贤相，蜀汉的日子也差不多到头了。

豁达开朗的费祎"雅性谦素，家不积财"，他的儿子们布衣素食，出门没有车马相随，不仗势欺人，与寻常人家无异。

刚正不阿的董允是《三国志》中鲜有的"子不系父，可别载姓"的人物之一（正史中常把子孙后辈的事迹记载在父祖兄长的事迹之后，合为一传，但陈寿将董允独立成传），被他打压多年的黄皓在魏军进军成都后，还想向邓艾行贿，意图东山再起，被邓艾下令处死。

临危受命的蒋琬继承孔明大志，深受世人爱戴。263年，钟会率军伐蜀，还特地致书蒋琬之子蒋斌，声称要亲自去蒋琬坟上祭拜。

蜀汉四相皆受命于国家危难之际，奋力挽救国之颓势，尽忠职守，治国三十载，为延续蜀汉国祚殚精竭虑。

可无论是一心北伐的诸葛亮，还是力主休养生息的蒋琬、费祎、董允，都阻止不了蜀汉的灭亡。成都身死日，汉将有余哀。该走的，留也留不住。

真实的狄仁杰：为什么他比"神探"更威武？

1

47岁以前的狄仁杰，无论是在唐朝，还是在后世，其实并不出名。

这一年是唐高宗仪凤元年（676）。虚岁47岁，来自大唐并州（今山西太原）的狄仁杰（630—700），正式担任六品官职的大理丞，这位主管刑狱的中年人，上任第一年即判决了大量积压案件，涉及1.7万多人，而涉案人员竟然全部称允公道，没有一人喊冤申诉。

这是大唐（618—907）国史上，司法界的一个奇迹，狄仁杰由此名声大震，后世称他为神探，也由此开始。

甚至唐高宗李治也感受到了这位六品官员的威严。

当时，武卫大将军权善才，由于误砍了唐太宗李世民所落葬的昭陵的一棵柏树而被人揭发，作为太宗之子的李治对此非常愤怒，坚持要将权善才处死，但就是那个小小的六品官、主管刑狱的大理丞狄仁杰站了出来，坚决反对执行皇帝的最高指示。

狄仁杰说，依照法律，"盗园陵草木"，普通人应该判处二年半的徒刑，权善才作为大将军，在刑罚之外，也就是免职处分，罪不当死，而皇帝却凭一时怒气就想杀人，已经逾越了法律，于法不可、于律无据，狄仁杰力谏唐高宗说："陛下为昭陵一棵柏树，就要杀一个大将军，千载之后，人们将把陛下当作什么样的君主？这就是臣所以不敢奉命杀权善才的缘故，臣唯恐陷陛下于不道。"

李治虽非父亲李世民一般的雄才英主，但却有求治之心，在狄仁杰的力谏下，权善才得以免于一死。这一切，都被当时与李治一起并称"二圣"的皇后武则天看在眼里。

这位临近50岁才在朝中崭露头角的干吏，随后被提拔为侍御史。

这位出身低级官僚家庭却凭着真本事考上"明经科"的才子，此前只是一个默默无闻的低级官吏，然而，他的胆子却分外的大。当时，唐高宗宠信左司郎中王本立，仗着天子的宠爱，王本立到处犯法，朝中上下人人畏惧、无人敢言，但狄仁杰却列呈证据，向唐高宗直接告状，要求将王本立逮捕惩治。

唐高宗舍不得，想庇护王本立，狄仁杰于是挺身直谏说："国家虽然缺少英才，但怎么也不会缺少王本立这样的不肖之辈！陛下岂能因为偏袒罪人而亏王法？如果非要曲法宽赦王本立，就请把我流放到无人之境，让那些忠贞之臣引以为戒，以免将来重蹈我秉公申诉的覆辙！"

狄仁杰这种大义凛然的气魄，连皇帝都不得不为之慑服。无奈之下，李治同意依照法律给王本立定罪。朝野上下由此震动，大家知道，大唐又出了个像魏徵一样不怕死的老家伙，竟然敢从皇帝手上索人治罪，这可不是好惹的。

2

与电视剧上热播的少年狄仁杰不同，实际上，狄仁杰成名很晚，即使到了59岁这一年，他的人生仍然坎坷艰难。

唐睿宗垂拱四年（688），号称"大帝"的唐高宗李治（628—683）已经去世五年，此时的大唐，尽管名义上的皇帝是李治的儿子唐睿宗李旦，但真实的掌权者却是李旦的母亲武则天。

此时，武则天正在加紧谋划称帝，并任用酷吏来俊臣、索元礼等人大肆制造冤狱，屠杀李唐宗室和支持李唐的大臣。

在这种恐怖的政治氛围下，688年，博州（今山东聊城）刺史、琅琊王李冲被迫起兵谋反，李冲的父亲豫州（今河南汝南）刺史、越王李贞也起兵响应，随后，武则天命令宰相张光辅出征平叛，李冲、李贞很快被杀，狄仁杰随后也被武则天派为豫州刺史，前往安抚当地。

叛乱刚刚平息，被判定要株连处死的罪犯家属达六七百人，另有5000多人被籍没入官为奴，武则天给予狄仁杰的指示是，要迅速将罪犯家属全部处斩，但狄仁杰却抗命了。

狄仁杰向武则天秘密请奏说，这些罪犯家属只是无奈被叛军裹挟，其本心并非想造反，因此恳请天后能哀怜他们的过失。最终，武则天允诺特赦这批死刑犯，这批为数近 700 人的罪犯家属最终得以逃过一劫。

然而，豫州却面临着更大的危难。

当时，指挥平叛的是宰相张光辅，但张光辅的部队却在豫州境内到处勒索平民且斩杀无辜百姓，用他们的人头冒功。对此，只是身为刺史的小小地方官狄仁杰，冒着被杀的危险，直接面斥大军统帅、宰相张光辅说："乱河南的，只是一个越王李贞。但你指挥 30 万大军到豫州后，却到处残杀无辜，这是比一万个李贞还要残酷的啊！如果我有皇帝赐予的尚方宝剑，能够架在你脖子上的话，我虽死无憾。"

一个小小的刺史，却敢于如此"威胁"当朝宰相，这也使得张光辅非常愤怒，只是碍于狄仁杰是武则天亲自指派的地方官，张光辅才强压怒火。随后，张光辅启奏狄仁杰有"不逊"之罪，并将狄仁杰官职降低一级、贬为当时相对偏僻的复州（今湖北仙桃等地）刺史。

这一切，想要称帝的武则天，都看在眼里。

就在丈夫李治去世七年后，将两个儿子唐中宗李显和唐睿宗李旦先后驱赶下台，690 年，武则天在这一年正式宣布改唐为周，自立为帝。

改朝革命，杀人自然是免不了的事。

在武则天的指示下，武周境内酷吏当道、杀伐四起，为了杀尽"李唐余孽"，酷吏来俊臣等人大肆制造冤狱屠杀李唐宗室和功臣，以致当时的朝臣们每次上朝，总是战战兢兢地跟家人诀别，因为一去，就不知道是否还能活着回来了。

但武则天杀人，主要针对的是李唐宗室贵族和中上层官僚，在她看来，李唐起家，主要依据的是关陇集团（指北魏时期开始兴起的，位处陕西关中和甘肃陇山一带的门阀军事势力），所以她就要反其道而行之，重用山东（指河南西部的崤山以东）那些家世相对平凡的寒门势力，来对抗李唐赖以立国的门阀势力和关陇集团。

正是在这种政治背景下，才华出众、干练忠直，并且跟武则天还是并州（今山西太原）老乡的狄仁杰，自然成了一代女皇心仪的能臣干吏。

因为在武则天看来，酷吏只能用一时，而不能用一世。夺权称帝，必须要用酷吏杀伐开路，但一旦帝位得手，治理天下，还是要储备一些人才才行。所以，尽管武则天纵容酷吏来俊臣等人胡作非为，但对于狄仁杰、徐有功、魏元忠等一批能臣干吏，她却予以保护。

在李唐旧臣几乎被扫荡一空的情况下，武周天授二年（691）九月，被女皇心仪的干臣狄仁杰，直接从洛州司马升任地官侍郎，并代理尚书事务、加授同凤阁鸾台平章事，正式成为武周的宰相。

3

但狄仁杰第一次拜相，只有短短的四个多月。

在见到狄仁杰后，武则天说："你当地方官的时候，政绩很不错，但有人一直在中伤你。你想知道这些人是谁吗？"

狄仁杰却回答说："如果陛下认为臣做错了，臣当改过；如果陛下明白臣并无过错，这是臣的幸运。臣不想知道中伤我的人是谁，因为这样，我就能继续把他们当成我的朋友。"

狄仁杰虽拜相，但在一心想成为武周太子的武则天的侄子武承嗣看来，狄仁杰始终是李唐老臣，看起来并不可靠，于是在武承嗣和酷吏来俊臣的诬陷下，狄仁杰被以"谋反"罪名逮捕。

在狱中，酷吏王德寿直接向狄仁杰指示说，只要狄仁杰答应协助诬陷其他官员，就可以免去狄仁杰的死罪，对此狄仁杰悲愤地说："皇天后土在上，竟然要我狄仁杰做这样的事情！"说罢，狄仁杰直接一头撞到柱子上，当场血流如注，他宁愿自杀，也不愿意诬陷同僚。

王德寿无奈，只好悻悻离去。

尽管侄子魏王武承嗣多次请求，以有"谋反"之嫌杀掉狄仁杰，但似有所悟的武则天并未答应，只是将狄仁杰贬到彭泽（隶属今江西九江）当县令。

彭泽，正是东晋时那个"不愿为五斗米折腰"的陶渊明曾经当过县令的地方。

在利用酷吏铲除反对势力后，武则天反过来，又开始对曾经作为自己爪牙的酷吏们下手了。

武则天在690年称帝后，为了提升人望，缓和与剩余朝臣的矛盾，先是杀掉了酷吏丘神勣、周兴、索元礼和傅游艺，"以慰人望"。

接下来，697年，武则天又下令杀掉了作为自己心腹爪牙的酷吏来俊臣，对外宣称的名义是，"以灭苍天之愤"。

酷吏们不懂得"狡兔死，走狗烹"的道理，但武则天却清醒地知道：谋权，可用酷吏；但治国，只能用干臣。

这就是历史上所谓的"尊时宪而抑幸臣，听忠言而诛酷吏"。

在此情景下，武周万岁通天元年（696），狄仁杰被起用为冀州刺史，随后升任幽州都督，并整军抵御契丹入侵；神功元年（697），狄仁杰再次被拜为宰相，担任鸾台侍郎、同凤阁鸾台平章事，并加授银青光禄大夫。

这一次，狄仁杰当了三年宰相，一直到他去世，武则天都对他信任有加。

通过诛酷吏、用贤臣，武则天让自己从一个血腥暴虐、残杀异己、夺权谋国的女政客，逐渐变成了一个承上启下、治国理政、为孙子唐玄宗锻造了"开元盛世"基础的女政治家。

政客与政治家，差距就在一个来俊臣和一个狄仁杰之间。

从这个意义来说，武则天成就了狄仁杰，狄仁杰也成就了武则天。而唐太宗之后、唐玄宗之前的大唐，能称得上"政治家"这三个字的，只有他们两个，如此而已。

4

武则天比狄仁杰大6岁，在她看来，彼时的大唐，只有狄仁杰一人，才称得上是她的股肱重臣。

在武则天看来，狄仁杰在第二次拜相后，为武周伐契丹、抗突厥，无论是文治还是武功都才华横溢，因此，这位一生杀人无数、残酷暴虐的一代女皇，在狄仁杰面前，却是个十足的温柔和蔼的形象，武则天对狄仁杰，在这一时期开始称呼其为"国老"，并且特许狄仁杰在朝堂上不用下拜，武则天说："每见公拜，朕亦身痛。"

而老来拜相，在古代的风烛残年之际，才登上人生巅峰的狄仁杰，已经老了。

第二次拜相这一年（697），狄仁杰已经68岁（古人算虚岁），近古稀之年，他仍然为武周东征西讨，出将入相，但他心中挂念的，仍然是武周的未来，和李唐的复名与延续。

当时，武则天的侄子武承嗣一直在谋求立为太子，并几次三番，试图加害武则天剩下的两个儿子李显和李旦（武则天另外两个儿子李弘和李贤，为武则天所杀），对此，狄仁杰等"护唐派"则一直坚持请立武则天的亲生儿子为太子。

狄仁杰对武则天说："皇帝您与武承嗣只是姑侄，而庐陵王（李显）却是您的亲生儿子。姑侄与母子之间，到底哪个更亲呢？"

为了发动更多人游说武则天，狄仁杰甚至还对武则天的男宠张易之和张昌宗兄弟说："天下思念唐朝的恩德已久，你们以色相侍奉君王，一旦皇帝驾崩，作为男宠和皇族的丑闻，是有被除掉灭口的性命之忧的，所以不如参与劝立庐陵王（李显）为太子，为自己立点功劳，以求日后自我保全。"

于是，在狄仁杰等效忠李唐的老臣们的不断游说下，以及张易之、张昌宗兄弟的枕边风念叨下，圣历元年（698）三月，武则天最终下令将亲生儿子庐陵王李显，从贬黜地房州（今湖北房县）接回了洛阳。

在引出李显后，武则天对着狄仁杰说了一句："还卿储君！"

狄仁杰则跪倒在李显面前，泣不成声，扶都扶不起来，因为他知道，他所为之奋斗的复名唐朝的大业，随着女皇的老去和庐陵王李显的归来，曙光已逐渐在望。

见到这一幕，武则天也泪流满面，她抚摸着狄仁杰的后背，同样泣不成声地说："你不是朕的臣子，你是大唐的股肱之臣！"

随后，庐陵王李显被重新立为太子。而狄仁杰则在自己生命中的最后两年，相继提携、举荐了张柬之、桓彦范、敬晖、姚崇、李楷固、骆务整等后来武则天晚期的名臣。

两年后，武周久视元年（700）九月，狄仁杰最终在宰相任上去世。武则天为此流下了眼泪，她经常跟身边人感慨说："朝堂空矣！"

此后每逢朝政有大事不能决断，武则天就会感叹："天夺吾国老，何太早耶？"

狄仁杰去世五年后，武周神龙元年（705），82岁的武则天病重，朝政被其男宠张易之、张昌宗兄弟把持，文武百官也无法见到武则天，在此危急情况下，由狄仁杰全力举荐的宰相张柬之等人趁机发动兵变，杀掉张易之和张昌宗，并逼迫武则天退位，随后，李显第二次就任皇帝，并宣布恢复国号为"唐"。

而狄仁杰则在有意无意之中，为最终光复李唐埋下了张柬之这一惊天人物。

已身死，仍谋国，为李唐"光复"鞠躬尽瘁，或许，这才是"神探"狄仁杰最大的功劳。

郭子仪：再造大唐的功臣，凭什么独得善终？

大唐驸马郭暧，娶了唐代宗的女儿升平公主后，夫妻关系并不融洽，时常拌嘴。

一次，小两口吵架，郭暧直接指着公主的鼻子骂："你以为你爹是皇帝，就可以摆臭架子吗？告诉你吧，你爹做皇帝，是因为我爹不想做，才让你爹做的。"

公主怔住了，立马打道回宫，找皇帝爸爸哭诉。

唐代宗无奈劝慰宝贝女儿："唉，他说的是大实话，要不是你家公嫌做皇帝没意思，这天下还真不是咱们家的。"说完，让女儿回去，受天大的委屈，也要把日子过下去。

郭暧的父亲，唐代宗的亲家，不是别人，正是大名鼎鼎的大唐中兴名将郭子仪。

然而，郭子仪听到这件事后，毫不犹豫就把儿子郭暧押起来，亲自送到朝堂上，请唐代宗发落。

这下，轮到唐代宗劝慰郭子仪：俗话说"不痴不聋，不作阿家阿翁"，小儿女子闺帏之言，大臣安用听？意思是，小辈的恩爱怨骂，长辈不应当真，要郭子仪别把儿子的"大逆不道"之言放心里去。

虽然皇帝表明了态度，但郭子仪回去还是把郭驸马打了一顿。

史书后来说，安史之乱后，天下安危系于郭子仪一身达 20 年。当其时，郭子仪"权倾天下而朝不忌，功盖一代而主不疑，侈穷人欲而君子不之罪"。

实际上，这些赞美之词说得轻松，成名后的郭子仪却过得一点儿也不轻松。

1

乱世出英雄。有些人蛰伏一辈子，默默无为，并不表明他是无能之辈，他可能只是在等一个上台的机会，然后大放异彩。这个机会，郭子仪等了 59 年。

天宝十四载（755），大唐爆发安史之乱。在一个朝代的生死存亡之际，郭子仪如同横空出世，融入这段碧血横飞的乱世，毫无违和感。

在安史之乱中，郭子仪两次收复两京（长安、洛阳），战功赫赫。此后，他一手平叛内乱，一手抵御外侮，表现出极高的军事天赋。可以毫不夸张地说，半个大唐都由他在守护。

唐肃宗曾经对他感激涕零地说："虽吾之家国，实由卿再造！"

这句话，后来被郭驸马重新演绎了一遍，用来怼升平公主。但意思，正是郭暧说的意思。

功高震主，是为官为将的一大禁忌。当唐肃宗说出这句话的时候，郭子仪的功名与危机，就像硬币的两面，同时显现。

至德二载（757），两京收复在望，唐肃宗已经开始头疼。让他头疼的，不是如何尽快平定安史之乱，而是如何安排朔方军的两名主将郭子仪、李光弼。

他召来奇人李泌，私下询问："郭子仪、李光弼已为宰相，若克两京，平四海，则无官以赏之，奈何？"

李泌给他提出的对策是，不要用官位奖励功臣，这样将导致将帅权重、功高难制。等天下太平后，要用土地和爵位赏赐功臣，这样他们会为自己和子孙珍惜既得利益，不敢乱来。

这个建议，唐肃宗没有听进去。他反其道而行，在天下尚未太平之时，就开始防范那些为大唐续命的有功之臣：既然将帅权重难制，就不让他们权重；既然功臣功高难赏，就不让他们立下高功。

安史之乱打了八年，实际上与唐肃宗纵横捭阖搞帝王之术有很大的关系。对他而言，打赢战争什么最重要？当然不是树立战将的权威，而是巩固皇帝自己的权威。所以他一面利用战将克敌，一面又随时钳制他们的战功与权力。

来瑱，也是安史之乱中神一样的存在，被叛军称为"来嚼铁"，谁遇上谁倒霉。唐肃宗却认为，来瑱屡战屡胜，手掌重兵，那可不行。于是，将其调任，外示尊崇，阴夺其权。

相州（今河南安阳）之战，朝廷九个节度使联合攻打史思明叛军，兵力占有压倒性优势，结果竟然惨败。没有别的原因，纯粹就是唐肃宗从中作祟。

唐肃宗害怕诸将拥兵自重，故未在军中设主帅，同时还任命亲信宦官鱼朝恩为观军容宣慰使，到军中牵制各方势力。经此人事设计，诸将畏首畏尾，无法大胆决策，战败已在意料之中。

尽管设立主帅一定可以尽快解决战斗，但这从来就不在唐肃宗的考虑范畴内。

现在相州之战败了，没有统帅，但也要有人担责。对不起，郭子仪，势头正劲，那就你了。

战神郭子仪遂遭到解职，闲置于京师。整整三年多，整个国家战火纷飞，这样一个军事奇才却在长安看日落。即便朝廷对他有任用，也是用完就召回来，继续看你的夕阳。

史书说，郭子仪被褫夺军职，是遭鱼朝恩妒忌，故而谗言构陷。但谗言竟然能发挥作用，说明皇帝相信；而皇帝之所以相信，是因为他需要相信，或者巴不得相信。

总之，历史上那些挑拨君臣关系的所谓谗言，说白了都是主子借小人之口说出来的心声。

2

平定安史之乱，战功最大的并非郭子仪，而是郭的原部将李光弼。史载，李光弼"战功推为中兴第一"。

这不是说郭子仪打仗领军不如李光弼。实际上，论军事才能，两人是当时熠熠生辉的双子星座，难分伯仲。郭子仪战功落后，主要是因为他在相州之战后，基本就靠边站了，有心杀贼，无力上前线。

但也因此，郭子仪性命无虞，而高居第一战将的李光弼，生命堪忧。

唐肃宗在位末期，郭子仪一度被重新起用。但他的命运，仍像厕纸一样，用完就扔。唐代宗即位后，宦官程元振"忌嫉宿将，以子仪功高难制"再进谗言，唆使代宗再次罢免郭子仪军职，让他"充肃宗山陵使"，去修老皇帝的陵墓。

到广德元年（763）十月，吐蕃进逼长安之时，唐代宗没办法，找不到合适的将领，只好召郭子仪御敌。郭子仪二话不说，带兵出城。对了，他此时手下部队仅剩20余骑。这规模，跟小区的保安队差不多。

安史之乱后，手握重兵的将帅，没有一个有好下场。

在对付统兵将帅这方面，唐代宗比唐肃宗走得更远。唐肃宗防范将帅权重，将他们调来调去，但还得给他们留后路，以备战事需要之时，好让他们再为大唐卖命。到唐代宗这里，安史叛军被收拾了，俨然"天下太平"，于是"飞鸟尽，良弓藏；狡兔死，走狗烹"。

这么说吧，肃宗要他们的权，代宗要他们的命。

在代宗即位的两年内，为大唐续命的功臣，一个个"适时"地死去：

来瑱先遭兵谋，后被赐死；仆固怀恩遭猜忌，被逼举起反旗，很快病死；李光弼则在遭受猜忌后，忧惧而死……

唯有郭子仪，好好活了下来。因为他手里没兵权，只剩20余骑，皇帝没拿他当回事。

此时的郭子仪，不但保住一条老命，还为唐代宗所倚重，焕发第二春。

对于玩弄权术的皇帝而言，用人养人，从来都是杀一拨，留一拨。当中兴的将帅都被诛除之后，总得有人出来收拾和镇住局面，郭子仪是不二人选。他被留下来委以重任，一是无兵权，二是有能力。

有个时间节点很值得玩味：唐代宗将女儿升平公主下嫁给郭子仪之子郭暧，是在永泰元年（765）。这一年，在安史之乱中崛起的功臣战将已经被收拾得差不多了。

很明显，郭暧与升平公主的婚姻，政治性非常强，是在唐皇室对郭子仪不得不倚重，又要加以防范的情况下促成的。

这起政治婚姻，外人只看到郭家的风光，看不到老郭内心的焦虑。

3

唐代宗在强力打击、肉体消灭其他功臣的同时，唯独对郭子仪委以重任，还有一个重要原因。那就是皇帝虽然无法真正信任郭子仪，但郭子仪的做事方式，至少看起来让人觉得可以信任。

不管何时何地，只要皇帝有调令，他马上就会放下所有的事，立刻进京。当他遭到皇帝身边的宠臣构陷之时，不管自己在干吗，哪怕对敌作战进入关键时刻，他都会连夜赶到皇帝身边，当面表忠心。且郭子仪表忠心从不搞形式主义，一来就按住自己的命门往死里掐——主动要求朝廷解除自己的兵权。

从至德二载（757）声名满天下后，郭子仪就不断地要求辞掉或让出自己的部分或全部官职。广德二年（764），仆固怀恩被逼反，勾结吐蕃、回纥军南下，唐代宗给郭子仪封了一堆官职，要他率兵抵御。

郭子仪说，招抚使这个职位，是抵御叛军的需要，我不敢辞让；但太尉一职，我绝不能接受。他于是上表恳请辞去太尉一职，向皇帝表明心迹，我早就想像范蠡一样过逍遥自在的日子，但因为"寇仇在近，家国未安，臣子之心，不敢宁处"才勉为其难担当重任。实际上，我对权位，毫不眷恋。

唐代宗很感动，但没有允准他的请求。

郭子仪不放弃，再次上表辞让。这下，唐代宗终于同意了。

郭子仪成功瓦解仆固怀恩与吐蕃、回纥联军，解除长安威胁后，唐代宗为了褒奖他的战功，下诏任命他为尚书令。

尚书令这个头衔不得了，唐太宗李世民曾任过此职，以后这个头衔就绝少授人。

这可把郭子仪吓坏了。他苦苦哀求，不肯就任。唐代宗则催促他尽快就任，朝廷已经为他准备了盛大的就职仪式。

郭子仪打死都不上任，唐代宗没办法，收回成命，然后命令鱼朝恩传诏，赏赐给郭子仪六名美人、八名侍从以及一批车服、帷帐、珍玩之具。这次，郭子仪愉快地接受了。

哪些可以要，哪些不能要，郭子仪心知肚明，拿捏得很清楚。

权位是一种诱惑，不管皇帝是否真心实意要让渡出去，郭子仪始终只认准一条红线：这是皇帝对他的试探，是在"引蛇出洞"。

在这对君臣的深度交手中，唐代宗也不总是扮演被动试探的角色，有时候，他会主动去撩拨郭子仪，故意刺激他，看他的反应。

大历十年（775），郭子仪拟任命一名属官，报请审批，朝廷迟迟不批复。他的部下很不高兴，吐槽说，以令公这么高的勋德，任命一个小官都受到百般掣肘，真不知道朝中宰相懂不懂做人。

实际上，所有人都知道，最终决定批不批的是皇帝唐代宗。只是不敢直接说皇帝，所以拿宰相出来说事儿。

郭子仪一听，立马站出来公开解释说："你们都错了！"

怎么个错法？郭子仪说："军阀们各霸一方，凡有所请，皇帝没办法，只好应承；我的请求未被批准，说明皇帝没把我当军阀，是信任我。你们应该祝贺我才是！"

这种思路清奇的解释之辞，为郭子仪赢得了满座喝彩。估计也很快传到唐代宗耳朵里，他对郭子仪又有了几分放心。

4

无论是《旧唐书》《新唐书》,还是司马光的《资治通鉴》,都对郭子仪的为臣、为将、为人之道给予了极高的评价,认为他"再造王室,勋高一代""大雅君子,社稷纯臣"。

然而,史家只需要一个足够标榜千秋的人臣典范,他们并不关心这个榜样内心所承受的压力以及功高盖世之后高处不胜寒的焦灼。

"社稷纯臣",一个"纯"字,其实折射了郭子仪周遭险境重重。一个朝廷重臣,尽管屡遭暗算、构陷以及试探,他只能表现得很傻白甜,很"纯洁",像一张白纸一样效忠皇权,有死无二。

别人都在玩阴谋,他一大把年纪了,吃过的盐比别人吃过的米还多,却只能装傻卖乖装"清纯",一点谋略都不能暴露,否则就是身死家亡。这是多么可怕的一个处境。所有人只看到他的成功,却看不到他的险境。

大历年间,郭子仪在灵州大破吐蕃军。就在此时,他父亲在长安的坟墓,却被人掘了。

祖坟被掘,放在哪个年代,都是对人最大的侮辱。

长安政坛哄传,这是素来与郭子仪不和的宦官鱼朝恩指使的。郭子仪本人对此肯定也心知肚明。他从前线入朝觐见唐代宗时,满朝文武忧惧异常,怕他因愤恨而发动兵变。但在金殿之上,他只是老泪纵横,跪拜在地,向皇帝报告说:臣常年统兵在外,不能约束士兵,军中必有不少挖掘别人祖坟的现象,因此上天才如此谴罚于我,并非哪个私人与臣有仇隙!

无论遭受再大的打击和羞辱,他第一时间想到的,还是让皇帝放心最重要。

身为皇帝都忌惮的重臣,郭子仪"牺牲"的还很多,比如私密空间。他的宅子是皇帝赏赐的,面积相当大,占了亲仁里四分之一。但郭子仪没有围蔽起来建私家别墅,而是打通开放,即使贩夫走卒,都能出入其间。连郭家女眷对镜梳妆,外人都能见到。他的儿子们不愿意了,纷纷抱怨说,父亲贵为国家重臣,怎么一点儿也不尊重自己?不论贵贱都可出入于卧室之内,成何体统?古代贤臣如伊尹、霍光,也未曾如此吧?

无奈,郭子仪只好做儿子们的思想工作。他说:"我们家有皇帝赏赐的良马五百匹,仆役上千人,如果高门深院,禁止闲人出入,别人说我们图谋造反,我们就是跳进黄河也洗不清啊。"

实际上,朝堂中忌惮或嫉妒郭子仪的人一抓一把,他们只是伺机潜伏着,拼命地寻找郭子仪的错误。建中初年,唐德宗规定十月禁止杀生,但郭子仪的家人却杀了头羊。有心人就注意了,立马上奏,打小报告。

如前所述,皇帝给他加官晋爵,郭子仪基本都要一再拒绝,但皇帝给他美女钱财,郭子仪往往谢恩笑纳。他在私生活上,变得极为奢靡,开个宴会就耗钱三四十万,会见客人,也要姬妾环伺在旁。这就是史家所说的,郭子仪"侈穷人欲"。

在郭子仪的预想中,这些参加宴会的人一定会第一时间回去禀报皇帝,老郭耽于享受,胸无大志,越老越窝囊了。

嗯,看到老郭一副窝窝囊囊,流连于温柔之乡的样子,皇帝放心了。

看到皇帝放心,老郭才能安心。

故事的最后,唐德宗即位,表面上尊郭子仪为"尚父",给予至高荣誉,暗地里却将郭子仪的权力分解掉,授命多人分任。

这样,年逾八十的郭子仪就只成为国家的一个象征,新皇帝再也不怕这个曾经位高权重的臣子有什么深藏的不轨之心。在国家模范官员的宣传中,不具备威胁能力的郭子仪,比以往任何时候都更加得到信任。他对唐王室的"死忠",比以往任何时候都要更加突出。

郭子仪曾对皇帝表忠心:"跋涉艰阻,出没死生,所仗惟天,以至今日。"那时候的唐代宗或许还将信将疑,如今的唐德宗已经可以深信不疑了。在郭子仪 85 岁去世的时候,唐德宗为他罢朝五日,身后备极哀荣。他生命的最后 20 多年,与皇帝们持续不断的无声之战,一起被埋葬了。

从此,一个功高不震主、君臣无嫌隙、"高大全"形象的郭子仪,被写进了历史。

第七章 将臣风雨：苟利国家生死以，岂因祸福避趋之

寇准：历史水很深，人性水更深

北宋景德三年（1006）的一天，早朝之后，寇准先行退班。

宋真宗赵恒面带笑容，一直目送着他。自一年多前宋辽澶渊之盟后，当时力促宋真宗御驾亲征的寇准，成了全民心目中的英雄。看到皇帝成为寇准的迷弟，一个叫王钦若的大臣当场对宋真宗说，陛下敬重寇准，莫非因为他对社稷有功吗？

是的，是的。宋真宗小鸡啄米般地点头。

王钦若接着说："陛下听说过赌博吗？钱快输光了，赌徒就把全部钱一次押上，这叫孤注。陛下当时就是寇准的孤注啊！要是那一仗打败了，陛下还能保全性命吗？"

宋真宗听完，脸都黑了：寇准啊，我卖你个面子，你却把我卖了。他不得不承认，王钦若挑拨离间他与寇准的关系，用心险恶，但人家分析得确实很有道理。

接下来，寇准——一个英雄的日子可就不好过了。

1

处在光环之中的寇准，并未意识到同事们嫉妒的目光。他是一个个性比能力还强的人。在澶渊之战以前，宋真宗的老爸宋太宗赵光义在位之时，他就以敢触逆鳞出名。

话说有一次，寇准给宋太宗提意见，可能用词比较激烈，宋太宗无法忍受，站起来想走。寇准也急了，一把揪住宋太宗的衣袖，让其坐下，听他说完。

虽然寇准没有掌握好批评的尺度，但宋太宗是个想青史留名的皇帝，他非但没有将寇准以蔑视皇帝的名义治罪，反而趁势狠狠夸了寇准一把，说寇准这个人，直臣一个，我得到他，就跟唐太宗得到魏徵一样一样的。

明眼人都看得出，这是领导借夸下属，来自我表彰。唐太宗在历史上是什么咖

位，赵光义心里不是没点数。他唯一能蹭这个一线帝王光环的，恐怕就是两人得位的动静都闹得很大吧。现在，寇准想做魏徵，我成全他，自己跟李世民就有了另一个共同点不是？

寇准是幸运的。他一生侍奉两个老板，第二个老板等下再说，这第一个老板，至少符合他的预期。所以他才敢把他的个性带到工作中来。

寇准少年成名，被称为"神童"。当时的社交圈，都以他为炒作对象，《寇准19岁考中进士：你的同龄人正在抛弃你》之类的爆文，一次次撕扯和消费着读书人的焦虑。

寇准也被捧得晕晕乎乎，不仅把同龄人抛弃，还想把前辈们也抛弃。

有了宋太宗的加持，寇准在官场的跃升，跟坐上直升机没两样。仅用十年时间，就做到枢密副使，进入朝廷核心领导层，直接参与军国大事。

在这次关键的提拔前，寇准又以"魏徵"的身份，赌了赌宋太宗当唐太宗的决心到底有多大。当时，朝廷接连查处两起官员受贿案，案情性质类似，判处结果却大相径庭。其中一个仗着朝中有人包庇，仅被杖责，很快又官复原职，另一个则被处以极刑。寇准借着天灾，把这件事向皇帝捅了出来，说天下大旱是由刑罚不公引起的。

宋太宗估计早就知道并默许了这两起案件的处理结果，但他既然想做唐太宗，索性就给"魏徵"升了职。

2

任何时候，混官场、混职场都很考验情商。混得不好，人家踩着你的背，噌噌就爬上去；混得好了，照样一堆人在等你摔下来，摔得越狠，掌声越大。

很多人认为寇准是个耿直男，情商有限。这句话，只说对了一半。

对同事，寇准确实情商很低，低到近乎自私。北宋政坛，圈子很重要，同年（同科考中进士）、同乡都是非常宝贵的政治资源。寇准不吃这一套，他眼里从来没有同龄人，也没有浓厚的乡党观念，除了爱黑南方人。

王旦是寇准的同年，却被寇准伤得最深。王旦做宰相时，处处袒护寇准，临死还一再向皇帝推荐寇准继任相位，但寇准一得势，就专揪王旦的毛病，向皇帝告发。搞得皇帝都看不下去了，说王旦你傻呀，你在朕面前专说寇准的好话，寇准在朕面前专拣你的坏话说，你快醒醒吧！

皇帝把话都挑明了,王旦还是不为所动。这下轮到寇准不好意思了,感慨一句,别的宰相肚里能撑船,我看你这个宰相肚里都能停航母了。

说完,继续黑王旦。该揪小辫子的时候,寇准还是揪得没心没肺。王旦越光明,越照见寇准的阴暗。

但对皇帝,寇准的情商可以直线飙升。

有一次,寇准与同事温仲舒一起外出,路上碰到一个疯汉,在二人马前扑通跪下,大喊"万岁"。

这个事可大可小。没人提,它就是个意外;有人要拿它做文章,它就可以是政治事件。

寇准的政敌张逊决定拿它做文章,怂恿别人把这事告到宋太宗那里,说寇准野心大大的呦。寇准很机智,辩解道:"温仲舒当时也在,为什么只告我一个呢?"言下之意,这是针对寇老西儿的阴谋和陷害。

于是,双方在朝堂上互相揭短,把宋太宗惹火了,寇准、张逊都被贬。

看,寇准智商有多高,通过骂架,将别人蓄意构陷的政治事件,顺利下调到贬官就能解决的扰乱朝堂秩序罪。

据说,宋太宗贬了寇准后,很想念他,经常问身边人,寇准在青州过得好不好呀?结果,手下回答他,寇老西呀,在青州日日欢歌燕饮,快乐得很,陛下总想着他,不知他是否想念陛下呢?

宋太宗这才默不作声。

后来,宋太宗还是把寇准召回京城。史书载,君臣相见,太宗就撩起裤脚,让寇准看他的病腿,说了一句话:"卿来何缓耶?"差点就要唱千年等一回了。

其实此时距离寇准"外放",还不到一年。

寇准回答得相当高明:"臣非召不得至京师!"忠诚?委屈?都有,让太宗自行揣摩吧。

君臣迅速切入正题。太宗径直问:"爱卿,你看朕诸子中,谁能继承大位?"

这个问题,情商低的人很容易点出谁谁谁的名字,这样作答往往没有好下场。皇帝问这么私密的家族继承问题,可以理解为对你的信任,也可以理解为一种野心试探和站队考验。

从这个角度看,寇准的回答堪称完美。他说,陛下为天下人择君,与妇人、宦官商量是不行的，与近臣商量也不行，只要陛下能选择符合天下人所期望的人就可以了。

寇准一贯以刚直闻名，在老板面前却委婉得十分艺术。此前一年，大臣冯拯等五人上疏，请太宗早立太子，结果被"一步到位"贬到了岭南。如今看来，他们的说话艺术，确实比寇准差了不止一点两点。

3

在北宋，每天有1万人假装在做官。官员大多按部就班，不思进取，而寇准是认真的，一直想建立大功业。

机会总会眷顾认真的人。宋真宗继位后，原本又被贬的寇准，一下子达到个人权位的高峰。此时，恰好辽国十万大军来犯，兵锋直逼黄河北岸的澶州（今河南濮阳）城下。

时势造英雄，自古而然。关于澶渊之战，知道的人很多，不赘述。

总之，寇准以一人之力，怒怼逃跑主义者，自己则成为一个豁出去的机会主义者：各种威逼、胁迫、忽悠宋真宗御驾亲征。后来，范仲淹评价说，寇准"左右天子"，操纵皇帝，相当霸气。

历史从来都是以结果论英雄。宋真宗亲征，打赢了，以30万岁币的微小代价，换得宋辽百年的和平。宋人说，当时若无寇准，天下分为南北矣。寇准成功了，所以一切膜拜被当成理所当然。只有他的政敌王钦若，在皇帝面前道尽了寇准的机会主义与赌徒心态，说寇准是拿皇帝的性命作孤注一掷。这项指控，戳到点子上了。连清代大学者王夫之也认为："其言亦非无因之诬也。"

试想，宋真宗亲征若是败了，结果会怎样？其他的不用说，寇准首先就会被士大夫、官僚阶层树立为弄权的罪人，乱棍打死。

这并非没有对比：寇准逼着宋真宗亲征成为英雄，王振指使明英宗亲征却成为罪人。历史的势利，就表现在这里。

澶渊之战后，英雄寇准居功自傲、得意忘形，到了皇帝都难以忍受的地步。史书说他"颇自矜澶渊之功"，"一言堂"的作风甚于往日。连宋真宗都说："寇准多许人官，以为己恩。"皇帝认为你到处承诺给人升官，还把升官的恩惠记到自己头上，这就很危险了。

同事们也不会真心拥戴一个牛哄哄、不懂低调的英雄。有人说他拥兵自重，有人说他把皇帝当傀儡,流言与石头齐飞,宋真宗终于把这个大英雄从宰相的位子上撸下来。

寇准很愤怒,无处表达他的失意,终日游宴饮酒,还作诗说"痛饮能令百恨开"。自始至终,他不知道自己错在哪里。

4

有一点必须承认,寇准是个权力欲极强的人。别人政治失意可以真心寄情山水,守住良心和底线,但寇准做不到这一点。为了重回权力中心,寇准一再突破救时英雄的底线,把底裤都露了出来。

宋真宗跟他爸一样,都想在史书上重重写一笔。两者的不同在于,宋太宗的做法是效仿唐太宗,优待谏臣,宋真宗则想走捷径,制造"天瑞",营造盛世假象,迷惑史学家。

前面提到的王钦若,怂恿真宗学历史上有大作为的帝王封禅泰山,以此"镇服四海,夸示外国"。但封禅,不是随随便便就能搞的,需要有祥瑞之兆降临,需要上天或明或暗的指示。

大家都很识趣,一点就通。于是各种"天书""祥瑞"隔三差五在大宋境内诞生,举国君臣如痴如狂。

寇准当然知道这是政敌王钦若等"五鬼"导演的盛世大骗局,无奈皇帝深信这一套,还乐此不疲地封禅泰山,敬谒孔庙,崇祀道祖。

寇准看得心里痒痒的,遂主动上表请求跟着皇帝去封禅泰山。皇帝同意了。一回来,他就得以重新升官,本来被贬陕州知州,现在升户部尚书。

尝到了跟着皇帝走的甜头,寇准更加不要脸了。当时闹蝗灾,真宗伤透了心,老天是在跟他营造的盛世景象作对呀。寇准瞅准皇帝的心理,上书说,在他的辖区内,蝗虫有感于皇帝的精诚,都不与庄稼作对,通通"抱草而死"。

蝗虫集体大面积自杀?什么叫吹牛不打草稿,恶心没有下限?这就是。

这期间,寇准一度重回中枢,不过很快又被降为河南(今河南洛阳)知府兼两京留守,然后又被贬到永兴军(今陕西西安)。

寇准认为是自己奉承皇帝还不到位,还不完美,需要进一步表现才行。

永兴军巡检朱能勾结内侍周怀政,伪造"天书",藏在长安西南的乾祐山。寇准明知这是把天下人当傻子，仍然以地方官身份上奏朝廷，说辖区内发现"天书"了，祥瑞啊！

凭借这次进呈"天书"，寇准重新赢得宋真宗的欢心，再次出任宰相。

现在想想，任何一个权力欲旺盛的英雄，其实都有两面性——正直与无耻。

在太宗朝，寇准以"当朝魏徵"的形象出现，正直勇敢，不惧强权，或许仅仅是他摸准了赵光义的脾性，知道他想当唐太宗，就一定会重用"魏徵"的。

在真宗朝，寇准先是鼓动赵恒亲征，达成澶渊之盟，自己也成为救时英雄，权倾一时；后遭赵恒疏远，于是再次摸准皇帝的脾性，投其所好，从封禅泰山到进呈"天书"，一步步成为真宗朝盛世大骗局的背书者以及受益者。

寇准前后判若两人，与其说是真实的他影响了两任皇帝，不如说是两任皇帝塑造了一个互相抵牾的寇准。有什么样的皇帝，就有什么样的寇准。

寇准没有那么伟大，也没有那么卑微。在皇权体制下，权力欲可以把人变成英雄，也可以把人打成狗熊。

历史上评价寇准，往往只抓住他高能闪光的一面，而轻轻饶过了他暗黑无耻的另一面。只能说，历史水很深，人性水更深。

最后交代一下寇准的结局。天禧三年（1019），再次坐上宰相位子的寇准，很快因为真宗的继承人问题，在与丁谓的争权中落败，被贬到雷州半岛。

宋仁宗天圣元年（1023），寇准死于流放地，在远离朝廷的烟瘴之地，走完曲折的人生路，享年63岁。

英雄落幕，逝者无言，一生对错，任人褒贬。

第七章 将臣风雨：苟利国家生死以，岂因祸福避趋之

时代决定官运：中国历史上两大清官的仕途比较

回答一个问题：同为历史上罕见的青天大老爷，为什么包拯的命运不像海瑞那么惨兮兮的？

包拯（999—1062）和海瑞（1514—1587）都是古代官场晚出道的典型。前者虽然28岁就中了进士，但为了尽孝，10年后才步入仕途，后者实在是科举怎么考都考不好，熬到了40岁，无奈以举人身份做了个不入流的小官。

然而，没有对比就没有伤害。

包拯进入官场后，一路绿灯，26年间25次升官，几乎平均一年一升迁，人生的路就跟开了挂一样。海瑞呢，在官场里，身世浮沉雨打萍，起起落落，而且大部分时间都被罢黜闲置，人生的路啊，怎么越走越窄？

1

很多人一上来就会说，混得好不好，关键看情商。然而，包拯、海瑞这两个耿直男，谁能给他们区分下情商高低？包拯做过的职位两只手数不过来，但他一生的精华，主要不在断案（那是小说里的包拯），而在谏言（这才是历史上的包拯）。他的一生，最出彩的就是做谏官，怼天怼地怼皇帝。

说急了，甚至对着宋仁宗发连珠炮，喷得皇帝满脸口水。搞得仁宗回到后宫就拿张贵妃出气："都是你，非要替伯父跑官要官，你不知道包拯把朕看得很紧吗？"

海瑞的事迹也不遑多让。他干过最疯狂的事，是抬着棺材给嘉靖皇帝上了一道"骂皇帝疏"，即《直言天下第一事疏》。这篇疏文太劲爆了，嘉靖一遍遍重读，一会儿气炸了，怒骂海瑞是"畜物"，一会儿理智又回来了，说海瑞自比比干，但我不能做商纣王啊！

总之，这两人是真不把皇帝当外人，有话直说，一戳到底。正是这种不畏权贵只争对错的精神，才让他们在历史上赢得了应有的美名与尊重。

现在流行的所谓高情商，用古人的话来说，就是"乡愿"，为了保住个人的好处，回避棘手问题，你好我好他也好。

古代不乏乡愿之徒，现在也一样，多的是高情商之人。

2

既然无关情商，那两人的官运差这么远，原因在哪？我翻了翻他们的朋友圈，真的有所发现。

海瑞的一生，几乎就是个孤胆英雄，有勇气，没朋友。他只是个小举人出身，在"举人多如狗，进士满街走"的年代，他要不是走了狗屎运，赶上嘉靖前期励精图治、不拘一格降人才的新政，恐怕一辈子熬到头也就是小芝麻官退休了。他的几次升迁，确实离不开贵人相助，但帮他的人，要么单纯欣赏他的为人，谈不上私交，要么只是把他当成政治斗争的棋子，在适当的时候摆他上去。他是波诡云谲的政局中，身不由己的存在。

最明显的是，海瑞在江南推行兼抑豪强政策，结果招致士大夫群体的围攻，有言官直接说他"鱼肉士大夫"。李春芳、高拱、张居正等一帮位高权重的阁臣，没有一个不是站在他的对立面，将孤军奋战的海瑞视为异端。

在各级官员和地方诸多势力的联合夹击围堵下，一位真正的清官和改革之臣没有立锥之地，被迫离开政坛。

试想一下，海瑞要是在政界有三五好友作为外援，他的下场不至于如此惨淡，改革也不至于处处受掣肘。再退一步，即便受到弹劾和非议，也会有人站出来替他挡几支暗箭。但他完全没有，他是孤独而又孤傲的存在，腹背受敌的时候，孤立无助，铩羽而归。

跟小举人海瑞比起来，进士包拯的朋友圈高大上得多，时不时就冒出一堆大咖的点赞。这就好比，海瑞的同学都在基层打工，他一个人侥幸挤进了权力核心，放眼望去，没人与他权位相当，也就没人与他同气相求。包拯的同学却因为学历高，一入政界，就都是天之骄子，迟早是国家中枢的核心成员。再加上包拯拿到学位后没有直接做官，当他尽孝了10年后来到官场，哇，昔日同学一个个身居显位，一个个都成了他初涉官场的靠山。

包拯中进士是在宋仁宗天圣五年（1027），这一榜出了太多牛人。其中，官至宰执者多达7人，包括文彦博、韩琦两任宰相。

这些人都是包拯的"同年"。同年在宋代政坛是很亲密的一个群体，宋初柳开曾指出："同年登第者，指呼为同年，其情爱相视如兄弟，以至子孙累代，莫不为昵比，进相援为显荣，退相累为黜辱。"

不仅如此，包拯与文彦博还是儿女亲家，与韩琦同样私交甚笃。有这两名事实上的大佬罩着，包拯基本上就免除了后顾之忧，可以刚正不阿，四处开炮，而不怕被人褫夺官位。前有欧阳修指斥，后有胡宿弹劾，也无法阻挡包拯的步步高升。

在三司使任上，发生了两起兵变，均与军队补给有关，包拯应负连带责任，所以他一度很惶恐。但他的官运并未因此受影响，反而在一年后晋升为枢密副使。

朋友圈有多重要，这次神秘的升迁就是证明。

3

朋友圈对于一名清官的处境影响很大，但在皇权体制下，政治生态的开明与否才是决定包拯顺风顺水而海瑞逆风逆水的根本原因。

同样是骂皇帝，包拯骂完了，俸禄照领官照当，海瑞骂完了，直接牢里蹲。这是偶然吗？

对，有偶然的因素。包拯运气好，赶上了脾气超好的宋仁宗，所以怎么作都不会死。包拯可谓生逢其时。史载，宋仁宗"天性仁孝宽裕"，宽厚的性格使得这位君主能够接受臣子的犯颜直谏。仁宗与包公互相成就对方，就像唐太宗与魏徵一样。

不过，偶然中也蕴含着必然性。宋代士大夫群体包括谏官的获得感，比明代强得多。这不是一句空话，而是实实在在影响了两代士人的精神风貌。

遇上一个好时代，做个清官可以仕途和名声双丰收；反之只能身体和灵魂都受苦。

一个曾在皇宫中参加道场法事的和尚回忆说，有一次仁宗皇帝赏赐每个僧人紫罗一匹，但特意交代说："来日出东华门，将紫罗放在怀中，别让人瞧见，否则包拯等台谏官又要喷朕一脸唾沫星子了。"

当时，不仅包拯直言敢谏，范仲淹、韩琦、富弼、欧阳修等人怼起皇帝均不逊色，史称"天下是非付之台谏"。皇帝爱面子，知道必须尽量少让谏官们揪住小辫子。

那么，海瑞所在的明朝嘉靖时期是怎样的政治生态呢？

宋、明两朝士大夫的境遇堪称天上地下。宋朝优待士大夫，前所未有；明朝羞辱士大夫，同样前所未有。

嘉靖三年（1524），因为大礼议之争，134名谏言的大臣被集体廷杖，那真是血溅玉阶，肉飞金殿，16人当场死于殿廷之上。放眼整个明朝200多年历史，士人、言官被公开打屁股，当众羞辱，那是家常便饭。遇上嘉靖这样下手狠的皇帝，还能捡回条命，该是祖坟冒青烟了。

可见，宋朝皇帝是心疼士大夫，明朝皇帝是要弄疼甚至弄死士大夫，如果他们多嘴多舌的话。

海瑞恰好是皇帝眼中最多嘴多舌的那个人，不要说仕途顺遂了，能留住一条老命就算他赢。

宋仁宗在位时，批评朝政的人很多，不是说这人用得不好，就是说这事做得不对，让人感觉仁宗时期是历史上最黑暗的时期之一。但仁宗死后，褒奖仁宗时期的人越来越多，甚至将这一时期称为两宋最好的时期。怀念仁宗及其时代，俨然成为一股自发的文化潮流。

而海瑞的悲剧在于，他处在了明朝一个急剧变坏的时代。

至于情商，从来就是宵小之徒紧紧揪住的东西，正面人物不愿、不屑也不懂写这两个字。真的！

第七章　将臣风雨：苟利国家生死以，岂因祸福避趋之

年羹尧之死

1

雍正三年（1725）十二月初三，北京城中，闯进了一只大老虎。

当时，北京周边虎患严重，但这样一只老虎突然出现在首都，仍然让人吃惊不已，十二月初三夜，这只老虎就在北京东便门一带出现，后来又窜至前门，转入西江米巷年羹尧家中，在咬伤几个人后，老虎又跳上了屋顶。

一直到十二月初四天亮，九门提督率兵赶到，兵士们开枪将老虎赶到平地，随后用长枪将老虎扎死。

对于这一亘古奇事，北京城中议论纷纷，但都没有人能够说清，这只老虎究竟是从哪里窜入北京城中的。

老虎的突然出现，让雍正皇帝大喜不已。

因为当时，作为雍正朝中第一号"大老虎"，曾经贵为川陕总督的年羹尧，正被雍正关在牢中。此前，坊间早有传言，说年羹尧是"白虎托生"，如今又突然出现一只来路不明的老虎死在他家中，莫非天意有所暗示？

此时，雍正正为找不到什么借口来杀这位"功高震主"的大功臣而感到苦恼，猛虎的从天而降，无疑让相信"天人感应"的雍正找到了借口，对此他在署直隶总督蔡珽的奏折上，朱批表示：

年羹尧之诛否，朕意实未决……有此奇事乎（猛虎入城）！年羹尧，朕正法意决矣。如此明彰显示，令朕愈加凛畏也。朕实惊喜之至。奇。从古罕闻之事也。

年羹尧，是拥护雍正上位的大功臣。

康熙晚年，皇位竞争异常残酷激烈，康熙临驾崩之时，仅仅年满20岁的皇子就多达15人。因此作为康熙第四子的胤禛（后来的雍正帝）能否上位，并无十足把握。但幸运的是，靠着内外两位大臣，胤禛最终顺利夺下皇位。

胤禛倚靠的"内"，指的是他的舅舅，当时掌管北京卫戍兵权的步军统领隆科多；康熙六十一年（1722）十一月十三日，康熙帝在北京北郊畅春园病逝，当时，负责带兵控制畅春园一带的正是隆科多，这也为胤禛夺下皇位立下了超级大功。

胤禛倚靠的"外"，指的则是他的大舅子，川陕总督、当时控制西部兵权的封疆大吏年羹尧。康熙病死之时，康熙的皇十四子、抚远大将军胤禵（后被改名为允禵）正率领重兵在外征讨准噶尔，如果他挥兵回师北京争夺皇位，那么胤禛处境势必凶险，在此情况下，幸亏是有了年羹尧在西部的重兵"监视"，胤禵才没有兴起大浪，最终确保了雍正能平安上位。

所以，雍正真是爱死了年羹尧和隆科多。

2

作为雍正在上位前最为出色的"藩邸旧臣"，年羹尧的才干过人，早已满朝公认。

作为工部侍郎、湖北巡抚年遐龄的儿子，年羹尧（1679—1726）却并非纨绔公子哥，早在康熙三十九年（1700）他就高中进士并官至翰林。从文人科举出身的年羹尧，武功也相当了得，在出任四川巡抚期间，他就多次平定西部叛乱，并协助剿定了蒙古准噶尔部之乱，是康熙朝中文治武功并举的一大名臣。

并且，仅仅比雍正小一岁的年羹尧还是雍正的大舅子：年羹尧的妹妹，是未上位前的胤禛的侧福晋，雍正即位后，她被封为贵妃，最后还晋封为皇贵妃——有了这层姻亲关系，在康熙晚年九位皇子争位的混乱局势中，胤禛才得以倚靠舅舅隆科多和大舅子年羹尧两位军政要人和"枪杆子"，最终脱颖而出。

雍正元年（1723），青海和硕特蒙古部首领罗卜藏丹津趁机叛乱，妄图控制青藏地区。在此情况下，刚刚登基、仍然与各位兄弟明争暗斗、皇位未稳的雍正帝派出年羹尧前往平叛，年羹尧果然不负所望，顺利平叛，协助雍正稳住了西北局势和皇位大局。

所以，对待这位扶持自己上位的大功臣和大舅子，雍正也宠幸有加：平定青海叛乱后，年羹尧被晋封为一等公，并以川陕总督的身份，受命管理西北以及云南、贵州、四川一带全部军政，整个西部几乎全部归他统辖。年羹尧，俨然成为控制半个大清王朝的超级重臣。

不仅如此，雍正还赐封年羹尧的父亲年遐龄为一等公，赏加太傅头衔，儿子年斌封为一等子（子爵）。年家可说满门富贵。

雍正二年（1724）十月，年羹尧入京觐见，雍正就赐他双眼孔雀翎、四团龙补服、黄带、紫辔及金币等非常之物。年羹尧的手腕、臂膀有疾及妻子生病，雍正都再三垂询，赐送药品。对于年羹尧父亲年遐龄在京情况，年羹尧之妹年贵妃以及她所生的皇子福惠的身体状况，雍正也时常以手谕告知年羹尧。有一次，地方上贡荔枝，雍正甚至命令驿站千里加急，在六天内，就从北京送到了西安给年羹尧"尝鲜"，堪比唐玄宗示爱杨贵妃。

当时，年羹尧进京，雍正还肉麻地对他说："你此番远行，朕实不知如何疼你，方有颜对天地神明也。""朕此生若负了你，从（天地）开辟以来未有如朕之负心之人也。"

不仅如此，雍正还对年羹尧说："朕要是不做一个出色的皇帝，就对不起你如此对朕；但你要是不做英武超群的大臣，那也不能回报朕对你的知遇之恩。但愿我们两个能给后人做千古榜样。"

为了彰显年羹尧的"丰功伟绩"，雍正还下令，要大清王朝的子民也一起歌颂年羹尧，否则便不是他的好臣子："（年羹尧）不但朕心倚眷嘉奖，朕世世子孙及天下臣民，（也）当共倾心感悦。若稍有负心，便非朕之子孙也；稍有异心，便非我朝臣民也。"

一个皇帝捧臣子，简直到了无以复加的地步。

3

遗憾的是，这种肉麻的亲密感并没有维持多久，雍正即位的第二年秋天，年羹尧，这位雍正帝眼里的超级大红人，就开始从神坛跌落下来。

在平定青海叛乱以及成功分化、镇压诸位兄弟后，雍正的帝位稳固下来，有了内政的稳定，雍正随即开始着手处理"外部事务"，而开出的"第一炮"，轰的正是当初积极拥戴他上位的年羹尧。

雍正二年九月，年羹尧奉命进京，在此期间，雍正帝与年羹尧的关系发生了剧变。年羹尧离京后，雍正就在四川巡抚王景灏的奏折上朱批："年羹尧今来陛见，甚觉乖张，朕有许多不取处，不知其精神颓败所致，抑或功高志满而然。"现已"被朕看破"，"非无瑕之器"，"奏对之间错乱悖谬，举止乖张，大露擅作威福，市恩揽权情状"。

年羹尧打探到消息后，立马上了一道请罪的折子，对此雍正又在上面批示说："凡人臣图功易，成功难；成功易，守功难；守功易，终功难。""若倚功造过，必致返恩为仇。""尔等功臣，一赖人主防微杜渐，不令致于危地；二在尔等相时见机，不肯蹈其险辙；三须大小臣工避嫌远疑，不送尔等至于绝路。三者缺一不可，而其枢机在尔等功臣自招感也。"

读到雍正的朱批后，年羹尧寝食难安，回奏称："寝食不宁，自怨自责，几无地自容。"

从极端宠爱，到狂暴打击，仅仅一年多时间，就将年羹尧从巅峰打落神坛，雍正自然有他的想法，因为在他看来，眼下青海叛乱已经平息，敢于跟他争位的兄弟们也整治得差不多了，那么，权力斗争的矛头，自然也要转移一下了。

长期以来，坊间一直有关于年羹尧蓄谋造反的说法，所以雍正要杀年羹尧。然而对于真实原因，只有雍正自己心里才清楚。年羹尧死后，当看到年羹尧的旧部汪景祺的著作《西征随笔》有"狡兔死，走狗烹"的字样时，雍正恨得咬牙切齿，随后下令将汪景祺斩首示众，并且头骨挂在北京菜市口达十年之久。

对于雍正来说，有些秘密，即使全天下都知道，但就是不能说，谁说谁就得死。

而说起来，年羹尧之死，年羹尧自己，也有很大的责任。

雍正上位时，作为皇帝的大舅子和守边大臣，自以为立下不世奇功的年羹尧，也飞扬跋扈得很。在西安的川陕都督府中，年羹尧令人在辕门鼓厅、公馆墙壁上全部画上了四爪金龙，文武官员逢五逢十做班，他赏给别人东西叫"赐"，各属察谢称"谢恩"，吃饭称"用膳"，请客叫"排宴"，出行要让百姓用黄土填道，很有一番皇帝的排场。

而作为雍正的宠臣，年羹尧在向蒙古王公、地方总督、巡抚们发布公文时，都号称"令谕"，把蒙古贵族们和平级官员都当成了他的下级僚属；曾经担任布政使高官、同是"藩邸旧人"的戴铎等进见时，甚至被年羹尧命令席地而坐。

而对于雍正派来的御前侍卫，年羹尧竟把他们留在身边当作"前后导引，执鞭坠镫"的奴仆使用；按照清朝的制度，凡是皇帝有上谕到达地方，地方大员必须迎诏，行三跪九叩大礼，跪请圣安，但雍正的恩诏两次到达青海西宁的时候，年羹尧竟"不行宣读晓谕"。

雍正二年十月，年羹尧第二次进京陛见，赴京途中，他居然命令都统范时捷、直隶总督李维钧等人跪在地上迎接他。到达北京后，王公以下官员出城跪迎，年羹尧却坐在马上，对他们连看都不看一眼，王公大臣下马向他问候，他也只是点点头，完全不放在眼里，以致京城的王公贵族、士大夫们看在眼里，都怒在心里。

而据雍正自己的说法，年羹尧即使在他面前，竟然也是"箕坐无人臣礼"。在皇帝面前都敢"箕坐"，雍正开始感觉到，自己这个大舅子，"能耐"似乎越来越大。

4

但在雍正看来，年羹尧的跋扈，只是一种表象，真正让他寝食难安的，是年羹尧在西部以及朝廷上下长期培植起来的"年党"势力以及年羹尧与雍正的各位兄弟暧昧未知、纠缠不清的各种关系。

年羹尧的结党营私，说起来，其实很多也是雍正自己造的孽：当初，雍正让年羹尧掌控了陕西、青海、四川、云南、贵州等几乎半个大清王朝的军政财权，而吏部和兵部对于年羹尧保举的"上进分子"，也一律优先录用，时称"年选"。

在朝廷之中，很多官员都是由年羹尧保荐，例如四川巡抚王景灏就是由年羹尧举荐，王景灏对年羹尧百依百顺，被人称为年羹尧的"干儿子"；而年羹尧因为看不爽原直隶巡抚赵之垣，就公开参奏他"庸劣纨绔""断不可令为巡抚"，最终改而举荐自己的亲信李维钧当上了直隶总督。

被参奏丢官的赵之垣看到形势不妙，赶紧给年羹尧送了价值20万两白银的金银珠宝，由此才平安落地。年羹尧看到赵之垣"很懂事"，于是又推翻之前的说法，向雍正上奏说，赵之垣这个人，看来还是不错的嘛，"再三恳求引见"，力保其人可用。年羹尧的党羽势力之广，年羹尧的权力一度通天，由此可见一端。

而在西北年羹尧的辖区，"文官自督抚以至州县，武官自提镇以至千把"，雍正都给了年羹尧很大的任免权力，年羹尧也因此得以排斥异己，任人唯亲，以致亲信党羽、门生故旧遍布川陕，形成了一个"年记"小集团。

当时，作为大将军的年羹尧，手下掌控着10多万大军，并控制整个西北防务，对于当时西北地区的军权、政权、财权，年羹尧都大权在握，俨然已成了大清王朝的"西北王"。

另外，年羹尧还与雍正的政治对手、雍正的各位兄弟纠葛不清：当时，康熙的皇八子、雍正的死对头廉亲王允祀（允禩）的亲信、工部侍郎岳周给年羹尧送了2万两银子，于是年羹尧就保荐岳周出任布政使。而当时，雍正与允祀集团的斗争已进入白热化阶段，年羹尧这个聪明一时的"傻大愣"，却为了2万两银子给雍正政敌的手下求官，这也让雍正愤怒不已。

这不由得让雍正想起他还是皇子的时候，年羹尧就向康熙的第三子胤祉的门人孟光祖示好，有接近胤祉的意思，惹得当时还没当上皇帝的胤禛大骂年羹尧是"恶少"，还闹着要去康熙面前举报揭发。种种往事，都让雍正恼怒不已，他开始怀疑年羹尧究竟是什么心理，因此怒斥年羹尧是"悖谬乖张""昏聩之极"。

5

年羹尧如此跋扈骄横，又结党营私，与雍正的政敌们纠缠不清。在雍正看来，这家伙敢情是不靠谱了，但想当初自己那么宠幸年羹尧，如果一下子将他打翻在地，那么当初，自己对年羹尧那些宠幸得近乎谄媚恶心的话语和举动，又该怎么对外解释？否则，外界都说他诛杀功臣，传出去毕竟不太好听。

在杀了年羹尧三年后，雍正七年（1729），雍正曾经命令编著了一本奇书：《大义觉迷录》，其中甚至摘录了雍正本人的十道上谕，公开对全天下质疑雍正"谋父、逼母、弑兄、屠弟、贪财、好杀、酗酒、淫色、诛忠、好谀、奸佞"的十一个问题进行了公开回应，而其中涉及年羹尧等人的问题，就是"诛忠"。在雍正看来，年羹尧就该死，怎么能说他雍正"狡兔死，走狗烹"、忘恩负义呢？

为了整治年羹尧，雍正想了一系列法子，并开始分步实施。

雍正先是秘密给年羹尧的各个亲信党羽打招呼，让他们注意"站好队"远离年羹尧，做好思想和舆论工作：雍正二年（1724）十一月，雍正在给年羹尧的党羽、直隶总督李维钧的谕旨中写道："近者年羹尧奏对事，朕甚疑其不纯，有些弄巧揽权之景况……朕今既少疑年羹尧，亦明示朕意，卿知道了，当远者，不必令觉，渐渐远些好。"

对于被称为年羹尧"干儿子"的四川巡抚王景灏，雍正又秘密指示说：年羹尧"朕有许多不取处……你虽系他荐举，亦你自勉与朕恩之所致"，雍正还明确告诫王景灏：尔宜"幡然醒悟"，毋"首鼠两端"。

紧接着，雍正又开始清洗年羹尧的党羽，并将年羹尧调离他的大本营川陕地区：雍正三年（1725）三月，由于出现了"日月合璧，五星联珠"的所谓"祥瑞"，清朝群臣纷纷上表祝贺，当时年羹尧也上贺表称颂，但一时疏忽把"朝乾夕惕"，误写成了"夕惕朝乾"。对此，雍正大吵大闹，借题发挥，说年羹尧你办事粗心，"显露不敬之意"，于是先是将陕西、四川等地的年羹尧的党羽，例如甘肃巡抚胡期恒等人进行革职处理。紧接着，又解除年羹尧的川陕总督职务，并将他调任杭州将军。

6

并没有心思造反的年羹尧，突然在巅峰之时失去了"根据地"，被贬黜到杭州任个闲职。他开始发呆、发傻、发愣，他没想清楚、没想明白之前还那么好的皇帝、妹夫，对他嚷嚷着说"朕实不知如何疼你"的雍正，怎么突然要拿他开刀了？

于是，到了杭州的年羹尧，经常坐在杭州城的涌金门一侧静静发呆，以致当地人都不敢从涌金门一带经过，纷纷说"年大将军在此"。

面对开始发傻的年羹尧，雍正则加紧了整治这只大老虎的步伐。

为了给自己洗白，免得落下"杀功臣"的说法，雍正又给文武大臣们暗示，要他们"揭露"年羹尧的罪状，雍正假惺惺地说，"自古帝王之不能保全功臣者，多有鸟尽弓藏之讥"，于是他降旨询问各省将军、督抚、提镇，要求他们"各秉公心，各抒己见，平情酌议，应作何处分（年羹尧）"。

在皇帝的授意下，"识相"的满朝文武开始对年羹尧群起攻之。最终，经过满朝文武大臣群情汹涌的"告发"，年羹尧被定了92款大罪，分别是：大逆罪5条，欺罔罪9条，僭越罪16条，狂悖罪13条，专擅罪6条，忌刻罪6条，残忍罪4条，贪婪罪18条，侵蚀罪15条。

群臣并且上奏，向雍正请诛年羹尧这个"奸恶悖乱之逆臣，以正国法"。当时满朝文武大臣纷纷向皇帝表起了忠心，并"愤慨激昂"地声讨年羹尧。在此情况下，朝廷上下形成了一种团结一致的现象，那就是，要杀年羹尧，是大家的意思哦，不是皇帝不仁义哦。

最终，雍正不仅打趴下了年羹尧这只天字第一号大老虎，而且还在舆论和道义上"大获全胜"。

在此情况下，雍正三年（1725）九月，年羹尧最终被雍正下旨革去所有职务和头衔，并锁拿进京治罪，而此时距离年羹尧被封为大将军，仅仅两年时间。

7

年羹尧被镣铐锁拿进京了，但接着，怎么处置年羹尧呢？

就在这个节骨眼上，雍正三年（1725）十二月初三，正如本文开头所提到的，那只似乎从天而降、不知道从哪冒出来的（搞不好是雍正让人放的）大老虎，闯进了年羹尧家中，最终被兵士们用枪扎死。

有了老虎闯入年家这件事，雍正最终决定要"顺应天意"，搞死年羹尧。

所以说，这只大老虎，来得真是诡异。

随后，文武大臣们又开始一拥而上，说应该赶紧处死年羹尧，尽快"明正典刑"，在接到朝臣们"群情汹涌"的上奏后，雍正又假惺惺地说："你们给年羹尧定的92款大罪中，应服极刑及立斩的就有30多条，但念及年羹尧功勋卓著，杀了他怕天下人不服，而我自己还得背上杀功臣的恶名，所以啊，朕特别开恩，就赐年羹尧在狱中'自裁'吧。"

就在此前给年羹尧折子的朱批中，对于自己打算杀掉年羹尧这件事，雍正又说："上苍在上，朕若负你，天诛地灭；你若负朕，不知上苍如何发落你也！……你这光景，是顾你臣节、不管朕之君道行事，总是讥讽文章、口是心非口气，加朕以听谗言、怪功臣之名。朕亦只得顾朕君道，而管不得你臣节也。只得天下后世，朕先占一个是字了。"

雍正的意思是说，我雍正要杀你年羹尧，在舆论和后世的名声方面，"朕先占一个是字"，是满朝文武想杀你，是百姓想杀你，你是死于舆论和大家之手。

为了让年羹尧心服口服地自杀，雍正又给年羹尧下谕旨说："尔自尽后，稍有含冤之意，则佛书所谓永堕地狱者，虽万劫不能消汝罪孽也。"意思是说，你死后，可不能觉得自己冤屈，否则，你就要堕入十八层地狱，万劫不复。雍正的意思，是担心年羹尧到了地府，向阎罗王告状，所以在命令年羹尧自杀前，还要向他打个预防针，说你到了地府，可不能埋汰、冤枉我杀功臣哦。

第七章 将臣风雨：苟利国家生死以，岂因祸福避趋之

最终，雍正四年（1726），年羹尧在狱中自尽。此后，年羹尧族人中所有任官的全部被革职，年羹尧的子孙则全部被发遣到边地充军，家产全部充公，至此，煊赫一时的年羹尧家族彻底身败名裂。

而此时，鉴于敢于争位的各位皇族兄弟都已被打得服服帖帖，朝中骄横的大老虎年羹尧也已被干掉，于是在雍正五年（1727），仿效处置年羹尧的做法，皇帝发动满朝文武，给当初拥戴他上位的亲舅舅隆科多定了41条大罪，并幽禁于畅春园；雍正六年（1728），隆科多最终也死于被拘禁之地。

至此，在登基六年之后，雍正最担心的皇位稳固问题，终于彻底解决。

雍正终于放心了。

雍正想搞臭的这个人，为何骨头这么硬？

雍正四年（1726）七月，雍正帝给全国督抚级别的封疆大吏们发了一道上谕，谈论他本人对于用人选官的理念。

在上谕中，雍正点名道出了他心目中的好官与坏官的典型。其中，田文镜、杨文乾、李卫和诺敏四人，被雍正树立为模范督抚，说他们"实心任事，整饬官民，不避嫌怨，遂不满众人之意"。意思是，这几个督抚能干事，肯干事，敢于动真碰硬，干得罪人的活儿，所以尽管口碑不好，却是朕心目中的模范督抚。而杨名时、查弼纳、张楷、魏廷珍等五个督抚则被点名批评，雍正指责他们"操守虽清而皆顾惜情面，将就求容悦于人，故内外之人皆称誉者甚多"。这几个人，被雍正定性为"洁己而不奉公之清官巧宦""同流混俗之乡愿"，表面上有口皆碑，实际上对社会、对官场风气的影响很坏。

皇帝通报批评了，不管对错总该忍着。这是为官者的基本常识。但云贵总督兼云南巡抚杨名时忍不了，他一直以圣人君子要求自己，无法违心地承认自己是圣人君子深恶痛绝的"乡愿"。他给雍正写了个折子申诉。结果，事情越发往严重的方向发展，他为此付出了沉重的代价。

1

在康熙晚年皇子间的权力斗争中涉险上位的雍正，为人深沉，为政苛猛。跟康熙一样，他也有自己的一套察吏之术和用人之法。他多次在上谕中表述他的根本观念："治天下惟以用人为本，其余皆枝叶事耳。"既然用人是一等一的大事，雍正更会在其中融入他的权斗手段。

有一句俗话，叫"康熙年间有清官，雍正年间无清官"。这句话肯定把问题绝对化了，但至少反映了两代帝王在引导官场风气时所表现出来的迥异态度。

中国的历史传统，皇帝用人是有层级的。按照北宋名臣司马光的经典分类法，人可以被分为四类："才德全尽"谓之"圣人"，"才德兼亡"谓之"愚人"，"德胜于才"谓之"君子"，"才胜于德"谓之"小人"。如果同时有这四种人应聘，那么皇帝的录用顺序应该是：圣人、君子、愚人，最后才是小人。也就是说，宁要无才无德的愚人，不要才胜于德的小人。因为小人会挟才作恶，危害最大。

司马光提出的这套用人标准，基本是古代帝王用人的钦定标准，但也不排除一些例外，比如雍正。雍正在政治实践中倡行了一条"宁用操守平常的能吏，不用因循误事的清官"的重才轻德的用人路线，与传统的用人法则大异其趣。在他看来，封疆大吏最上者，操守既好又能实心任事、不避嫌怨；其次则操守平常之辈；最下亦最可痛恨者，乃是洁己邀誉的清官巧宦。

雍正对清官的鄙薄，一向如此。只要组织部门或地方督抚举荐一个人，但凡有提到此人"为官清廉"之类的话，雍正都会先戴着有色眼镜质问一番：那此人是不是施政能力有限呀？

曾任广东学政的惠士奇，在官场上口碑很好，但雍正对他并不认可。雍正在一个官员的密折上留下朱批说："向闻惠士奇声名着实好，今见其人甚平常，想必随波逐浪，到处奉迎，邀誉窃名之所致。此等欺世奸诈之行，不可法也。虚名虽盗，实祸随之，何益之有？"

后来，惠士奇在雍正朝的政治下场果然很不好。只因为应召入对的时候，雍正心存不满，就被罚去负责修筑镇江城，后又被削籍归里。

雍正到底是怎样鉴别、区分一个人是能吏还是清官呢？他有自己的独门秘诀。我归结为四个字——反听舆论。就是说，跟舆论对着干！口碑好的官员，能力估计不怎么样；口碑不好的官员，能力应该差不了。用雍正自己的话解释是："此等清官，无所取于民而善良者感之，不能禁民之为非而豪强者颂，故百姓之贤不肖者皆称之；无所取于属员，亦不能禁属员之不法，故属员之贤不肖者皆安之；大臣之子弟、亲戚犯法则姑容而不行参革，地方之强绅、劣衿生事则宽待而不加约束，故大臣、绅衿皆言其和平而望其久留。甚至胥吏作奸而不能惩，盗贼肆行而不能察，故自胥吏至于盗贼，皆乐其安静而不欲其去任。及至事务废弛，朝廷访闻，加以谴责罢斥，而地方官民人等群然叹息，以为去一清廉上司，为之称屈，此则平日模棱悦众、违道干誉之所致也。"

在雍正看来，那些实心任事、整饬地方的能吏，往往触犯各阶层的利益，反而矛盾丛集，"或谤其苛刻，或议其偏执，或讥其骄傲"，为舆论所不容。

这种内心成见进一步发展，就会把用人标准简单化，将清官等同于乡愿，把酷吏当成能干事。

皇帝的喜好，很容易影响并塑造当时的官场风气。如此下去，造成了雍正朝清官不容于世而能吏大行其道。

2

杨名时等人被雍正点名通报的时候，雍正其实并未发现他们存在什么具体问题，只是本着他"反听舆论"的思维做出的判断：大家都说你官做得好，那肯定是你沽名钓誉得来的。其实，雍正点杨名时的名真的很突兀。他此时可能并无其他深意，只是觉得杨名时名气大，就随手拿他举个例子。

因为这位康熙朝老臣，正是雍正一手捧上仕途巅峰的。

杨名时生于1661年，康熙三十年（1691）进士，到康熙五十九年（1720）擢升云南巡抚，已经60岁。宦海浮沉30年，终于当上边省大吏。不过，这也极可能是他的官涯终点，毕竟年纪摆在那里了。

没想到，雍正继位后，对杨名时颇为青睐，说他"向来居官任声名甚好"，还勉励他莫移初志，不忘初心。雍正三年（1725）九月，杨名时居然晋升兵部尚书，仍管云南巡抚事。同年十月，升任云贵总督，照旧兼任云南巡抚。

雍正四年（1726）七月，也就是雍正点名通报杨名时等人的同一个月，杨名时刚刚迎来一生仕途的巅峰。他被任命为吏部尚书、云贵总督，兼云南巡抚。杨名时老来官场顺遂，可见雍正待他不薄。

杨名时是康熙朝名臣李光地的学生，一辈子以道学自励，此时已为士人领袖。康熙曾评价说："杨名时实好官，不徒清官也。"或许是这个原因，雍正继位之初，需要借重一些有影响的人物来帮助自己稳定政局。名气很大的杨名时，被拣选中了，所以连连升官。

在雍正点名通报杨名时之前两年，两人其实发生过一次龃龉。杨名时题奏时无意泄露了密折密批，雍正对他的处罚是，停止了杨名时密折奏事的权利。

杨名时没有立马认错求情，而是等到好几个月后，才请时任云贵总督高其倬代呈了一个请安折。雍正对他不认错的态度很不爽，但最终没拿他怎样，反而自己很憋屈地示意高其倬从中转圜，密谕高其倬说："杨名时是一好巡抚。但前者不许奏折，求也不求，未免自恃沽名，朕所以着他为难，亦自取之也。朕无怪他意。"

然后，还赐给了杨名时"端阳药锭一匣"。经过高其倬的点拨，杨名时这才公开承认泄露密折的错误，恳求恢复奏折权。

雍正这次欣然接受，给杨名时回复的朱批里还透露了一个好消息："朕安。朕要用你为总督，勉之。"没错，雍正不仅未再怪罪杨名时，还给他升了官。杨名时看到朱批，百感交集。此时的雍正，表现出了难得的肚量。

按照两人关系的发展，后来即便雍正点了杨名时的名，杨名时像其他人一样默不作声的话，或许就不会发生这么多事了。

3

被雍正点名"清官巧宦""流俗乡愿"，平生最恨乡愿、以道学相砥砺的杨名时，偏偏咽不下这口气。两个月后，杨名时决定给皇帝写一个折子，作为自己的申辩。

雍正看到折子后，相当生气。

杨名时的折子尽说些圣贤最恶乡愿、我要立志改正不负皇上训斥之类的话，但雍正一眼就洞穿了他的满腹牢骚和抵触心理。而且，雍正还看出杨名时节外生枝，竟然借圣贤之口，旁敲侧击雍正刚刚树立的督抚榜样。

这大大坐实了雍正此前对清官的看法：所谓清官，不过是一帮沽名钓誉之徒。你什么都可以拿走他们的，但一拿走他们的名声，就跟要了他们的老命一样。

雍正对杨名时的厌恶之情由此而生。他训斥杨名时说，朕说你两句，你听着就是，"有则改之，无则加勉，在此舞唇舌、弄讥讽，徒自取轻于朕耳"！

雍正有他的英明之处，也有一切帝王的缺点。最突出的一个，就是臣下必须时刻服输，真心忏悔，不得在皇帝面前耍机锋、抖聪明。任何时候，都要给予皇帝最高的权威，不管是政治的，还是学术的。哪怕你是"有名人物，汉人领袖"（指杨名时），也不能例外。

也是活该杨名时要出事，就在抗辩"乡愿"一事不久后，杨名时又犯了一次泄露密折的错误。因为是第二次犯错，雍正断定杨名时是故意的。

雍正朝正式立下的密折密谕制度，是雍正用人的一个特殊手段。封疆大吏不时地将地方各级官吏统治的得失，秘密上奏给皇帝，雍正把呈上的奏折批答后下达给奏事者本人。这样，皇帝及时了解了地方军、政、财等事务，特别在选用、提拔和调转官员以及对他们的奖惩方面都沟通了情况，最后亲自酌情裁决。

督抚大员凡有要事，经过密折取得皇帝的大概意见后，再公开提出来，就能顺从圣意，获得通过的概率会大得多。而皇帝则通过密折制度，在全国各地安插了无数双"眼睛"，借此牢牢地控制了地方的统治机构。

这个制度一个显著特点是"密"，只有奏事者和皇帝两人知道。雍正经常在朱批最后加上"密之"两字，更体现了它的机密性。由此，也造成了官员间互相打小报告，使雍正更好地揪住官员们的把柄。

杨名时无视保密制度，一再泄露密折。这一次，雍正可不会对他大度客气了。

雍正指出了杨名时泄密的两大居心：一是让大家知道密折推荐官吏，把别人升官的功劳揽到自己头上；二是故意泄露皇帝旨意，给六部施压，这样他奏请的事就能轻易通过。

雍正接着把杨名时骂得狗血淋头，说他"怙恶不悛，大奸大诈，全无人臣之体，甚属可恶"。

杨名时的厄运，随之骤降。

4

走上仕途巅峰仅仅三个月后，雍正四年（1726）十月，被雍正视为"天下第一良臣"的鄂尔泰取代杨名时为云贵总督。

翌年二月，湖南布政使朱纲升任云南巡抚的任命发布。十月，新任云南巡抚朱纲和钦差刑部侍郎黄炳开始在云南昆明会审。

会审对象，正是刚刚落职的杨名时。

一个多月后，朱纲终于审出了"重大进展"：杨名时曾收受犯了贪污、亏空罪的原顺宁知府范溥的礼物——四匹缎子以及一对重10两的金杯。根据这一条，就可以将杨名时问成死罪——判处绞刑。

然而，雍正对此并不十分满意。他后来跟心腹大臣鄂尔泰交底说："若不先治其假誉，返成伊千百世之真名矣。……此辈假道学，实系真光棍，诚为名教罪人，国家蛊毒，若不歼其渠魁，恶习万不能革。但此种类，若不治其名而治其身，反遂伊之愿也。"

意思很明显，针对杨名时这样的人，不批倒搞臭他，只从肉体上消灭他，是意义不大的，反而会助长他的名气。

雍正始终认为，搞倒杨名时并不是真的要弄死他，而是要撕破这样一个士人领袖的"假道学"伪装，给全国科甲出身的士人一个深刻的打击和教训。

必须承认，雍正的政治手腕很毒辣，也很高明。他继位后，政权不稳是事实，所以逐步推进打击异己。到雍正四年以后，与他争权的其他皇子，助他夺权的年羹尧、隆科多，这些最危险的政敌都被他解决掉了。他才开始将政治注意力转向科甲朋党对皇权的威胁。

雍正对科举出身的士大夫向来难言好感。他认为，依托科举而生的同年、门生故旧之间相互袒护容隐的科甲陋习，是朋党习气的一种形式，是需要大力整饬的前朝积弊。在他眼里，这些人"徇私结党，互相排陷，必至扰乱国政"，威胁皇权稳固。

因此，雍正朝得到重用的大臣，绝少科举出身。他最器重的田文镜、鄂尔泰、李卫，都不是科举出身。

杨名时"中招"，或许是他在不恰当的时候撞到了"枪口"，刚好可以被拎出来作为反面典型。而此前优待杨名时，给他不断晋升，或许只是雍正的一种缓兵之计。

但杨名时的节气砥砺不是吹的，什么罪责他都可以揽下来，就是涉及他道德品质的罪名，他一概不认，死都不认。

雍正最终还是做出了让步，让杨名时先拿出 3000 两银子结清案件，再作处置。他知道杨名时是清官，一时拿不出这么多钱。

果然，杨名时凑啊凑，只凑出了 200 两。

于是，终雍正一朝，杨名时一直"待罪"云南，未被降旨处死，因为他还在凑银子。

第八章
体制之外：再小的力量，也可以影响世界

玄奘取经回国后，究竟过得怎么样？

话说唐僧师徒历经千辛万苦，抵达西天以后去拿经书的时候，两位尊者竟然跟唐僧索要小费，说："圣僧东土到此，有些甚么人事送我们？快拿出来，好传经与你去。"

唐僧到佛祖那里告状，没想到被佛祖训斥了一顿："你且休嚷。他两个问你要人事之情，我已知矣。但只是经不可轻传，亦不可以空取。向时众比丘圣僧下山，曾将此经在舍卫国赵长者家与他诵了一遍，保他家生者安全，亡者超脱，只讨得他三斗三升米粒黄金回来。我还说他们忒卖贱了，教后代儿孙没钱使用。"

神佛世界也要讨价还价，搞得唐僧满眼垂泪道："徒弟呀！这个极乐世界，也还有凶魔欺害哩！"

这是古典文学名著《西游记》里面的情节。从这个情节，可以看出这部神魔小说之所以伟大，在于它借神佛妖怪的世界，写出了从古到今中国社会的实况。即便是现实主义小说，也很少写得像它这么入骨。

本文要讲的，正是唐僧的原型——历史上真实的唐玄奘的故事。这位凭借信仰的力量，九死一生从印度取回真经的佛学大师，返回大唐后，就要面对中国社会，尤其是政治的现实。

玄奘的风光背后，有着怎样的无奈呢？

1

唐太宗贞观十九年（645），正月二十四日。46 岁的玄奘出现在大唐的京城长安，眼前的场景一定让他十分恍惚：沿路挤满了追星的人群，每个人都想目睹这位传奇人物的容貌。

在政府官员的迎接和西京留守、宰相房玄龄的接待下，玄奘进入下榻的弘福寺。

随后，朝廷还在长安朱雀大街南端，把玄奘从印度带回来的520夹、共657部佛经和150粒如来肉舍利以及7躯金、银和刻檀佛像陈列出来，让官吏士人瞻仰。

右武侯大将军、长安县令等官员亲自主持大会。因为盛况空前，必须动用京师治安衙司维持秩序，不许参观者随便烧香散花。

大唐用盛典欢迎偶像的回归。此前为取真经无畏无惧的玄奘，此刻却颇为惶惑和疑惧。

早在一年前，他到达于阗进入大唐帝国边境后，就派人跟随商队到长安向朝廷呈上表章。用意只有一个，向朝廷解释自己当年违禁偷渡出国的原因。尽管十多年过去了，他仍然担心朝廷会治罪于他。

贞观三年（629），他利用朝廷允许饥民四处就食的机会，跟随寻找粮食的队伍，溜出了长安城，一路向西，费时四年，行程几万里，才到达佛教的发源地印度。

那时候，唐朝开国不久，西突厥雄踞中亚，新疆以及阿富汗一带的小国家均仰其鼻息。唐朝政府为了国防需要，禁止人民私自出国。玄奘多次向朝廷请求出国，都未获同意，只能采取偷渡的形式。结果，一路艰险，都被他逢凶化吉。现在，他要回国了，仍然担心朝廷追究旧账。

上表八个月后，玄奘终于接到允许回国的敕令。到达沙州（今甘肃敦煌西）时，为了证实朝廷敕令的确切，他再次呈上表章报告自己的行踪，听候朝廷发落。

唐太宗李世民这时正在洛阳，准备出师远征高丽，接表后敕令玄奘速来相见。玄奘得到消息日夜赶路，希望在皇帝征高丽前见到他。

2

皇帝的召唤和长安官员的隆重接待，都未能使玄奘放下心来。去国这么多年，他对国内的政治尺度有些吃不准。因此，安置完毕携带的经像佛典，玄奘匆匆忙忙赶赴洛阳。二月一日，他在洛阳皇宫仪鸾殿拜谒了唐太宗。此时距他抵达长安仅过去一周。

此后20天中，玄奘被连续召入内殿密谈，从早到晚直至擂鼓关闭宫门。他们具体谈什么，史书并无记载。

唐太宗为什么如此礼遇玄奘这样一个曾经的违法出境者，历来说法不一。我认为，唐太宗此时迷上佛教的可能性不大。李唐统治者尊老子为先，用"黄老之学"治国。唐太宗在位20余年，道佛并举，但仍以道为主。

史载，唐太宗曾要求"战地建寺"，为殉国战士作法事，但此举只能说明他是为了告慰安抚人心，而不能说明他本人对佛教有多少信仰。事实上，正如他自己所说，他对佛典的了解是非常有限的。

太宗急于召见远道归来的玄奘，与他欲建立东方世界霸业，开疆拓土有关。过去几年，他相继平定高昌，占领焉耆，准备征服龟兹。此刻，又要出征高丽。所以，他对佛学并不关心，而是让玄奘尽快整理西域各国的真实情况，好为他的"天可汗"大业服务。

很明显，太宗是个惜才的皇帝。他觉得玄奘谈吐不凡，对西域各国地理、历史和国情了如指掌，便竭力劝说玄奘还俗，在朝中做官辅政。很不巧，他碰到的玄奘，也是个伟大人物。如果之前十几年的付出，只是为了积攒声誉，好在朝中做官，那就太把玄奘的理想庸俗化了。

无论当年的九死一生，还是如今表面风光的君王礼遇，玄奘都未曾改变初衷。他的一生，只为信仰而活。所以玄奘一再婉言拒绝了唐太宗的"好意"。

太宗又要求他跟随御驾东征高丽。玄奘以佛门弟子不得观看兵戎厮杀为由，拒绝了。

不过，玄奘向太宗提了个请求，希望皇帝可以让他到少林寺翻译佛经。这个请求遭到了唐太宗的拒绝，皇帝不许他躲避入山。

在这名雄才大略的天子眼里，玄奘说到底是有"前科"的人，现在虽说载誉归来，可以既往不咎，但我对你的了解和把控十分有限，而且你初到长安就万人空巷，号召力这么强，终归让人不放心。一切超越皇权掌控的举动，都不会被允许。

玄奘与皇帝的分歧，已经暴露无遗。一个得道高僧，拼命想要挣脱政治影响，安安静静地翻译经书，传播教义，然而政治注定要与他纠缠下去。

3

玄奘的译经事业，单靠他一个人是无法进行的，他终归要与政治发生关系。在他的一再请求下，唐太宗虽然不许他入少林寺，却恩典他入居长安城中条件最好的寺院——弘福寺译经，并给予官方经济资助和其他便利条件。

短短两个月内，玄奘就组织起规模空前的第一流"译场"，汇聚了当时大唐首屈一指的佛学才子。玄奘知道，没有皇帝的特许和政府的财力支持，这一切显然是不可能实现的，他因此做出了一些有底线的妥协。他请求皇帝派出五名护卫守门，说出来的理由是长安万人空巷，争相观看，他担心译经受到干扰；没说出来的理由则是，他知道太宗对他有疑虑，派人守门可以让太宗放心。他在翻译佛经工作开始之时，第一时间应太宗的要求，夜以继日写出了10万多字的《大唐西域记》，作为大唐统御西域的指南。他虽然反对以佛教理论比附道教，但还是在太宗的紧迫命令下，组织参与将道家经典——老子《道德经》翻译成梵文，并由王玄策在第二次出使中天竺时带走。

这一切，使得玄奘的译经事业有了顺利进行的保障。为了换取皇权的支持和恩惠，他不得不违心完成朝廷交给他的一些任务。

到唐太宗生命最后的两三年，他对佛教和玄奘的态度有了一些微妙的转变。玄奘曾将他正在翻译的《瑜伽师地论》送给皇帝详览，太宗看完后连称"佛教广大"，并承认自己以前对佛教的批判都是妄言。长孙无忌、褚遂良等与玄奘交好的重臣，趁机替玄奘说好话，太宗于是赐给玄奘一领价值百金的袈裟，以示对玄奘的重视。

为了使佛教在唐朝站稳脚跟，玄奘早先就曾向太宗乞经序，但遭到拒绝。这一次，唐太宗终于同意了，撰写了《大唐三藏圣教序》，皇太子李治也受感染，写了《述圣记》。这两篇文章在很长时间里成为佛教在唐朝传播的护身符。

贞观二十三年（649），唐太宗的身体状况越来越差。玄奘扔下手头翻译的经卷，陪从太宗到终南山上的翠微宫休养。他在御榻前讲经，给病重的皇帝很大的宽慰。一直到太宗病逝，玄奘才随着灵柩返回长安。

4

新皇帝上位后，玄奘的命运随着政治沉浮，遭遇更加凶险。

由于唐太宗晚年转而笃信佛教，时为皇太子的李治为了讨得父亲的好感，也与玄奘频繁互动。但像父亲早年一样，李治也是道教的拥趸，追求炼丹长生。

继位后，唐高宗李治逐渐卸下伪装，对佛教和玄奘的态度有所转变。

永徽六年（655）五月，尚药奉御吕才公开质疑玄奘的佛学不权威，原因是他发现玄奘三个弟子对佛经的疏解互有矛盾，莫衷一是。吕才列举了玄奘弟子的释经中互相抵牾的40多条内容，写成一本书，在朝野间广为传播，以此打击玄奘。

这件事对玄奘造成了很大的伤害。他的弟子慧立后来写信求助于尚书左仆射、燕国公于志宁。或许是在朝中高官的出面干预下，吕才方才不再大肆宣扬。

这场学术官司打到皇帝跟前，唐高宗敕令，让群臣学士等人去慈恩寺，由玄奘与吕才当面定对。结果，据佛教徒的记载说，是吕才"词屈，谢而退焉"。不过，实际情况可能是不了了之，因为吕才的原作已经遗失，现在看不到了。

尽管事件平息了，但吕才的出现，背后动机并不单纯。

当时，玄奘的地位相当于先朝国师，太宗在世的最后日子里几乎都是他陪侍在侧，朝臣中也有很多高官是他的弟子。而吕才作为尚药奉御，只是替皇帝皇后亲尝药物的五品下小官，如果没有来自宫廷更高层面的授意，他会冒冒失失地向玄奘"开炮"吗？

总之，吕才事件后，玄奘的行动已经不那么自由了。高宗不仅派出六臣"监视"玄奘译经，移驾东都洛阳也要玄奘随行。这些表面看是对高僧的优待，实际上却形同监禁。

在洛阳，玄奘同高宗的关系，几乎重复了当年他与太宗的关系——互相提防，互不信任。

玄奘再度奏请入少林修禅并译经，高宗很不高兴，除了拒绝，还让玄奘以后不要再说类似的话。玄奘这才知道，自己又一次冒犯了禁忌，赶紧上表谢恩，表示"不敢更请"。

高宗为什么这么提防玄奘？这主要与当时的权力斗争有关。

继位几年后，高宗欲从父亲指定的辅政大臣长孙无忌、褚遂良等人手中夺回大权，发动了打击辅政旧臣的政治运动。玄奘从太宗朝就与这些大臣建立了良好的关系，因而也被归入打击的派别。

玄奘其实并不糊涂。他应该预估到了自己所处政治环境的凶险，在各种上表中极力讨好高宗和武后，包括称颂大唐出现祥瑞之兆，并说服高宗、武后将皇子李显剃度。他这么做，仍是为了佛教的传播以及译经事业能够得到朝廷的资助。

然而，结果似乎不理想。

随着辅政旧臣中硕果仅存的于志宁——那位在吕才事件中帮助玄奘的朝臣，也失势远谪，玄奘在朝中可以说已经孤立无援了。不久之后，他上表请求到玉华寺译经，以自贬求自保，希望远离京师避祸。

5

麟德元年（664）二月五日，玄奘圆寂。在生命的最后一段日子，他已经预感到译经事业在有生之年不可能完成，因此勉励弟子们加紧翻译，勿辞劳苦。

这是他毕生的心血所系。

想当年，他只身赴印度取经，充满了拼命的精神。史学家黎东方评价说："本来，天下的大事业何一非由拼命得来？这条命如果不拿去拼，拼取比较有意义的东西，勉强留下来也无甚价值可言。因为活到100岁还是要死的啊！"

回国后，玄奘为争取最高统治者对佛教和译经事业的资助，不惜多方妥协，甚至"讨好"皇帝。对于他这种原则性极强的人来说，如此心理斗争，也是相当拼命的。

为了追求一个目的，他就苦干到底，必要时还要拿性命来孤注一掷。这就是玄奘。

玄奘去世后，御医才从长安出发赶往玉华寺。唐高宗不太待见玄奘，由此可见一斑。

通行的说法是，高宗听到玄奘圆寂的消息后，罢朝三日。实际上，他只是当日罢朝，次日依旧临朝。

更奇怪的是，玄奘下葬时，高宗仅表示朝廷负责丧葬费用，但并没有任何朝官出席葬礼。他的塔也没有塔铭，没有公卿名士撰写碑文。这跟唐初其他高僧的死后待遇，差距很大。

高宗对玄奘无疑心存很大的芥蒂，无法消解。

玄奘起初葬于白鹿原，五年后，被起棺重葬于少陵原。在入土为安的文化氛围里，改葬是很忌讳的一件事。历史文献一般解释为，高宗时常从长安城宫中望见白鹿原上的玄奘白塔，产生伤感之情，所以要让改葬。但这一说法疑点重重，最基本的，高宗如果对玄奘感情这么深，就不至于改葬的时候仍然没有给予任何殊礼，依然没有塔铭及其他尊荣，也没有朝臣参与。

一种可能的解释是，高宗是要看看玄奘的遗身是否完好，借此验证他的修为。信奉道教的高宗，知道道士修真有尸解之功。

结果，发棺重葬，发现玄奘肉身不坏，完好如初。而对于改葬这件事，据玄奘的追随者慧立记载，则是"门徒哀感，行侣悲恸"，信徒们显然是不愿意的。

如本文开头所说,《西游记》是一部极其伟大的小说。但有一点必须提出异议,在《西游记》里,唐僧被写成为了大唐皇帝的江山永固而赴西天取经。这不仅是对玄奘的信仰和终极关怀的诋毁,更是无视玄奘归国后政治境遇的瞎编。

可惜,现在大多数人只知道《西游记》里唐僧的无能,而不知道历史上玄奘的勇猛和痛苦。

第八章 体制之外：再小的力量，也可以影响世界

丘处机没有路过牛家村，但他真的改变了历史

1

金皇统八年（1148），即宋金绍兴和议七年后，登州栖霞（今山东栖霞）的滨都里，有一户姓丘的人家，诞下一个男婴。这男孩小名丘哥，听起来有几分霸气。丘哥自幼父母双亡、孤苦伶仃，父母的尸骨被草草埋葬，直到多年以后他成名了，乡里人才帮其改葬。

丘哥从小就与众不同，别的小伙子要么下地干农活，要么读书求功名，而他"年未弱冠，酷慕玄风"，年纪轻轻就仰慕道家文化。不久，丘哥便离开家乡，专心学道，隐居于昆嵛山。那时，他才不过19岁。

修道这种高端的事情，靠自己毕竟毫无头绪。丘哥到了山洞中，自己苦修数月，没有一点儿成果，不禁怀疑人生，正打算离开。

就在这时，全真教的创始人王重阳恰巧路过昆嵛山。丘哥久闻这位高人大名，前去拜见，请求王重阳收他为徒。王重阳很中意这个年轻人，当即就将他收入门下，并赠他一首打油诗，以表收徒的喜悦："细密金鳞戏碧流，能寻香饵会吞钩。被余缓缓收轮线，拽入蓬莱永自由。"

从此，丘哥得名丘处机，号长春子，与马钰、谭处端、刘处玄、王处一、郝大通、孙不二并称"北宗七真"。

丘处机的师父王重阳本身就是一位传奇人物。他出身名门，年轻时应文试、武试，都考中举人，可谓才华横溢，后来还抗过金、造过反，是位志向远大的"愤青"。身为北宋遗民，王重阳的理想是美好的，可现实是残酷的，靖康以后，抗金事业大都一波三折，不了了之。

王重阳事业受挫，备受打击，迷上了行为艺术。他在终南山掘了一处"活死人墓"，用牌子写上"王害风（王疯子）灵位"，自己常年待在墓中，钻研学问。他知道已经改变不了世界，希望自己至少做到不被世界改变。

看破红尘的王重阳，最终出家为道，潜心修行，成就了另一番事业。他创立的全真教，让一度衰落的道教再度兴起，日后受到金、元统治者的推崇。

金庸写小说时，根据这些史实，将王重阳塑造为武林高手，他笔下的全真教，不仅是道家流派，还是武林门派，相当给力，就是弟子们武功不怎么样，常年当配角，还闹了不少笑话。

当然，小说家言，茶余饭后消遣即可，事实上，文武双全的王重阳没有参加华山论剑，没有与林朝英的恩怨情仇，丘处机自然也没有路过牛家村。

2

丘处机跟随王重阳修行的时间并不长，只有短短三年，大定十年（1170），王重阳就去世了，丘处机深受王重阳传教济世思想的熏陶。

为师守丧期满，丘处机开始了长达13年的闭关修行。当你的才华还撑不起你的野心的时候，就应该静下心来学习，丘处机也是这么做的。

在这期间，丘处机四处云游，传道授业，又仿行王重阳当年墓中苦修，先后隐居于磻溪和饶州龙门山。他无衣履可穿，就到七里之外的虢县城中乞要破布，"一笠一蓑，虽寒暑不变"，平日里饮食从简，收集山谷间悬泉的水来饮用，每日只食一餐。

在这样的苦修下，丘处机仍手不释卷，穷到没钱买书时，还要跟朋友借书来看。虢县的银张五秀才，就多次借书给他，丘处机写诗致谢："顾我微才弘道晚，知君博学贯心灵。嘲吟不用多披览，续借闲书混杳冥。"

据丘处机的弟子尹志平在《清和尹真人语录》中说，丘处机在磻溪、龙门修行时，为了静心修炼，断绝邪念，还曾自行阉割，差点儿丢了性命。这一说法虽然存疑，却传播甚广。

丘处机的长相白皙秀美，不蓄胡须。明人王世贞看到他的画像后，也说"长春真人像白皙，然肤理皲皱，无须，若阉宦然"。因为这原因，明代宦官竟然还拜丘处机为行业神，丘道长若泉下有知，不知做何感想。

大定二十六年（1186），苦修13年的丘处机出山，成为全真教新的掌教人，出山后的他，视野一下就宽广了。出家人也谈政治，而丘处机的政治意识更是超群。全真教之所以能广泛传播，一是金、元统治者扶持，二是民心所向，这些都离不开丘处机的贡献。

在小说《射雕英雄传》中，丘处机为了抗金四处奔走，实际上，丘处机深受金朝统治者的器重，曾多次进宫，与金朝的皇亲国戚谈笑风生。

当时，金朝的皇帝是有"小尧舜"之称的金世宗完颜雍。完颜雍一度对佛道有抵触情绪，只因为大定年间，僧人智究曾用宗教手段，企图诱发民众谋反，金朝及时发现，将其铲除，株连者多达450人。

从那以后，金世宗禁止民间擅自建造佛寺、道观，一听到全真教，就联想到东汉末年的黄巾之乱，"惧其有张角斗米之变"。丘处机的师兄马钰掌教期间，曾因此被驱逐回原籍。

其继任者延续了这一政策，禁止僧、道自行剃度，还规定僧、道三年参加一次考试，领取度牒（官府发给出家僧尼的凭证），命他们从唐制，拜父母，行孝礼。金时，佛、道的发展一度受挫。

不过，统治者总是那么矛盾，一方面抵制迷信，一方面又崇尚仙佛。

京城的泸沟河常年决堤，到金世宗统治末年，河水突然就安定了。金世宗以为，是自己之前加封河神为平安侯，获得神仙庇佑的结果，顿时对全真教心生兴趣。

金世宗已年老体衰，也想向丘处机求问延年益寿之法，于是几次召见丘处机，并为王重阳塑像，这是全真教第一次受朝廷正式认可。

丘处机见了金世宗，向他提出，修身之要在于寡欲，治国之本在于保民。金世宗听后，更加佩服丘处机。可惜，好景不长，60多岁的世宗因"色欲过节，不胜衰惫"，身体每况愈下，朝会时还得两个人搀扶进去。

大定二十九年（1189），一边修身养生，一边沉迷酒色的金世宗去世了，丘处机好不容易为全真教找到的靠山顷刻间倒塌。

第二个认可全真教地位的人，是备受金章宗宠爱的元妃李师儿。

李师儿出身卑微，起初因家人犯罪，入宫为宫女，因缘际会得到章宗宠幸。章宗在位时，她位同皇后，李家鸡犬升天，权倾朝野。李师儿曾被定罪的父亲，被追赠为公，她的哥哥李喜儿以前当过盗贼，照样加官晋爵。

李师儿嫉妒心强，只要章宗临幸其他嫔妃，她就想方设法在背后捣鬼，使得她们无法怀孕，甚至流产，最终导致章宗无嗣。现在宫斗戏中上演的类似把戏，都是她玩剩下的。

李师儿自己也一直没有子嗣，才看上了全真教，想请道士们用斋醮法术来为自己"祈嗣"。在她的影响下，章宗也曾一改"禁罢全真"的政策，厚待丘处机。

好好一个全真教，愣是让李师儿整成了治疗不孕不育的医院。

这样求子，注定无果，相信科学，才有保证。章宗病逝后，由于无子继承，朝廷在李师儿势力的干预下，改立新帝，从而引发金朝宗室相争，这次外戚之祸后，金朝国力迅速衰退。

3

适逢蒙古崛起，金朝内外交困，丘处机越发失望。贞祐四年（1216），金宣宗邀请丘处机进京，丘处机推辞不去，他认为，金朝皇帝有"不仁之恶"。

金没得救了，南边还有大宋。金庸小说中，丘处机一直以大宋遗民自居，还以"靖康耻，犹未雪"一句为郭靖、杨康取名。实际上，丘处机与南宋朝廷关系并不亲密。

宋嘉定十二年（1219），宋宁宗派遣李全等持诏书，请丘处机赴临安相见。宋宁宗好言相劝，想请丘处机来宋进行学术交流，度度假。可是，丘处机认为南宋朝廷有"失政之罪"，当即婉拒。

宋、金都病入膏肓，在丘处机心中，能成就一代伟业的君王，是叱咤风云的成吉思汗。

当时在河北的丘处机目睹了蒙古铁骑的剽悍与残暴，他支持蒙古帝国的宏图霸业，但不忍心见生灵涂炭。

大安三年（1211），成吉思汗率军攻金，野狐岭一战，消灭金军30万主力，"死者蔽野塞川"。至宁元年（1213），成吉思汗三路攻金，第二年，蒙古军"凡破九十余郡，所过无不残灭"，并占领了中都，金朝宗室被迫南迁。当时，蒙古军共破城邑862座，所到之处，大肆杀伐掳掠，遂使"河朔为墟，荡然无统"。

金朝的这次浩劫，史称"贞祐之乱"，惨状丝毫不逊于"靖康之变"。

丘处机不忍心见生灵涂炭，四处奔走，安抚百姓。全真教典籍中，甚至还有丘处机不费一兵一卒，招抚红袄军杨安儿所部，使得数万起义军"皆倒戈拜命"的记载，这应是子虚乌有。不过，丘处机率教众在战乱中积德行善却是实事。

成吉思汗的亲信中，早有人向其举荐丘处机。精通医药的刘仲禄曾向成吉思汗进言："中原有丘处机，年寿三百，有保养长生之秘术。"

丘处机300岁，自然是刘仲禄吹嘘，可是对君主而言，长生不老，确实梦寐以求。杀人不眨眼的成吉思汗也心动了。

当时，成吉思汗正西征至乃蛮旧地（今额尔齐斯河上游），他命耶律楚材起草诏书，由刘仲禄持诏，前往中原，请丘处机前去会面。

兴定四年（1220），接到诏书的丘处机断然决定，带领座下十八弟子，前去觐见成吉思汗，此举既是为了振兴全真，也是为了劝止杀伐，正如其弟子尹志平所说："道其将行，开化度人，今其时矣。"

丘处机先是到已被蒙古攻陷的燕京，不巧，成吉思汗正在攻打花剌子模（在今中亚西部），无法抽身。丘处机一行人见不到成吉思汗，只能先在燕京逗留。

第二年，丘处机得知成吉思汗下落，毅然决然从燕京出发，前往中亚，此去行程三万五千里。临走前，友人们前来城外相送，问及归期，丘处机自己也难预料，叹道："三年吧！"说罢，起身就离开。

这一年，丘处机已经74岁，西行之路必定艰辛，三年后，还有机会与友人再会吗？

丘处机从宣德州北上，经过抚州（在今内蒙古自治区兴和县境），此地多燕，有"燕子城"之美誉，是从张家口通往恰克图的必经之地。

当时正值农历二月，春寒料峭，大漠尤其寒凉，丘处机冒着风沙穿越沙漠，到达蒙古高原的达里诺尔湖。成吉思汗的幼弟斡辰驻扎在这里，他对哥哥的客人礼遇有加，丘处机一行人得以休息两天，并得到车马数十相送。

之后，丘处机沿契丹故地继续西进，六月底到达成吉思汗斡耳朵宫帐，皇后请丘处机入帐，每日供给奶酪，金岐国的公主听闻丘处机到来，派人送来御寒用具。丘处机没多留片刻，休整好便再次启程。

到达田镇海城时，被虏至此的金朝宗室和汉人工匠见了丘处机，一把鼻涕一把泪地诉苦。丘处机胸中激荡着家国情怀，便留下弟子宋道安等九人安抚金朝遗民，并在这个边城建造栖霞观。

一路西行，只见蒙古军所到之处，城市夷为平地，百姓死伤惨重。蒙古骑兵攻陷城池后，常把百姓士卒拉来漠北充当奴隶，路上劳累或受冻而死的十有七八。此情此景，更加坚定了丘处机止杀的决心。

之后，丘处机经回纥城（今新疆吐鲁番一带），穿过准噶尔盆地的戈壁与沙漠。

年过七旬的丘处机意志坚定，身体硬朗，他的弟子赵道坚却挺不住了，行至赛兰城（在今哈萨克斯坦）时不幸病逝。丘处机黯然神伤，将爱徒葬在城东高原，忍住万般悲痛，转头西向。丘处机明白，只有达成目标，弟子的牺牲才有意义。

4

1222年十一月，历经一年多的坎坷旅程，丘处机终于到达花剌子模的首都撒马尔罕。这个被世人称为"人间最美天堂"的地方，早已面目全非。这一年，成吉思汗水淹花剌子模，蒙古铁骑踏破呼罗珊地区（今阿富汗、伊朗、土库曼斯坦交界地带），杀伐不止。

此时，成吉思汗驻扎在八鲁湾草原，与撒马尔罕不过咫尺之遥。丘处机看到沿途百姓身处水深火热之中，只求立马与成吉思汗相见。

成吉思汗一见丘处机，问："真人远来，有何长生之药以资朕乎？"张口就问，我的长生不老秘方快递到了没？

丘处机回答说："有卫生之道，无长生之药。"

成吉思汗一听，顿时很感兴趣，他免了丘处机的跪拜礼，让他站立着行叉手礼便可。随后数月，丘处机先后三次觐见讲道，又与成吉思汗进行了12次谈话。

丘处机倾尽毕生所学，畅谈天下大势，向成吉思汗提出三点建议：一是好生恶杀是天道所在，蒙古人应该爱惜百姓生命。二是要清心寡欲，积善修福，这样才能延年益寿。三是中原地大物博，用心经营，可成霸业。

尤其是为了使成吉思汗停止杀戮，丘处机"拳拳以止杀为劝"。成吉思汗深以为然，既然没有所谓长生不老药，那他也当反思以往所作所为，重新思考蒙古帝国的未来。

关于丘处机西行"止杀"的真伪，一直存在争议，如元史专家杨讷的研究表明，这一切不过是道家夸大其词。可是，身为当事人之一的耶律楚材，著《玄风庆会录》，将丘处机与成吉思汗的对话记录了下来。

丘处机的弟子李志常通过收集整理其师和师兄弟的资料，写成《长春真人西游记》，姚从吾先生认为，此"实为丘处机与诸大弟子合著之旅行传道报告"。

这些证据表明，丘处机西行之旅，确实深深打动了成吉思汗，一定程度上促使其改变过激政策。

清朝时，爱写诗的乾隆帝谈起丘处机，也不由得万分佩服，曾为其写下一联："万古长生，不用餐霞求秘诀；一言止杀，始知济世有奇功。"

5

只是因为在人群中多看了你一眼，从此不能忘掉你容颜。成吉思汗与丘处机相见后，一直念念不忘，将他称作"神仙"。

次年春天，丘处机辞别成吉思汗东归。成吉思汗担心丘处机旅程艰险，派人沿途传去自己的问候："神仙，你春天时离开我，现在都已经是夏天了。旅途艰辛，你吃得好不好呀？住得好不好呀？车驾怎样？到了宣德等地，我小弟们的安排满意不？我经常想起神仙，神仙也不要忘了我呀。"

乍一看，倒有几分像情书。

丘处机一行人向东返回，再经过赛兰城，停下祭奠此前去世的赵道坚，到田镇海城，与留在此处的九位弟子相会。过天山时，丘处机得了胃病，无法进食，只能靠饮水保持体力，冒着生命危险走出这一地区后，得到成吉思汗部下的接济，才走出险境。

1224年，又是一个春天，丘处机重返燕京，正应了他当年的三年之约，西行之旅，圆满落幕。

三年后，成吉思汗南下攻金，仍不忘丘处机，下诏让他掌管天下道教，全真教的地位达到顶峰。同年，两人先后去世，他们不过几面之缘，却结成了亦师亦友的君子之交，着实难得。

元代，丘处机的弟子尹志平等人，继续将全真教发扬光大，修建宫观，开设斋堂，安抚在生死之间挣扎的黎民百姓。

金元时期，全真教鼎盛的时候，"堕窳之人翕然从之。南际淮，北至朔漠，西向秦，东向海，山林城市，庐舍相望，什百为偶，甲乙授受，牢不可破"。

如此成就，离不开丘处机的个人魅力。无论是出于政治意识，还是传教之需，一位七旬老者，将生死置之度外，为弘道，为"止杀"，一路西行三万五千里，可歌可泣，堪称史诗。

徐霞客：没有意义，有时正是人生最大的意义

1924 年 6 月，英国探险家乔治·马洛里和队友出发攀登珠峰，就再也没有下来。此前，他已经失败过几次，但还能活着回来。有记者不断问他，你为什么要攀登珠峰呢？

其实，他们想问的是，攀登珠峰有什么意义，值得你用命去搏？马洛里被逼急了，说了一句禅味十足的话：因为山就在那里。

1

1587 年，徐霞客来到这个世界。

江阴徐家是望族，不仅有钱，还都有才。传到徐霞客的高祖徐经这一代，其身份，首先是江南才子，然后才是"富 N 代"。

1499 年，改变了唐伯虎命运的那桩科场大案，也改变了徐经的命运。那年，他与唐伯虎结伴北上应试，带着仆从和优伶，一路走一路炫富，引人侧目，招人嫉妒。结果，会试期间，就有人举报弹劾主考官程敏政，说他卖题给了徐、唐二人。

这桩科场大案，真相扑朔迷离。朝廷的处置却很简单粗暴：真实情况无关紧要，平息事端才是上策。于是所有嫌疑人，不管原告被告，都遭到了惩罚。

徐经和唐伯虎这两个意气风发的年轻人，稀里糊涂成了政治斗争的牺牲品。

经历苦痛之后，唐伯虎走上游戏人间的路子，徐经则变成执着的上访户。

徐经的余生再也未能走出这桩科场大案的阴影，他易字"大纵"，给自己的文集命名为《贲感集》，终生郁郁寡欢，四处奔走自证清白，年仅 35 岁就客死翻案途中。他的整个家族，在此后几代人中产生了"一朝被蛇咬，十年怕井绳"的黑色记忆。

徐家传到了徐霞客的父亲徐有勉。

徐有勉颇有才学，但厌弃科举，一生不入仕途，为园自隐。友人劝他买个官衔功名，他一脸不屑地说："田野水木之乐甚适也，何必为官？"

在当时，科举入仕仍是世俗成功的唯一通道。无数人枯坐寒窗挤破头，就为了金榜题名，好封妻荫子、光宗耀祖。但越是功利，就越把人异化了。跟现在一样，大家都奔着世俗的成功而去，只想着怎么赚更多的钱，怎么往上爬，结果把人的本性都丢失了。只有极少数人还在小心翼翼地守护人之本性。

早年的徐霞客对父亲的本性流露，印象深刻。徐有勉也曾预言，徐霞客一生"可以尽吾志，不愿富贵也"。尽管他去世的时候，还未看到徐霞客怎么折腾人生，但他的预感不会错的。

徐霞客幼年时，表现出了跟高祖徐经一样的才气，但他跟父亲一样从不热衷科举。这个无意于世俗成功的小孩，从未受到来自父母与家族的压力，一心想着走遍天下，做个我行我素的旅行家。

历史真的很神奇。当年的科场大案，几代人之后竟然结出了如此奇怪而夺目的果实。

2

徐霞客生活的年代，在历史学上特意被分段标示为"晚明"。

简单来说，晚明曾是中国近代化的先声，虽然政治黑暗，但商品经济发达，社会思潮活跃。

当时的大众旅游风气之盛，跟现在有得一拼。

每逢春秋佳日或传统节日，著名景点乌泱乌泱都是人头。泰山、普陀、九华、峨眉等名山胜地，游人如云，香火如炽。

与徐霞客同时代的旅游达人张岱说，在旅游旺季，去泰山旅游观光的人成千上万，泰安的旅店"客单数千"，入山者最高峰一天两万人。渡海朝圣普陀的香客游人也很多，大殿里里外外坐了数千男女，几乎没有立足之地。

这就逼得那些有个性的人必须调整出游策略，以便避开人挤人的旅游高峰期以及热门景点。

段位稍低的呢，就错峰出游，或者选择游览热门景点的冷门区域。段位再高一些，就做个"驴友"，专挑未开发景点，不去凑别人的热闹。

徐霞客的旅游也经历过一个咖位不断进阶的修炼过程。他早年立下壮游天下的远大志向，与当时社会的旅游风尚不无关系。"丈夫当朝碧海而暮苍梧，乃以一隅自限耶？若睹青天而攀白日，夫何远之有？"这是他的豪言壮语。

不过，他是个孝子，母亲王孺人尚在世，故有心而不敢远游。

这时候，王孺人——江阴小镇上一名普通的妇女，表现出了很潮很时尚的一面。她支持儿子，有钱在手，说走就走。她告诫儿子，男儿志在四方，不要做"藩中雉""辕下驹"，世界那么大，你该去看看。她宽慰儿子，不用挂念我，我很好。

当徐霞客出门远游，她专门为儿子做了"远游冠"，"以壮其行色"。

不仅如此，王孺人的新潮还表现在，她可能创立了自己的织布品牌。她织出来的布质地精好，被称为"徐家布"，不仅畅销本乡，而且远销苏州等地，博得了"素丝见名门"之誉。

徐家在两代人不事科举的情况下，仍能维持富足的生活水平，王孺人功不可没。

1624年，八十高龄的王孺人为了减轻儿子出游时对自己的挂念，还特地陪同儿子游览了宜兴，并且一路故意走在儿子前面。

一年后，王孺人去世。

可以说，没有王孺人的开明与支持，就没有那个以行走为业的徐霞客。

3

夏咸淳在《论明代徐霞客现象》一文中指出，晚明的三种文化心态，即好奇——对于异域异物的兴趣和热望，贵生——对于个体生命的尊重和热爱，崇实——对于实学实事的重视和推崇，融合在一起，强有力地驱动着许多学者文人，将热情、精力、智慧乃至生命倾注于自然山川的游历和考察，从而产生了一批成就卓著的山水文学家和地理学家（二者往往兼于一身）。因为徐霞客是其中最杰出的代表，所以他把这种情况命名为"徐霞客现象"。

现代攀登珠峰的人不要命，一般都会把遗书准备好，当时热爱旅游的人也有一股搏命的精神。

年长徐霞客大约20岁的袁宏道在攀登华山时，险些失足丧命，却没有后怕之意，反而吟道："算来清泉白石死，差胜儿啼女唤时。"

人总有一死，或死于床笫之间，妻儿在一旁哭哭啼啼，或死于远游途中，长眠清

第八章 体制之外：再小的力量，也可以影响世界

泉白石之间。袁宏道希望是后者。

在徐霞客 30 余年的旅游经历中，西南之游是最为艰苦卓绝的一次。他为这次出游谋划了很多年，一直担心再不出发就年老力衰去不了了。

1636 年十月，徐霞客终于打点行装出发，他已经 50 岁了。

此行他只携带了基本的生活必需品，除了暖身的衣服和盘缠外，没有准备任何防身的武器。他的远游冠中，藏着母亲生前给他的礼物——一支银簪。母亲在他首次旅行时，将此银簪缝于帽中，以备不测之用。

他随身的考察工具极为简朴，一支笔，一个指南针，却肩负着丰富的书籍，都是一些派得上用场的地理资料。

最后，他不得不怀揣朋友们的引荐信，以便在危难的时候向地方官求助，或筹措路费。

和他一同出发的有两个人。一个是仆人兼导游顾仆，另一个是和尚静闻。静闻是要到云南鸡足山朝圣的。顾仆可能背着一把铲子，用徐霞客的话说，随时随地可以埋葬他的身躯。

徐霞客在启程之前已做好遇难捐躯的思想准备。在写给大名士陈继儒的信里，他说万一有个三长两短，死在这片"绝域"，做一个"游魂"我也愿意。

旅程的艰险，确实配得上他的思想准备：三次遭遇强盗，四次绝粮。一路下来，他练就了非同一般的荒野求生能力，可以几天不吃饭，都没问题。

在湘江的船上，一伙强盗趁着月色来打劫。徐霞客跳江逃生，丧失了随身的财物，仅剩一裤一袜。静闻为了保护血写的经书，死守船中，身负重伤。顾仆也受了伤。

尽管备受打击，但徐霞客没有考虑返程。他的方向不会变。

最终，静闻死在路上。徐霞客带着他的骨灰和经书，直奔鸡足山，完成了这名风雨同路人的遗愿。

在云南保山漫游时，有人要到江苏，问徐霞客要不要帮他带家书回去。

徐霞客犹豫许久，婉言谢绝了。他说："浮沉之身，恐家人已认为无定河边物；若书至家中，知身犹在，又恐身反不在也……"

不过，当晚，他为此失眠了，还是写了一封家书。

对他来说，死亡是每天可能邂逅的东西。所以，是死是生，都是两可，无从预知自己能否看到明天的太阳。

1640 年，这次万里远游以一场致命的疾病结束。

徐霞客感染了足疾，双脚尽废。一帮人用滑竿把他抬回了江阴。

1641 年，徐霞客溘然长逝。

4

徐霞客在世的时候，他的朋友圈已经公认他是奇人怪咖。

曾任宰辅的文震孟说："霞客生平无他事，无他嗜，日遑遑游行天下名山。自五岳之外，若匡庐、罗浮、峨眉、崟岭，足迹殆遍。真古今第一奇人也。"

当时的文坛领袖钱谦益也说，徐霞客是千古奇人，《徐霞客游记》是千古奇书。

晚明旅游之风那么盛，登山不怕死的也不少，为什么只有徐霞客游成了"奇人"？

最根本的原因是，徐霞客跟其他任何一个旅游者都不一样！他无编制，无职业，无功利心。

袁宏道经常在游记里把自己描写成离经叛道的怪杰，但他与徐霞客的距离，至少差了一个王士性。

这三人，都是晚明最著名的旅游达人，但除了晚辈徐霞客，其他两人都有编制。他们的旅游，在当时被称为"宦游"，就是借着到外地做官或公务考察之机顺便旅游。

徐霞客不一样。他是个字面意义上的"无业游民"，为了旅游而旅游。或者说，他的职业就是旅游，他的人生就是旅游，为旅游而活，活着为了旅游。这样的职业旅行家，在传统中国社会是独一无二的。所以，他比其他任何旅游者都走得更远，也更专业，更卖命。清朝文人潘耒评价他说："以性灵游，以躯命游，亘古以来一人而已。"

徐霞客途穷不忧，行误不悔，多次遇盗，几度绝粮，但仍孜孜不倦去探索大自然的未知领域，瞑则寝树石之间，饥则啖草木之实，不避风雨，不惮虎狼。他摆脱了视游山玩水为陶冶情操之道的传统模式，赋予旅游更具科学探索与冒险精神的内涵。他征服过的地方，往往是渔人樵夫都很少抵达的荒郊，或是猿猴飞鸟深藏其中的山壑。

他白天旅行探险，晚上伏案写作，有时甚至就着破壁枯树，燃枝拾穗，走笔为记。他以客观严谨的态度，每天忠实记录下当天的行走路线，沿途所见的山川风貌与风土人情以及他的心得体会。

关键是，他写游记压根儿不是为了发表。早期是写给母亲看，让母亲可以"卧游"，对儿子走过的名山大川如身临其境。后来，写着写着，写成了习惯，或许就把写日记当成了自己与自己的对话而已。他生前并未发表任何游记，死后他的朋友替他整理日记文稿，但很多内容已经散佚了。

可以说，他所做的一切，纯粹是为了满足自己的求知欲和好奇心，除此之外，他没有什么功利心，也没想什么实用价值。也正因此，他才不会变得短视，从而使得自己的人生与文字在几个世纪之后仍然散发着理性的光辉。相比之下，那些斤斤计较于当下的人和事，则早已沦为历史的尘埃。

很多人喜欢拿徐霞客和陶渊明作比较，因为他们都绝迹官场、不计功名、钟情山水。但我认为，徐霞客跟陶渊明完全不一样。

徐霞客的经历与选择，实际上突破了传统的隐居守节处世模式，标志着一种新人生观的养成。他开辟了另一种人生行走的模式，将超脱世俗的路子指向了务实求真的具有科学曙光的方向，避免自己成为陶渊明的复制品。

而陶渊明的隐居，是先秦历史典故中早就建构起来的传统。陶并没有任何独创性在里面。

5

面对徐霞客这样的怪咖，我们几乎无法做出合乎社会规范的评价。不管是晚明的规范，还是现在的规范，似乎都容纳不了这样一个人。

我们现在把徐霞客捧得这么高，其实无非看中了人家游记中体现的科学精神。但这个东西，徐霞客本人并不在乎。他的游记流传下来，本身就带有偶然性。

如果他的游记失传了，我们还会把他捧得这么高吗？我想，肯定不会。

我们会说他不求上进啦，荒废时光啦，社会寄生虫啦……总之，有一百零一个理由来否定他。

然而，人家的游记没有失传，上面的理由就自动靠边站了。

清代纪晓岚评价徐霞客时，显然遇到了类似困境。他在《四库全书总目》中给予《徐霞客游记》以较高的评价，说"其书为山经之别乘，舆记之外篇，可补充地理之学"。但他对徐霞客的人生选择并不赞赏，所以对徐霞客的旅游动机进行了揣测和批评，说徐霞客"耽奇嗜僻，刻意远游"。

这八个字什么意思？

就是说，徐霞客性情怪僻，惯于标新立异，处心积虑地游走他方并沉溺于其中，有沽名钓誉之嫌。

这种调调很像我们现在这个社会的普遍心理：你的行为超出了我的想象，所以是可疑的。

你们想想，是不是这样？

我们质疑有钱人的慷慨，你为什么捐这么多钱，不就是图个名声吗？我们质疑没钱人的苦难，你为什么表演贫穷，不就是想获取爱心款吗？

我们质疑商人，质疑明星，质疑老人，质疑小孩，质疑一切。质疑到最后，无非就是被标准答案限制了想象力。

在一个功利的社会，做什么事，都要追寻一下意义。而且，意义的定义权，牢牢把控在评价者手里，不能掌握在当事人手里。

徐霞客觉得他的活法很有意义。对不起，我们集体觉得你没意义，你就没意义。

攀登珠峰者觉得他们的冒险很有意义。没有用，我们集体无法理解你的意义，你就没意义。

总有一些超越世俗的无意义的事情，总有一种纯粹的内心需求，孤悬着，没人理解。哪怕极少数人走出暗室，看到了阳光，大多数人也不会认为阳光下就比暗室里温暖。

因为，他们已经逾越标准答案的范畴，相当于自行答题，不是零分是什么？

人生的标准化是从标准答案开始的。你应该活成什么样子，什么时候应该干什么事，这些都有标准答案。每个人都要对照标准答案作答。

徐霞客，偏题了，只能被归入"千古奇人"。这可能是赞赏，但更多表达的是不认同，你跟我们不是一类人。

我们从来幻想的都是"身体和灵魂总有一个在路上"，而你从来就是"身体和灵魂两个都在路上"。这是以你的特立独行在反讽我们的行尸走肉吗？你呀，真够居心叵测！

傅山：从不与这个世俗的世界妥协

现在流行一种"鸡汤"，大意是说：一块石头，有棱有角，从山坡上滚下去，势必跌撞得面目全非；但如果是一个已被磨得很圆滑的鹅卵石，那就顺利轻松多了。

什么意思呢？你改变不了世界，就要学会改变自己，这才是一个人成功的诀窍。

听着貌似很有道理，很受用。但从本质上讲，这不啻一碗"毒鸡汤"，要一个人学会妥协，随大流，去个性，怎么舒服怎么过。到最后，即便真的抵达所谓的"成功"，这样的成功放到历史中、放到社会上，有意义吗？

反之，一个顽强的灵魂，如果时时不愿与世界妥协，不肯屈从现状，就算他失败了，这样的失败是否更有意义，更值得尊重？

我们来讲一个"失败"的人。

1

傅山（1607—1684），字青主，山西阳曲人，是明末清初的一位奇人。很多人知道他，可能源于梁羽生的武侠小说，在《七剑下天山》里面，傅青主是名满天下的一代宗师，文武双全，医术精妙，书画亦绝。

梁羽生不是一味瞎诌，历史上的傅山，的确对得起这些评价。

但纵使一身绝技，傅山却是一个"失败"的人。因为，他不从俗，时刻与世界对抗，最后变成了那块有棱有角的石头。

傅山是个天才，记忆力超强。有一次，他与一个马姓同学比记忆，由他的哥哥傅庚圈定53篇诗文，看谁能在最短时间内背下来。

马同学背了一整天，才背下四五篇。傅山从起床洗漱完毕，到早饭前，短短的时间内，就全背下来，一字不差。这让马同学膜拜不已，叹服如神。

如此记性，科举考试应当不在话下。按照晚明思想家李贽的经验，考科举最容易不过，无非背诵三五百篇范文，考试时审对题目，默写一篇上去，保准高中。

然而，傅山就是能把十拿九稳的试考砸。题目关于如何修身，傅山的答卷却写满了国家面临的种种危难。这叫故意审错题，他后来在诗中回忆这段经历说："念我弱冠时，命艺少旧习。塾题试致身，满臆河山疾。"

一个"臆"字，说明了他考试时的状态，满脑子都在想河山危急的事，压根儿不管试卷题目，他只想借机唤醒当局者。他的老师袁继咸十分惋惜，说，傅山的文章确实好，可惜满是"山林气"。言外之意，是当局不喜欢。

实际上，傅山对此并不在乎。他对八股文毫无兴趣，不会强迫自己去钻研取巧。他后来说，就算八股文写到天下无敌，又有何用？指望用八股文来接续孔孟之脉，"真恶心杀，真恶心杀"！

所以，在世俗意义上，青年傅山算是彻底失败了。

2

生在晚明，这是傅山那一代人的命。国运沉沦，整整一代人的前途就完蛋了。

明清易代之际，傅山37岁，正是当打之年。挂在煤山歪脖子树上的那具皇帝尸体，对遗民们却是一种无时不在的道德鞭打——我们不惜一切代价，也要打赢敌人——如今，敌人入主中原，连崇祯皇帝都成为那个"代价"，明朝的读书人有资格当那个"我们"吗？

显然没有。读书人自始至终就是那个"代价"。

明亡之前，傅山对明朝的统治其实很不满。他的老师、山西按察司提学佥事袁继咸，因为敢于言事，触犯了当朝首辅温体仁的利益。温的马仔张孙振构陷了一个罪名，把袁继咸押送京师。

傅山知道后，对朝廷指白为黑十分愤慨，于是变卖家产，带领130多名同学赴京鸣冤。他们到处散发揭帖，揭露真相，希望能够上达天听。

经过半年多的努力，冤案终得大白，袁继咸始获重新起用。作为这次学生运动的头领，傅山和他的同学薛宗周很快被称为"二义士"，名闻天下。

不难看出，身处明末，傅山就是一个尽力改变世界，而不是改变自己的人。

清军很快打进山西，百姓哭成一片。傅山听到消息，跟几个朋友举杯痛哭了一场。那年除夕夜，他写下悲痛之诗："三十八岁尽可死，栖栖不死复何言？……怕眠谁与闻鸡舞，恋着崇祯十七年。"

袁继咸后来在南明抗清，被俘虏，他坚决不降，被杀前托人带信给傅山。信中说："晋士门下知我者甚深，不远盖棺，断不敢负门下之知，使异日羞称袁继咸为友生也。"

意思是，我如果投降了，你们当学生的，也会以我为耻。

袁继咸之死，对傅山的触动很大。很长一段时间内，傅山带着老母亲、儿子辗转各地，为反清复明奔走。

顺治十一年（1654）六月，傅山突然被捕，成了太原府监狱的囚犯。

原来，受南明政权指派到北方发动反清起义的宋谦，被捕后供出了傅山。明亡后，傅山做了道人，身穿红色道袍，自号朱衣道人。宋谦对傅山的字号、年龄、衣着等信息一清二楚，清廷于是派兵抓人。

凭宋谦的口供，清廷判傅山谋反死罪毫无问题。傅山的母亲也已做了最坏的准备，她对傅山的朋友们说："道人儿自然当有今日事，即死亦分，不必救也。"就是说，我这个儿子出事被捕，乃意料中事，就算死了也值得，你们无须费心费力营救了。

出人意料的是，傅山入狱一年后，竟然获释出狱。他的朋友全力营救，八方疏通，还是起了作用。

出狱后，傅山却陷入了精神的痛苦之地无法自拔。他写了很多诗句，反复慨叹他的羞愧："病还山寺可，生出狱门羞。""有头朝老母，无面对神州。""死之有遗恨，不死亦羞涩。"

反清复明无望，自己又锒铛入狱，出狱后背负苟活的精神负担……

所以，在世俗意义上，中年傅山也是彻底失败的。

3

在精神折磨之外，物质考验也成为傅山后半生一个挥之不去的梦魇。直接说吧，就是穷，贫穷伴他到死为止。

明亡之前，傅山家境殷实，在老家忻州及太原一带有多处地产。明亡之后，他一方面典卖家产从事反清复明活动，一方面将部分财产散给族人，因此自身经济条件急转直下。他不得不通过鬻书卖画、行医售药等方式谋生，且时常寻求朋友的帮助，勉强度日。

有一次，他听说祁县的米价比省城便宜，专门写信委托朋友代买。此种心酸，可想而知。

贫穷的流浪生活让傅山背负了对老母亲的无限愧疚。他后来回忆说，明亡后侍奉老母亲27年，其间不是有米无菜，就是有菜无米，或者有米菜无油盐炭薪，总之，老人家一个月至少有半个月吃不好。他和儿子傅眉入狱那年，除夕夜，傅眉被释放回家探望祖母，一进家门，才知道家中已经断粮数日。

有一年，傅山过生日，有个朋友老早就说要给他割两斤肉。他眼巴巴等啊等，到了生日当天，那人却毫无动静。无比失落的傅山，只好去寺庙里喝大锅粥。

不仅如此，连文人的基本配备也大成问题。有个好友要请傅山在扇子上题字，傅山说好，但得等几天。为什么？因为他此时连书扇的毛笔和印泥都没有。

实际上，傅山完全有能力让生活过得更好，不用这么惨兮兮的。他具有非凡的书画才能，医术也相当了得，名气更是一线明星那么大。因为傅山，当时一帮一流人物跑到山西，比如顾炎武、屈大均、阎若璩、王士祯等，让山西成为清初全国的文化中心之一。

只要傅山愿意改变自己，变成一颗圆滑的鹅卵石，财富、官位都会滚滚而来，但傅山没有。对他而言，这些改变触及了一个士人的底线，他绝对不会去做。诱惑再大，也不动摇。宁可过他的穷日子，也不让高贵的灵魂掉价。

人家夸他的字好，请他写两句，他挥笔写道："乱嚷吾书好，吾书好在何？"你懂不懂书法，就跟着瞎夸。

人家买他的字，又怕买到代笔的赝品，就要他当面写。他直接说："俗物每逼面书，以为得真。其实对人作者，无一可观。且先有忿懑于中，大违心手造适之妙，真正外人那可得知也！"

你们这些土豪啊，真是愚蠢至极，以为当着面写的就是真品，其实，我内心不爽，写出来的都是死字、死画、死诗文。

人家要他帮治病，他则拒绝给两种人看病：奴人（奴态之人）和胡人（糊涂之人）。他的理由是，妙医和妙药，不能治粗俗者的病。

哪怕穷得叮当响，他依然是那个坚守的、傲娇的、高贵的傅山。连顾炎武都自叹弗如，说："萧然物外，自得天机，吾不如傅青主。"

但在世俗意义上，穷字当头的傅山，晚年照样失败，相当失败。

4

康熙十八年（1679），为了安抚笼络汉人知识精英，康熙帝举行了博学鸿儒特科考试。各地举荐了180多位"博学鸿儒"，几乎把大江南北的学子"一网打尽"。

傅山名气大，学问高，自然在官方的征辟之列。他称病不出，地方官不依不饶，要把他抬到京城。到了北京城外一座寺庙，傅山宁死不进京，皇帝也没办法，只好放他回去了。

这时候，离明亡已经过去30多年，除了傅山、顾炎武等少数死硬派，绝大多数知识精英对清廷的笼络趋之若鹜。傅山对此感到痛心，据他统计，崇祯十年（1637），山西考中进士的19人中，有16人在易代之际降了满人，出仕做了官。他看到这样快速转向的世界和人心，知道自己没有权利和能力去阻止别人的趋之若鹜，但他，没有随大流，也没有改变自己。

临终前，79岁的傅山写下《辞世帖》，庆幸自己终于"真返自然"，并要求不发讣告，不设吊唁。到死为止，他从未与这个世界妥协过。

这就是傅山走过的路，一条崎岖难行、人迹罕至的路。

如今，泛滥成灾的鸡汤文，绝对不会教我们去走难走的路，只会迎合我们的舒适区，以温水煮青蛙的姿态，让我们觉得很焦虑，同时很享受。傅山，如此高贵的灵魂，在他们的字典里，是失败者。他们只会推崇左右逢迎、顺风顺水的人精，美其名曰善于改变自己，适应环境，胜者为王。在他们的认知里，傅山只要改变一下心态，甚至不用做什么，就是铁定的人生赢家——青年时期，不要那么愤青，好好歌颂晚明的酱缸，写写四平八稳的科举时文，举人进士不就到手了吗？中年时期，不要那么讲气节，喊两声反清复明，做做姿态，让天下人都知道你有两根硬骨头就行了，接下来偷偷做个顺民，向新主表态，高官厚禄不就到手了吗？晚年时期，不要那么脾气火暴，嫌富爱贫，谁给的钱多，就给谁写字，写好看，写好听；谁的钱多，就给谁看病，开好药，开贵药，发家致富还不是分分钟的事吗？

然而，他们没有想过，这样处处算计、人情练达、养尊处优的"傅山"，那个时代也许有很多很多，因为太多太滥，以至于他们的名字一个也没留下来；即便留下名字，后人也不会惦念他们。

而那个真正的傅山,尽管生前"失败",身后却甩开当时那些成功者几条大街,成为一个民族高傲的象征;尽管生前贫苦,身后却一幅草书拍出3277.5万元的天价(《治学篇》《太原三先生传》长卷,中国嘉德2011秋拍),让那些速朽的成功人士,惊得棺材板都压不住。

我之所以推崇傅山的轴和犟,赞美傅山的"失败人生",鄙视那些貌似鲜美实则毫无营养,甚至有毒的鸡汤文,理由只有一条:再小的力量,再小的个体,也可能改变这个世界;即便改变不了世界,也不要让自己被这个世界改变。

参考文献

一、古籍、资料汇编

[1]〔汉〕司马迁.史记[M].北京：中华书局，2006.

[2]〔汉〕班固.汉书[M].北京：中华书局，2007.

[3]〔汉〕刘向.战国策[M].上海：上海古籍出版社，1998.

[4]〔晋〕陈寿撰，〔宋〕裴松之注.三国志[M].北京：中华书局，1982.

[5]〔南朝〕沈约.宋书[M].北京：中华书局，1974.

[6]〔南朝〕范晔.后汉书[M].北京：中华书局，2000.

[7]〔唐〕房玄龄，等.晋书[M].北京：中华书局，1996.

[8]〔唐〕李延寿.南史[M].北京：中华书局，1974.

[9]〔唐〕姚思廉.梁书[M].北京：中华书局，1973.

[10]〔后晋〕刘昫，等.旧唐书[M].北京：中华书局，1975.

[11]〔宋〕欧阳修，等.新唐书[M].北京：中华书局，1975.

[12]〔宋〕司马光，等.资治通鉴[M].北京：中华书局，2009.

[13]〔宋〕李焘.续资治通鉴长编[M].北京：中华书局，2004.

[14]〔元〕脱脱，等.宋史[M].北京：中华书局，1985.

[15]〔元〕脱脱，等.金史[M].北京：中华书局，1975.

[16]〔明〕宋濂，等.元史[M].北京：中华书局，1976.

[17]〔明〕陈邦瞻.宋史纪事本末[M].北京：中华书局，1977.

[18]〔清〕张廷玉，等.明史[M].北京：中华书局，1974.

[19]〔清〕谷应泰.明史纪事本末[M].北京：中华书局，1977.

[20] 赵尔巽，等.清史稿[M].北京：中华书局，1998.

[21]〔三国〕诸葛亮.诸葛亮集[M].北京：中华书局，2009.

[22]〔唐〕玄奘、辩机原著，季羡林等校注.大唐西域记校注[M].北京：中华书局，2000.

[23]〔宋〕范仲淹.范仲淹全集[M].成都：四川大学出版社，2007.

[24]〔明〕杨慎.升庵集[M].上海：上海古籍出版社，1993.

[25]〔明〕谢肇淛.五杂组[M].上海：上海书店出版社，2015.

[26]〔明〕徐霞客.徐霞客游记[M].北京：中华书局，2009.

[27]〔清〕黄宗羲.明夷待访录[M].北京：中华书局，1985.

[28]〔清〕曾国藩.曾国藩全集[M].长沙：岳麓书社，1994.

[29]〔清〕郭嵩焘.郭嵩焘全集[M].长沙：岳麓书社，2012.

[30]〔清〕张荫桓.张荫桓日记[M].北京：中华书局，2015.

[31]〔清〕许景澄.许景澄集[M].杭州：浙江古籍出版社，2015.

[32] 刘成禺.世载堂杂忆[M].沈阳：辽宁教育出版社，1997.

[33] 鲁迅.鲁迅全集[M].北京：人民文学出版社，2005.

[34] 胡适.胡适全集[M].合肥：安徽教育出版社，2003.

[35] 陈旭麓，等.中国近代历史词典[M].上海：上海辞书出版社，1982.

[36] 萧涤非，等.唐诗鉴赏辞典[M].上海：上海辞书出版社，1999.

二、专著、论文

[1] 钱穆.国史大纲[M].北京：商务印书馆，2013.

[2] 夏曾佑.中国古代史[M].长沙：岳麓书社，2010.

[3] 张荫麟.中国史纲[M].上海：上海古籍出版社，1999.

[4] 吕思勉.三国史话[M].北京：中华书局，2006.

[5] 何兹全.三国史[M].北京：人民出版社，2011.

[6] 蒋廷黻.中国近代史[M].上海：上海古籍出版社，2001.

[7] 郭廷以.近代中国史纲[M].上海：格致出版社，2009.

[8] 唐德刚.袁氏当国[M].桂林：广西师范大学出版社，2004.

[9] 唐德刚.晚清七十年[M].长沙：岳麓书社，1999.

[10] 来新夏. 北洋军阀史 [M]. 上海：东方出版中心，2016.

[11] 陈钦. 北洋大时代 [M]. 武汉：长江文艺出版社，2013.

[12] 何炳棣著，徐泓译注. 明清社会史论 [M]. 台北：联经出版公司，2013.

[13] 马非百. 秦始皇帝传 [M]. 南京：江苏古籍出版社，1985.

[14] 易中天. 易中天中华史 [M]. 杭州：浙江文艺出版社，2016.

[15] 王鸿鹏，等. 中国历代武状元 [M]. 北京：解放军出版社，2004.

[16] 曾枣庄. 文星璀璨：北宋嘉祐二年贡举考论 [M]. 上海：复旦大学出版社，2010.

[17] 刘海峰，庄明水. 福建教育史 [M]. 福州：福建教育出版社，1996.

[18] 黄仁宇. 万历十五年 [M]. 北京：生活·读书·新知三联书店，2015.

[19] 阎崇年. 清朝十二帝 [M]. 北京：故宫出版社，2010.

[20] 波音. 王朝的家底：从经济学角度看中国历史 [M]. 北京：群言出版社，2016.

[21] 张其凡. 宋太宗 [M]. 长春：吉林文史出版社，1997.

[22] 孟森. 明史讲义 [M]. 北京：中华书局，2006.

[23] 杜文玉. 唐代宫廷史 [M]. 天津：百花文艺出版社，2010.

[24] 王小甫. 隋唐五代史 [M]. 北京：中信出版集团，2017.

[25] 傅新毅. 玄奘评传 [M]. 南京：南京大学出版社，2006.

[26] 孔繁敏. 包拯年谱 [M]. 合肥：黄山书社，1986.

[27] 徐忠明. 包公故事：一个考察中国法律文化的视角 [M]. 北京：中国政法大学出版社，2002.

[28] 唐代剑，王囍. 丘处机评传 [M]. 南京：南京大学出版社，2000.

[29] 杨讷. 丘处机"一言止杀"考 [M]. 上海：上海古籍出版社，2018.

[30] 张宏杰. 顽疾：中国历史上的腐败与反腐败 [M]. 北京：人民出版社，2016.

[31] 方祖猷. 黄宗羲长传 [M]. 杭州：浙江大学出版社，2011.

[32] 徐定宝. 黄宗羲评传 [M]. 南京：南京大学出版社，2002.

[33] 闻一多. 唐诗杂论 [M]. 上海：上海古籍出版社，1998.

[34] 莫砺锋. 杜甫评传 [M]. 南京：南京大学出版社，1993.

[35] 周勋初. 李白评传 [M]. 南京：南京大学出版社，2005.

[36] 张绥. 中国人的通史 [M]. 上海：上海人民出版社，2009.

[37] 盛巽昌. 毛泽东与中国史书 [M]. 上海：上海辞书出版社，2013.

[38] 杨念群. 生活在哪个朝代最郁闷 [M]. 桂林：广西师范大学出版社，2013.

[39] 冯尔康. 雍正传 [M]. 北京：人民出版社，1985.

[40] 张书才，杜景华. 清代文字狱案 [M]. 北京：紫禁城出版社，1991.

[41] 隋丽娟. 名家说清史：光绪皇帝 [M]. 北京：故宫出版社，2016.

[42] 茅海建. 戊戌变法史事考 [M]. 北京：生活·读书·新知三联书店，2005.

[43] 汪荣祖. 走向世界的挫折——郭嵩焘与道咸同光时代 [M]. 长沙：岳麓书社，2000.

[44] 王天有. 明朝十六帝 [M]. 北京：紫禁城出版社，2010.

[45] 孙文良，张杰. 甲申风云录 [M]. 北京：故宫出版社，2013.

[46] 李亚平. 帝国政界往事：公元1127年大宋实录 [M]. 天津：天津人民出版社，2015.

[47] 李亚平. 帝国政界往事：大明王朝纪事 [M]. 天津：天津人民出版社，2015.

[48] 赵柏田. 岩中花树：十六至十八世纪的江南文人 [M]. 北京：中华书局，2007.

[49] 戴逸. 乾隆帝及其时代 [M]. 北京：中国人民大学出版社，2008.

[50] 王学泰. 写在历史的边上 [M]. 北京：东方出版社，2017.

[51] 齐邦媛. 巨流河 [M]. 北京：生活·读书·新知三联书店，2010.

[52] 罗香林. 客家研究导论 [M]. 上海：上海文艺出版社，1992.

[53] 刘义程. 发展与困顿：近代江西的工业化历程 [M]. 南昌：江西人民出版社，2007.

[54] 林白，朱梅芳. 中国科举史话 [M]. 南昌：江西人民出版社，2008.

[55] 缪钺. 杜牧传·杜牧年谱 [M]. 石家庄：河北教育出版社，1999.

[56] 孙晓芬. 清代前期的移民填四川 [M]. 成都：四川大学出版社，1997.

[57] 陈世松. 大迁徙："湖广填四川"历史解读 [M]. 成都：四川人民出版社，2016.

[58] 王继平. 晚清湖南史 [M]. 长沙：湖南人民出版社，2004.

[59] 李立. 台海风云 [M]. 北京：九州出版社，2011.

[60] 周征松. 魏晋隋唐间的河东裴氏 [M]. 太原：山西教育出版社，2000.

[61] 王题. 能吃的历史 [M]. 北京：故宫出版社，2011.

[62] 李从嘉. 舌尖上的战争 [M]. 长春：吉林文史出版社，2018.

[63] 赵世瑜. 狂欢与日常——明清以来的庙会与民间社会 [M]. 北京：生活·读书·新知三联书店，2002.

[64] 马伯庸. 文化不苦旅：重走诸葛亮北伐之路 [M]. 成都：四川人民出版社，2015.

[65] 白谦慎. 傅山的世界：十七世纪中国书法的嬗变 [M]. 北京：生活·读书·新知三联书店，2006.

[66]［美］魏斐德. 洪业：清朝开国史 [M]. 南京：江苏人民出版社，2010.

[67]［美］司徒琳. 南明史：1644—1662[M]. 上海：上海人民出版社，2017.

[68]［美］孔飞力. 中华帝国晚期的叛乱及其敌人 [M]. 北京：中国社会科学出版社，1990.

[69]［美］魏斐德. 大门口的陌生人：1839—1861 年间华南的社会动乱 [M]. 北京：中国社会科学出版社，1988.

[70]［美］班凯乐. 中国烟草史 [M]. 北京：北京大学出版社，2018.

[71]［美］戴维·考特莱特. 上瘾五百年 [M]. 上海：上海人民出版社，2005.

[72]［美］高加龙. 中国的大企业——烟草工业中的中外竞争（1890—1930）[M]. 北京：商务印书馆，2001.

[73] 刘杰. 烟草史话 [M]. 北京：社会科学文献出版社，2014.

[74] 郑天一，等. 烟文化 [M]. 北京：中国社会科学出版社，1992.

[75] 张应二. 诸葛亮军事活动研究 [D]. 吉林大学博士学位论文，2006.

[76] 张广村. 中古河东裴氏家族及其文献研究 [D]. 山东大学博士学位论文，2012.

[77] 刘艳骄. 中国古代失眠病的防治史研究 [D]. 中国中医研究院博士学位论文，2002.

[78] 王连旗. 北宋嘉祐二年进士研究 [D]. 河南大学博士学位论文，2011.

[79] 何丽君. 晚清（1840—1912 年）政治领袖区域分布研究 [D]. 湘潭大学硕士学位论文，2006.

[80] 朱绍侯. 秦相吕不韦功过简论 [J]. 河南大学学报（社会科学版），2000（05）.

[81] 王平. 汉献帝的被挟持和他的韬晦之计 [J]. 四川师范学院学报（哲学社会科学版），1990（05）.

[82] 葛剑雄. 汉魏故事：禅让的真相 [J]. 书屋，1995（04）.

[83] 卫绍生. 献帝陵前说献帝 [J]. 寻根，2009（03）.

[84] 韩茂莉，胡兆量. 中国古代状元分布的文化背景 [J]. 地理学报，1998（06）.

[85] 刘海峰. 科举取才中的南北地域之争 [J]. 中国历史地理论丛，1997（01）.

[86] 郭培贵、蔡惠茹. 论福建科举在明代的领先地位及其成因 [J]. 福建师范大学学报（哲学社会科学版），2013（06）.

[87] 戴显群. 明代福建科举盛况与科名的地理分布特征 [J]. 教育与考试，2013（05）.

[88] 李世愉. 试论福建在清代科举中的地位 [J]. 教育与考试，2018（01）.

[89] 李晴. 明代武状元地理分布研究 [J]. 皖西学院学报，2017（04）.

[90] 王金龙. 清代武状元籍贯与地域分布 [J]. 历史档案，2017（04）.

[91] 马明达. 清代的武举制度 [J]. 西北第二民族学院学报（哲社版），1999（04）.

[92] 陈大为. 论夏宋贸易对北宋的影响 [J]. 开封大学学报，2006（01）.

[93] 郑炜. 略论宋初以贸易手段遏制夷狄入侵的思想 [J]. 敦煌学辑刊，2016（04）.

[94] 朱绍侯. 论刘裕 [J]. 军事历史研究，2016（06）.

[95] 陈勇. 刘裕与晋宋之际的寒门士族 [J]. 历史研究，1984（06）.

[96] 葛剑雄，周筱赟. 玄武门之变真相推测 [J]. 领导文萃，2002（10）.

[97] 王瑞来. 略论宋太宗 [J]. 社会科学战线，1987（04）.

[98] 张其凡. 论宋太宗朝的科举取士 [J]. 中州学刊，1997（02）.

[99] 吴蔚. 从文字狱看雍正的"驭文过度" [J]. 河北师范大学学报（哲学社会科学版），2013（03）.

[100] 何炳棣. 张荫桓事迹 [J]. 清华学报，第13卷第1期，1941.

[101] 欧阳跃峰，周桃正. 张荫桓：戊戌变法的幕后策划者 [J]. 安徽师范大学学报（人文社会科学版），2010（05）.

[102] 贾菁菁. 许景澄早年经历与思想初探 [J]. 历史教学问题，2016（04）.

[103] 王炎."湖广填四川"的移民浪潮与清政府的行政调控 [J]. 社会科学研究，1998（06）.

[104] 田光炜."湖广填四川"的移民过程 [J]. 四川师院学报，1981（02）.

[105] 王奇生. 中国近代人物的地理分布 [J]. 近代史研究，1996（02）.

[106] 陶用舒. 论湖南人才的地理环境 [J]. 湖南城市学院学报（人文社会科学

版），2003（01）．

[107] 温锐．背离与错位——近代江西衰落原因的再认识 [J]．江西师范大学学报（哲学社会科学版），2000（04）．

[108] 黄志繁，杨金鹏．太平天国战争后地方社会重建困境与近代江西经济衰落 [J]．江西社会科学，2016（06）．

[109] 程裕祯．河东裴氏论略 [J]．山西师大学报（社会科学版），1994（02）．

[110] 张其凡，刘广丰．寇准、丁谓之争与宋真宗朝后期政治 [J]．暨南史学，第5辑，2007.

[111] 商传．论解缙 [J]．明史研究，第1辑，1991.

[112] 陈冬根．试论明初才子解缙的创作 [J]．文化学刊，2013（06）．

[113] 刘淑芬．玄奘的最后十年（655—664）——兼论总章二年（669）改葬事 [J]．中华文史论丛，2009（03）．

[114] 杜斗城，杨富学．唐玄奘的理想 [J]．宗教学研究，1999（04）．

[115] 顾卫民．广州通商制度与鸦片战争 [J]．历史研究，1989（01）．

[116] 吴义雄．鸦片战争前粤海关税费问题与战后海关税则谈判 [J]．历史研究，2005（01）．

[117] 仲伟民，崔思朋．近代全球化过程中烟草在中国的传播及影响 [J]．求是学刊，2020（03）．

[118] 蒋慕东，王思明．烟草在中国的传播及其影响 [J]．中国农史，2006（02）．

[119] 沈伯俊．诸葛亮的接班人 [J]——蒋琬．西华大学学报（哲学社会科学版），2011（04）．

[120] 张作耀．诸葛亮治蜀论 [J]．学术研究，2002（02）．

[121] 范香立．狄仁杰为官的道与术 [J]．领导科学，2016（25）．

[122] 杨高凡．包拯及其与同年关系论略 [J]．首都师范大学学报（社会科学版），2015（02）．

[123] 周尚兵．郭子仪的福禄寿考与唐皇室的平乱图强 [J]．湖北大学学报（哲学社会科学版），1999（02）．

[124] 史松．论年羹尧之死 [J]．清史研究，1991（03）．